EUROPA
(Carta Politica)

SCALA DI CHILOMETRI

0   100   200   400   600

SCALA DI MIGLIA

0   50   100   200   300

FINLANDIA

MARE BALTICO

LETTONIA

LITUANIA

RUSSIA

Stoccolma

SVEZIA

Oslo

NORVEGIA

Copenhagen

DANIMARCA

MARE DEL NORD

ISLANDA

Reykjavik

OCEANO ATLANTICO

IRLANDA

Dublino

20°

10°

0°

10°

20°

30°

60°

BASIC ITALIAN

INSTRUCTOR'S ANNOTATED EDITION

CHARLES SPERONI
Professor Emeritus (late), University of California, Los Angeles

CARLO L. GOLINO
Professor Emeritus (late), University of California, Riverside

BARBARA CAITI

**HOLT
RINEHART
WINSTON**

HOLT, RINEHART AND WINSTON, INC.
HARCOURT BRACE JOVANOVICH COLLEGE PUBLISHERS

*Fort Worth   Philadelphia   San Diego   New York
Orlando   Austin   San Antonio   Toronto   Montreal
London   Sydney   Tokyo*

Publisher: Ted Buchholz
Senior Acquisitions Editor: Jim Harmon
Developmental Editors: Barbara Caiti, Paola Caro
Senior Production Manager: Annette Dudley Wiggins
Photo Research Editor: Shirley Webster
Project Editor: Richard Duncan
Copy Editor: Paola Caro
Text Design: Adriane Bosworth
Cover: Melinda Huff
Text Illustrations: John Fitzgerald
Editorial and Production: GTS Graphics, Inc.
Composition and Pre-press: GTS Graphics, Inc.

Photo Credits: see p. 443

Library of Congress Catalog Card Number: 92-075700

ISBN: 0-03-075118-7

Address for editorial correspondence: Harcourt Brace Jovanovich College
Publishers, 301 Commerce Street, Suite 3700, Fort Worth, Texas, 76102

Address for Orders: Harcourt Brace Jovanovich College Publishers, 6277 Sea
Harbor Drive, Orlando, Florida, 32887. Tel: 1-800-782-4479, or 1-800-443-0001
(in Florida).

Printed in the United States of America

3 4 5 6 7 8 9 0 1 2   039 9 8 7 6 5 4 3 2 1

Introduction

New to This Edition

- The preliminary chapter (**Capitolo preliminare**) has been expanded to include greetings, numbers (1–99), days of the week, and classroom expressions. Pair-work activities and individual exercises have been added to help students practice the new material and build self-confidence at an earlier stage of the learning process.

- A **Come si dice?** section concludes each chapter. This communicative section summarizes the language functions of the chapter and provides a variety of open-ended and role-play activities. Students develop conversational skills by learning how to accept an invitation, order at a restaurant or make a purchase. The **Come si dice?** section is optional and can be expanded according to the teacher's needs and creativity.

- The **Note linguistiche e culturali** explain semantic and linguistic nuances of the language and introduce cultural information as related to the context of the dialogue. To maximize classroom time, these notes are in English.

- Grammar presentations have been revised for effectiveness. To lessen the congestion of tenses in the second half of the text, the following changes have been made to the grammar sequence:

  1. A section on simple prepositions has been added to Chapter 5.
  2. The present indicative of **volere** has been moved from Chapter 13 to Chapter 10.
  3. The present indicative of **dovere** and **potere** have been advanced from Chapter 15 to Chapter 11.
  4. The future perfect has been moved from Chapter 22 to Chapter 13. The idiomatic use of the present tense with the preposition **da** is also discussed in Chapter 13.
  5. The gerund is now discussed in Chapter 16.
  6. Modal auxiliaries (**dovere, potere, volere**) with dependent infinitives are now in Chapter 21.
  7. The causative construction (**fare** with a dependent clause) has become an optional grammar topic and has been placed in the Appendix for easy reference.

- Text chapters have been reduced from thirty-two to thirty.

- Most exercises have been changed or revised with the addition of pair- and role-play activities, contextualization, and use of up-to-date vocabulary. Mechanical exercises have been revised for effectiveness, and many translations have been deleted.

- Twelve introductory dialogues have been completely rewritten. All dialogues have been shortened.

- The **Letture** have been revised and limited to one per unit.

- The four-color presentation makes the text visually appealing, and current realia and photos create a sense of the immediacy and relevance of the surrounding world.

Aims and Goals of the Seventh Edition

Basic Italian, Seventh Edition, is the revision of a highly successful introductory Italian course designed for use in two-year and four-year colleges and universities. It can also be used over a two-year or three-year period at the high school level.

With its accompanying ancillary materials, the seventh edition emphasizes the development, acquisition, and mastery of all four language skills: listening, speaking, reading, and writing. The updated cultural materials included in this edition enable students to become familiar with, understand, and appreciate the history, culture, and life-styles of contemporary Italy and the Italian-speaking world today. From the first day of class—or from the first day of the teacher-student encounter—students will hear the language spoken and be able to respond in Italian. The format of *Basic Italian* lends itself to a variety of approaches. The text can easily accommodate those teachers and students who wish to emphasize only one skill—reading or speaking—as well as those who are interested in developing all four skills—listening, speaking, reading, and writing—in Italian. Selective and careful use of the ancillary materials can help support the specific and particular goals of both teacher and student.

As stated in the Preface to the student text, communicative proficiency built upon mastery of grammar and language patterns is the goal of the program. When students finish Chapter 30, they will not only be able to survive in an Italian-speaking environment, but will also be able to understand and appreciate the traditions and codes that govern Italian society.

Organization

Each unit of the student text is topical, and the chapters within each unit are built around standard social situations. Together they present a broad cross section of Italian life.

The Introductory Lesson on Pronunciation and the **Capitolo preliminare,** which precede the individual chapters, set the tone for the rest of the text. Grammar practice with open-ended examples and exercises encourages recognition and association (familiar names, places, and cognates) and promotes a sense of empowerment—the ability to create and control expression.

Unit Divisions and Appendix

Each of the eight units of *Basic Italian* concentrates on one aspect of living in Italy or of being Italian. Four or three chapters of reading, grammar, and patterned and open-ended exercises are followed by a general cultural reading—**Lettura**—that relates to the unit topic. The **Ripetizione** exercises after each unit review and reinforce material covered in the preceding unit chapters.

The textbook closes with an Appendix that gives a sketch of the difficult **far fare** construction; detailed paradigms of both regular and high-frequency irregular verbs; comprehensive Italian-English and English-Italian vocabularies; and an Index.

Chapters: Structure and Use

Each chapter begins with a dialogue with follow-up questions for reinforcement. A vocabulary list, divided into parts of speech and expressions, is followed by linguistic and cultural notes. The body of each chapter includes grammar to be introduced and grammar exercises for practice and review. The chapter structure is flexible, allowing the instructor to move back and forth within the chapter. That is, instead of covering one part of the chapter, consigning it to the back of students' memories and plunging ahead, each segment encourages the teacher to re-use every other segment. At the end of each chapter a communicative section provides phrases and expressions to develop oral skills.

The teacher can begin with the dialogue by reading it to the students. Then the teacher can assign students roles and have them read out loud. The questions, **Domande**—which teach question-answer patterns and use new vocabulary—should be asked and answered by the students. Although it is important here to stress pronunciation and syntax, it is more productive to elicit good response on the part of the students rather than to stop and correct them in the middle of a phrase. After the dialogue and questions have been completed, sounds that seem difficult can be reviewed.

The vocabulary (**Vocabolario**) that immediately follows the chapter opening reflects the contents of the introductory dialogue. Students can define the vocabulary within the context of the dialogue, the follow-up questions that have just been practiced, and the **Note linguistiche e culturali.**

As the grammar is introduced, student and teacher can again refer back to the dialogue to see the grammar operating within the context of the living language. For those students with knowledge of other romance languages, pointing out grammar that carries over from one language into another is helpful. The grammar should be thoroughly explained before work on the exercises is begun. It is recommended that each grammar segment be taught separately and be followed up immediately with its corresponding exercises.

Each chapter closes with follow-up questions or a **Dialogo aperto** and the **Come si dice?** section. These sections stress discourse analysis and narrowly focus on specific interactive routines and patterns. The phrases tend to elaborate the situation presented in the initial dialogue by offering a variety of additional expressions that can be used in similar situations. Students should do the exercises in pairs or small groups. The vocabulary and phrases of the **Come si dice?** sections are not listed in the **Vocabolario** of the chapter. Instructors can individually decide which phrases should be included in the active vocabulary and whether they ought to be reflected in exams and quizzes.

ANCILLARY MATERIALS

The *Basic Italian* program includes a wealth of supplementary material that can be used to enhance developing language skills, as well as foster an appreciation of Italian culture. Some of these materials assist the teacher in evaluating student progress. The following is a description of the available ancillaries and suggestions for their use:

Workbook/Lab Manual and Laboratory Tapes

The combined Workbook/Lab Manual is designed to reinforce grammar and vocabulary and to develop language skills. Both the workbook and the lab manual are coordinated chapter by chapter with the textbook.

The workbook contains a variety of structured and communicative activities that help students develop the ability to write correctly in Italian. Though the workbook offers the opportunity for additional written practice, the exercises are patterned on interactive discourse so as to further a student's speaking skills. The grammatical structures learned in the textbook are applied in a functional mode and serve the immediate needs of self-expression. The *Basic Italian* workbook contains very useful recapitulation charts. These charts graph the grammatical relationships discussed in the textbook and give a quick review of the structures that need to be applied in the exercises that follow. Workbook exercises may be assigned selectively as homework, or as group/workshop activity to be done in class.

The laboratory tapes contain approximately 16 hours of recorded material adapted from the text plus new dialogues and listening comprehension exercises and activities. The tapes stress listening and speaking skills in a concentrated and individual situation, through dialogue, repetition, and general exposure to the *sound* of the language. The lab manual acts mostly as a tracking device for the tapes. Ideally, students should complete each chapter of the lab manual during the time devoted in class to the corresponding chapter within the text. For those with only three class periods a week, this provides a much needed fourth hour of practice.

The pages of the Workbook/Lab Manual are perforated so that students can hand in completed assignments to the instructor. However, in the lab manual, only the questions that follow the comprehension exercises require a written answer. The lab lessons are entirely oral in nature. An answer key at the end of the lab manual provides the student with the text of the comprehension exercises, as well as sample responses to the questions.

Tapescript

The tapescript contains the complete script for the laboratory tapes, as well as the answers expected in the tape drills. The instructor thus can decide, without taking the time to listen to the tapes, whether language lab material should be reinforced in class and/or be reflected in course exams.

Testing Program

Evaluating student progress is crucial to the success and overall quality of language learning. The testing program accompanying *Basic Italian,* Seventh Edition, provides two tests for each chapter.

The program comes in a bound book with perforated pages so that the tests may be easily reproduced, and on computer disk so that instructors may customize the tests to meet their individual needs. Answer keys for all tests are found at the end of the program.

Each test strives to evaluate mastery of chapter vocabulary and grammar, as well as listening, reading, and writing skills. (The *Situation Cards for Oral Evaluation* described in the next section may be used to test speaking skills.) The tests apply the same formats used by the *Basic Italian* textbook and its Workbook/Lab Manual/Tapes. The purpose of the tests is to evaluate a student's progress in two specific areas: 1) mastery of grammar, and (2) the ability to apply that knowledge of grammar to a variety of situations, both oral and written.

Situation Cards for Oral Evaluation

A set of 144 situation cards may be used to evaluate oral proficiency. Each card contains a situation to which the student must react orally in Italian. The situations are written in English so that students are not given key Italian vocabulary and structures. The booklet accompanying the cards contains useful suggestions for evaluating speaking abilities. These cards can also be used as the speaking sections of chapter tests or for teacher-student or student-student speaking practice. Another way to evaluate speaking abilities is the oral interview, which might include personalized questions or picture descriptions related to the chapter theme.

Correlation of the situation cards to text chapters:

Chapter	Situation Card	Chapter	Situation Card
Capitolo preliminare	1, 2	18	31, 32, 44, 69, 70, 120, 135, 136, 139, 140
1	5, 12	19	16, 23, 29, 31, 32, 40, 41, 44, 81, 82, 88, 94, 96, 120, 125, 137
2	4, 7, 8, 13	20	112, 123
3	9, 10	21	28, 60, 61
4	29, 30, 109	22	48, 54, 58, 130, 131, 132, 133, 134, 142, 143, 144
5	12, 14, 23, 33, 34, 35, 42	23	65, 66, 67, 71, 72, 83, 85, 121
6	21, 22, 25, 42	24	73, 75, 76, 79, 81
7	121, 122, 125	25	95, 132
8	17, 18, 19, 20, 24, 28, 41, 50, 97	26	40, 70, 71, 87
9	118	27	45, 46, 47, 51, 55, 56, 60, 100, 101, 102, 103, 107, 110, 118, 119, 120, 124, 127, 128, 135, 136
10	48, 54, 60, 61, 97, 98, 108, 112, 126	28	23, 31, 32, 44, 100, 101, 102
11	65, 66, 67, 68, 69, 70, 71, 72	29	119, 130, 137, 138, 142, 143, 144
12	113, 114, 115, 116, 117, 118	30	139, 140, 141
13	98, 109, 119		
14	83, 84, 85, 86		
15	73, 75, 76, 77, 78, 97, 105		
16	94, 96, 105, 106, 114, 127		
17	93, 99		

Video

The accompanying video program, **Attualità,** provides authentic listening and viewing materials by the national network RAI (**Radiotelevisione Italiana**). The nine episodes treat such diverse topics as university life, fashion, sports, tourism, and economics. Video clips of commercials, interviews, and documentaries are some of the varied formats used in the episodes. A viewer's manual is also available from the publisher.

Correlation of video episodes to text chapters:

Video episodes	Text chapters	Video episodes	Text Chapters
Episodio 1: *Gli sport*		**Episodio 6:** *La televisione*	
Il calcio in Italia	Chapter 15	Massimo Ranieri e Roberto Benigni	Chapter 17
1989: Un anno d'oro	Chapter 15		
Altri sport	Chapter 14	Se potessi avere ...	Chapter 29
		I film alla TV	Chapter 17
Episodio 2: *Gli svaghi*		**Episodio 7:** *L'abbigliamento*	
Il discodance	Chapters 8, 13	Punti ... di gusto	Chapter 27
Il liscio	Chapters 8, 13		
		Episodio 8: *L'economia*	
Episodio 3: *La vita universitaria*		La pesca nel Nord Adriatico	Chapter 26
Il '90 via fax	Chapters 2, 4, 19	Lotteria "Replay"	Chapter 21
Episodio 4: *I giorni di festa*		**Episodio 9:** *La donna contemporanea*	
Il Natale tradizionale	Chapter 26		
Il Natale oggi	Chapters 21, 24	La prima donna pilota	Chapter 16
Pulcinella	Chapter 23		
		Episodio 10: *Il servizio di leva*	
Episodio 5: *La tavola*		È oggi necessario il servizio militare?	Chapter 16
Pranzo di Natale	Chapter 22		
Pubblicità	Chapter 22		
		Episodio 11: *Il turismo*	
		Sette aspetti del turismo italiano	Chapters 9, 10, 11

Teaching Strategies

Preparing a Course Syllabus

The outline is for a semester or trimester course (14–16 weeks) that meets four times a week and stresses all four language skills equally. This structure can be adapted to extend over three terms, with ten chapters covered in each term, allowing much more time for oral and written activities for students. Following the sample syllabus, a more specific set of lesson plans is included, with the same orientation and goals.

Outline for a semester course (14–16 weeks).
First term: Chapters 1–15; Second term: Chapters 16–30.

During each week at least one chapter is covered, sometimes one and a half chapters. Days are allowed for presentation of the dialogue, vocabulary, and grammar as well as for work on the exercises. Activity days refer to those class periods devoted to practice and use of material covered, the **Come si dice?** sections, and activities suggested in the supplementary teacher's annotations.

Regular quizzes are suggested to help keep students up to date. These may be short, taking only 20 or 30 minutes. Sample quizzes are found in the **Testing Program.**

Also included are **Outside Class** suggestions (OC). These may take the form of **Language Laboratory** requirements (LLT refers to the tape being used), or **Workbook (WB)** assignments; but can also include written compositions or preparation of oral reports to be presented in class.

Late in the term there are three Free Days, designed for spontaneous discussions, guest speakers, question-answer drills, or for student-generated activities.

Sample Syllabus

Week 1	*Day 1:* Introductory statement of course goals and structure. Student and teacher expectations. Meeting one another.
	2: Introductory Lesson on Pronunciation; Practice Dictation; **Capitolo preliminare**
	3: **Capitolo preliminare**
	4: Activity day; Quiz
	OC: LLT PC; WB PC; Homework: think of Italian words used today in English
Week 2	*1:* Chapter 1: dialogue, **domande,** vocabulary, grammar presentation
	2: Chapter 1: exercises
	3: Activity day; Quiz

4: Chapter 2: dialogue, **domande,** vocabulary, grammar presentation

OC: LLT 1, 2; WB chs. 1, 2, selected exercises

Week 3	*1:* Chapter 2: exercises
	2: Verb practice with question-answer patterns; Quiz
	3: Chapter 3: dialogue, **domande,** vocabulary, grammar presentation
	4: Chapter 3: exercises
	OC: LLT 3; WB ch. 3
Week 4	*1:* Activity day; Quiz
	2: Chapter 4: dialogue, **domande,** vocabulary, grammar presentation
	3: Chapter 4: exercises
	4: **Lettura; Ripetizione**
	OC: LLT 4; WB 4, selected assignments; Composition
Week 5	*1:* Activity day; Quiz
	2: Chapter 5: dialogue, **domande,** vocabulary, grammar presentation
	3: Chapter 5: exercises
	4: Activity day
	OC: LLT 5; WB (Workbook assignments as appropriate should be assigned weekly); Composition
Week 6	*1:* Chapter 6: dialogue, **domande,** vocabulary, grammar presentation
	2: Chapter 6: exercises
	3: Activity day; Quiz
	4: Chapter 7: dialogue, **domande,** vocabulary, grammar presentation
	OC: LLT 6, 7
Week 7	*1:* Chapter 7: exercises
	2: Chapter 8: dialogue, **domande,** vocabulary, grammar presentation
	3: Chapter 8: exercises
	4: **Lettura; Ripetizione**
	OC: LLT 7, 8; Composition
Week 8	*1:* **Ripasso Generale**
	2: Mid-semester examination
	3: Chapter 9: dialogue, **domande,** vocabulary, grammar presentation
	4: Chapter 9: exercises
	OC: LLT 9; Showing of Italian movie
Week 9	*1:* Chapter 10: dialogue, **domande,** vocabulary, grammar presentation
	2: Chapter 10: exercises

3: Activity day; Quiz

4: Free day

OC: LLT 10; Composition

Week 10	*1:* Chapter 11: dialogue, **domande**, vocabulary, grammar presentation
	2: Chapter 11: exercises
	3: Student reports
	4: Activity day; Quiz
	OC: LLT 11
Week 11	*1:* Chapter 12; dialogue, **domande**, vocabulary, grammar presentation
	2: Chapter 12: exercises
	3: **Lettura; Ripetizione**
	4: Activity day; Quiz
	OC: LLT 12; Composition
Week 12	*1:* Chapter 13; dialogue, **domande**, vocabulary, grammar presentation
	2: Chapter 13: exercises
	3: Free day
	4: Activity day; Quiz
	OC: LLT 13; Composition
Week 13	*1:* Chapter 14; dialogue, **domande**, vocabulary, grammar presentation
	2: Chapter 14: exercises
	3: Free day
	4: Activity day; Quiz
	OC: LLT 14; Short-story oral report
Week 14	*1:* Chapter 15; dialogue, **domande**, vocabulary, grammar presentation
	2: Chapter 15: exercises
	3: **Lettura; Ripetizione**
	4: **Ripasso Generale**
	OC: LLT 15

SAMPLE LESSON PLAN

For fifty-minute class periods, for the first day and for Chapter 9.

Week 1: Day 1—Introduction to Course
• Introduce yourself to the students.

• Explain course goals and structures. Go over the syllabus carefully. You may wish to explain why the course is structured the way it is and say something about grading procedures. Besides quizzes and exams, grading may be based on attendance, workbook and laboratory assignments, student presentations, compositions, and other elements.

- Explain teacher expectations. Talk about the four basic language skills and how you expect students to master them.

- Ask about student expectations. Ask students why they wish to learn Italian and what their proficiency goals are. This will help you tailor the course to student needs and expectations and determine which of the ancillary materials will be most useful with this particular class. Each class has its own personality, depending on the goals and background of the students. This is a good time to pass around a brief questionnaire asking for names, addresses, college level, major, foreign language experience and background.

- Take roll. Ask students to respond with **presente.**

- Introduce phrases: **Come si chiama? Mi chiamo ... Piacere!** Have students introduce themselves to one another. Explain to the class the **tu** and **Lei** forms and how they are used. Decide with the class how students should be addressed on an individual basis. For convenience, use the **voi** form in addressing the class as a group.

- Go through the textbook with the students, including the appendix material, especially the verb tables and end vocabularies. Explain ancillary materials (workbook, laboratory tapes and manual) and how they will be used. Refer back to syllabus if necessary.

- Mention a short piece of homework for the next class: ask students to begin compiling a list of Italian words that have been accepted into English. Categories for their lists might include: **arte, architettura, musica, cibo.**

Chapter 9: Dialogue, Domande, Vocabulary, Grammar

I. Before beginning the dialogue, give a brief lecture in Italian on Venice. (5 mins.)

II. Dialogue and **domande:** (10 mins.)

- Read the dialogue to the students so that they hear the correct pronunciation.

- Assign roles: one student reads the **corsivo;** one is **l'impiegato;** one is **il signor Wheaton.**

- After the recitation of the dialogue, have students ask the **domande** to other students in the class.

- When this is finished, you may wish to repeat words that have proven difficult.

III. Vocabulary: (5 mins.)

- Go over the vocabulary list, asking students questions about some of the words. For example:
  Chi abita in un palazzo?
  Chi lavora in una chiesa?
  Dov'è il Lido?
  Fa cattivo tempo oggi? Tira vento?
  and so on.

IV. Insert: (5 mins.)

- Before continuing to the grammar, you may wish to initiate a brief conversation. For example: **Chi conosce Venezia? Com'è?**

- Or, you may wish to allow for a five-minute student presentation on Venice.

V. Grammar: (15 mins.)

- Explanation of the negative.

- Additional vocabulary: **mica.**

- Explanation of **dire** and **fare.**

- Additional vocabulary: **dire** as word-builder: **contraddire, disdire, maledire, interdire.**

- Expressions with **fare.**

- Weather expressions.

VI. Return to dialogue: (5 mins.)

- Ask students to point out the uses of grammar just introduced as they appear in the dialogue.

VII. Homework: (5 mins.)

- Ask students to prepare a weather forecast for the next class meeting. Give additional vocabulary if you think it is necessary. Teach them the weather rhyme: **Rosso di sera, bel tempo si spera; Rosso di mattina, l'acqua s'avvicina.**

SAMPLE ACTIVITIES

Listening Comprehension: Dictations and reading aloud to students, showing movies, inviting guest speakers to class are productive means of promoting listening comprehension skills. Another good way of cultivating this skill is to have students (and the teacher) give short oral presentations followed by a general discussion. In the beginning of the course, naturally, the teacher will do the majority of the presentations, and should make a special effort to say things both as directly as possible and in more than one way.

Speaking: This skill needs encouragement from the first class meeting. The first phase is using short phrases that the students memorize without thinking, by echoing the teacher: **Come si chiama? Mi chiamo ... Come sta? Bene, grazie. E Lei?**

The second phase involves teaching patterns of conversation and word use (especially of verb conjugations). **Dove abita Lei? Abito ... Cosa studiate? Studiamo ...**

In the third phase topics begin to form conversations. **Oggi parliamo un po' della Sua famiglia. Com'è? Quante persone ci sono? Chi sono? Dove abitano i genitori? I nonni?** Conversational topics appear in the **Come si dice?** section of the chapters and in the instructor's annotations.

If possible, one class session (out of four) a week should be devoted primarily to conversation, both spontaneous and directed.

Reading: Short stories lend themselves to promoting reading skills. Students, however, need to be taught how to read in a foreign language. First, they should put away their dictionaries. After skimming a story, they can evaluate how much of it they have understood. The teacher should explain how to decipher words (what the prefix "**s**" does, for example: **cortese-scortese**; or how to look for a root word, like **casa** in **rincasare**). The second reading is a more careful one, involving breaking down the sentences into phrases or parts and then restating in their own words what a sentence or paragraph says. Only as a last resort should dictionaries be used.

Graded readers, as well as fairy tales, are especially good supplementary materials.

Writing: Compositions should be started as soon as possible, preferably in Chapter 4, after verbs have been introduced. Themes for compositions might include: **Chi sono io? Dove abito? La mia famiglia; Una giornata ideale; Una visita a Firenze (Siena, Roma, Napoli, ecc.); Fare la spesa, Fare delle compere.**

Ideally, this should be a weekly task for students. If the teacher underlines or circles errors (instead of writing in corrections) and asks students to rewrite compositions, the learning process accelerates much more rapidly.

Culture: Both the **Letture** and the **Note linguistiche e culturali** and many of the instructor's annotations deal directly with cultural topics. It is important to establish early in the course the cultural importance of Italy for Western Civilization (students often have little or no background in this area), and also to make clear the idea that language cannot be studied in a linguistically circumscribed vacuum.

To make learning about Italian culture active, the instructor may wish to assign historico-cultural-biographical topics to students for use in oral presentations. At a more advanced level, research themes can also be assigned.

BASIC ITALIAN

SEVENTH EDITION

BASIC ITALIAN

CHARLES SPERONI
Professor Emeritus (late), University of California, Los Angeles

CARLO L. GOLINO
Professor Emeritus (late), University of California, Riverside

BARBARA CAITI

HOLT
RINEHART
WINSTON

HOLT, RINEHART AND WINSTON, INC.
HARCOURT BRACE JOVANOVICH COLLEGE PUBLISHERS

Fort Worth   Philadelphia   San Diego   New York
Orlando   Austin   San Antonio   Toronto   Montreal
London   Sydney   Tokyo

Publisher: Ted Buchholz
Senior Acquisitions Editor: Jim Harmon
Developmental Editors: Barbara Caiti, Paola Caro
Senior Production Manager: Annette Dudley Wiggins
Photo Research Editor: Shirley Webster
Project Editor: Richard Duncan
Copy Editor: Paola Caro
Text Design: Adriane Bosworth
Cover: Melinda Huff
Text Illustrations: John Fitzgerald
Editorial and Production: GTS Graphics, Inc.
Composition and Pre-press: GTS Graphics, Inc.

Photo Credits: see p. 443

Library of Congress Catalog Card Number: 92-075700

ISBN: 0-03-074991-3

Address for editorial correspondence: Harcourt Brace Jovanovich College Publishers, 301 Commerce Street, Suite 3700, Fort Worth, Texas, 76102

Address for Orders: Harcourt Brace Jovanovich College Publishers, 6277 Sea Harbor Drive, Orlando, Florida, 32887. Tel: 1-800-782-4479, or 1-800-443-0001 (in Florida).

Printed in the United States of America

3 4 5 6 7 8 9 0 1 2   039 9 8 7 6 5 4 3 2 1

PREFACE

Basic Italian, Seventh Edition is the revision of a highly successful introductory-level Italian program designed to be used in two-year and four-year colleges and universities. It can also be used over a two-year or three-year period at the high school level.

In presenting the seventh edition of *Basic Italian,* we must express our appreciation to the many teachers and students who, for so many years, have shown their confidence in our efforts.

Student Textbook

The student textbook is composed of an Introductory Lesson on Pronunciation, a Preliminary Chapter, and thirty chapters. The chapters are organized into eight units that reflect various aspects of life. Each chapter revolves around a dialogue or situation that is likely to be encountered by a person traveling, studying, or working in Italy. The vocabulary, expressions, and grammar structures taught within the chapter provide the verbal skills and information needed to be able to function within that situation. Updated cultural materials, four-color photos, and authentic realia help students to understand and appreciate the history, culture, and life-styles of contemporary Italy. A new communicative section at the conclusion of each chapter provides useful phrases and expressions that are crucial to the dynamics of interactive speech.

Communicative proficiency based upon mastery of grammar and language patterns is the goal of the program. When students finish Chapter 30, they will not only be able to survive in an Italian-speaking environment, but will also be able to understand and appreciate Italian culture and traditions.

Introductory Lesson on Pronunciation

This lesson presents and provides practice in individual sounds, double consonants, diphthongs, accentuation, stress, and syllabication.

Preliminary Chapter

The **Capitolo preliminare** introduces the basic vocabulary and expressions, such as greetings and introductions, days of the week, and numbers needed in the classroom. Vocabulary and expressions are introduced with line art and in mini-dialogues. Ample opportunity for practice is provided through a variety of exercises and activities.

Dialogues

The dialogues introducing each chapter reflect various aspects of daily life including student and family life, sports and diversions, language and literature, economic and political concerns, cultural interests, and the presence of Italians abroad.

Note linguistiche e culturali

Cultural notes in English highlight points of interest and explain cultural differences, thus providing information necessary to function successfully in everyday situations. This section also contains linguistic notes that focus attention on the grammatical or semantic nuances of the language.

Grammar

Structure retains a central position in *Basic Italian,* Seventh Edition. The grammar points presented in each chapter are related to the communicative theme of the chapter. Grammar presentations are clear and concise, while charts and boxes visually highlight important points. A variety of examples present structure in context.

Exercises

In keeping with the latest pedagogical trends, the goal of the exercises is to drill thoroughly all four skills—listening, speaking, reading, and writing—and check oral and written proficiency as well as mastery of grammar. Exercises range from mechanical to open-ended, promoting the spontaneous and creative use of the language.

Come si dice?

Each chapter concludes with the section called **Come si dice?** This section introduces basic expressions used in everyday Italian. Students learn the essential expressive units needed to perform functions such as making a purchase, ordering a meal, or accepting an invitation. Role-playing, pair and group activities, as well as open-ended exercises provide the opportunity for self-expression as well as the guidelines for effective communication. The vocabulary and phrases of the **Come si dice?** sections are not included in the vocabulary lists and are not part of the chapter's active vocabulary.

Letture

Each unit, or group of chapters, concludes with a cultural reading that examines some aspect of the institutions, values, and concept of Italian life. Each reading is followed by follow-up questions or reading comprehension activities.

Other Features

Each chapter contains a list of the active vocabulary introduced by the chapter's opening dialogue. New vocabulary is also introduced through line art and in the communicative **Come si dice?** sections. At the end of each unit, after the cultural reading selection, a grammar review section called **Ripetizione** recapitulates the vocabulary and grammar presented in that unit to provide additional practice in preparation for tests or quizzes.

The appendices at the back of the textbook provide some very valuable tools. Appendix 1 gives a synopsis of the use and structure of the very common Italian expression **far fare**. Appendix 2 provides tables with the conjugation of high-frequency irregular verbs, as well as the paradigm for the conjugation of regular verbs. Verbs conjugated in the back tables are correlated with vocabulary lists by a gloss symbol (°). This symbol indicates that the verb is conjugated in the verb charts. The Italian-English end vocabulary strives to reflect the Italian environment created by the *Basic Italian* textbook, workbook, and tapes. The student is urged to use this very effective resource. The English-Italian vocabulary is more limited in scope, but provides a translation of the basic expressions that occur in the text. The objective of *Basic Italian* is not to teach through translation, but to teach by the direct acquisition of native expressions.

Ancillary Materials

The Workbook/Lab Manual and its complement of tapes correspond directly to the material in the textbook.

The workbook section of the manual provides a wealth of additional written exercises that permit the application of what has been learned in each chapter of the main text. These exercises may be assigned as homework or be used for group/workshop activities. The pages of the manual are perforated to facilitate easy removal for consignment and correction.

The lab manual section of the exercise book is essentially a tracking device for the *Basic Italian* tapes. The tapes provide intense individual interactive practice for the student. The work is meant to be audio-oral, rather than written. The exercises are directly correlated with the material in the main text. Additionally, the tapes provide new dialogues and narrative material as comprehension exercises. The objective of the comprehension exercises is to test the student's ability to understand and respond to unrehearsed text, and to monitor the student's progress with the language. Comprehension tracts are followed by a series of questions that require a written response.

Acknowledgments

We would like to thank Jim Harmon, Acquisitions Editor, Shirley Webster, Photo Research Editor, and Sarah Hughbanks, Editorial Assistant. We also wish to express our deepest appreciation to the Developmental Editor, Paola Caro, for her many helpful and creative suggestions and for her supervision of the manuscript in its production stages. The publication of this textbook could not have been accomplished without her assistance. Lastly, we would like to acknowledge the following reviewers who provided us with insightful comments and constructive criticism for improving the text:

Richard Berrong, Kent State University
Brunella Bigi, University of Arizona—Tucson
Vincenzo Bollettino, Montclair State College
Rocco Capozzi, University of Toronto
Giuliana Carvati, Seton Hall University
Rosa Commisso, Kent State University
Natalia Costa, San Francisco State University
Patrizia Fabbi, Mississippi State University
Gus Foscarini, University of California—Davis
Pia Friedrich, University of Washington—Seattle
Emanuele Licastro, State University of New York—Buffalo
Jerome Mazzaro, State University of New York—Buffalo
Augustus Pallotta, Syracuse University
Anthony Sabedra, Seton Hall University
Giacomo Scarato, Bergen Community College
Giovanni Trombetta, Los Angeles Valley College
Maria Vitti-Alexander, Nazareth College (Rochester)
Michael Ward, Trinity University
Winfred Wright, Harding University

CONTENTS

Instructions to the Student

1. To facilitate the identification of the gender of an Italian noun, chapter and end vocabularies give the definite article with the noun.

2. In vocabulary lists, verbs marked with a gloss symbol (°) are verbs that are conjugated in the verb tables at the back of the text.

3. Italian words are usually stressed on the second-to-the-last syllable. This text uses a stress (inferior) dot to indicate stress in words that do not have a regular stress position or whose stress may be difficult to determine. Syllabication and stress are explained in the Introductory Lesson on Pronunciation, pp. 7–9.

4. This text follows current Italian publishing standards for mandatory accentuation. This means that, when an accent mark is required, the invariable vowels **a, i, u** are always marked with a grave (`) accent. The variable vowels **e** and **o** are marked with a grave accent (`) when the vowel is open and with an acute accent (´) when the vowel is closed: **caffè, perché, andò**.

5. Because of the regional differences in the pronunciation of the vowels **e** and **o** and of the consonants **s** and **z**, we have avoided the use of diacritical marks to assign values to these characters.

6. The following abbreviations are used in the text:

abbr.	abbreviation		*m.*	masculine
adj.	adjective		*n.*	noun
adv.	adverb		*p.*	page
art.	article		*pl.*	plural
conj.	conjunction		*pp.*	pages
ecc.	**eccetera**		*p.p.*	past participle
etc.	*et cetera*		*p.r.*	**passato remoto**
f.	feminine		*prep.*	preposition
imp.	impersonal		*pres.*	present tense
inf.	infinitive		*pron.*	pronoun
int.	intransitive		*s.*	singular
inv.	invariable		*subj.*	subjunctive
irr.	irregular		*v.*	verb
lit.	literally			

(isc) after an infinitive indicates that the verb is conjugated like **capire**.

xvii

Volterra

INTRODUCTORY LESSON ON PRONUNCIATION

Sounds must be heard rather than explained. It is essential, therefore, that you listen very carefully to the pronunciation of the teacher, and that you imitate the sounds as closely as possible.

The Italian alphabet contains twenty-one letters:

Letters	Names of the letters	Letters	Names of the letters
a	a	n	enne
b	bi	o	o
c	ci	p	pi
d	di	q	cu
e	e	r	erre
f	effe	s	esse
g	gi	t	ti
h	acca	u	u
i	i	v	vu
l	elle	z	zeta
m	emme		

The following five letters, which are found in foreign words, are called:

j	i lungo	y	ipsilon
k	cappa	w	doppia vu
x	ics		

A. Vocali
(Vowels)

Italian vowels are short, clear-cut, and are never drawn out. The "glide" with which English vowels frequently end should be avoided. It should be noted that **a, i, u** are always pronounced the same way; **e** and **o**, on the other hand, have an open and a closed sound that may vary from one part of Italy to the other.

The approximate English equivalents are as follows:

a is like *a* in the English word *ah!*

casa	*house*	antipasto	*appetizer*
ama	*loves*	banana	*banana*
sala	*hall*	Papa	*Pope*
fama	*fame*	pasta	*pasta; dough; pastry*

e is sometimes like *e* in the English word *they* (without the final *i* glide).

e	*and*	beve	*drinks*
me	*me*	fede	*faith*
vede	*sees*	mele	*apples*
sete	*thirst*	pepe	*pepper*

e is sometimes like the *e* in *met.* This is the open **e**.

è	*is*	lento	*slow*
bene	*well*	festa	*party; holiday*
sedia	*chair*	presto	*soon*
vento	*wind*	tè	*tea*

i is like *i* in *machine.*

libri	*books*	bimbi	*children*
vini	*wines*	violini	*violins*
tini	*vats*	pini	*pines*

o is sometimes like *o* in the English word *oh!*

o	*or*	dono	*gift*
nome	*name*	solo	*alone*
posto	*place*	tondo	*round*
volo	*flight*	mondo	*world*

o is sometimes like *o* in *or.* This is the open **o**.

moda	*fashion*	toga	*toga*
no	*no*	oro	*gold*
posta	*mail*	brodo	*broth*
cosa	*thing*	trono	*throne*
rosa	*rose*	olio	*oil*

u is like *u* in *rule.*

luna	*moon*	fungo	*mushroom*
uno	*one*	lungo	*long*
fuga	*fugue*	mulo	*mule*
uso	*use*	tubo	*tube*

B. Consonanti
(Consonants)

The consonants not listed below (**b, f, m, n, v**) are pronounced as in English.

c before **a, o**, and **u** is like the English *k*.

casa	*house*	fico	*fig*
con	*with*	Colosseo	*Colosseum*
capo	*head*	Cupido	*Cupid*
cane	*dog*	camera	*bedroom*
caffè	*coffee*	culla	*cradle*

c before **e** or **i** is like the English sound *ch* in *chest*.

cena	*supper*	voce	*voice*
cibo	*food*	concerto	*concert*
aceto	*vinegar*	cinema	*cinema*
cipolla	*onion*	facile	*easy*

ch (found only before **e** or **i**) is like the English *k*.

che	*that*	chimica	*chemistry*
perché	*because*	fichi	*figs*
chilo	*kilo*	chi	*who*
chiuso	*closed*	anche	*also*

d is somewhat more explosive than in English, with the tongue near the tip of the upper teeth but with no aspiration.

di	*of*	data	*date*
dove	*where*	due	*two*
denaro	*money*	dodici	*twelve*
donna	*woman*	lunedì	*Monday*
moda	*fashion*	undici	*eleven*

g before **a, o** and **u** is as in the English word *go*.

gala	*gala*	albergo	*hotel*
gondola	*gondola*	gamba	*leg*
gusto	*taste*	fungo	*mushroom*
gonna	*skirt*	gomma	*eraser*
lungo	*long*	guanti	*gloves*
guidare	*to drive*	lingua	*tongue*

g before **e** or **i** is like the *g* in *gem*.

gelato	*ice cream*	angelo	*angel*
pagina	*page*	gente	*people*
gesso	*chalk*	gentile	*kind*
gita	*outing*	gennaio	*January*

gh (found only before **e** or **i**) is like the *g* in *go*.

ghetto	*ghetto*	fughe	*escapes*
laghi	*lakes*	maghi	*magicians*

gli[1] is approximately like *ll* in *million.*[2]

egli	*he*	meglio	*better*
figli	*sons*	famiglia	*family*
mogli	*wives*	aglio	*garlic*
fogli	*sheets (of paper)*	bottiglia	*bottle*

gn[1] is approximately like *ny* in *canyon.*

signora	*lady*	lavagna	*blackboard*
signore	*gentleman*	bagno	*bath*
signorina	*young lady*	sogno	*dream*
lasagne	*lasagna*	spugna	*sponge*

h is silent.

ho	*I have*	hotel	*hotel*
ha	*has*	ahi!	*ouch!*
hanno	*they have*		

l is as in English, but sharper and more forward in the mouth.

olio	*oil*	lingua	*language*
sale	*salt*	lungo	*long*
melone	*melon*	luna	*moon*
scuola	*school*	luce	*light*

p is as in English, but without the aspiration that sometimes accompanies this sound in English.

Contrast aspirated sounds in English words like "popcorn" by having students hold open hand in front of mouth to feel air being aspirated. Then use Italian words; students should feel no puffs of air.

pane	*bread*	patata	*potato*
pepe	*pepper*	papà	*dad*
popone	*melon*	ponte	*bridge*
pipa	*pipe*	punto	*period*
pasto	*meal*	pronuncia	*pronunciation*
Alpi	*Alps*	psicologo	*psychologist*

qu is always pronounced like the English *qu* in *quest.*

questo	*this*	quinto	*fifth*
quale	*which*	quarto	*fourth*
quanto	*how much*	quantità	*quantity*
quadro	*picture*	qualità	*quality*

r is different from the English *r;* it is pronounced with one flip of the tongue against the gums of the upper teeth. This is the trilled *r.*

---

[1]Pay close attention to how your teacher pronounces **gli** and **gn**, for they have no real equivalent in English.

[2]In a few words, however, **gl** followed by **i** is pronounced as in English: **negligente** *negligent,* **glicerina** *glicerine.*

ora	*now*	tenore	*tenor*
albergo	*hotel*	baritono	*baritone*
arte	*art*	orologio	*watch*
porta	*door*	sardina	*sardine*

s is sometimes like the English *s* in *house.*

soggiorno	*living room*	testa	*head*
stanza	*room*	festa	*party; holiday*
posta	*mail*	stufato	*stew*
pasta	*pasta; dough; pastry*	pista	*track*

s is sometimes (but always before **b, d, g, l, m, n, r,** and **v**) like the English *s* in *rose.*

rosa	*rose*	tesoro	*treasure*
frase	*phrase*	svelto	*quick*
sbaglio	*mistake*	esercizio	*exercise*
musica	*music*	sgridare	*to scold*
susina	*plum*	sbadato	*careless*

sc before **a, o,** or **u** is like *sk* in *ask.*

ascoltare	*to listen*	scuola	*school*
pesca	*peach*	tasca	*pocket*
toscano	*Tuscan*	scaloppine	*cutlets*
scarpa	*shoe*	scultura	*sculpture*
disco	*disk; record*	scopo	*purpose*

sc before **e** or **i** is like the English sound *sh* in *fish.*

finisce	*finishes*	sci	*ski*
pesce	*fish*	conoscere	*to know*
scena	*scene*	scendere	*to descend*
uscita	*exit*	uscio	*door*

sch occurs only before **e** or **i,** and is pronounced like the English *sk.*

pesche	*peaches*	tasche	*pockets*
dischi	*disks; records*	scheletro	*skeleton*
fiaschi	*flasks*	lische	*fishbones*

t is approximately the same as in English, but no escaping of breath accompanies it in Italian.

contento	*glad*	carta	*paper*
arte	*art*	matita	*pencil*
turista	*tourist*	antipasto	*appetizer*
telefono	*telephone*	testa	*head*

z is sometimes voiceless, like *ts* in *bets.*

pizza	*pizza*	negozio	*store*
marzo	*March*	Venezia	*Venice*
grazie	*thank you*	dizionario	*dictionary*

z is sometimes voiced, like *ds* in *beds*.

zero	*zero*	zebra	*zebra*
pranzo	*lunch*	zelo	*zeal*
romanzo	*novel*	zanzara	*mosquito*

NOTE When **ci, gi,** and **sci** are followed by **a, o,** or **u,** unless the accent falls on the **i,** the **i** is not pronounced. The letter i merely indicates that **c, g,** and **sc** are pronounced, respectively, like the English *ch, g* (as in *gem*), and *sh*.

arancia	*orange*	giornale	*newspaper*
ciliegia	*cherry*	ciao	*so long*
salsiccia	*sausage*	camicia	*shirt*
lasciare	*to leave*	scienza	*science*

C. Consonanti doppie
(Double consonants)

In Italian, all consonants except **h** and **q** can be doubled. Double consonants are pronounced much more forcefully than single consonants. With double **f, l, m, n, r, s,** and **v,** the sound is prolonged; with double **b, c, d, g, p,** and **t,** the stop is stronger than for the single consonant. Double **z** is pronounced almost the same as single **z.** Double **s** is always unvoiced.

babbo	*dad*	fetta	*slice*
evviva	*hurrah*	bistecca	*beefsteak*
mamma	*mama*	albicocca	*apricot*
bello	*beautiful*	filetto	*filet*
anno	*year*	assai	*a lot*
basso	*short*	ragazzo	*boy*
ferro	*iron*	pennello	*paint brush*
espresso	*espresso coffee*	tavolozza	*palette*
spaghetti	*spaghetti*	cavalletto	*easel*

Most Italian words end in a vowel.

D. Dittonghi
(Diphthongs)

Follow-up: additional pronunciation practice might take the form of having students pronounce **all'italiana** Italian words that have come into everyday English usage: **terra cotta, spaghetti, espresso, bravo,** etc. Encourage students to make their own sample lists—to include words in the fields of food, music, architecture, art; or to include proper names of both Italians and Italian Americans. Further, suggest that students watch themselves in a mirror when saying Italian words. This shows them how differently the mouth muscles move when they speak Italian instead of English.

Diphthongs are two vowels fused to emit a single sound. A diphthong is formed when an unstressed **i** or **u** combines with another vowel (**a, e, o**) or when the two vowels combine with each other, in which case either the **i** or **u** may remain unstressed. In diphthongs, unstressed **i** and **u** become semivowels approximating in sound the English consonants *y* and *w,* respectively.

ieri	*yesterday*	buono	*good*
fiore	*flower*	chiuso	*closed*
invidia	*envy*	più	*more*

Triphthongs also exist. These are sequences of three vowels with a single sound, usually a diphthong followed by an unstressed **i.**

tuoi	*yours*	miei	*mine*
buoi	*oxen*	pigliai	*I took*

Italian has numerous words that contain sequences of vowels. The following words are not triphthongs (which are infrequent), but sequences of a vowel and a diphthong:

noia	*boredom*	febbraio	*February*
baia	*bay*	fioraio	*florist*

Each of the words below has a sequence of two diphthongs:

ghiaia	*gravel*	muoio	*I die*
acquaio	*sink*	gioiello	*jewel*

To aid the student, this text uses a stress dot to mark for stress in sequences of more than two vowels.

E. Sillabazione *(Syllabication)*

Italian words are divided into syllables as follows:

1. A single consonant goes with the following vowel.

ca-sa	*house*	po-si-ti-vo	*positive*

2. Double consonants are divided.

bab-bo	*dad*	ros-so	*red*
bel-lo	*beautiful*	at-to	*act*

3. Two consonants, the first of which is **l, m, n,** or **r,** are divided.

al-ber-go	*hotel*	con-ten-to	*contented*
am-pio	*ample*	for-tu-na	*fortune*

4. Otherwise, a combination of two consonants belongs to the following syllable.

ba-sta	*enough*	fi-glio	*son*
pa-dre	*father*	ba-gno	*bath*
so-pra	*above*	sa-cro	*sacred*

5. The first of three consonants, except **s,** goes with the preceding syllable.

sem-pre	*always*	fel-tro	*felt*
mem-bro	*member*	men-tre	*while*

BUT

fi-ne-stra	*window*	pe-sche	*peaches*
mi-ne-stra	*soup*	mo-stro	*monster*

6. Diphthongs and triphthongs are never divided.

nuo-vo	*new*	mie-le	*honey*
per-fi-dia	*spite*	uo-mo	*man*
mai	*never*	lin-gua	*language*
suoi	*his*	pi-gliai	*I took*

Diphthongs may occur in stressed or unstressed syllables. However, when a diphthong is broken by stress (the vowel **i** or **u** directly bears the stress), then the two vowels break into separate syllables.

mi-o	*mine*	tu-o	*yours*
spi-a	*spy*	ma-ni-a	*mania*
rin-vi-o	*postponement*	te-ra-pi-a	*therapy*
al-le-gri-a	*joy*	far-ma-ci-a	*pharmacy*

F. Accento tonico
(Stress)

Usually, Italian words are stressed on the next-to-the-last syllable.

amico	*friend*	signorina	*Miss*
parlare	*to speak*	studiare	*to study*
padre	*father*	telefonare	*to telephone*
nipote	*nephew*	Milano	*Milan*
foglia	*leaf*	uomo	*man*

When the final **-e** is dropped from a word, as happens with some masculine titles when they are directly followed by a proper name, the position of the stress remains unchanged.

dottore	*doctor*	professore	*professor*
dottor Nardi	*Doctor Nardi*	professor Pace	*Professor Pace*

When words are stressed on the last vowel, they always have a written accent over that vowel.

città	*city*	venerdì	*Friday*
università	*university*	virtù	*virtue*
però	*however*	cioè	*namely*
perché	*because*	tassì	*taxi*

Some words stress the third syllable from the last (and a few the fourth from the last). As an aid to the student, this book uses a stress dot to indicate stress position on words that are not stressed on the next-to-the-last syllable.

utile	*useful*	timido	*timid*
isola	*island*	abitano	*they live*
facile	*easy*	Napoli	*Naples*
difficile	*difficult*	ottimo	*excellent*

It is useful to remember that open **e** and **o** occur only in stressed syllables.

automobile	*automobile*	nobile	*noble*
telefono	*telephone*	medico	*physician*

Final diphthongs broken by stress are always indicated by a stress dot, as are words where there may be some difficulty in determining stress position.

via	*street*	zio	*uncle*
monotonia	*monotony*	anatomia	*anatomy*

acciaio	*steel*		cuoio	*leather*
laico	*lay*		aureo	*golden*

NOTE The written accent is used with a few monosyllables in order to distinguish them from others that have the same spelling but a different meaning.

è	*is*		e	*and*
sì	*yes*		si	*oneself*
dà	*gives*		da	*from*
sé	*himself, herself*		se	*if*
là	*there*		la	*the; it; her*
né	*nor*		ne	*some*

G. Apostrofo (Apostrophe)

The apostrophe is generally used to indicate the dropping of the final vowel before the word that follows it.

l'amico instead of **lo amico** *(the friend)*
l'automobile instead of **la automobile** *(the automobile)*
un'università instead of **una università** *(a university)*
d'Italia instead of **di Italia** *(of Italy)*
dov'è instead of **dove è** *(where is)*

H. Maiuscole (Capitals)

Many words that are capitalized in English are not capitalized in Italian. These include: the days of the week, the months of the year, proper adjectives, a few proper nouns, and titles such as Mr., Mrs., and Miss.

Arriva **domenica**.	*He is arriving on Sunday.*
Il signor Neri è **italiano**.	*Mr. Neri is Italian.*
Gli **americani** sono industriosi.	*Americans are industrious.*

Italians do not use the capital with the pronoun **io** *(I)* but usually capitalize the pronoun **Lei** *(you,* singular) and **Loro** *(you,* plural).

I. Segni d'interpunzione (Punctuation marks)

Have students take dictation. Even nonsense sentences, which include punctuation, will give them a sense of sound, rhythm, and intonation.

,	virgola
.	punto
;	punto e virgola
:	due punti
…	puntini
!	punto esclamativo
?	punto interrogativo
-	trattino
—	lineetta
« »	virgolette
( )	parentesi
[ ]	parentesi quadre
*	asterisco
´	accento acuto
`	accento grave
'	apostrofo

Esercizi di Pronuncia

A. Consonanti e la vocale a

banana	pala	alta	cantata	pasta
fama	sala	tanta	fanfara	basta
rana	casa	insalata	fata	madama
cava	lampada	malata	campana	aranciata
carta	patata	salata	fava	tazza
gala	banca			

B. La vocale e chiusa (closed e)

refe	neve	vendette	verde	benedire
rete	candele	rene	spegnere	pesce
beve	bestie	tenere	ridere	polpetta
fede	temere	vedere	sedere	mele
vele	pere			

C. La vocale e aperta (open e)

gesto	bene	perdere	sedia	diligente
lesto	erba	albergo	merito	negligente
festa	perla	vento	coltello	biblioteca
tenda	gente	medico	parente	treno

D. La vocale i

libri	vimini	vicini	banditi	bisbigli
vini	lividi	tini	fili	infimi
dita	birilli	violini	minimi	intimi
bimbi	lini	mulini	mirtilli	finiti
pini	simili			

E. La vocale o chiusa (closed o)

nome	solo	sole	pronto	torta
volo	tondo	solo	colmo	cipolla
posto	dolore	colore	moneta	pollo
dono	dove	sordo	cotone	

F. La vocale o aperta (open o)

modo	porta	sodo	donna	opera
posta	toga	noto	ostrica	nobile
rosa	trota	forte	carota	mobile
oro	roba	morte	flora	sogliola
brodo	coro	olio	no	

G. La vocale **u**

gusto	uso	punto	frugale	lattuga
fungo	luna	buco	culmine	granturco
lungo	futuro	unico	unto	spumante

H. Le consonanti **s** e **z** sorde (*unvoiced s and z*)

sole	signore	senza	nazione	zucchini
sandalo	posta	seno	lezione	spinaci
pista	mese	alzare	frizione	grissino

I. Le consonanti **s** e **z** sonore (*voiced s and z*)

frase	uso	base	zeta	azzurro
esame	visitare	romanzo	zaino	mezzo
musica	vaso	zero	zanzara	manzo

J. Consonanti semplici e consonanti doppie (*single and double consonants*)[1]

pala *shovel*	cadi *you fall*	rupe *cliff*	caro *dear*	sono *I am*
palla *ball*	caddi *I fell*	ruppe *he broke*	carro *cart*	sonno *sleep*
casa *house*	lego *I tie*	nono *ninth*	tuta *overalls*	cane *dog*
cassa *box*	leggo *I read*	nonno *grandpa*	tutta *all*	canne *reeds*
fiero *proud*	sete *thirst*	mano *hand*	copia *copy*	camino *chimney*
ferro *iron*	sette *seven*	manna *manna*	coppia *couple*	cammino *I walk*

K. Le consonanti **c, g, sc** davanti a **e** o **i** (*consonants c, g, sc before e or i*)

cenere	dodici	giù	scena	conoscere
cinema	gente	valige	lasciare	uscire
cena	giovane	sciopero	scimmia	prosciutto

L. Le consonanti **c, g, sc** davanti a **a, o, u** (*consonants c, g, sc before a, o, u*)

carta	acuto	gala	scarpa	scuola
come	lago	laguna	ascoltare	scudo

M. Le consonanti **ch, gh, sch** davanti a **e** o **i** (*consonants ch, gh, sch before e or i*)

chiave	banchi	leghe	freschi	mosche
perché	lunghe	ghiotto	fischi	scherma

N. **gn** e **gli**

legno	ognuno	signore	meglio	foglia
Bologna	sogno	castagna	luglio	maglia
giugno	montagna	figlio	foglio	tovagliolo
ogni	insegnante	egli	aglio	sbadigliare
magnolia	ingegnere	famiglia	bottiglia	sfogliare

---

[1]The English meaning is given to emphasize the importance of correct pronunciation.

O. Le altre consonanti *(other consonants)*

cappuccino	anche	doga	pretendere	sciare
capo	chilo	gola	quinto	liscio
cotone	chi	lungo	quercia	scena
Colosseo	chiodo	legare	quasi	scivolare
cupola	occhio	droga	antiquario	cattedra
calore	bicchiere	gente	acqua	scirocco
carne	chiesa	gelo	acquedotto	pesche
corto	chiuso	genere	quadro	lische
cucchiaio	vecchio	fagiolini	quartetto	tasche
aceto	ciao	gita	ferro	dischi
noce	camicia	gentile	errore	mosche
cenere	provincia	giù	guerra	fiaschi
cibo	cioè	ingegno	caro	teatro
cipolla	denaro	lampada	bere	velocità
bacio	donna	lampone	arido	chiacchiere
cielo	moda	tela	ruota	turista
caccia	nudo	tarantella	resto	torta
cervo	noto	harem	presto	torto
cinema	nido	ahimè	prima	tanto
cena	dove	hanno	minestra	contento
voce	adesso	pepe	toscano	distinto
buchi	dentro	pasto	scandalo	virtù
poche	dadi	pesto	scarpa	affitto
chimica	diga	papa	antichità	caffellatte
chiave	gusto	papà	scatola	lunedì
perché	vago	pappa	pesce	venerdì

P. Alcune parole analoghe *(a few cognates)*

radio	telegramma	cardinale	paradiso	teatro
volume	dottore	cattedrale	rispondere	preparare
idea	aeroplano	cioccolato	sigaretta	socialismo
contento	pilota	tragedia	medicina	comunismo
morale	aeroporto	commedia	letteratura	scultore
generale	ammirare	divino	professore	pittore
economico	arrivare	eccetera	automobile	residenza
musica	artificiale	esclamazione	bicicletta	traffico
arte	artista	frutta	fotografo	vocabolario
danza	aspirina	gentile	dentista	elefante
televisione	autobus	impermeabile	naso	tigre
immortale	azzurro	lista	ospedale	condizione
geografia	banca	magnifico	limone	delfino
filosofia	ballo	medievale	arancia	astronauta
sociologia	bravo	minore	oliva	antibiotico
dramma	caffè	presente	lettera	coccodrillo
poeta	centro	programma	repubblica	vitamina
attore	cerimonia	opera	lezione	americano

Q. Alcuni nomi geogràfici *(some geographic names)*

Àdige	Àrtico	Umbria	Giappone	Germania
Arno	Amèrica	Toscana	Olanda	Svezia
Po	Europa	Vèneto	Danimarca	Norvegia
Tèvere	Asia	Lombardìa	Svìzzera	Finlandia
Piave	Àfrica	Piemonte	Inghilterra	Mèssico
Tirreno	Australia	Puglie	Londra	Cile
Adriàtico	Canadà	Basilicata	Brasile	Perù
Mediterràneo	Spagna	Sicilia	Parigi	Argentina
Atlàntico	Francia	Lazio	Lisbona	Cina
Pacìfico	Italia	Sardegna	Atene	Alpi
Indiano	Russia		Irlanda	Appennini

R. Alcuni nomi propri *(a few proper names)*

Dante	Leopardi	Montale	Leonardo	Manzù
Petrarca	Pàscoli	Quasìmodo	Raffaello	Galvani
Boccaccio	Carducci	Giotto	Bernini	Volta
Ariosto	Verga	Donatello	Canova	Marconi
Tasso	Pirandello	Michelàngelo	Campigli	Fermi
Goldoni	Vittorini	Cellini	Malpighi	Palma
Manzoni	Moravia	Bramante	Torricelli	Vespucci

S. Alcuni nomi di persona *(a few first names)*

Anna	Làura	Carlo	Caterina	Guido
Marìa	Mirella	Francesco	Piero	Edoardo
Pàolo	Teresa	Carmela	Pietro	Domènico
Vincenzo	Alberto	Luciana	Cèsare	Silvia
Giovanni	Gino	Luigi	Giuseppe	Rosa
Antonio	Gina	Franco	Emma	Maddalena
Luisa	Mario	Franca	Beatrice	Èlena

Additional entries here might include names of composers: **Vivaldi, Boccherini, Puccini, Rossini, Salieri, Respighi, Pergolesi,** etc. You may wish to explain that certain names in Italian, like **Medici,** reflect professions: use comparisons in English *(Carpenter, Smith, Guard).*

CAPITOLO
PRELIMINARE

Saluti *(Greetings)*

Prof. Narducci: Buon giorno.
Classe: Buon giorno, professor Narducci.

Sig. Martinelli: Buona sera, signora Agnese, come sta?
Sig.ra Agnese: Buona sera. Sto bene, e Lei?

Mamma: Buona notte, Francesco.
Francesco: Buona notte, mamma.

Patrizia: Ciao Marinella. Come va?
Marinella: Ciao. Bene. E tu, come stai?

Paolo: A domani.
Cristina: D'accordo. Arrivederci.

Luca: ArrivederLa, signorina.
Sig.na Mancini: A domani, Luca. Ciao.

Alberto:	Come ti chiami?
Elisabetta:	Elisabetta. E tu?
Alberto:	Mi chiamo Alberto. Piacere.

Signor Ariello:	Come si chiama, signorina?
Sig.na Lotti:	Mi chiamo Antonella Lotti. E Lei?

Vocabolario *(Vocabulary)*

a domani   see you tomorrow
arrivederci   good-bye *(familiar)*
arrivederLa   good-bye *(formal)*
ciao   hello, hi; bye-bye
buon giorno   good morning
buona notte   good night
buona sera   good evening
classe   class; classroom
come si chiama?   what is your name? *(formal)*
come ti chiami?   what is your name? *(familiar)*
mi chiamo ...   my name is . . .
come sta?   how are you? *(formal)*
come stai?   how are you? *(familiar)*
sto bene   I'm fine
come va?   how is it going?

bene   well, fine
così così   so-so
d'accordo!   agreed! all right! O.K.!
e   and
grazie   thank you, thanks
Lei   you *(formal, singular)*
mamma   mother, mama
saluti   greetings
signor [Nesi]   Mr. *[first or last name]*
signore   Sir *(direct address)*
signora [Agnese]   Mrs. *[first or last name]*; Ma'am
signorina [Lolli]   Miss *[first or last name]*; Miss
tu   you *(familiar, singular)*

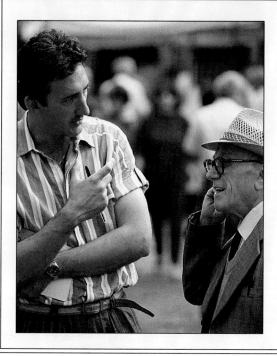

- Titles ending in **-re** (**professore, signore**) drop the final *-e* before a proper name. (**Buon giorno, professor Narducci. Professore, buon giorno!**)
- Here is a list of abbreviations for some of the titles you already know:

signor	sig.
signora	sig.ra
signorina	sig.na
professor	prof.
professoressa	prof.ssa

- **Come sta/stai?** *(How are you?)* is an inquiry, and an answer is generally expected.
- To translate the singular form of the pronoun *you*, Italian uses a formal and a familiar form of address: **tu** is used with family members, close friends, children and animals; **Lei** (usually capitalized) is employed in formal relationships and when others are addressed with titles, such as **signor, signora,** or **signorina.**

ESERCIZI

A. **Come ti chiami?** Get to know your classmates better. Ask the student sitting near you what his (her) name is.

B. **Buon giorno!** Pretend you are riding the bus to work. Greet the people you know from your neighborhood who are on the bus with you.

C. **ArrivederLa!** As you leave the university, say good-bye to the professors and friends you see.

D. **Dialogo** *(Dialogue)*. Complete the following dialogue.

Gianni Del Rio:	Buon giorno.
Leo Tornatore:	_____.
Gianni Del Rio:	Mi chiamo Gianni Del Rio. E Lei, come si chiama?
Leo Tornatore:	_____ Leo Tornatore.
Gianni Del Rio:	_____?
Leo Tornatore:	Bene, _____. E Lei?
Gianni Del Rio:	_____.

E. Brevi scambi *(Brief exchanges)*. How would you answer the following questions or statements?

1. *Prof. Martini:* Come si chiama, signorina?
2. *Emilio:* Ciao Andrea, come stai?
3. *Gloria:* Mi chiamo Gloria Ruggerini.
4. *Uno studente* (a male student): Come ti chiami?
5. *Un amico* (a male friend): Ciao. A domani.

F. Situazioni *(Situations)*. With another student create a brief conversation of two to four lines for the following situations.

1. You greet another student in your Italian class.
2. You are spending the night at a friend's house and you wish your friend's father good night.
3. While waiting for a classmate at the student cafeteria, you strike up a conversation with another student sitting next to you; you introduce yourself and ask a few questions.
4. At the end of class you say good-bye to a classmate whom you will see in class again tomorrow.
5. You meet your next-door neighbor on your way to your apartment. It is 8:30 P.M.

I giorni della settimana e i numeri
(The days of the week and numbers)

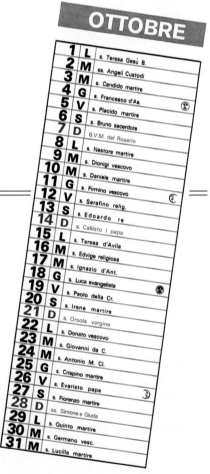

LA SETTIMANA

lunedì	*Monday*
martedì	*Tuesday*
mercoledì	*Wednesday*
giovedì	*Thursday*
venerdì	*Friday*
sabato	*Saturday*
domenica	*Sunday*

I Numeri

0 zero	10 dieci	20 venti	30 trenta
1 uno	11 undici	21 **ventuno**	40 quaranta
2 due	12 dodici	22 ventidue	50 cinquanta
3 tre	13 tredici	23 **ventitré**	60 sessanta
4 quattro	14 quattordici	24 ventiquattro	70 settanta
5 cinque	15 quindici	25 venticinque	80 ottanta
6 sei	16 sedici	26 ventisei	90 novanta
7 sette	17 diciassette	27 ventisette	
8 otto	18 diciotto	28 **ventotto**	
9 nove	19 diciannove	29 ventinove	

Vocabolario

bravo! bravo! *(for a man)*
brava! bravo! *(for a woman)*
che ... ? what . . . ?
che giorno è oggi? what day is today?
che numero è? what number is it?
è is

meno minus; less
il numero number
oggi today
più plus; more
quanto fa ... ? how much is . . . ?
la settimana week

NOTE LINGUISTICHE E CULTURALI

- **Venti, trenta, quaranta, cinquanta, sessanta, settanta, ottanta,** and **novanta** drop the final vowel when they combine with **uno** or **otto**: **ventuno, ventotto.**
- When **tre** is added to **venti, trenta,** and other multiples of ten, it requires an acute accent: **ventitré.**
- In Italian, the days of the week are not capitalized unless they are the first word in a sentence.

Esercizi

A. **Numeri.** Count in Italian.

1. Count from 0 to 20.
2. Count from 0 to 20 by twos, by threes, by fives.
3. Count from 0 to 90 by tens.

B. **Quanto fa ... ?** Add and subtract in Italian. Follow the examples.

Esempi: 3 + 5 = ? (Quanto fa tre più cinque?) →
—Tre più cinque fa otto.

10 − 1 = ? (Quanto fa dieci meno uno?) →
—Dieci meno uno fa nove.

1. 2 + 4 = ?	5. 8 + 9 = ?	9. 50 − 10 = ?
2. 5 + 5 = ?	6. 10 + 3 = ?	10. 63 − 18 = ?
3. 13 − 7 = ?	7. 16 − 5 = ?	11. 98 − 81 = ?
4. 9 − 8 = ?	8. 20 − 8 = ?	12. 43 − 10 = ?

C. Che numero è? Your instructor will divide the class into pairs. You must think of a number in Italian between 0 and 30, and your partner will try to guess it. If your partner guesses incorrectly, help out by saying **di più** if the number should be larger, or **di meno** if the number should be smaller. When your partner guesses correctly, tell him (her): **Sì, bravo (brava)!**

D. Che giorno è oggi? Refer to the calendar on p. 18. A classmate points to a specific day and asks, **Che giorno è oggi?** You answer accordingly, giving the day of the week. Alternate roles.

Before students do this exercise, point out the abbreviations for the days of the week in the Italian calendar.

Esempio: (lunedì) →
—Che giorno è oggi?
—Oggi è lunedì.

E. Chiuso per inventario *(Closed for inventory).* Marco is helping his father inventory the goods left in the store. Read aloud the quantities Marco is counting.

55 maglioni   *(sweaters)*
32 camicie   *(shirts)*
27 cravatte   *(ties)*
63 gonne   *(skirts)*
92 calzini   *(socks)*
48 mutande   *(underwear)*
36 canottiere   *(undershirts)*
19 sciarpe   *(scarves)*
58 giacche   *(sport jackets)*
83 camicette   *(blouses)*
94 calze   *(stockings)*
70 reggiseni   *(bras)*

Quanto costa?
(How much is it?)

In Classe   *(In Class)*

Insegnante:	Aprite i libri.
Studenti:	Subito, signorina.
Insegnante:	Maria, legga le parole nuove.
Maria:	Non capisco. Ripeta, per favore.
Insegnante:	Legga le parole nuove.
Maria:	La lavagna, il gesso, il quaderno, la porta.
Insegnante:	Brava. Ora ripetete tutti insieme.
Insegnante:	Rispondete in italiano. Come si dice « *Thursday* » in italiano?
Studenti:	Giovedì.
Insegnante:	Che cosa vuol dire «domenica»?
Studenti:	Vuol dire « *Sunday* ».
Insegnante:	Che giorno è oggi?
Studenti:	Oggi è ...
Insegnante:	Ora chiudete i libri.

Ask students to respond to commands at this point: **Aprite i libri!** etc. Also, to reinforce vocabulary to date, you might point to things in the classroom and say **Come si chiama ... ?** or **Quanti/e ci sono?**

Vocabolario

la **domanda**   question
il **gesso**   chalk
l'**insegnante** *(m./f.)*   teacher
la **lavagna**   blackboard
ora now
la **parola**   word
   le **parole nuove**   new words
la **porta**   door
il **quaderno**   notebook
subito   right away, at once
aprite i libri!   open your books! *(entire class)*
ascoltate!   listen! *(entire class)*
ascolta!   listen! *(one student, familiar)*
ascolti!   listen! *(one student, formal)*
che cosa?   what?
che cosa vuol dire ... ?   what does . . . mean?
non capisco   I don't understand
per favore   please
come si dice ... ?   how do you say . . . ?
   si dice ...   you say (one says) . . .

leggete ad alta voce!   read out loud! *(entire class)*
leggi!   read! *(one student, familiar)*
legga!   read! *(one student, formal)*
ripetete!   repeat! *(entire class)*
ripeti!   repeat! *(one student, familiar)*
ripeta!   repeat! *(one student, formal)*
rispondete in italiano!   reply in Italian! *(entire class)*
rispondi in italiano!   reply in Italian! *(one student, familiar)*
risponda in italiano!   reply in Italian! *(one student, formal)*
tutti insieme   all together
va' alla lavagna!   go to the blackboard! *(one student, familiar)*
vada alla lavagna!   go to the blackboard! *(one student, formal)*
chiudete i libri!   close your books! *(entire class)*

ESERCIZI

A. **Come si dice?** Refer to these drawings. Form questions and answers according to the model. Work with another student.

    Esempio: —Come si dice «*pen*» in italiano?
                 —Si dice «penna».
                 —Bravo (Brava)!

B. **Ascolta!** Using the dialogue and the vocabulary list as models, tell another student . . .

1. to repeat, please
2. to read the new words

3. to answer in Italian
4. to go to the blackboard

C. **In classe.** Tell the students in your class to do the following things. The students should respond accordingly.

1. to close their books
2. to listen

3. to repeat the word "*ciao*"
4. to open their books

I GLI STUDENTI

Culture
- Greetings and introductions
- Using a telephone
- Italian universities and student life
- The education system
- Geography of Italy

Communication
- Making a phone call
- Asking for and providing personal information
- Describing someone
- Making suggestions
- Accepting or refusing an invitation

1   IL TELEFONO

Il telefono squilla. Luciana Bertolini, la madre di Federica, alza il ricevitore:

Signora Bertolini:	Pronto?
Gianni:	Pronto. Buon giorno, signora Bertolini.
Signora Bertolini:	Buon giorno. Chi parla?
Gianni:	Sono Gianni. Come sta?
Signora Bertolini:	Ah, ciao, Gianni. Io sto bene grazie, e tu?
Gianni:	Bene, grazie. C'è Federica?
Signora Bertolini:	Sì! Un momento. *(chiama)* Federica? Telefono! È Gianni! ... Gianni, ecco Federica.

«Pronto? Chi parla?»

Federica:	Pronto.
Gianni:	Ciao, Federica, come stai?
Federica:	Non c'è male.
Gianni:	Cosa fai? Guardi la televisione?
Federica:	Magari! Che c'è di nuovo?
Gianni:	Non trovo gli appunti per il corso di economia.
Federica:	Hai il libro?
Gianni:	Sì, il libro sì, ma non trovo gli ultimi appunti.
Federica:	Vuoi la copia che ho io?
Gianni:	Sì, grazie, quando?
Federica:	Martedì in biblioteca, va bene?
Gianni:	Sì, sì. Arrivederci allora.
Federica:	Ciao.

DOMANDE

1. Quando alza il ricevitore la signora Bertolini?
2. Chi parla quando squilla il telefono?
3. Chi è Luciana Bertolini?
4. Come sta Gianni?
5. Chi chiama la signora Bertolini?
6. C'è Federica?
7. Come sta Federica?
8. Gianni ha il libro o gli appunti?

Vocabolario

Sostantivi *(Nouns)*

gli appunti *(pl.)*   (class) notes
la **biblioteca**   library
la **copia**   copy
il **corso**   course
l'**economia**   economics
il **gettone**   token
il **libro**   book
la **madre**   mother
il **ricevitore**   receiver
lo **studente**   student *(m.)*
la **studentessa**   student *(f.)*
il **telefono**   telephone

Aggettivi *(Adjectives)*

ultimi *(pl.)*   last, most recent

Verbi *(Verbs)*

alza   lifts
chiama   calls
ha   has
hai   you have *(familiar, singular)*
ho   I have
non trovo   I can't find
sono   I am
squilla   rings
vuoi   you want *(familiar, singular)*

Altri vocaboli *(Other words)*

allora   then; so
che   that, which; who(m)
chi?   who? whom?
di   of
io   I
ma   but
per   for
pronto   hello *(on telephone)*
quando   when
sì   yes

Espressioni *(Expressions)*

c'è Federica?   is Federica there?

che c'è di nuovo?   what's new?

chi parla?   who's speaking?

cosa fai?   what are you doing?

è Gianni!   it's Gianni!

guardi la televisione?   are you watching television?

magari!   if only!

non c'è male   not bad

un momento   just a moment

va bene?   is that all right?

Un telefono pubblico.

NOTE LINGUISTICHE E CULTURALI

- In Italian, when referring to a specific day of the week, no preposition is used: *Lunedì comincia la scuola. (On Monday school begins.)* To express a habitual action, the day of the week is preceded by the definite article: *Il giovedì guardo la mia telenovela preferita. (On Thursdays I watch my favorite soap opera.)* With the exception of **domenica,** which is feminine, all the other days of the week are masculine.

- In Italy most public phones accept 100, 200, and 500-lira pieces as well as a telephone token (**il gettone**), which can be purchased at a tobacco store (**la tabaccheria**) or a café. Magnetic cards are becoming more and more available and can be obtained at SIP (Società Italiana per l'Esercizio Telefonico) offices. A magnetic calling card (**la scheda telefonica**) allows the caller to make calls up to the prepaid amount of the card.

- It is not uncommon for an Italian family to have only one telephone in the house. Most families don't need an extra phone because Italians prefer to meet one another in the town square or at the local café. Compared to North America, having a phone in Italy is expensive in that the cost of each call is determined by the length of time and the distance. In addition, having a telephone installed is not so easy. It may take up to three months. Special features, like call waiting or call forwarding are generally not offered. Yet, cellular phones are becoming increasingly popular.

Grammatica

I. Genere
(Gender)

All Italian nouns are either masculine or feminine in gender. A singular noun that ends in **-o** is generally masculine.

libro	*libro*	ragazzo	*boy*
giorno	*day*	compito	*assignment*
corso	*course*	quaderno	*notebook*

You may wish to mention Greek-root words here that end in -a but are masculine: **dramma, sistema, clima,** etc. Cf. with same words in Spanish.

A singular noun that ends in **-a** is generally feminine.

casa	*house*	lettura	*reading*
zia	*aunt*	ragazza	*girl*
donna	*woman*	ora	*hour*

Nouns ending in **-e** in the singular can be masculine, feminine, or both.

professore *(m.)*	*professor*
nome *(m.)*	*name*
esame *(m.)*	*examination*
studente *(m.)*	*student*
insegnante *(m. / f.)*	*teacher*
automobile *(f.)*	*automobile*
notte *(f.)*	*night*
lezione *(f.)*	*lesson*
arte *(f.)*	*art*

Comparative language: point out to students that while not all genders carry over from one romance language to another (Ital.: **il latte**; Span.: **la leche**), the majority do.

Nouns ending in **-ione** are generally feminine, while nouns ending in **-ore** are almost always masculine.

televisione *(f.)*	*television*	attore *(m.)*	*actor*
nazione *(f.)*	*nation*	autore *(m.)*	*author*
opinione *(f.)*	*opinion*	professore *(m.)*	*professor*

II. Singolare e plurale dei nomi
(Singular and plural of nouns)

To form the plural, change the final **-o** or **-e** of the singular to **-i**, and the final **-a** to **-e**.

libro, libri	*book, books*
ragazzo, ragazzi	*boy, boys*
professore, professori	*professor, professors*
attore, attori	*actor, actors*
casa, case	*house, houses*
scuola, scuole	*school, schools*

III. L'articolo determinativo
(The definite article)

Explain the importance of the articolo determinativo, gender, and number. Point out that these little words are the first building blocks of Italian and their importance cannot be overstressed.

MASCHILE *(MASCULINE)*

The noun begins with	The singular definite article is	The plural definite article is
1. a vowel	l'	gli
2. **z, ps, gn,** or **s** + *consonant*	lo	gli
3. other consonants	il	i

l'anno	gli anni	*the year(s)*
l'errore	gli errori	*the error(s)*
lo zio	gli zii	*the uncle(s)*
lo stato	gli stati	*the state(s)*
il libro	i libri	*the book(s)*
il compito	i compiti	*the assignment(s)*
il saluto	i saluti	*the greeting(s)*

FEMMINILE *(FEMININE)*

The noun begins with	The singular definite article is	The plural definite article is
1. a vowel	l'	le
2. a consonant	la	le

Synonym: **macchina** for **automobile.** The former is, of course, the word used most frequently for "car" and is obviously feminine.

l'automobile	le automobili	*the automobile(s)*
l'ora	le ore	*the hour(s)*
la casa	le case	*the house(s)*
la frase	le frasi	*the phrase(s)*

IV. Uso dell'articolo determinativo
(Use of the definite article)

The definite article is repeated before each noun.

i ragazzi e le ragazze	*the boys and girls*
il quaderno e la penna	*the notebook and pen*

V. Le forme interrogative *Chi? Che? Che cosa? Cosa?*

Chi?	*Who? Whom?*
Che? Che cosa? Cosa?	*What?*

The interrogative forms **chi? che? (che) cosa?** are invariable.

Chi parla?	*Who is speaking?*
Con **chi** parlo?	*With whom am I speaking?*
Che (Che cosa, Cosa) studi?	*What are you studying?*

VI. C'è, ci sono

C'è means *there is;* **ci sono** means *there are.* These expressions are used to indicate where somebody or something is located.

C'è un telefono a casa di Federica?	*Is **there** a telephone at Federica's house?*
A casa di Gianni **ci sono** due telefoni.	*At Gianni's house **there are** two telephones.*

VII. Ecco

When showing, pointing, or directing attention to something or someone, the English *here is, here are, there is, there are* are translated by the single word **ecco.**

Ecco Federica.	*Here is (There is) Federica.*
Ecco Federica e Gianni.	*Here are (There are) Federica and Gianni.*

ESERCIZI

A. Change the following masculine nouns to the plural.

1. quaderno	3. ragazzo	5. signore
2. studente	4. gettone	6. compito

B. Change the following feminine nouns to the plural.

1. lavagna	3. classe	5. mamma
2. pizza	4. opinione	6. lettura

C. Change the following nouns to the plural, using any number from two to twenty.

Esempi: penna → quattro penne
corso → due corsi

1. notte	5. televisione	9. esame
2. ragazzo	6. professore	10. momento
3. attore	7. signora	11. scuola
4. giorno	8. donna	12. ora

D. Put the definite article before the following masculine singular nouns.

1. _____ insegnante	4. _____ gettone
2. _____ zero	5. _____ momento
3. _____ studente	6. _____ anno

Follow-up: fast oral drill. The teacher gives a word: the student responds with the appropriate article. Or, the teacher gives an article, and the student supplies a word to go with it. You may wish to stress the different articles that accompany s + *consonant* and s + *vowel* words, since beginning students often find these confusing.

Optional activity: Refer to the following SIP directory and ask students what number they would dial to (1) obtain a wake up call, (2) get information about the weather, (3) inquire about traffic and road conditions, (4) obtain a cooking recipe.

E. Put the definite article before the following feminine singular nouns.

1. _____ penna
2. _____ opinione
3. _____ copia
4. _____ madre
5. _____ ora
6. _____ scuola

F. Put the definite article before the following masculine and feminine nouns.

1. _____ notti
2. _____ numeri
3. _____ esami
4. _____ ragazze
5. _____ donne
6. _____ anni
7. _____ compiti
8. _____ corsi

G. Following the example, change the direct object of each sentence to the singular.

Esempio: Non trovo le copie. →
Non trovo la copia.

1. Non trovo le case.
2. Non trovo i professori.
3. Non trovo le automobili.
4. Non trovo i compiti.
5. Non trovo gli errori.
6. Non trovo i ragazzi.
7. Non trovo le zie.
8. Non trovo le mamme.

H. Apply the expression **Ecco ...** to the following nouns. Use the definite article when necessary.

Esempio: telefono →
Ecco il telefono.

1. scuola
2. studente
3. biblioteca
4. Gianni
5. libro
6. gettone

I. **C'è** or **Ci sono?** Using c'è or ci sono formulate new answers for the question **Chi c'è oggi a** *(at)* **scuola?**

Esempio: i ragazzi e le ragazze →
Ci sono i ragazzi e le ragazze.

1. i professori
2. le insegnanti
3. Federica
4. gli studenti
5. Antonio e Carlo
6. Adele

Follow-up: a dictation is reinforcing at this point. Have students write dictated words on chalkboard; then have other students add the singular or plural forms of those words. Finally, have yet other students decide if the forms are right or not.

Il telefono è utile per molte cose.

il telefono
un collaboratore sempre
pronto

113 SOCCORSO PUBBLICO DI EMERGENZA
Per interventi urgenti in caso di pericolo alle persone o di gravi calamità.

114 SVEGLIA
Consente agli abbonati telefonici di prenotare la sveglia per l'ora prescelta. Nelle località di Milano, Roma e Torino il servizio è completamente automatico. Consultare l'avantielenco.

161 ORA ESATTA
Primo servizio automatico, è attivo nell'intero territorio nazionale ventiquattro ore su ventiquattro. Fornisce ora e minuti primi. Consultare l'avantielenco.

190 ULTIME NOTIZIE RAI
Fornisce in 10 edizioni giornaliere feriali 5 domenicali e 7 festive infrasettimanali notizie di politica interna ed estera informazioni ed attualità. Oggi attivo in 64 località ne è prevista l'ulteriore estensione.

191 PREVISIONI METEOROLOGICHE
Le informazioni sono fornite su base regionale. A Cagliari, Firenze, Genova, Milano, Roma, Torino e Trieste fornisce l'1911. Il 1912 fornisce informazioni su base nazionale, a Cagliari, in teleselezione (0701) 9192 Firenze (055) 2693 Genova (010) 5603 Milano (02) 61502 Roma (06) 5906z Torino (011) 57602 Trieste (040) 2212 e verrà esteso ad altre località Consultare l'avantielenco

192 FARMACIE DI TURNO
Fornisce per ciascuna zona della città l'indirizzo delle farmacie di turno. Il servizio oggi attivo a Bologna Firenze Genova Milano Napoli Padova Palermo Pordenone Roma (con numeri differenziati per quartieri) Torino Trento Trieste Udine Verona e Venezia sarà esteso ad altre località. Consultare l'avantielenco

187 SERVIZIO COMMERCIALE SIP
E' il servizio costituito per consentire a qualsiasi utente di chiedere per telefono tutte le informazioni e le operazioni di carattere commerciale. La chiamata al 187 è gratuita.

194 PERCORRIBILITA' STRADE
Il servizio, oggi attivo in 28 località, fornisce su base regionale, con copertura dell'intero territorio nazionale, informazioni sul traffico e sulla viabilità. Consultare l'avantielenco.

196 BOLLETTINO NAUTICO
Fornisce informazioni sullo stato del mare e sulle relative condizioni atmosferiche. È attivo a Roma e nei distretti di Ancona, Bari, Bologna, Cagliari, Catania, Catanzaro, Genova, Napoli, Pescara, Pisa, Trieste e Venezia. A Livorno e Rimini conserva i numeri rispettivamente (0586) 96001 e (0541) 55555. Consultare l'avantielenco.

197 CHIAMATA URBANA URGENTE
Consente di inviare, in modo automatico, un messaggio risultante occupato. Il servizio, oggi attivo a Bari, Cagliari, Catania, Firenze, Genova, Messina, Milano, Napoli, Palermo, Parma, Roma, Torino, Trieste, Venezia e Verona, sarà esteso ad altre località. Consultare l'avantielenco.

198 SPETTACOLI CINEMATOGRAFICI
Fornisce il titolo, l'orario del primo e dell'ultimo spettacolo e le prescrizioni di visione dei film. Oggi attivo a Roma, Venezia, Milano (con numerazione a 4 cifre) e a Napoli (972972 per le prime visioni e 973973 per le altre visioni). Sarà esteso ad altre località. Consultare l'avantielenco.

199 RICETTE DI CUCINA
Fornisce ogni giorno una ricetta diversa con le relative modalità di esecuzione. Attivo a Bologna, Firenze, Genova, Napoli e Venezia in teleselezione rispettivamente (051) 999999 (055) 2699, (010) 5602 (081) 978978 e (041) 993199) sarà esteso ad altre località. Consultare l'avantielenco.

SIP Società Italiana per l'Esercizio Telefonico

Come si dice?

Making a phone call

The following expressions are used to make a phone call:

Pronto?	*Hello?*
Chi parla?	*Who is speaking?*
Con chi parlo?	*With whom am I speaking?*
Sono [la signora Lancetti].	*It's [Mrs. Lancetti].*
C'è [Carlo], per favore?	*Is [Carlo] in?*
No, [Carlo] non è in casa.	*No, [Carlo] is not at home.*
Allora, telefono domani.	*Then, I'll call tomorrow.*
Chiamo più tardi, grazie.	*I'll call later, thanks.*
ArrivederLa.	*Good-bye.*

Situazioni. What would you say in the following situations? Give the appropriate expressions in Italian.

1. Inquire if your friend Maria is at home.
2. Identify yourself to Maria's mother.
3. You pick up the phone and do not recognize the caller's voice. Ask the caller to identify himself (herself).
4. After talking to a friend on the phone, say good-bye and hang up.
5. Your roommate's mother calls. Tell her that your roommate, Francesco(a), is not at home.
6. You pick up the phone and say "hello."

2 IL PRIMO GIORNO DI LEZIONE

After reading the conversation to students, assign parts for their reading. Suggest that students create their own conversation using this one as a model.

Domanda-risposta: Come si (ti) chiama(i)? Come sta(i)? È (sei) americano(a)? italiano(a)? italo-americano(a)? Oggi è ... ? Quanti studenti ci sono in questa classe? Point to people or things in class and ask: Come si chiama? Come si dice?

È il primo giorno di lezione per gli studenti universitari. Adriana e Gianni arrivano a scuola e incontrano due studenti.

Adriana: Ciao Matteo. Come va?

Matteo: *(vede Adriana)* Guarda chi si vede! Ciao Adriana, come stai?

Adriana: Benissimo.

Gianni: Ciao Matteo. Anche tu hai lezione ora?

Matteo: Cosa?

Gianni: Hai lezione?

Matteo: Sì, ho matematica purtroppo.

Adriana: Perché purtroppo?

Pavia: Un cortile (courtyard) dell'università.

Mattẹo:	Perché oggi è il primo giorno di lezione e perché io e la matẹmatica non andiamo d'accordo.
Adriana:	Peccato. Ah... ecco Anna! Mattẹo, Gianni, conoscete Anna?
Mattẹo:	No, non conosco Anna.
Anna:	Mi chiamo Anna Silvani, sono studentessa di primo anno.
Mattẹo:	Piacere! Io sono Mattẹo Venturi e lui è Gianni Spịnola. Io studio filosofịa e lui studia lingue straniere.
Gianni:	Lei che studia, signorina?
Anna:	Medicina.

Mentre i ragazzi e le ragazze contịnuano a parlare, i professori arrịvano e le lezioni comịnciano.

DOMANDE

1. Per chi è il primo giorno di lezione?
2. Quando incọntrano due studenti Adriana e Gianni?
3. Con chi parla Adriana?
4. Come sta Adriana?
5. Ha lezione di filosofịa Mattẹo?
6. Chi è Anna Silvani?
7. Chi studia filosofịa?
8. Quando comịnciano le lezioni?

UNIVERSITÀ
per
STRANIERI
"DANTE ALIGHIERI

C O R S I
Anno Accademico 1986

REGGIO CALABRIA
Via Mortara di Pellaro, 41

I CORSI

CORSO PREPARATORIO
CORSO MEDIO
CORSO SUPERIORE
CORSI STRAORDINARI EST

I CORSI PREPARATORIO E M
lunedì di gennaio, aprile, luglio
Hanno la durata di un trimestre
20 ore settimanali d'insegname
Ogni corso si conclude con esan
Viene rilasciato o un attestato d
(per chi ha sostenuto il relativo

CORSO SUPERIORE
dal 1° luglio al 2 agosto
«Lettura di Poeti del Novecento
20 ore settimanali di insegname

dal 18 agosto al 13 settembre
«Archeologia in Calabria» (con
20 ore settimanali di insegname
Il corso si conclude con un esan
Viene rilasciato un attestato di

CORSI STRAORDINARI EST
dal 1° luglio al 2 agosto
dal 18 agosto al 13 settembre
a) corso preparatorio
b) corso medio.
20 ore settimanali di insegname
Viene rilasciato un attestato di

IL PROGRAMMA

CORSO PREPARATORIO
Durata trimestrale
20 ore settimanali
Numero massimo di studenti ammessi: 15

Consente una rapida acquisizione degli elementi fondamentali della lingua italiana.

È diviso in tre livelli:

I Livello:
Lingua italiana I (morfologia)
Fonetica pratica
Esercitazione in lingua
Conversazione I

II Livello:
Lingua italiana II (sintassi della proposizione)
Esercitazioni scritte
Conversazione II
Letture poetiche

III Livello:
Lingua italiana III (sintassi del periodo)
Conversazione III
Esercitazioni scritte
Civiltà e cultura italiana

Il livello di preparazione viene accertato mediante un questionario all'inizio del Corso.

CORSO MEDIO
Durata trimestrale
20 ore settimanali
Numero massimo di studenti ammessi: 15

Offre una sicura conoscenza della lingua italiana sia parlata che scritta, svolge argomenti di letteratura italiana, con specifiche letture di Poeti, congiunti ad argomenti di storia italiana, soprattutto degli ultimi cento anni.

Corsi all'Università per Stranieri «Dante Alighieri».
Quando comincia il corso superiore?

Vocabolario

Sostantivi

l' **anno**   year
la **filosofia**   philosophy
la **lezione**   lesson; class
la **lingua**   language
la **matematica**   mathematics
la **medicina**   medicine
il **professore**   professor
la **ragazza**   girl
il **ragazzo**   boy
la **scuola**   school

Aggettivi

altro   other
primo   first

Point out ways to help learn
vocabulary: e.g., making flash
cards, cutting pictures from magazines and labeling them, labeling
objects at home with their Italian
names.

straniero   foreign
universitario   university *(adj.)*

Verbi

arrivare   to arrive
conoscere°   to be acquainted
  with
continuare   to continue
(in)cominciare   to begin
incontrare   to meet
parlare   to speak
rispondere°   to answer
studiare   to study; to major
  in
vedere°   to see

Altri vocaboli

a   to; at; in
anche   also, too
con   with
mentre   while
perché   why; because
purtroppo   unfortunately

Espressioni

guarda chi si vede!   look
  who's here!
hai lezione?   do you have (a)
  class?
non andiamo d'accordo   we
  don't get along
peccato!   too bad!

ORARIO	LUNEDÌ	MARTEDÌ	MERCOLEDÌ	GIOVEDÌ	VENERDÌ	SABATO
8.00	Italiano	Inglese	Storia	Biologia	Filosofia	Algebra
9.00	Italiano	Chimica	Italiano	Italiano	Filosofia	Storia
10.00	Algebra	Filosofia	Geometria	Religione	Inglese	Francese
11.00	Francese	Educ. Fisica	Fisica	Spagnolo	Inglese	Storia dell'Arte
12.00		Educ. Fisica		Storia	Storia	Francese

Note linguistiche e culturali

- Your ability to read Italian will greatly improve if you try to guess the meaning of **cognates** (words that are similar in meaning and spelling in both English and Italian). The brochure from the Università per Stranieri, on p. 33, lists Italian courses offered to speakers of other languages. You will find several words that are very similar to English, except for slight changes in spelling. How many can you find? What do they mean?

- Italian universities have a long history. For example, the University of Bologna dates back to the eleventh century and is one of the oldest in Europe. Copernicus, the proponent of the heliocentric system, studied there at the beginning of the sixteenth century. Most Italian universities are located in the historical center of large cities. Many students live at home and commute to class. Students from outside the city live in apartments or rent rooms. Housing facilities are practically non-existent because dormitories are only available to a limited number of students from low-income families.

- Italians greet each other with more physical contact than people in North America. Men greet each other with a handshake or even, with close acquaintances, a pat on the back; women often kiss each other on each cheek.

Grammatica

I. Pronomi personali in funzione di soggetto
(Subject pronouns)

Singolare	(Singular)	Plurale	(Plural)
io	*I*	**noi**	*we*
tu	*you* (familiar)	**voi**	*you* (familiar)
lui (egli)[1]	*he*	**loro** (essi)	*they* (m.)
(esso)		**loro** (esse)	*they* (f.)
lei (ella)	*she*	**Loro**	*you* (formal)
(essa)			
Lei	*you* (formal)		

In modern Italian *he, she,* and *they* are usually expressed by **lui, lei,** and **loro,** respectively.[1]

Remember that **tu** and its plural form **voi** are used in addressing members of the family, peers, children, close friends, and animals. In all other cases, **Lei** and its plural **Loro** are used. Note that **Lei** and **Loro** always take, respectively, the third person singular and the third person plural of the verb.

Ascolti, Luisa?	*Are you listening, Luisa?*
Ascoltate, ragazzi?	*Are you listening, boys?*
Ascolta Lei, signorina Rossi?	*Are you listening, Miss Rossi?*
Ascoltano Loro, signorine?	*Are you listening, young ladies?*

Since the endings of conjugated verb forms indicate person and number, subject pronouns may be omitted in Italian except when necessary: (1) for clarity, (2) when modified by **anche** *(also),* or (3) when emphasis or contrast is desired. *It* and *they* referring to things are almost never used in Italian and need not be translated.

II. Coniugazione dei verbi
(Conjugation of verbs)

Italian verbs fall into three conjugations depending on the ending of the infinitive: (1) **-are,** (2) **-ere,** (3) **-ire.** The stem of regular verbs is obtained by dropping the infinitive ending:

---

[1]**Egli, ella, essi,** and **esse** are used more in written Italian than in the spoken language. **Esso** and **essa** are seldom used. Formal, direct address **Lei** and **Loro** are frequently written with lower case initial letters.

Infinitive	Stem	Ending
parlare	parl-	are
ripetere	ripet-	ere
capire	cap-	ire

Verbs are conjugated in the various persons, numbers, and tenses by adding the proper ending to the stem.

III. Presente indicativo della prima coniugazione
(Present indicative of the first conjugation)

Option: when presenting verb conjugations and subject pronouns, you may find it useful to use the form:

io sono	noi siamo
tu sei	voi siete
lui, lei, Lei è	loro, Loro sono

In this way, **noi** is visibly the "plural" of **io**, so that when a student sees **io e Marco**, he (she) automatically thinks **noi**. This format will also prove useful with -isc- and irregular verbs (see Chapter 4, for example).

		Parlare *to speak*	
Singolare	io	**parl-o**	I speak, am speaking, do speak
	tu	**parl-i**	you (familiar) speak, are speaking, do speak
	lui lei Lei	**parl-a**	he, she, it speaks, is speaking, does speak / you (formal) speak, are speaking, do speak
Plurale	noi	**parl-iamo**	we speak, are speaking, do speak
	voi	**parl-ate**	you (familiar) speak, are speaking, do speak
	loro Loro	**parl-ano**	they speak, are speaking, do speak / you (formal) speak, are speaking, do speak

Option: review or introduce the principal parts of Italian verbs as presented in dictionaries. Students often do not know what an infinitive or a past participle is.

Here are some verbs conjugated like parlare:

abitare	*to live, reside*	guardare	*to look at*
ascoltare[1]	*to listen to*	insegnare	*to teach*
aspettare	*to wait for*	ritornare	*to return*
chiamare	*to call*	telefonare	*to telephone*
entrare	*to enter*	trovare	*to find*

[1]In Italian, verbs like **ascoltare** *(to listen to)*, **aspettare** *(to wait for)*, **cercare** *(to look for)*, and **guardare** *(to look at)* do not take a preposition.

Reproduce this conjugation on the chalkboard in block form: singular in one column, plural in another.

parlo parliamo
parli parlate
parla parlano

A quick domanda-risposta will show students that no definite article is needed between parlare and the name of a language. Parli inglese? Parla tedesco?

1. It is important to note that the Italian present tense is translated by three present tenses in English (see the conjugation of **parlare** above).

2. Verbs like **cominciare** *(to begin)*, **mangiare** *(to eat)*, and **studiare** *(to study)*, whose stems end in -i, have only one i in the second person singular and first person plural: **cominci, mangi, studi; cominciamo, mangiamo, studiamo.**

 Keep in mind that in verbs like **cominciare** and **mangiare**, the i before the ending is not sounded separately; it merely indicates that the ci and gi combinations are pronounced like *ch* and *j*, respectively, in English.

3. Verbs like **cercare** *(to look for)* and **pagare** *(to pay)* add an h before personal endings beginning with an i (second person singular and first person plural): **cerchi, paghi; cerchiamo, paghiamo.** Can you explain why?

IV. Presente indicativo della seconda coniugazione
(Present indicative of the second conjugation)

Ripẹtere	*to repeat*		
Singolare		*Plurale*	
io	ripet-o	noi	ripet-iamo
tu	ripet-i	voi	ripet-ete
lui lei Lei	ripet-e	loro Loro	ripẹt-ono

La professoressa **ripete** la domanda.	The professor **repeats the** question.
Ripetiamo tutti insieme?	Do (Shall) **we repeat** all together?

Here are some of the verbs conjugated like **ripẹtere:**

chiụdere	*to close*	rispọndere	*to answer*
lẹggere	*to read*	scrivere	*to write*
prẹndere	*to take*	vedere	*to see*

V. Frasi interrogative *(Interrogative sentences)*

A question in Italian may be formed: (1) by placing the subject at the end of the sentence, if the question is not long; (2) by using a question word; (3) by using the declarative word order and inflecting the voice.

Parla italiano **Carlo?**	
Carlo parla italiano?	*Does Carlo speak Italian?*

Dove abita Maria?	*Where does Maria live?*
Quando arriva il professore?	*When does the professor arrive?*
Studia con Gianni Maria?	*Does Maria study with Gianni?*
Prende appunti Carla?	*Is Carla taking notes?*

NOTE   When used as an auxiliary, the verb *to do* is not translated into Italian.

VI. Negazione
(Negation)

A sentence is made negative by placing **non** *(not)* before the verb.

Io scrivo.	*I write.*
Io **non** scrivo.	*I do **not** write.*
Chiami Angela?	*Are you calling Angela?*
Non chiami Angela?	***Aren't** you calling Angela?*

ESERCIZI

A. Fill in the correct form of the subject pronoun.

1. _____ arrivano a lezione.
2. Anche _____ arrivi a lezione.
3. _____ alziamo il ricevitore.
4. Perché _____ continuate a parlare?
5. _____ non trova gli appunti.
6. Anche _____ studiano in biblioteca.
7. _____ incontro Franco e Anna e _____ cominciamo a parlare.
8. _____ parla e anche _____ parlo.
9. _____ cerchi gli appunti.
10. _____ paghiamo.

B. Replace the subjects with those in parentheses and rewrite the sentences making the necessary changes.

Esempio: Alzo il ricevitore. (noi) →
            Alziamo il ricevitore.

1. Studiano matematica.
   (tu; Franco e Adriana; voi; Gianni)
2. Incontriamo due studenti.
   (lui; tu e Franco; io e Federica; i professori)
3. Oggi pago io.
   (voi; noi; le ragazze; tu)
4. Quando studio non mangio.
   (loro; noi due; tu e Anna; Anna; tu)

C. Complete the following sentences with the cues given.

1. Gianni non _____ (trovare) il quaderno.
2. La lezione _____ (cominciare).

Domanda-risposta: to review verbs to date, alternate formal and familiar, singular and plural forms. Chi parla durante la lezione? Quando arrivano gli studenti comincia la lezione? Quando arriva la professoressa comincia la lezione? Chi risponde durante la lezione? La professoressa aspetta tutti gli studenti? Come si chiama una persona che insegna? Una persona che studia? Conosci Roma? Che cosa studi? Studi molto? Capite quando parla la professoressa? Ascolta la radio? Guarda molto la tivù? Canti? Insegni? Cosa mangia?

3. Le lezioni _____ (continuare).
4. La signora _____ (alzare) il ricevitore e noi _____ (cominciare) a parlare.
5. Altri studenti _____ (arrivare) e io _____ (continuare) a parlare.
6. Gianni e Anna _____ (incontrare) tre studenti universitari.
7. Tu _____ (pagare) perché loro non _____ (pagare).
8. Io e Gianni _____ (cercare) i libri di medicina.
9. Lui e Anna _____ (cominciare) a parlare.
10. Io e tu _____ (incontrare) il professore.

D. Replace the subjects with those in parentheses and rewrite the sentences making the necessary changes.

Esempio: Non vedo Gianni. (lui) →
Non vede Gianni.

1. Perché non rispondi?
   (loro; tu e Loretta; lo studente di primo anno)
2. Conoscete il professore?
   (tu; loro; Veronica; tu e lui; noi)
3. Che cosa legge Franco?
   (Veronica; noi; gli studenti universitari; io; tu e Loretta)

E. Complete the following sentences with the cues given.

1. Io non _____ (conoscere) la signora Bertolini.
2. Tu _____ (cominciare) a parlare e gli studenti _____ (ripetere).
3. Oggi _____ (pagare) noi!
4. Veronica e Matteo _____ (conoscere) il professore.
5. Mentre noi _____ (ascoltare) voi _____ (ripetere).
6. Io e Gianni _____ (conoscere) due studentesse di primo anno.
7. Chi _____ (conoscere) Loretta?
8. Che cosa _____ (pagare) voi?
9. Matteo _____ (conoscere) Gianni Spinola?
10. Il professore _____ (arrivare), _____ (cercare) gli appunti e _____ (leggere) la lettura.

Point out that **conoscere** is used only with people and places. Also, you may wish to comment on regional (not dialectical) pronunciation differences. For example, **conosco** becomes **con-osh-co** in the south **ho-nos-ho** in Florence. You might compare these differences to regional pronunciations in the US or in Spanish- or French-speaking countries.

F. Emphasize the subject of each sentence by adding the appropriate subject pronoun.

Esempio: Non paghi. →
Tu non paghi.

1. Non conoscono Veronica.
2. Cerchiamo i libri di biologia.
3. Conosco le studentesse di primo anno.
4. Ascoltano il professore di matematica.
5. Perché continui a parlare?
6. Legge gli appunti di medicina.

G. Change the verbs as indicated in the example and read both sentences aloud.

Esempio: Aspettiamo Gianni. →
            Loro, purtroppo, non aspettano Gianni.

1. Ripetiamo i verbi.
2. Studiamo italiano.
3. Paghiamo i libri.
4. Conosciamo la signora Bertolini.
5. Continuiamo a studiare.
6. Leggiamo la lezione di filosofia.
7. Mentre cerchiamo il compito, ascoltiamo l'insegnante.
8. Mangiamo la pizza.

H. **In italiano, per favore!** Give the Italian equivalent of the following sentences.

1. Good morning, Mrs. Bertolini, how are you?
2. This is Gianni. Who's speaking?
3. It's the first day of class for Adriana and Gianni.
4. Unfortunately the professor doesn't speak Italian.
5. What do you study, Adriana?
6. The professors arrive and look for the books.
7. I know fifteen students.
8. We know five university students.

Come si dice?

Asking for and providing personal information

When you want to inquire about what people do, you might say:

Che cosa studi (studia)?	*What are you majoring in?*
Lei è studente (studentessa)?[1]	*Are you a student?*
È medico Lei?[1]	*Are you a physician?*

To answer such an inquiry you can say:

Sì, sono studente (studentessa) universitario(a).	*Yes, I am a college student.*

---

[1]When talking about a profession, occupation, or nationality, Italian generally omits the indefinite article *a / an*: È medico. *(She's a physician.)* **Sono americana.** *(I'm [an] American.)*

No, sono avvocato [ingegnere, programmatore].

No, I'm a lawyer [engineer, programmer].

Studio lingue straniere [chimica, fisica].

I am majoring in foreign languages [chemistry, physics].

Sono al primo [secondo, terzo, quarto] anno di lettere.

I am a freshman [sophomore, junior, senior] majoring in the humanities.

A. **Il primo giorno di lezione.** Complete the dialogue, using vocabulary and expressions you have learned so far.

Marisa:	_____
Roberto:	Oh, ciao Marisa. Benissimo, grazie, e tu?
Marisa:	_____
Roberto:	Piacere, Franco. Che cosa studi?
Franco:	_____
Roberto:	Anch'io studio matematica, ma io e la filosofia non andiamo d'accordo.
Franco:	_____
Roberto:	No, purtroppo non ho gli ultimi appunti.
Marisa (vede il professore):	_____
I tre studenti:	Buon giorno, professore!

B. **Brevi scambi.** In Italian, what would you reply to someone who . . .

1. asks you what your major is
2. asks if you are a teacher (you are a physician)
3. says that he (she) is a senior
4. asks you if you are a freshman or a sophomore

3 UNA CONVERSAZIONE ALLA MENSA UNIVERSITARIA

Gli studenti italiani, come gli studenti di altri paesi, hanno sempre poco denaro. La mensa universitaria è popolare perché i prezzi sono modici. Katia e Sara occupano un tavolo.

Katia: Che c'è di buono oggi?

Sara: Minestra, carne, pesce e verdura.

Katia: Tu prendi qualcosa?

Buon appetito!

Sara:	No, non mangio. Non ho fame.
Katia:	Uhm, vediamo... Sara, vedi quel ragazzo alto?
Sara:	Chi? Il ragazzo che parla con Francesco Brusati?
Katia:	No, no. Il ragazzo con la giacca verde.
Sara:	Ah, sì, vicino a Matteo.
Katia:	Esatto. È James, uno studente americano.
Sara:	Davvero? Di dove?
Katia:	È di Miami. È il compagno di stanza di Matteo. Abitano in via Ghibellina. È un tipo interessante, vero?
Sara:	Sì, sì. Capelli neri, occhi azzurri... è veramente carino.
Katia:	Matteo dice che parla francese, italiano e, naturalmente, inglese. Studia storia moderna qui a Firenze con il professor Bevilacqua.
Sara:	Che coincidenza! Anch'io ho Bevilacqua per storia moderna.
Katia:	Fortunata te!

DOMANDE

1. Perché è popolare la mensa universitaria?
2. Chi occupa un tavolo?
3. Sara prende qualcosa?
4. Dove abitano James e Matteo?
5. James è italiano o americano?
6. Che cosa studia James all'università di Firenze?
7. Che lingue parla James?
8. Secondo *(According to)* Katia, James è un tipo interessante?

Vocabolario

Sostantivi

i **capelli** *(pl.)* hair
la **carne** meat
il **compagno**, la **compagna di stanza** roommate
la **conversazione** conversation
il **denaro** money
il **francese** *(n. and adj.)* French (language)
la **giacca** sport jacket
l'**inglese** *(n. and adj.)* English (language)
la **mensa universitaria** student cafeteria
la **minestra** soup

l'**occhio** *(pl.* gli **occhi)** eye
il **pesce** fish
il **prezzo** price
la **storia** history; story
la **tavola** (dinner) table
il **tavolo** (working) table; desk
il **tipo** type
la **verdura** *(s.)* vegetables
la **via** street, road

Aggettivi

alto tall
americano american
carino cute, pretty; nice
esatto exact(ly)

interessante interesting
moderno modern
modico moderate
popolare popular
scuro dark

Verbi

abitare to live, reside
avere° *(irr.)* to have
dice *(from,* **dire,°** *irr.)* he (she) says
essere° to be
mangiare to eat
occupare to occupy
prendere° to take; to have *(for food and drinks)*

Altri vocaboli

come like, as; how
davvero? really?
dove where
  dov'è? where is?
  dove sono? where are?
  di dove? where from?

naturalmente of course
poco little
qualcosa something
sempre always
tra between, among
veramente truly
vicino a close to, next to

Espressioni

che c'è di buono? what's good?
che coincidenza! what a coincidence!
fortunato/a te! lucky you!
non ho fame I'm not hungry

Di che colore è?

azzurro · marrone · giallo · grigio · verde · violetto · nero · bianco · rosa · arancione · rosso

---

NOTE LINGUISTICHE E CULTURALI

- Take note of the distinction between **il tavolo** and **la tavola**. **Il tavolo** means the actual piece of furniture: **Occupano un tavolo all'angolo.** *(They are occupying a corner table.)* **La tavola** is commonly used in a figurative sense, as you will notice in the following idioms: **Apparecchia la tavola!** *(Set the table!)* **Venite a tavola!** *(Come to the table!)* **Il pranzo è in tavola!** *(Lunch is ready!)* **Il tavolo** refers to a *desk* or *table*; **la tavola** designates the piece of furniture on which food is laid out.

- Note the difference in preposition usage when you say your address or indicate where you live: **in** + *street / square name;* **a** + *city name.*

  Abito in viale Simonazzi.   *I live on Simonazzi Avenue.*
  Abitiamo a Bologna.   *We live in Bologna.*

- The use of the tag word **vero?** *(right?)* **non è vero?** *(isn't that right?)* at the end of an affirmative or negative sentence corresponds to the English *is it? is it not?*

  È italiana, non è vero?   *She's Italian, isn't she?*
  Marco non è di Milano, vero?   *Marco isn't from Milan, is he?*

- At Italian universities, students eat either at cafés adjacent to the buildings where classes are held or at the few available cafeterias. Typically, a cafeteria offers a fixed-price menu that features a first course (pasta or soup) and a second course (meat or fish and vegetables). Bread, wine, and mineral water are almost always included in the price.

Grammatica

I. L'articolo indeterminativo
(The indefinite article)

The English indefinite article *a* or *an* is translated into Italian by **un, uno** and **un', una.**

	Maschile	Femminile
	un amico	**una** casa
	un giorno	**un'**amica
	uno studente	
	uno zio	

Point out the correspondence between the singular definite and indefinite articles.
m. il-un; l'-un; lo-uno
f. la-una; l'-un'

The usual masculine form is **un. Uno** is used before a masculine word that begins with a **z, ps, gn,** or an **s** + *consonant.*

The feminine form **una** becomes **un'** before a word that begins with a vowel.

II. L'aggettivo
(The adjective)

1. Form and agreement

An adjective is a word that qualifies a noun; for example, *a **good** boy.* In Italian an adjective agrees in gender and number with the noun it modifies. In Italian there are two groups of adjectives: those ending in -o and those ending in -e.

Adjectives ending in -o in the masculine singular have four forms:

	Maschile	Femminile
Singolare	-o	-a
Plurale	-i	-e
	il libro italiano	la signora italiana
	i libri italiani	le signore italiane
	il primo giorno	la mensa universitaria
	i primi giorni	le mense universitarie

If an adjective ends in **-io,** the **o** is dropped to form the plural.

l'abito vecchio	*the old suit*
gli abiti vecchi	*the old suits*
il ragazzo serio	*the serious boy*
i ragazzi seri	*the serious boys*

Uli è tedesco.	*Uli is German*
Adriana è italiana.	*Adriana is Italian.*
Bob e Don sono americani.	*Bob and Don are American.*
Svetlana e Natalia sono russe.	*Svetlana and Natalia are Russian.*

Point out that the tonic stress determines this formation. Compare nouns' plural formation (zio, zii; dizionario, dizionari) where the same rule applies.

Adjectives ending in **-e** are the same for the masculine and the feminine singular. In the plural, the **-e** changes to **-i.**

il ragazzo inglese	*the English boy*
la ragazza inglese	*the English girl*
i ragazzi inglesi	*the English boys*
le ragazze inglesi	*the English girls*

An adjective modifying two nouns of different gender is masculine.

i padri e le madri italiani	*Italian fathers and mothers*

2. Position of adjectives

a. Adjectives generally follow the noun.

È una **lingua difficile.**	*It is a **difficult language.***
Marina è una **ragazza generosa.**	*Marina is a **generous girl.***

Note that adjectives of colors that derive from nouns are invariable.

Non trovo il **maglione rosa.**	*I can't find the **pink sweater.***

The adjective **blu** *(blue, navy),* which is monosyllabic, is also invariable.

Porto la **giacca** e i **pantaloni blu** in lavanderia.	*I'm taking the **blue coat and pants** to the laundry.*

b. Certain common adjectives, however, generally come before the noun. Here are the most common:

Remind students that when talking about professions, occupation, or nationality, Italian generally omits the definite article, *unless the noun is modified by an adjective:* È studente di francese. È un bravo studente di francese. È dottoressa. È un'ottima dottoressa.

bello	*beautiful*		grande	*large; great*
bravo	*good, able*		lungo	*long*
brutto	*ugly*		nuovo	*new*
buono	*good*		piccolo	*small, little*
caro	*dear*		stesso	*same*
cattivo	*bad*		vecchio	*old*
giovane	*young*		vero	*true*

Anna è un **cara** amica. — *Anna is a **dear** friend.*
Gino è un **bravo** dottore. — *Gino is a **good** doctor.*
È un **brutt'**affare. — *It's a **bad** situation.*

But even these adjectives must follow the noun for emphasis or contrast, and when modified by an adverb.

Oggi non porta l'**abito vecchio**, porta un **abito nuovo**.
*Today he is not wearing the **old suit**, he is wearing a **new suit**.*

Abitano in una **casa molto piccola**.
*They live in a **very small house**.*

III. L'aggettivo *buono* (*The adjective* buono)

Buono, which is regular in the plural (**buoni, buone**), has these forms in the singular: **buon, buona, buon', buono**. These forms are used like the indefinite article **un, una, un', uno**.

È un **buon** libro. — *It is a good book.*
Questa è una **buona** macchina. — *This is a good car.*
Finalmente, una **buon'**insalata. — *Finally, a good salad.*
È un **buono** zio. — *He is a good uncle.*

IV. Forme dell'articolo (*Forms of the article*)

As we know, the noun determines the number and gender of the article. However, since there are several articles for each gender, the word that immediately follows the article, be it a noun or an adjective, controls the choice for phonetic reasons. (Compare the English: *an elephant*, but *a large elephant*.)

uno zio   **un** giovane zio
gli studenti   **i** nuovi studenti

V. Presente indicativo di *avere* e *essere*

Avere		to have	
Singolare		*Plurale*	
io	ho	noi	abbiamo
tu	hai	voi	avete
lui		loro	
lei }	ha	Loro }	hanno
Lei			

Ho un'idea! — *I have an idea!*
Tu **hai** una zia a Roma. — *You **have** an aunt in Rome.*
Luisa e Carlo **hanno** una lezione d'italiano. — *Luisa and Carlo **have** an Italian class.*

Essere	to be		
Singolare		**Plurale**	
io	**sono**	noi	**siamo**
tu	**sei**	voi	**siete**
lui lei Lei	**è**	loro Loro	**sono**

Oggi **sono** stanca.	*Today **I'm** tired.*
Sei di Roma, tu?	*Are you from Rome?*
I prezzi **sono** modici qui.	*Prices are affordable here.*

VI. Espressioni idiomatiche con *avere*

Additional vocabulary would include **essere in gamba, essere in grado di**, as well as **avere bisogno di, avere paura di, avere ragione, avere torto, avere voglia di.** You may also wish to explain that often the final vowel of an Italian word is dropped when the next word begins with a consonant: here, for example, an Italian would say **aver voglia.** Students will begin to hear this on the tapes and in movies and should be aware of it.

Avere is used in many idiomatic expressions that convey physical sensations. Here are a few common ones:

avere fame	*to be hungry*
avere sete	*to be thirsty*
avere sonno	*to be sleepy*
avere caldo	*to be warm*
avere freddo	*to be cold*
avere ... anni	*to be ... years old*
avere fretta	*to be in a hurry*

Michele **ha** sempre **fretta.**	*Michele is always **in a hurry.***
Questo cane è vecchio, **ha** dieci **anni.**	*This dog is old, it is ten years old.*
Hai sonno? —No, **ho freddo!**	*Are you sleepy? —No, **I'm** cold!*

ESERCIZI

A. Request the following items by using the indefinite article. Follow the example.

Esempio: quaderno →
       Un quaderno, per favore.

1. insalata verde
2. penna rossa
3. giacca blu
4. gettone per il telefono
5. stereo
6. libro di economia

Il menù di una pizzeria.

B. With another student form questions and answers according to the model.

> *Esempio:* quaderno / libro di matematica →
> —Cerchi un quaderno?
> —No, cerco un libro di matematica.

1. motocicletta *(motorcycle)* / automobile vecchia
2. insegnante *(f.)* di filosofia / studentessa di storia
3. abito nero / giacca
4. bella ragazza / amica intelligente
5. stanza a prezzi modici / telefono pubblico
6. ristorante / mensa universitaria

C. Form complete sentences with the correct form of the indefinite article.

> *Esempio:* alla mensa / Patrizia / vedere / studente americano →
> Alla mensa Patrizia vede uno studente americano.

1. Sara / avere / esame importante / oggi
2. essere / copia / molto vecchia
3. io e Lucia / conoscere / professore di russo
4. Antonio / essere / amico molto caro / di Giuseppe
5. tu e Katia / occupare / tavolo / alla mensa
6. domani *(tomorrow)* / io / scrivere / lettera / a Umberto Eco
7. la professoressa De Pietro / cominciare / lezione di tedesco
8. io / leggere / libro interessante

D. **La festa** *(party)*. Who attended Sara's party? Describe the guests using the cues given.

> *Esempio:* insegnante (inglese, intelligente, curioso) →
> un'insegnate inglese, intelligente e curiosa

1. ragazza (tedesco, onesto, generoso)
2. signora (americano, alto, bello)
3. segretaria (francese, elegante, distinto)
4. zia (italiano, brutto, vecchio)
5. studentessa (russo, carino, timido)
6. amica (caro, piccolo, intelligente)

E. Change the following sentences to the plural.

> *Esempio:* Ecco il ragazzo italiano. →
> Ecco i ragazzi italiani.

1. Ecco la classe d'italiano.
2. Ecco la stanza di Marco e Bruno.
3. Ecco l'appartamento di Antonio e Luisa.
4. Ecco la mensa universitaria.
5. Ecco lo studente danese *(Danish)*.

F. **Indovina!** *(Guess!)* Professor Martini is a specialist in regional accents. Ask questions following the example.

> *Esempio:* I signori Bondavalli / Venezia →
> Di dove sono i signori Bondavalli? Sono di Venezia?

1. Martina / Roma
2. io / Firenze
3. Aldo e Francesca / Milano
4. il professore d'inglese / Napoli
5. noi / Torino
6. Salvatore e Carmine / Palermo

G. Now, try to guess where some of your classmates are from. Follow the example.

> *Esempio:* —Michael, sei di New York?
> —No, non sono di New York, sono di Albany. E tu, di dove sei?
> —Io sono di Dallas.

H. Put the correct form of the adjective in the appropriate position.

> *Esempio:* bravo →
> È un _____ ragazzo _____.
> È un bravo ragazzo.

1. caro — Sono due _____ ragazzi _____.
2. francese — È una _____ studentessa _____.
3. italiano — La Fiat e l'Alfa Romeo sono _____ automobili _____.
4. universitario — Ecco la _____ mensa _____.
5. vecchio — Abbiamo una _____ casa _____.
6. interessante — È una _____ lezione _____.
7. piccolo — Gli studenti occupano un _____ tavolo _____.
8. primo — Queste sono le _____ copie _____.
9. popolare — Sono _____ mense _____.
10. serio — È un _____ ragazzo _____.

I. Following the example, form new sentences by using the appropriate form of the adjective **buono.**

> *Esempio:* È un amico americano →
> È un buon amico americano.

1. È una mensa popolare.
2. È una lezione di filosofia.
3. È un libro di economia.
4. È un'insalata verde.
5. È una lezione di matematica.
6. È un ristorante italiano.

J. Complete the following sentences with the correct form of **essere** or **avere.**

1. La signora Bertolini _____ un'automobile rossa.
2. Noi _____ fretta oggi.
3. (Voi) _____ caldo o freddo, oggi?
4. (Voi) _____ giovani e intelligenti.
5. Maria _____ sete.
6. Alberto e Michele _____ sonno.
7. Alberto _____ diciotto anni.
8. Anch'io _____ fame e sete.
9. Oggi (io) non _____ fame.
10. Noi _____ giovani e _____ fretta.

Come si dice?

Describing someone

When you want to describe someone's physical appearance, you can say:

Com'è?	*What is he (she) like?*
È alto(a) / basso(a), grasso(a) / magro(a), ecc.	*He (she) is tall / short, fat / skinny, etc.*
Di che colore ha gli occhi?	*What color are his (her) eyes?*
Ha gli occhi verdi / azzurri / castani / neri.	*He (she) has green / blue / brown / black eyes.*
Di che colore ha i capelli?	*What color is his (her) hair?*
Ha i capelli biondi / castani / rossi / neri.	*He (she) has blond / brown / red / black hair.*

Tre studentesse dell'Università di Urbino.

Now try to guess the meaning of the cognates listed below. To describe someone's personality or character you can use these adjectives and expressions:

Com'è? Che tipo è?　　　　　　　È idealista e generoso.
Che carattere ha?　　　　　　　È una ragazza responsabile.

generoso	egoista	realista	idealista
intelligente	stupido	responsabile	irresponsabile
moderno	antiquato	romantico	pratico
onesto	disonesto	sensibile[1]	insensibile[1]
ottimista	pessimista	simpatico	antipatico
pigro *(lazy)*	dinamico	sincero	falso

A. Intervista *(Interview).* In groups of three to four students, answer the following questions.

1. Lei è un ragazzo (una ragazza) pessimista o ottimista? È un tipo responsabile o irresponsabile? È una persona realista o idealista?
2. Che aggettivo associa *(do you associate)* con Michael Jackson? Jimmy Connors? Madonna? Michelangelo?
3. Che persona associa con i seguenti aggettivi: popolare, famoso, intellettuale, stupido, creativo, originale, sensibile?

B. Ritratto *(Portrait).* Choose another student in the class and complete a description. Follow the example.

Esempio:　　Mariella Pastore ha diciannove anni. Ha gli occhi verdi e i capelli castani. Parla italiano e inglese, ed[2] è una ragazza sensibile e onesta.

---

[1]False cognates are words that have similar spellings in Italian and English, but have different meanings; for example, **sensibile** does not mean *sensible* but *sensitive* and **insensibile** means *insensitive*, not *foolish*. In Italian *sensible* is translated as **ragionevole** *(reasonable).*

[2]**Ed** *(and)* is often used instead of **e** before a word beginning with an *e*, and occasionally with one of the other vowels: **Carlo è falso, ed è anche disonesto.** *(Carlo is deceitful and he is dishonest, too.)*

4 QUI IL TEMPO VOLA

James, il compagno di stanza di Matteo, scrive una cartolina a Maria, una cara amica di Palermo.

Cara Maria,
Firenze è una città molto bella: ci sono musei meravigliosi. Molti giovani stranieri frequentano l'università. Le classi sono affollate, ma quando i professori parlano, tutti ascoltano con entusiasmo. Quando finiscono le lezioni, spesso studiamo o andiamo a mangiare alla mensa universitaria. Naturalmente mangio troppo; il signor Bellucci è un cuoco molto bravo. Cucina molta pasta e dolci deliziosi. Di sera esco con Matteo. Andiamo a passeggiare, a vedere una partita, o a giocare a carte al bar dell'angolo. Stasera sono stanco e preferisco andare a dormire subito dopo cena.
Qui il tempo vola. Tu quando vieni?

Un caro abbraccio,

James

Per
Maria Manzella
Via Oreto 42
Palermo

Domande

1. Chi è James?
2. Che cosa scrive?
3. Dove abita Maria?
4. Che tipo di città è Firenze?
5. Chi ascolta con entusiasmo i professori all'università?
6. Dove mangia James quando finiscono le lezioni?
7. Cosa cucina il signor Bellucci?
8. Dove va James stasera dopo cena?

Vocabolario

Sostantivi

l'**abbraccio**   hug, embrace
l'**amico**, l'**amica**   friend
l'**angolo**   corner
il **bar**   café, bar
la **cartolina**   postcard
la **cena**   dinner
la **città**   city, town
il **cuoco**, la **cuoca**   cook
il **dolce**   cake; dessert
il/la **giovane**   young person
  i **giovani**   young people;
    the young
la **lettera**   letter
il **museo**   museum
la **partita**   game, match
la **sera**   evening
  di sera   in the evening
  stasera   this evening
i **soldi** *(pl.)*   money

Aggettivi

affollato   crowded
bravo   good; capable
caro   dear; expensive
delizioso   delicious
meraviglioso   marvelous
stanco   tired

Verbi

andare° *(irr.)* (a + *inf.*) to go
  (*do something*)
ascoltare   to listen to
cucinare   to cook
dormire   to sleep
finire (isc) (di + *inf.*)   to finish (*doing something*)
frequentare   to attend
giocare a carte   to play cards
passeggiare   to take a walk
preferire (isc)   to prefer
scrivere°   to write
uscire° *(irr.)*   to go out
  esco   I go out
volare   to fly

Altri vocaboli

dopo   after
molto   many, a lot of; very, a
  lot
qui   here
spesso   often
troppo   too much, too many;
  too
tutto   all; every; everything;
  everyone *(pl.)*

Espressioni

quando vieni?   when are you
  (familar, s.) coming?
ti va di (+ *inf.*)   do you
  (familiar, s.) feel like *(doing
  something)*?

In gondola a Venezia.

NOTE LINGUISTICHE E CULTURALI

- Nouns ending in an accented vowel (**città, università**) or in a consonant (**sport, film**) are invariable in the plural: **la città → le città; lo sport → gli sport.**
- The verb **finire** *(to finish)* takes the preposition **di** if followed by an infinitive: **Oggi finisco *di* studiare matematica.** *(Today I [will] finish studying math.)* **Finisce il compito.** *(She is finishing [her] homework.)*
  When a verb requires a specific preposition, the vocabulary listing will indicate the preposition after the verb.
- Young Italians begin elementary school when they reach their sixth year of age; after five years, they continue their education through the **scuola media** *(junior high)* for another three years. After this mandatory schooling, they can choose among a series of specialized technical and business-oriented high schools: the **istituto tecnico** or **istituto commerciale,** or the **scuole magistrali,** which prepare educators for the elementary schools. The **liceo** is a type of high school that lasts five years and readies students for a college career. There are three types of **liceo:** the **liceo classico** emphasizes the humanities, the **liceo scientifico** science and math, and the **liceo linguistico** foreign languages. In Italy, almost all levels of education are subsidized by the state and run by the **Ministero di Pubblica Istruzione,** the department of education located in Rome.

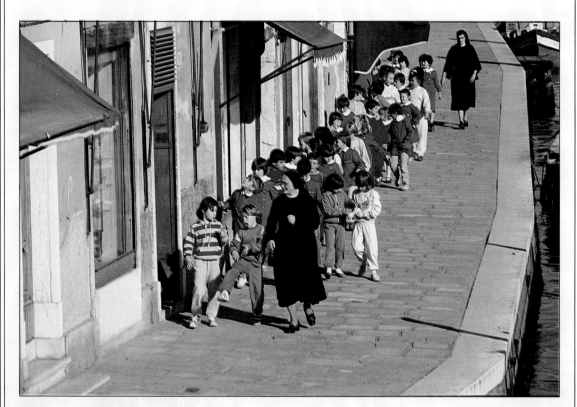

Bambini delle scuole elementari a Venezia.

Grammatica

I. Presente indicativo della terza coniugazione
(Present indicative of the third conjugation)

Verbs ending in **-ire** fall into two groups: those conjugated like **dormire** *(to sleep)* and those conjugated like **capire** *(to understand)*. The endings for both groups are identical. However, verbs conjugated like **capire** insert **-isc-** between the stem and the endings of all forms of the singular and the third person plural.

Dormire	*to sleep*		
Singolare		*Plurale*	
io	**dorm-o**	noi	**dorm-iamo**
tu	**dorm-i**	voi	**dorm-ite**
lui lei Lei	**dorm-e**	loro Loro	**dorm-ono**

Stasera **dorme** a casa.　　　　　　*Tonight **he sleeps** at home.*
Dormiamo solo un paio d'ore　　　*We sleep only a couple of hours*
　per notte.　　　　　　　　　　　　*per night.*

Other verbs conjugated like **dormire** are **aprire** *(to open)*, **partire** *(to leave, depart)*, **seguire** *(to follow)*, **sentire** *(to hear; to feel)*.

Aprono il negozio alle sei.　　　**They open** the store at six.*
Partite presto domani?　　　　　*Are you leaving early*
　　　　　　　　　　　　　　　　　　　tomorrow?
Allora, **seguiamo** loro?　　　　　　*So, **are we following** them?*

When -isc- verbs are introduced, remind students of the conjugated verb's "boot" formation.

cap *isc* o	capiamo
cap *isc* i	capite
cap *isc* e	cap *isc* ono

Those forms falling outside the boot do not change. This, of course, holds true for most irregular or stem-changing verbs.

Capire	*to understand*		
Singolare		*Plurale*	
io	**cap-isc-o**	noi	**cap-iamo**
tu	**cap-isc-i**	voi	**cap-ite**
lui lei Lei	**cap-isc-e**	loro Loro	**cap-isc-ono**

Non capisce questa lezione.

She doesn't understand this lesson.

Capisco se parli lentamente.

I understand if you speak slowly.

Domanda-risposta: preferire lends itself to a series of questions that will reinforce vocabulary to date: Preferisce(i) dormire o studiare? pulire la casa o ascoltare la radio? guardare la tivù o mangiare? leggere o scrivere?

Other verbs conjugated like **capire** are **finire** *(to finish)*, **preferire** *(to prefer)*, **pulire** *(to clean)*, **spedire** *(to send, mail)*. In vocabulary lists, **(isc)** after an infinitive indicates that the verb is conjugated like **capire.**

Puliamo solo la cucina oggi.

We are cleaning only the kitchen today.

Preferisce la cucina italiana.

She prefers Italian cuisine.

Spedite la lettera per via aerea?

Are you sending the letter air mail?

II. Possesso
(Possession)

1. Possession is expressed by the preposition **di** *(of)* which may become **d'** before a vowel.

il maestro **di** Franco

Franco's teacher

le regioni **d'**Italia

the regions of Italy

2. *Whose* is expressed by **di chi.** Note that the verb follows immediately.

Di chi è questo libro?

Whose book is this?

Di chi sono questi soldi?

Whose money is this?

III. L'articolo determinativo con i titoli
(The definite article with titles)

The definite article is required before a title, except in direct address.

Il professor Corso finisce la lezione.

Professor Corso finishes the lesson.

Il signor Bellucci è un bravo cuoco.

Mr. Bellucci is a good cook.

Buon giorno, **signora** Bianchi.

Good morning, Mrs. Bianchi.

Come sta, **professoressa** Rossi?

How are you, Professor Rossi?

IV. Uso idiomatico dell'articolo determinativo
(Idiomatic use of the definite article)

Contrary to English usage, the definite article is required in Italian before a noun used in a general sense.

Il denaro è necessario.

Money is necessary.

Il tempo vola.

Time flies.

V. Molto come aggettivo e come avverbio
(Molto as adjective and adverb)

1. Before a noun, **molto** *(much)* is an adjective and agrees with the noun it modifies in gender and number.

molti studenti italiani

many Italian students

molte grazie

many thanks

Mangiamo **molta** carne.

We eat a lot of meat.

2. Before an adjective and after a verb, **molto** *(very)* is an adverb and is invariable.

È **molto** ottimista.   *She is **very** optimistic.*
Sono **molto** modesti.   *They are **very** modest.*
Studiamo **molto.**   *We study **a lot.***

VI. *Troppo* come aggettivo e come avverbio
(Troppo *as adjective and adverb*)

1. Before a noun, **troppo** *(too much, too many)* is an adjective and agrees with the noun it modifies in gender and number.

Mangiamo **troppa carne.**   *We eat **too much meat.***
Ci sono **troppi errori.**   *There are **too many mistakes.***
Abbiamo **troppi appunti.**   *We have **too many notes.***

2. Before an adjective and after a verb, **troppo** *(too)* is an adverb and is invariable.

La lezione è **troppo** lunga.   *The lesson is **too long.***
Sono **troppo** modesti.   *They are **too modest.***
Mangiano **troppo.**   *They eat **too much.***

VII. *Tutto* come aggettivo e pronome
(Tutto *as adjective and pronoun*)

1. The adjective **tutto** has four forms: **tutto, tutta, tutti, tutte.** In the singular, the adjective **tutto** means *the whole, entire.*

Studio **tutto il giorno.**   *I study **all day long.***

In the plural, **tutto** means *all, every.*

Tutti gli studenti sono presenti.   ***All the students** are present.*
Vedo Marina **tutte le mattine.**   *I see Marina **every morning.***

Only when used as an adjective, can **tutto** be followed by a definite article.

2. The pronoun **tutto** also has four forms: **tutto, tutta, tutti, tutte.** However, when **tutto** is used as a pronoun, it stands alone and means *everything; everyone, all.*

Tutto è pronto.   ***Everything** is ready.*
Tutti sono presenti.   ***Everyone** is present.*
Tutti dormono.   ***Everyone** is sleeping.*
Ripetiamo **tutti** insieme!   *Let's repeat **all** together!*
Sono **tutte** là.   *They are **all** over there.*

VIII. Presente indicativo di *andare* e *uscire*

Point out that the **noi** and **voi** forms are regular.

Andare *to go*	
vado	andiamo
vai	andate
va	vanno

Idiom: introduce ci with **andare**, since it is used constantly, if redundantly, in speech.

Andare requires the preposition **a** before an infinitive or the name of a city.

Andiamo **a comprare** un dizionario.

*We are going **to buy** a dictionary.*

Vado **a Roma** con Olga.

*I am going **to Rome** with Olga.*

Uscire	*to go out*
esco	usciamo
esci	uscite
esce	escono

Anna **esce** con Elena.

*Anna **is going out** with Elena.*

Uscite anche voi?

*Are you **going out** also?*

ESERCIZI

A. Change each verb to agree with the subjects indicated; if the subject is a pronoun, do not repeat it.

1. Non dormiamo in biblioteca.
   (voi; gli studenti universitari; Franco; io; io e Franco)
2. Gianni apre la lettera di Adriana.
   (noi; io; tu e Franco; loro; Lei)
3. Sofia finisce la lezione di francese.
   (tu; voi; io; i ragazzi; noi)
4. Preferisco la lingua inglese.
   (tu; noi; Adriana; Gianni e Adriana; voi)

B. Turn the elements given into complete sentences.

1. io e Giovanna / partire / lunedì
2. la professoressa Di Tommaso / aprire / il libro
3. oggi / tu / spedire / una lettera a Marina
4. voi / finire di leggere / il libro di Carlo Castellaneta
5. adesso / Anna e Irene / preferire dormire
6. io / non capire bene
7. domenica / voi / pulire / la stanza
8. stasera / Andrea / finire / il corso di economia
9. Michele / finire / la pizza

Il signor Attilio è un bravo cuoco.

C. **Cosa preferisce Lei?** Form sentences by combining the expressions listed. Add elements of your own and follow the model. Remember that the English expressions *on Mondays, on Tuesdays,* etc., are rendered by placing the definite article in front of the day of the week.

Esempio: La domenica preferisco studiare.

il lunedì	leggere	con gli amici
il martedì	guardare	economia
il mercoledì	vedere	a carte
il giovedì	andare	un film
il venerdì	giocare	la televisione
il sabato	studiare	a passeggiare
la domenica	uscire	a dormire

D. **Di chi è?** Ask another student to whom the following items belong.

Esempio: Il quaderno verde / Federica →
—Di chi è il quaderno verde?
—È di Federica.

1. la giacca blu / Michele
2. i guanti neri / Giovanna
3. il libro di latino / Tiziano
4. gli appunti di storia / Francesca
5. i soldi sul *(on the)* tavolo / Antonio

E. Following the example, say who you see coming down the hall at school, then ask that person how he (she) is.

Esempio: la signora Bertolini →
—Ecco la signora Bertolini.
—Come sta, signora Bertolini?

Point out that when talking *to* someone, no article is used; but that when talking *about* someone, it is. You may wish to explain the use of articles with names: Boccaccio, Dante, il Petrarca.

Bring in pictures of famous Italians or Italian-Americans and discuss them. **Come si chiama? Chi è? Perché è famoso, conosciuto?**

1. il professor Miccoli
2. il signor Corso
3. la signora Del Monte
4. la professoressa Bellonci
5. il dottor Centrini

F. Complete the following paragraph with the correct form of **molto.**

Michele e Mario sono due studenti _____ bravi. Oggi studiano insieme in biblioteca perché hanno _____ compiti. Non hanno _____ tempo e non vanno a vedere la partita. Ora parlano e Michele dice: «Anche stasera ho _____ fame! Purtroppo io mangio sempre _____. E tu?» Mario dice: «No. Non ho fame, ma ho _____ sonno e ora ho anche _____ fretta.» I due studenti scrivono _____ e prendono _____ appunti. In biblioteca non vedono _____ studentesse. Ora vanno a casa. Stasera dormono _____.

Follow up: chart the meanings of molto and troppo.

molto/a *much*
troppo/a *too much*
molti/e *many*
troppi/e *too many*

molto (invariable) *very*
troppo (invariable) *too*

Add **poco** since it works the same way. And introduce the expression **troppo poco.**

G. Complete the following sentences with the correct form of **troppo.**

1. Mario mangia sempre _____.
2. Tu hai sempre _____ fretta.
3. Non vanno alla partita perché hanno _____ sonno.

4. Chi ha _____ soldi?
5. Alla mensa mangiate _____ minestra.

H. Complete the following sentences with the correct form of **tutto.**
Include the definite article if necessary.

1. _____ studentesse ascoltano con entusiasmo.
2. Oggi in classe sono _____ presenti.
3. _____ giorni la mensa è affollata.
4. Va a passeggiare _____ sere.
5. Studia _____ giorno.
6. Per favore, non parlate _____ insieme!

I. **Dialogo.** You have just become acquainted with a student in your class.
Working in pairs, ask your classmate the questions listed below. Alternate
roles and be prepared to report your findings to the class.

Ask . . .

1. what he (she) is studying now
2. with whom or where does he (she) study
3. if his (her) classes are crowded
4. if he (she) always understands the lesson well
5. what he (she) is writing now
6. when school finishes
7. if he (she) plays cards often
8. if he (she) takes walks on Sundays
9. if he (she) goes out often and with whom

Come si dice?

Making suggestions

To make a suggestion, you can use the following expressions:

Andiamo a [vedere un film]?	*Shall we go [see a movie]?*
Usciamo [sabato sera]?	*Shall we go out [Saturday night]?*
Ti (Le) va di [uscire domani]?	*Do you feel like [going out tomorrow]?*
Che ne dici (dice) di [mangiare una pizza]?	*What about [eating a pizza]?*

Accepting or refusing an invitation

To accept an invitation, you might say:

Sì, volentieri.	*Yes, I'd like to very much.*
Va bene. Quando?	*All right. When?*

Buon'idea.	*Good idea.*
D'accordo. A [sạbato] allora.	*O.K. See you [Saturday] then.*

To refuse politely, you can say:

No grazie, sono molto stanco/a.	*No, thank you. I am very tired.*
Grazie, ma ho un altro impegno.	*Thanks, but I have another engagement.*
Sei (è) molto gentile, ma preferisco [rimanere a casa].	*You are very kind, but I'd rather [stay at home].*
Un'altra volta, forse.	*Another time, maybe.*

A. **Inviti** *(Invitations).* What questions elicited the following answers?

1. Buon'idea. Dove andiamo?
2. No grazie, adesso non ho fame.
3. Sì, volentieri. Quale film?
4. No, preferiamo rimanere a casa stasera.
5. Grazie, ma Marcella è molto stanca.

B. **Ti va di studiare insieme?** With another student act out the following situation.

STUDENTE A	STUDENTE B
Call up a friend. Introduce yourself and ask how he (she) is doing.	Answer the phone and say that you are fine.
Ask if your friend wants to go study at the library tonight.	Politely refuse the invitation. You are tired and prefer to stay at home and watch TV.
Conclude the conversation.	Say good-bye and hang up.

L'ITALIA

Bolzano: *una veduta*
(view) *delle Alpi.*

L'Italia è una lunga penisola° che ha la forma° di uno stivale.° In Italia ci sono due catene di monti,° le Alpi e gli Appennini.° A nord° le Alpi separano° l'Italia dagli° altri paesi° d'Europa: la Francia, la Svizzera,° l'Austria e la Iugoslavia.[1] Il Mar° Mediterraneo circonda° l'Italia e ha quattro nomi.° A sud° si trova° il Mare Ionio, a est° il Mare Adriatico e a ovest° il Mar Tirreno e il Mar Ligure. Le due principali isole° italiane sono la Sicilia e la Sardegna. Molto famosi sono i laghi alpini:° il Lago Maggiore, il Lago di Como e il Lago di Garda. Il fiume° principale d'Italia è il Po. Altri fiumi famosi sono l'Arno, che passa per° Firenze° e Pisa, il Tevere° che passa per Roma e l'Adige che passa per Verona. Il Vesuvio vicino a° Napoli° e l'Etna in Sicilia sono due vulcani italiani.

L'Italia è una repubblica divisa° in venti regioni. Alcune° regioni sono: il Piemonte, il Veneto, la Toscana, l'Umbria, il Lazio, la Calabria, gli Abruzzi, la Sicilia. La capitale d'Italia è Roma.

peninsula / shape / boot

catene... mountain ranges / Apennines / north
separate / from the / countries / Switzerland
Sea / surrounds / names
south / there is / east / west

islands

laghi... alpine lakes

river

passa... flows through / Florence / Tiber
near / Naples

divided / Some

ESERCIZI DI COMPRENSIONE

A. **Vero o falso?** *(True or false?)*

_____ 1. La Sardegna è un'isola molto piccola.
_____ 2. L'Arno passa per Verona.
_____ 3. Ogni *(each)* regione d'Italia è una repubblica indipendente.
_____ 4. Le Alpi e gli Appennini sono catene di monti.
_____ 5. Il Mar Tirreno è parte del Mar Mediterraneo.
_____ 6. Le regioni italiane sono venti, escluse *(except)* la Sicilia e la Sardegna.

B. **Dove si trova?** *(Where is it located?)* Now imagine that you are a third grade teacher quizzing your students in geography. Make up questions based on the reading and the map inside the front cover of your book. Select students to answer your questions.

Esempi: —Dove si trova Milano?
—Si trova in Lombardia.

—Che fiume passa per Roma?
—Il Tevere passa per Roma.

---

[1]Names of countries are usually preceded by the definite article in Italian.

Ripetizione I

Option: Type up answer sheets to the exercises in the **Ripetizione** sections and hand them out to students so they may compare their answers and have a guide at hand to consult.

A. Quanto fa ... ?

1. $8 + 3 = ?$
2. $11 + 19 = ?$
3. $6 - 2 = ?$
4. $40 - 30 = ?$
5. $13 + 25 = ?$
6. $72 - 51 = ?$
7. $12 + 37 = ?$
8. $99 - 16 = ?$

B. Opinioni. Express your positive opinion of the following items. Follow the example and use the adjective **buono**.

Esempio: automobile →
Sì, è una buon'automobile.

1. anno
2. università
3. donna
4. corso
5. cuoco
6. amico

C. Complete the following sentences with the cues given.

1. Che cosa _____ (tu, prendere)? I broccoli o gli zucchini?
2. Noi _____ (prendere) la carne.
3. Voi _____ (preferire) l'insalata verde.
4. Perché Gianni non _____ (mangiare) la pizza?
5. _____ (pagare) tu o _____ (pagare) io?
6. Marco? No, non _____ (guardare) Marcella.
7. Voi _____ (vedere) Anna oggi?
8. No. Non _____ (io, conoscere) la professoressa di tedesco.
9. Michele, _____ (conoscere) Roberto?
10. Tutti _____ (aprire) il libro.
11. Perché non _____ (voi, aprire) il bar oggi?
12. Purtroppo, io e Michele non _____ (capire) il nuovo professore.

13. Io non _____ (capire), ma lei (capire) _____ benissimo.
14. _____ (uscire) anche tu stasera?

D. What questions elicited the following answers?

Esempio: Studio economia. →
Che cosa studi?

1. Sono gli appunti di Adriana.
2. Andiamo al cinema con due studenti americani.
3. Gianni prende la carne.
4. Sto benissimo, grazie.
5. Studiamo sempre in biblioteca.
6. Sì, anche noi abbiamo lezione ora.
7. No, non ho fretta.
8. La lezione finisce.
9. Noi non capiamo la domanda.

E. Change the following sentences according to the example.

Esempio: Lui è americano. →
Anche lei è americana.

1. Lui è francese.
2. Lui è bravo.
3. Lui è molto giovane.
4. Lui è molto cattivo.
5. Lui è fortunato.
6. Lui è ottimista.

F. Ask another student if he (she) . . .

1. is hungry after dinner
2. is sleepy after the game
3. is cold now
4. is in a hurry when he (she) has a class
5. is thirsty when he (she) eats pizza
6. is nineteen years old

G. Form sentences using the verb **andare** and the expressions given.

Esempio: a Roma / noi →
Andiamo a Roma.

1. a casa / tu
2. alla partita / anche lo studente americano
3. a comprare un abito nuovo / io
4. a scuola, non a casa / loro
5. a mangiare / anch'io e Adriana

H. Answer the following questions using the appropriate form of **molto**.

1. Ha fretta?
2. Studiate oggi?
3. È vecchia l'automobile?

4. È onesta Anna?
5. Sono modici i prezzi alla mensa?
6. Capite bene?

I. Complete the following sentences with the correct form of **molto**.

1. Mangio sempre _____ carne.
2. Abbiamo _____ sonno.
3. Vediamo _____ studenti universitari.
4. Quando hanno un esame, studiano _____.
5. Adriana e Gianni sono _____ giovani.
6. Anna e Maria sono _____ brave.
7. Perché hai _____ caldo oggi?
8. Gianni dice: «Arrivederci e _____ grazie!»
9. La casa è _____ vecchia. Ha _____ anni.
10. Perché avete sempre _____ fretta?

J. **Caro Franco...** Imagine that you are an exchange student at the University of Perugia. To show your friend Franco how much you are learning, write him a postcard in Italian, using the expressions listed below. Begin with *Caro Franco, ...*

stare molto bene
incontrare molti giovani all'università
essere molto affollate / le classi
non capire sempre l'italiano
studiare molto
scrivere molte lettere
uscire quasi sempre dopo cena

II LA VITA QUOTIDIANA

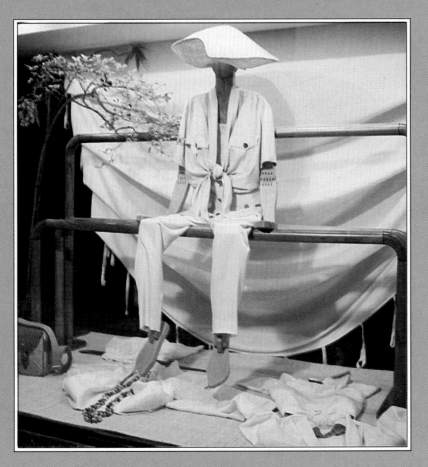

Culture
- Family and housing
- Common weights and measures
- Shopping habits
- Italian cafés
- Personal holidays
- Italian cuisine

Communication
- Inquiring about someone's activities
- Expressing time duration
- Making polite requests
- Expressing admiration, surprise, or regret
- Inquiring about someone's age
- Expressing best wishes

5 LA FAMIGLIA BORGHINI

La famiglia Borghini abita in un appartamento in un bell'edificio in periferia. In quest'appartamento ci sono tre camere, il salotto, la sala da pranzo, la cucina e il bagno. Non è un appartamento grande ma è comodo. I Borghini hanno due figlie, Manuela e Lorena. Anche il nonno, il padre del signor Borghini, vive con la famiglia. Oggi è venerdì e la signora Borghini è pronta a uscire per andare in centro. Parla con Manuela.

Signora Borghini:	Manuela, vado in centro a fare delle compere. Vieni anche tu?
Manuela:	No, mamma, non vengo perché ho un appuntamento. Che cosa compri?

Appartamenti nella periferia di Torino.

Signora Borghini:	Ho bisogno di un paio di scarpe e due paia di calze. Queste scarpe blu sono vecchie.
Manuela:	Vai alla Rinascente, vero?
Signora Borghini:	No, vado a quel negozio in via Verdi.
Manuela:	Buon'idea. È un bel negozio. Là hanno dei bei vestiti e anche delle scarpe molto eleganti e non troppo care.
Signora Borghini:	Quando ritorni?
Manuela:	Presto, perché?
Signora Borghini:	Perché stasera mangiamo presto. Io e papà andiamo al cinema. Ciao.
Manuela:	Ciao, mamma.

DOMANDE

Additional vocabulary: **bottega** for **negozio**; compare the different verbs for *to shop*, and their meanings: **fare delle compere, fare la spesa, fare le spese**.

1. Dove abita la famiglia Borghini?
2. Com'è l'appartamento della famiglia Borghini?
3. Che giorno è oggi?
4. Chi vive con la famiglia?
5. Chi ha bisogno di scarpe?
6. Perché Manuela non va in centro?
7. Perché mangiano presto stasera?
8. Quando va in centro Lei?

Vocabolario

Sostantivi

l' **appartamento**   apartment
l' **appuntamento**   appointment
il **bagno**   bathroom
la **calza**   stocking
la **camera**   bedroom
il **cinema**   movie theater
la **cucina**   kitchen; cuisine
l' **edificio**   building
la **famiglia**   family
il **figlio**, la **figlia**   son, daughter
il **garage**   garage
il **negozio**   store
il **nonno**, la **nonna**   grandfather, grandmother
il **padre**   father
il **papà**   dad
la **periferia**   suburbs

la **sala da pranzo**   dining room
il **salotto**   living room
la **scarpa**   shoe
la **stanza**   room
il **vestito**   dress, suit; outfit

Aggettivi

comodo   comfortable
elegante   elegant
quotidiano   daily
vecchio   old

Verbi

comprare   to buy
(ri)tornare (a)   to return (to)
venire° *(irr.)* **(a)**   to come (to)
  vengo   I come
vivere°   to live

Altri vocaboli

presto   early, soon

Espressioni

andare in centro   to go downtown
avere bisogno (di)   to need
fare (delle) compere   to shop
là   there
la vita quotidiana   everyday life
un paio *(pl.* **paia***)* **di**   a pair of

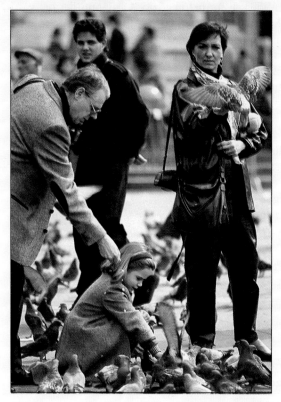

- Many Italians live in high-rise apartment buildings and rarely move from the city or even the neighborhood in which they were born. While some families hand their homes down from generation to generation, there are also families that never purchase a home but rent for their entire life. Although dwellings in historical centers and farmhouses in the countryside are increasingly being renovated, a chronic housing shortage makes it very difficult for young couples to rent an apartment.

- The family has always played a very unifying role in Italian society. For economic reasons one or both grandparents might share the same house and, generally, the children take care of their aging parents. When Americans talk about the family, they think of the nucleus formed by parents and children. The Italian concept of family includes close relatives as well. Therefore, when Italians use the word **famiglia**, they are also referring to grandparents, cousins, uncles and aunts.

- **La Rinascente** is one of the few nationwide department stores in Italy. Two others are **Standa** and **UPIM**.

Una famiglia in Piazza del Duomo a Milano.

il caminetto
il tetto
la finestra
il salotto
il muro
il bagno
la porta
il primo piano
la camera da letto
la cucina
la sala da pranzo
il garage
il pianterreno
la scala

Grammatica

I. Preposizioni semplici
(Simple prepositions)

Here is a summary of the simple prepositions we have learned so far as well as a few new ones:

di (d')	*of, from*	con	*with*
a	*at, to, in*	su	*on*
da	*from, by*	per	*for*
in	*in*	tra, fra	*between*

Vive **a** Roma.	*She lives **in** Rome.*
L'aereo arriva **da** Londra.	*The airplane arrives **from** London.*
Abita **in** California.	*He lives **in** California.*
Parlo **con** Andrea.	*I'm talking **with** Andrea.*
I libri sono **su** un banco.	*The books are **on** a desk.*
La penna è **tra** i quaderni.	*The pen is **between** the notebooks.*
La chiamata è **per** Teresa.	*The call is **for** Teresa.*

1. The preposition **di** expresses possession as well as place of origin:

Di chi è questa rivista?	*Whose magazine is this?*
—È di Lucia.	*—It's Lucia's.*
Di dov'è James?	*Where is James from?*
—È di Miami.	*—He's from Miami.*

2. The English *to* and *in* are translated by the Italian preposition **a** when used with the name of a city or a small island.

Vado **a** Venezia.	*I am going **to** Venice.*
Abitano **a** Venezia.	*They live **in** Venice.*
Vanno **a** Capri.	*They are going **to** Capri.*
Abitano **a** Ischia.	*They live **in** Ischia.*

II. Preposizioni articolate
(Compound prepositions)

Certain prepositions combine with the definite article as follows:

Preposition +	il	lo	l'	la	i	gli	le
a	al	allo	all'	alla	ai	agli	alle
da	dal	dallo	dall'	dalla	dai	dagli	dalle
di	del	dello	dell'	della	dei	degli	delle
in	nel	nello	nell'	nella	nei	negli	nelle
su	sul	sullo	sull'	sulla	sui	sugli	sulle

The preposition **con** *(with)* occasionally becomes **col** (**con** + **il**) and **coi** (**con** + **i**).

Aspettiamo **all'**entrata **del** cinema.	*We are waiting **at the** entrance **of the** movie theater.*
Ada è **nel** bagno.	*Ada is **in the** bathroom.*
Cerchi i libri? Sono **sulla** scrivania.	*Are you looking for your books? They're **on the** desk.*
Vengo **dal** centro.	*I've been downtown. (I'm coming **from** downtown.)*
Le chiavi sono **nella** macchina.	*The keys are **in the** car.*
Gioca a carte **coi** ragazzi.	*He plays cards **with the** guys.*
È la figlia **del** fioraio.	*She is **the** florist's daughter.*

Il soggiorno di una casa di montagna.

1. With nouns like **biblioteca, banca** *(bank)*, **città, cucina, chiesa** *(church)*, **ufficio** *(office)*, the article is omitted when using the preposition **in**, unless the noun is modified by another noun.

È **in** banca adesso.	*He's **in (at) the** bank now.*
Il professore è **in** classe.	*The professor is **in** class.*
Sono **in** chiesa.	*They're **in** church.*

BUT Sono **nella** Chiesa **di San Pietro.**   *They're **in** St. Peter's Church.*

2. Before a name, surname, and pronoun, and before a noun referring to a person, **da** translates in English as *at somebody's office, place, house,* or *premises.*

Stasera mangiamo **da Alfredo.**	*Tonight we'll eat at Alfredo's.*
Non è a casa, è **dal barbiere.**	*He's not at home, he's at the barber.*
Lavoro **dal dottor Carraccio.**	*I work in Doctor Carraccio's office.*

No article is needed with a first name.

III. Il partitivo
(The partitive)

The partitive *some* or *any*, used to indicate a part of a whole or an undetermined quantity or number, is generally expressed by the preposition **di** plus the *definite article.*

Compro **dei giornali.**	*I am buying some newspapers.*
Desidera **della torta.**	*She would like some cake.*
Abbiamo **del caffè** colombiano.	*We have some Colombian coffee.*

In interrogative and negative sentences the partitive *any* is usually not expressed in Italian.

Ha **parenti** in Italia?	*Do you have any relatives in Italy?*
Non ho **fratelli.**	*I do not have any brothers.*
No bevo **alcolici.**	*I don't drink (any) alcoholic beverages.*

IV. Aggettivi dimostrativi
(Demonstrative adjectives)

The common demonstrative adjectives are: **questo** *(this)* and **quello** *(that)*.

1. Like all adjectives in -o, questo has four forms: **questo** and **questa**, **questi** and **queste**. Before a vowel **questo** and **questa** may drop the final -o or -a.

questa giacca	*this jacket*
quest'abito	*this suit*
questi cappotti	*these overcoats*
queste borsette	*these handbags*

2. The forms of **quello**, which always precedes the noun it modifies, are similar to those of the *definite article* combined with **di**.

(del)	(dello)	(dell')	(della)	(dei)	(degli)	(delle)
quel	quello	quell'	quella	quei	quegli	quelle

Quel fazzoletto è nuovo.	*That handkerchief is new.*
Quell'abito è vecchio.	*That suit is old.*
Quei guanti sono neri.	*Those gloves are black.*

V. Pronomi dimostrativi
(Demonstrative pronouns)

1. **Questo** and **quello** are also demonstrative pronouns. The forms of **questo** are the same as those given above. **Quello**, as a pronoun, has four forms: **quello, quella, quelli, quelle.**

> Mi dispiace, ma preferisco **questo** (**questa**).
> *I'm sorry, but I prefer **this one**.*

> Non viene a **questo negozio**, va a **quello**.
> *She does not come to **this store**, she goes to **that one**.*

2. **Quello di** translates *the one of, the one that belongs to.*

> Ecco il portafoglio di Mario, **quello di** Giovanni è sul tavolo.
> *Here's Mario's wallet, Giovanni's is on the table.*

VI. L'aggettivo *bello*

Option: have students draw a model based on equivalent forms of the **articolo determinativo**, **bello, quello**, and contractions with **di**.

il : bel   : quel   : del
l' : bell' : quell' : dell'
lo : bello : quello : dello
la : bella : quella : della
l' : bell' : quell' : dell'
i   : bei   : quei   : dei
gli : begli : quegli : degli
le : belle : quelle : delle

When **bello** *(beautiful)* precedes a noun, it resembles **quello** in taking forms that are similar to those of the definite article combined with **di**: **bel, bello, bell', bella, bei, begli, belle.**

> Nella vetrina ci sono delle **belle pantofole**.
> *In the display window there are some **beautiful slippers**.*

> È una **bella camicia**.
> *It is a **lovely shirt**.*

> Franco compra un **bell'impermeabile**.
> *Franco is buying a **beautiful raincoat**.*

> Ho molti **bei libri**.
> *I have many **beautiful books**.*

VII. Presente indicativo di *venire*

Word-builder: venire can be used to demonstrate the building of vocabulary with prefixes. You might teach the students **avvenire, divenire, svenire, provenire, convenire, intervenire**. Most Italian verb books give examples of verbs that build this way off an irregular verb's root.

Venire	to come
vengo	veniamo
vieni	venite
viene	vengono

> **Vengo** dalla pasticceria.
> *I am coming from the pastry shop.*

> **Vengono** con noi, o no?
> *Are they coming or not?*

ESERCIZI

A. Complete with the correct form of the preposition **in** + *definite article.*

1. Tutta la famiglia è _____ salotto.
2. Andiamo a fare delle compere _____ negozi del centro.
3. Mangiano _____ sala da pranzo.

4. Gli studenti universitari studiano _____ biblioteche universitarie.
5. Abito _____ nuovo edificio.
6. Abito _____ edificio nuovo, non in quello vecchio.
7. Troviamo queste parole _____ ultimi appunti.
8. L'automobile di Franco è _____ garage.
9. La giacca è _____ armadio *(closet)*.

B. Dove metto il televisore? *(Where shall I put the television set?)* Give instructions to the movers who are carrying things into your new apartment. Follow the example using the preposition **in** or **su** + *definite article.*

Esempio: —Dove metto il televisore? (sala da pranzo) →
        —Nella sala da pranzo, per favore.

1. Dove metto i vestiti? (camera da letto)
2. Dove metto i libri di scuola? (studio di Agnese)
3. Dove metto i fiori *(flowers)*? (finestra della cucina)
4. Dove metto la radio? (tavolo della cucina)
5. Dove metto la bicicletta *(bicycle)*? (garage)
6. Dove metto le scarpe? (armadio)

C. Di chi è? Carla is helping her father clean out the attic. She inquires about several objects she sees. Follow the example using the preposition **di** + *definite article.*

Esempio: questi libri / il nonno Antonio →
        —Sai di chi sono questi libri?
        —Sono del nonno Antonio.

1. questo bell'orologio *(watch)* / il padre di Lorena
2. quei vestiti neri / le zie
3. quelle sedie là / gli zii di Firenze
4. quelle belle scarpe / la mamma
5. questa vecchia bicicletta / i nonni
6. questo vecchio album di fotografie *(photographs)* / la nonna Adalgisa

D. Ask various people where they have been. Follow the example using the preposition **da** + *definite article.*

Esempio: lui / la casa di Adriana →
        —Da dove viene?
        —Dalla casa di Adriana.

1. voi / la mensa
2. gli studenti del liceo / il museo di storia naturale
3. tu / i negozi del centro
4. queste studentesse / il liceo Ludovico Ariosto
5. io e lui / gli edifici dell'università
6. lei / il garage

E. Complete with the correct form of the preposition **di** + *definite article.*

1. Mangio _____ spaghetti.
2. Preferiscono _____ insalata.
3. Comprano _____ quaderni e _____ penne.
4. Oggi mangio _____ pesce.
5. Vedo _____ altri studenti.
6. Lui ha sempre _____ denaro.

F. Answer the following questions in the negative.

Esempio: Prende molti appunti? →
             No, non prendo appunti.

1. Conosce molti studenti stranieri?
2. Conoscete molti autori francesi?
3. Mangia molta carne?
4. Scrive molte lettere in Italia?
5. Ha molti appuntamenti?
6. Avete molti cugini *(cousins)?*

G. Complete with the correct form of the appropriate preposition.

1. Stasera non andiamo _____ partita.
2. Andiamo _____ cinema.
3. _____ finestra vediamo un bell'edificio.
4. È la casa _____ Lorena.
5. È la casa _____ famiglia Borghini.
6. _____ periferia le case sono modeste ma comode.
7. Ecco i nomi _____ autori!
8. Questo treno *(train)* va _____ Firenze.
9. Compriamo _____ insalata e _____ carne.
10. La famiglia _____ studente italiano abita _____ Roma.
11. La ragazza ritorna _____ appuntamento.

H. Complete the following paragraph with the appropriate word.

I signori Borghini _____ un appartamento _____ periferia. _____
appartamento _____ sono molte stanze. Il signor Borghini _____
sempre fretta ma oggi _____ al cinema con la signora Borghini.
Manuela _____ un appuntamento e quando ritorna _____ appuntamento _____ alla Rinascente a _____ delle compere.

I. **Rispondete!** *(Answer!)* Now play the part of your instructor and ask
the other students . . .

1. how many persons there are in the Borghini family
2. how many daughters the Borghinis have and what their names are
3. where Mrs. Borghini is going to do her shopping
4. who lives with the family

5. who has an appointment
6. what day of the week it is

J. Intervista. Ask another student the following questions, then alternate roles. Be prepared to report your findings to the class.

1. Dove abiti?
2. Abiti in una casa o in un appartamento?
3. Preferisci abitare in centro o in periferia?
4. Quanti anni hai?
5. Vai in centro oggi? Che cosa compri?
6. Studi all'università, al liceo o alla scuola magistrale?
7. Vai a dormire quando ritorni dal cinema?
8. Esci stasera? Dove vai?
9. Hai molti appuntamenti questa settimana?

Come si dice?

Inquiring about someone's activities

When you want to inquire about someone's activities, you can ask:

Dove vai (va)?	*Where are you going?*
Da dove vieni (viene)?	*Where are you coming from?*
Con chi vai (va)?	*With whom are you going?*
Quando esci (esce)?	*When are you going out?*
Chi viene con te (Lei)?	*Who is going with you?*
Esci (Esce) solo/a?	*Are you going alone?*
Quando ritorni (ritorna)?	*At what time are you coming back?*

Situazione. With another student role-play the following dialogue. Your mother calls you at your new apartment and asks you how things are going. You tell her that you study a lot. She asks you if you eat enough (**abbastanza**), and you answer that your roommate is a good cook, and he (she) cooks all the time. She asks you what you are up to this evening. You tell her that you need to do some shopping. She seems concerned and wants to know if you are going out by yourself, at what time you'll be coming back, and so on. Be creative.

6 DA GIACOMO IL FRUTTIVENDOLO

Luca Rovere fa la spesa per la moglie Serena che è ancora al lavoro. Compra la frutta e la verdura da Giacomo, la carne dal macellaio e il pane dal fornaio.

Luca:	Che belle fragole, Giacomo. Quanto costano?
Giacomo:	Quattromila cinquecento il chilo.
Luca:	Sono un po' care.
Giacomo:	Sono le prime della stagione... siamo ancora in primavera. Le vuole?
Luca:	Ma sì, ne prendo due etti. E poi, per favore se mi dà anche due o tre banane e un po' di verdura, delle carote e dei fagiolini.
Giacomo:	Ecco le carote e i fagiolini. Desidera altro?

Quant'è in tutto?

Luca:	No. Sa che ore sono, piuttosto?
Giacomo:	Le dodici e venti... no, è già mezzogiorno e mezzo.
Luca:	È tardi. Ormai Serena viene a casa e devo ancora andare dal fornaio e dal macellaio. Quant'è in tutto, Giacomo?
Giacomo:	Sono diecimila quattrocento lire.

DOMANDE

1. Perché Luca fa la spesa per Serena?
2. Perché sono care le fragole?
3. Che cos'altro compra Luca da Giacomo?
4. Perché è tardi?
5. Che ore sono?
6. Quanto paga Luca dal fruttivendolo?
7. Che cosa compra dal fornaio?
8. Dove compra la carne?

Vocabolario

Sostantivi

la **carota**   carrot
il **chilo(grammo)**   kilogram
il/la **cliente**   client
l'**etto(grammo)**   hectogram
il **fagiolino**   string bean
il **fornaio**   baker
la **fragola**   strawberry
la **frutta**   fruit

il **fruttivendolo**   greengrocer
la **lira**   Italian monetary unit
il **macellaio**   butcher
il **marito**   husband
il **mezzo**   half (*n.* and *adj.*)
il **mezzogiorno**   noon
la **moglie**   wife
l'**orologio**   watch; clock
il **pane**   bread

l'inverno

Le stagioni dell'anno

la primavera

l'estate

l'autunno

Verbi

costare   to cost
desiderare   to wish

Altri vocaboli

ancora   still
ma sì   of course
ormai   by now

piuttosto   rather
poi   then; afterwards, after
se   if
tardi   late

Espressioni

al lavoro   at work
altro?   anything else?
che ... !   what ... !
sa che ore sono?   do you *(formal s.)* know what time it is?

devo andare   I must go
fare la spesa   to buy groceries
mi dà ... ?   would you please give me ... ?
quanto?   how much?
   quant'è in tutto?   how much is it altogether?

un po' (poco) di   a bit of; a few
vuole ... ?   do you *(formal s.)* want ... ?

NOTE LINGUISTICHE E CULTURALI

- The expressions *in the spring, in the summer,* etc., are best translated **in primavera, in estate, in autunno, in inverno.**
- The expressions **è tardi, è presto** *(it's late, it's early)* are impersonal and refer to time. When referring to a person or object being late or early, Italian uses **essere in ritardo, in anticipo: Il treno arriva in ritardo.** *(The train is arriving late.)* **Signor Pastore, oggi è in anticipo!** *(Mr. Pastore, today you're early!)*
- Although supermarkets are becoming increasingly popular, Italians like to buy their groceries daily at neighborhood specialty stores. They are usually loyal customers and know the shopkeepers on a first-name basis, which guarantees good service and fresh products. Customers pay cash rather than use checks or credit cards.
- To measure weights and distances, Europeans use the metric system. The following are the most common weights and measures:

Italian term
```
   50 g  =  mezz'etto
  100 g  =  un etto
  500 g  =  mezzo chilo
 1000 g  =  un chilo

  ½ l  =  mezzo litro
   1 l  =  un litro
  1 cm  =  un centimetro
  1 m   =  un metro
  1 km  =  un chilometro
```

The abbreviations for **grammo, etto,** and **chilo** are **g, hg,** and **kg,** respectively.

Conversion
1 oz[1] = 28.3 g
1 lb[1] = 454 g
2.2 lbs = 1 kg

1 pint = .47 liters
1 quart = .95 liters
1 inch = 2.5 centimeters
1 yard = 0.91 meters
1 mile = 1.6 kilometers

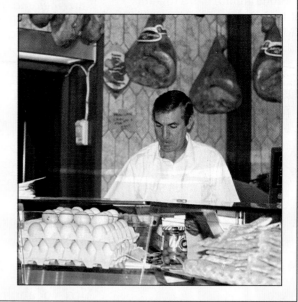

---

[1]These are avoirdupois weights. An avoirdupois pound has 16 oz, where a troy pound has 12 oz. The troy weight is used for weighing gold, silver, and gemstones.

Grammatica

I. Pronomi personali in funzione di complemento oggetto
(Direct object pronouns)

To help students understand direct object pronouns, you may want to have them build sentences backwards in the beginning.
Do you want them?
       1   2

Le vuole?
 2   1

Additional practice: working from the vocabulary for this chapter, ask students to give the direct object pronoun equivalents. Then ask them to go back through the dialogue and underline all the direct object pronouns.

Se lo abbandoni, lo uccidi.

Direct object pronouns are always used in conjunction with a verb, and are therefore also called *conjunctive pronouns.*

Singolare		*Plurale*	
mi	*me*	ci	*us*
ti	*you* (familiar)	vi	*you* (familiar)
lo	*him, it* (m.)	li	*them* (m.)
la	*her, it* (f.)	le	*them* (f.)
La	*you* (formal, m./f.)	Li	*you* (formal, m.)
		Le	*you* (formal, f.)

1. In general, conjunctive pronouns precede the verb.

Mi, ti, lo, la, and **vi** generally drop the vowel before another vowel or an **h,** and replace it with an apostrophe. When **La, Li, Le** mean "you," they are normally capitalized. When the pronoun refers to a mixed group, the masculine form **li** or **Li** is used.

Sono mele mature, **le** vuole?	*They are ripe apples; do you want **them**?*
Ci incontrano davanti al negozio di alimentari.	*They are meeting **us** in front of the grocery store.*
Conosci Mario e Luisa? —Sì, **li** conosco bene.	*Do you know Mario and Luisa? —Yes, I know **them** well.*
Questo latte non è fresco, non **lo**[1] compro.	*This milk is not fresh, I will not buy **it**.*

2. In the presence of an infinitive, a conjunctive pronoun usually attaches to the infinitive, which in this case drops the final vowel.

Telefona a Gino per invitar**lo**.	*He phones Gino to invite **him**.*
Vengo per veder**ti**.	*I am coming to see **you**.*

3. Conjunctive pronouns are always attached to **ecco**.

Eccomi!	*Here I am!*
Eccoli!	*Here they are!*

---

[1]In a negative sentence the conjunctive pronoun comes between **non** and the verb.

II. Numeri cardinali da cento in su
(Cardinal numbers from one hundred)

100	cento	1.000	mille
101	centouno	1.001	milleuno
150	centocinquanta	1.200	milleduecento
200	duecento	2.000	duemila
300	trecento	10.000	diecimila
400	quattrocento	15.000	quindicimila
500	cinquecento	100.000	centomila
600	seicento	1.000.000	un milione
700	settecento	2.000.000	due milioni
800	ottocento	1.000.000.000	un miliardo
900	novecento	2.000.000.000	due miliardi

To reinforce numbers, carry out minor math exercises with the students: 200 diviso per 4 fa ... etc. Also present a domanda-risposta exercise that will require numbers for answers: Quanti anni ha? Quante persone ci sono in questo stato? in questa città? Quanti studenti ci sono all'università?

Numbers above one hundred are often written as one word: **centoquattro, trecentocinquanta, milleduecento, duemila, cinquemila,** etc. Note that Italians use a period or a space instead of a comma when dividing numbers into thousands.

1. The English *one* before *hundred* (**cento**) and *thousand* (**mille**) is never translated into Italian. The plural of **mille** is **mila** (trecento**mila**).

2. Italian numbers are always broken into thousands and hundreds. There is no way to say the equivalent of *eleven hundred, seventeen hundred, twenty-four hundred,* and so on.

> Quest'automobile costa **ottomilanovecento dollari.**
> *This car costs **eighty-nine hundred dollars.***

Make students aware that, when talking about prices, Italians sometimes drop the words **cento** and **mila**: Il maglione costa quarantacinque. La penna viene tremila e sette. Context will make clear the exact amount meant.

3. **Milione** and its plural, **milioni, miliardo** and its plural, **miliardi,** unless followed by another number, take the preposition **di.**

> Quella città ha **due milioni di abitanti.**
> *That city has **two million inhabitants.***

III. L'ora
(Time of the day)

Bring in a clock, either real or a toy, to demonstrate telling time. Keep it at hand for the following activities.
—use Italian train schedules and theater, concert, and movie listings to give students practice with the 24-hour system.
—as a **small-group activity**, ask students to plan trips and present them to the rest of the class. Ask for specifics: what time they will leave; where they will go and when they will arrive; how long they will stay; what they will see.

1. The Italian equivalent of the question *What time is it?* is either **Che ora è?** or **Che ore sono?** The reply, or statement, is (a) singular for *one o'clock, noon,* and *midnight*; (b) plural for the other hours.

2. In referring to train (boat, etc.) schedules, theatrical performances, and office hours, Italians use the twenty-four hour system. Hours are divided from minutes by either a period or a comma. In everyday conversation, however, when clarification is needed, it is more common to count from 1 to 12 and to use **di mattina** *(in the morning)* for A.M.; **del pomeriggio** *(in the afternoon)* for early P.M.; and **di sera** *(in the evening)* for late P.M.

> Il treno parte **alle venti** (20.00).   *The train leaves at 8 P.M.*
> Arrivano **alle sette di mattina** (di sera).   *They will arrive at 7 A.M. (P.M.).*

Che ora è?

È l'una.

È mezzogiorno.

È mezzanotte.

Che ore sono?

Sono le dieci e un quarto.
Sono le dieci e quindici.

Sono le sette e mezzo.
Sono le sette e trenta.

Sono le due meno un quarto.
È l'una e quarantacinque.

È l'una e dieci.

Sono le cinque e venti.

Sono le undici e quaranta.
È mezzanotte meno venti.

ESERCIZI

A. Answer the following questions affirmatively using the appropriate direct object pronouns.

Esempio: Studi i pronomi? →
Sì, li studio.

1. Studi i verbi?
2. Studi le parole nuove?
3. Studi la matematica?
4. Studi l'italiano?
5. Studi l'italiano e il francese?
6. Studi la matematica e l'economia?
7. Studi la grammatica e il vocabolario?
8. Studi i vocaboli?

B. Answer the following questions in the negative using the appropriate direct object pronouns.

Esempio: Alzate il ricevitore? →
No, non lo alziamo.

1. Trovate gli appunti di economia?
2. Studiate i verbi italiani?
3. Capite il pronome complemento oggetto?
4. Occupate questo tavolo?
5. Vedete sempre Anna e Franco?
6. Scrivete il compito d'italiano e quello di francese?
7. Comprate queste belle fragole?
8. Avete il salotto e la sala da pranzo?
9. Preferite la frutta fresca?

C. Answer the questions as indicated and use the correct form of the direct object pronoun.

Esempi: Comprate quest'automobile? (no) →
No, non la compriamo.

Mi conoscete? (sì) →
Sì, ti conosciamo.

1. Capite bene il russo? (sì)
2. Comprate i fagiolini surgelati *(frozen)?* (no)
3. Mangiate la carne e il pesce? (sì)
4. Finisci questo esercizio? (sì)
5. Conoscete bene Lorena e Franco? (sì)
6. Hai i biglietti *(tickets)* per il cinema? (no)
7. Mi capisci? (no)
8. Ci conosci? (sì)
9. Mi conoscete? (no)
10. Ci vedi? (sì)
11. Vi vedo? (sì)
12. Ti capisco sempre? (no)

D. **Che ora è?** Say what time it is in Italian.

1. It is 5:00.
2. It is 3:45.
3. It is 1:15.
4. It is 1:45
5. It is 4:00 A.M.
6. It is 10:00 P.M.

E. Using the 24-hour time system, form sentences with the verb **arrivare** and the cues given.

Esempio: 3:00 A.M. / i signori Borghini →
I signori Borghini arrivano alle tre di mattina.

1. 7:30 A.M. / noi
2. 1:00 P.M. / i Carracci
3. 4:15 P.M. / il treno
4. 12:00 A.M. / le vecchie clienti
5. 8:00 P.M. / il fruttivendolo
6. 1:30 P.M. / anch'io

F. Change the following sentences to the plural.

1. Il bel supermercato *(supermarket)* è in periferia.
2. Quella città non è troppo bella.
3. Il tassì francese è verde.
4. Preferisco vedere lo sport e il film.
5. Il presidente non va dal fruttivendolo.
6. La verdura non è blu.

G. Complete the following paragraph with the appropriate expression.

Luca Rovere compra _____ verdure _____ fruttivendolo e _____ pane
_____ fornaio, ma va _____ supermercato per comprare la frutta
surgelata. Serena e Luca mangiano sempre la frutta fresca, ma
_____ primavera la frutta è _____ cara. Le fragole oggi _____ le
prime _____ stagione e Luca non _____ prende perché costano _____.

Come si dice?

Expressing time duration

To inquire or speak about time, you should learn these expressions:

Scusi, sa che ore sono?	*Excuse me, do you know what time it is?*
A che ora [comincia il film]?	*At what time [does the movie start]?*
Alle [sette / a mezzanotte / alle due in punto].	*At [seven o'clock / at midnight / at two o'clock sharp].*
Quanto dura [lo spettacolo]?	*How long does [the performance] last?*
Dura [un'ora / mezz'ora].	*It lasts [an hour / half an hour].*
Dura dalle [tre] alle [quattro e mezzo].	*It lasts from [three o'clock] to [four-thirty].*

Making polite requests

When you request information, you should also use the following courtesy expressions:

Per favore. / Per cortesia.	*Please.*
Scusi. *(formal, s.)*	*Excuse me.*
Prego.	*You're welcome.*
Di niente.	*Think nothing of it. / It's all right.*
Grazie. Grazie mille.	*Thank you. Thank you very much.*

A. Orario d'apertura *(Business hours)*. A che ora aprono questi negozi? A che ora chiudono? Da che ora a che ora sono aperti?

Ask your classmates about the business hours of the stores shown below and those listed on p. 77 for the Futura shopping mall. Be original with your questions and imaginative in your answers by creating an operating environment for these stores.

Before proceeding to **Capitolo 7**, and the **passato prossimo**, you may wish to conduct a complete verb review. This same review may be used after the **passato prossimo** has been taught.
VERBI Capitoli 1–6
abitare, andare, aprire, arrivare, ascoltare, aspettare, avere fame, avere sete, avere fretta, avere sonno, avere caldo, avere freddo, avere … anni, capire (isc), cercare, chiamare, chiudere, cominciare, comprare, conoscere, continuare, costare, desiderare, dormire, entrare, essere, finire (isc), guardare, incontrare, insegnare, lavorare, leggere, mangiare, occupare, pagare, parlare, preferire (isc), prendere, ripetere, rispondere, ritornare, scrivere, sentire, squillare, studiare, suonare, telefonare, trovare, vedere, vendere, venire.

B. A che ora … ? When and where do your classmates do things? If you don't know, ask in Italian . . .

1. at what time they arrive at the university
2. at what time they eat and where
3. at what time they are going back home today
4. at what time they have class, and how long it lasts
5. at what time they go grocery shopping, and when the store opens
6. at what time they come back from a movie, and how long a movie usually lasts
7. if they know what time it is now

7 LA COLAZIONE AL BAR CORSO

Sono le otto di mattina e Sara fa colazione, come al solito, al bar Corso vicino all'ufficio dove lavora. Sara conosce molto bene i proprietari del bar, Graziella e Maurizio.

I proprietari del bar Garibaldi a Bari.

Sara:	Buon giorno, Maurizio. Ciao, Graziella.
Maurizio:	Buon giorno. Il solito caffè?
Sara:	No. Stamattina prendo un cappuccino, per favore.
Graziella:	Allora, com'è andata la riunione ieri sera?
Sara:	È stata lunghissima. Sono arrivata a casa alle nove e mezzo. Sono finite le brioche salate?
Maurizio:	No, sono lì dietro ai bignè al cioccolato. Se vuoi ho delle paste alla crema che sono appena arrivate dalla pasticceria. Sono freschissime.
Sara:	Adesso no, grazie. Magari prendo due cannoli per più tardi. Li metti in un sacchetto da portar via?
Maurizio:	Certo. Ecco il cappuccino. È bello caldo.
Sara:	Hai un po' di latte freddo? Lo preferisco tiepido.
Maurizio:	Eccolo. E lo zucchero è qui.
Graziella:	Allora, che novità avete all'agenzia?
Sara:	Ieri hanno deciso i viaggi per l'inverno: soprattutto il Messico e i Caraibi. Per l'estate abbiamo diverse gite a Londra a cominciare dal quindici di luglio fino alla fine di agosto, e una gita a Parigi il primo di settembre. Mica male, eh?
Maurizio:	Il Messico, che bello! Magari veniamo domani pomeriggio a sentire per i prezzi.

DOMANDE

1. Dove fa colazione Sara ogni mattina?
2. Dov'è il bar Corso?
3. Cosa prende stamattina Sara?

4. Com'è stata la riunione ieri sera?
5. Quando sono arrivate le paste alla crema? Come sono?
6. Dove mette i cannoli Maurizio?
7. Perché Sara vuole del latte freddo?
8. Perché desiderano andare all'agenzia Maurizio e Graziella?

Vocabolario

Sostantivi

l'agenzia (di viaggi) (travel) agency
il bignè *(invariable)* bignè *(custard-filled puff pastry)*
la brioche *(inv.)* brioche, sweet roll
il cannolo a type of Sicilian pastry
il cioccolato chocolate
la colazione breakfast
il cornetto croissant
la crema cream; custard
la gita excursion, trip
il latte milk
la novità news
la pasta pastry; pasta
la pasticceria pastry shop
il proprietario, la proprietaria owner
la riunione meeting
il sacchetto (small) bag
l'ufficio office
il viaggio trip
lo zucchero sugar

Aggettivi

caldo warm
diverso several; different
freddo cold
freschissimo *(from* **fresco***)* very fresh
lunghissimo *(from* **lungo***)* very long

salato salty
solito usual
tiepido lukewarm

Verbi

andato/a (*past participle of* **andare**) gone
arrivato/a (*p.p. of* **arrivare**) arrived; come
decidere° (*p.p.* **deciso**) (**di +** *inf.*) to decide *(to do something)*
fare colazione to have breakfast
finito/a (*p.p. of* **finire**) finished, ended
lavorare to work
mettere° (*p.p.* **messo**) to put, place
sentire to hear
andare°/venire° a sentire to inquire
stato/a (*p.p. of* **essere**) been

Altri vocaboli

adesso now
appena just
dietro (a) behind
domani tomorrow
domani pomeriggio tomorrow afternoon
fino a till, up to
lì there
soprattutto above all
stamattina this morning

Espressioni

a casa at home
a cominciare da ... fino a ... starting from . . . up to . . .
bello caldo nice and hot
certo! sure!
che bello! how nice!
com'è andata? how did it go?
come al solito as usual
da portar via to go
ieri yesterday
ieri sera last night
magari perhaps
mica male not bad
per più tardi for later

- The combination of the adverb **molto** *(very)* + *adjective* can also be expressed by adding -issimo/a to the adjective after dropping its final vowel: **Questa casa è** *grandissima. (This house is very [extremely] big.)* For phonetic reasons, adjectives like **fresco** and **lungo** add an **h**: freschissimo, lunghissimo.

- To express the flavor, sauce or style of a particular food, Italian uses the preposition **a** + *definite article:*

  Mi piace il gelato **alla vaniglia.**
  I like *vanilla ice cream.*

  Gli spaghetti **al pomodoro** sono buonissimi.
  Spaghetti **with tomato sauce** *is delicious (very good).*

- The **bar** or **caffè** is a true Italian institution. Italians go to the bar to have breakfast, drink their mid-morning or after-lunch coffee or to have a quick snack in the afternoon. There are several types of bars; those in historical centers might or might not have tables and waiters. They can range from the **bar gelateria** *(ice cream parlor)* to the **bar pasticceria** *(bar and pastry shop)* to the simple **degustazione,** in which patrons eat or drink standing and where emphasis is placed on high coffee quality. Neighborhood cafés, on the other hand, have a predominantly male clientele, as the men of the neighborhood often gather there to play cards or watch favorite soccer games on TV.

- Italian **espresso,** simply **caffè** in Italian, comes in a variety of ways. You can order it **lungo** *(lighter),* **ristretto** *(strong),* **macchiato** *(with milk),* or **corretto** *("corrected" with a cordial).* Coffee is never served with a lemon peel; creaminess and aroma determine quality.

- A typical Italian breakfast at home might consist of **caffellatte** *(coffee and milk),* **panini** *(breads, rolls)* **dolci o salati,** or a few cookies. Although in recent years cereals like cornflakes have reached the Italian table for dietetic reasons, breakfast is still a very light meal that does not include eggs or bacon.

I gelati italiani sono buonissimi.

La colazione in un albergo.

Grammatica

I. Il participio passato
(The past participle)

The past participle of regular verbs is formed by dropping the infinitive ending and adding to the stem: **-ato** for verbs in **-are**, **-uto** for verbs in **-ere**, and **-ito** for verbs in **-ire**.

parl-**are** → parl-**ato**

ripet-**ere** → ripet-**uto**

cap-**ire** → cap-**ito**

Many verbs, especially those in **-ere**, have irregular past participles. Some common irregular past participles are:

aprire	*to open*	aperto	*opened*
leggere	*to read*	letto	*read*
prendere	*to take*	preso	*taken*
scrivere	*to write*	scritto	*written*
rispondere	*to answer*	risposto	*answered*
vedere	*to see*	visto, veduto	*seen*
venire	*to come*	venuto	*come*

When the past participle is used as an adjective, it agrees in number and gender with the noun it modifies:

Il mio colore **preferito** è il rosso.	*My favorite (preferred) color is red.*
La lezione è appena **finita**.	*The class has just ended (finished).*
Le istruzioni sono **scritte** in italiano.	*The instructions are written in Italian.*

II. Il passato prossimo
(The present perfect)

The present perfect is used to express an action or event completed in the recent past. It consists of the present indicative of the auxiliary verb **avere** *(to have)* or **essere** *(to be)*, and the past participle of the verb.

In Italia **abbiamo parlato** italiano ogni giorno.	*In Italy **we spoke** Italian every day.*
Avete appena **comprato** una casa in periferia, vero?	*You **have just bought** a house in the suburbs, haven't you?*
Non **ha** ancora **finito** di cucinare?	***Hasn't** he **finished** cooking yet?*

1. In general, transitive verbs are conjugated with **avere**. Transitive verbs express an action that carries over from the subject to the direct object: e.g., *The teacher **explains** the lesson.*

Passato prossimo di **parlare**	
ho parlato	abbiamo parlato
hai parlato	avete parlato
ha parlato	hanno parlato

Comparative language: French, of course, works exactly the same way as Italian in the use of auxiliary verbs. Students with a French background will not find this a difficult concept. For those students without background in French, it is important to keep the transitive and intransitive verbs separated for a while until they can define them easily. **Point out** that a transitive verb usually answers the questions "What?" or "Whom?"

Whom did you see? I saw them. What did you buy? I bought it.

When the past participle of a verb conjugated with **avere** is preceded by the third person direct object pronouns **lo, la, le,** or **li,** the past participle agrees with the preceding direct object pronoun in gender and number. The past participle may agree with the direct object pronouns **mi, ti, ci, vi** when these precede the verb, but the agreement is not mandatory.

Ho mangiato la frittata.	*I have eaten the omelette.*
L'ho mangiata.	*I have eaten it.*
Ho comprato **il sale e il pepe.**	*I bought the salt and pepper.*
Li ho comprati.	*I bought them.*
Ci hanno **visto (visti).**	*They saw us.*

2. Many intransitive verbs (those that cannot take a direct object), especially those expressing motion, are conjugated with the auxiliary verb **essere** *(to be),* and their past participles always agree with their subjects in gender and number:

andare	*to go*	restare	*to stay, remain*
arrivare	*to arrive*	(ri)tornare	*to return*
entrare	*to enter*	uscire	*to go out*
partire	*to depart*	venire	*to come*

Passato prossimo di **arrivare**	
sono arrivato/a	siamo arrivati/e
sei arrivato/a	siete arrivati/e
è arrivato/a	sono arrivati/e

Siamo tornati alle due.	*We came back at two.*
Antonio, le tue amiche **sono arrivate.**	*Antonio, your friends **have arrived.***
Marco e Riccardo? **Sono** appena **partiti!**	*Marco and Riccardo? They just left!*
Carlo **non è andato** via l'estate scorsa. **È rimasto** in città.	*Carlo **did not go away** last summer. **He stayed** in town.*

III. Il passato prossimo di *avere* e *essere*

Passato prossimo di **avere**		
ho avuto	abbiamo	avuto
hai avuto	avete	avuto
ha avuto	hanno	avuto

Non ho avuto tempo di studiare.	*I did not have time to study.*
Avete avuto la lezione d'italiano oggi?	*Did you have the Italian lesson today?*
Ieri **abbiamo avuto** una riunione.	*Yesterday we had a meeting.*

Passato prossimo di **essere**		
sono stato/a	siamo	stati/e
sei stato/a	siete	stati/e
è stato/a	sono	stati/e

Siamo stati a Londra, ma **non siamo mai stati** a Parigi.	*We have been to London, but we have never been to Paris.*
Ieri **sono stato** in ufficio tutto il giorno.	*Yesterday, I was at the office all day.*
È **stata** una gita molto interessante.	*It was a very interesting trip.*

IV. Avverbi di tempo
(Adverbs of time)

You might want to point out that mai may follow the compound tense in an interrogative sentence: Ha mangiato *mai* il risotto alla milanese?

In a compound tense, certain adverbs of time such as **già** *(already)*, **mai** *(ever, never)*, **ancora** *(yet, still)*, and **sempre** *(always)* are placed between the auxiliary verb and the past participle.

Il caffè è **già** pronto.	*The coffee is **already** ready.*
Non hanno **mai** assaggiato questo formaggio.	*They have **never** tasted this cheese.*
Non sono **ancora** arrivati?	*Haven't they arrived **yet**?*
Sono **sempre** venuti in ritardo.	*They **always** came late.*

V. I mesi dell'anno; le date
(The months of the year; dates)

gennaio	*January*	luglio	*July*
febbraio	*February*	agosto	*August*
marzo	*March*	settembre	*September*
aprile	*April*	ottobre	*October*
maggio	*May*	novembre	*November*
giugno	*June*	dicembre	*December*

Oggi è **il primo (di)** giugno.
Domani è **il due (tre, quattro,** ecc.) **(di)** novembre.

*Today is **the first** of June.*
*Tomorrow is **the second (third,** **fourth,** etc.) of November.*

Note that the preposition **di** is optional, and that, except for the first day of the month, which is an ordinal number, the other days are expressed with cardinal numbers.

ESERCIZI

A. Give the past participle of each of the following infinitives.

| guardare | continuare | vedere | abitare | parlare |
| avere | vendere | occupare | finire | preferire |

B. Give the infinitive of each of the following past participles.

| conosciuto | partito | mangiato | invitato | costato |
| ritornato | dormito | pagato | capito | squillato |

C. Answer the following questions as indicated.

Esempio: Ha pagato Giovanni? (io) →
             No, ho pagato io.

1. Ha cominciato Giovanni? (noi)
2. Ha lavorato Giovanni? (Anna)
3. Giovanni ha parlato? (loro)
4. Giovanni ha trovato gli appunti? (io)
5. Giovanni ha cominciato a parlare? (io e Anna)
6. Giovanni ha preso il pesce? (Anna e Michele)
7. Giovanni ha occupato questo tavolo? (tu)
8. Giovanni ha visto quel bell'edificio? (voi)

D. Answer the questions in complete sentences, as in the example.

Esempio: Studi? →
             No, non studio perché ho studiato molto ieri.

1. Studiate?
2. Mangiamo?
3. Dormi?
4. Parlate?
5. Lavori?
6. Lavoro io?

E. Ask your husband (wife) if he (she) has done certain things while you were out of town. Answer in the affirmative.

Esempio: —Hai comprato il pane dal fornaio?
             —Sì, l'ho comprato.

1. Hai invitato i Rossi alla festa di domenica?
2. Avete mangiato la frutta che ho comprato?
3. Mario e Daniela hanno finito i compiti?
4. Hai chiamato il veterinario *(veterinarian)*?
5. Avete pagato le bollette della luce e del telefono *(the electricity and phone bills)*?
6. I bambini hanno preso le vitamine come al solito?
7. Hai scritto la lettera al professore di Carmine?
8. Hai preso l'appuntamento *(make an appointment)* dal dentista?
9. Hai portato l'auto dal meccanico?

F. Where did these people go yesterday? Follow the model, using the verb **andare**.

Esempio: Antonio e Luca / al ristorante Bell'amico. →
Antonio e Luca sono andati al ristorante Bell'amico.

1. la signora Bennato / al supermercato
2. tu / a fare compere in centro
3. io / a fare colazione al bar
4. Io e Francesca / all'agenzia Universo
5. i signori Tornatore / a casa della figlia Marina
6. Francesca e Loretta / a scuola
7. tu e Luciano / a comprare la carne dal macellaio
8. Carmine / al concerto di Pavarotti

G. **Com'è stata la festa?** Answer your father's questions about last night's party.

1. Dove sei stato/a ieri sera?
(a casa di Marcello/a)
2. E dove sono andate Loretta e Maria?
(anche loro alla festa)
3. A che ora siete arrivati/e? (21.30)
4. Chi altro *(who else)* è venuto?
(molti amici e amiche di Marcello/a)
5. Quando è finita la festa? (24.00)
6. A che ora siete ritornati/e a casa? (2.00)
7. Dove siete stati/e fra mezzanotte e le due? (al Savoy)
8. Cosa avete ordinato al Savoy?

SAVOY HOTEL ROMA

SERVIZIO PIANI }
ROOM SERVICE } Lit. 10.000
SERVICE D' ETAGE }

PREGASI APPENDERE AL POMO ESTERNO DELLA PORTA
ENTRO LE ORE 3 A.M.
PLEASE HANG ON OUTSIDE DOOR KNOB BEFORE 3 A.M.
VEUILLEZ SUSPENDRE A LA POIGNEE EXTERIEURE DE LA PORTE AVANT 3 H.

CAMERA - ROOM - CHAMBRE N. _____
NUMBER OF PERSONS _____

DA SERVIRE ENTRO - TO BE SERVED BETWEEN - A SERVIR ENTRE

| 7⁰⁰ 7³⁰ | 7³⁰ 8⁰⁰ | 8⁰⁰ 8³⁰ |
| 8³⁰ 9⁰⁰ | 9⁰⁰ 9³⁰ | 9³⁰ 10⁰⁰ | 10⁰⁰ 10³⁰ |

Indicare sul □ la quantità desiderata
Please indicate on □ number of items required
Prière d'indiquer sur le □ le nombre de portions desirées

Continental Breakfast

□ Caffé Coffee	□ The Tea	□ Cioccolato Chocolate
□ Panini Bread Rolls	□ Croissant	□ Zwieback
□ Marmellata di Arance Marmalade	□ Marmellata Jam	□ Miele Honey

— PER I PREZZI PREGO CONSULTARE IL MENÙ — FOR PRICES PLEASE SEE THE MENÙ —

A la Carte

Succhi di frutta - Fruit juices - Jus de fruits

□ Arancia Orange	□ Pompelmo Grapefruit	□ Ananas Pineapple	□ Pomodoro Tomato
□ Yogourt		□ Due uova bollite Min..... Two boiled eggs	
□ Fiocchi d'avena Porridge		□ Due uova strapazzate Two scrambled eggs	
□ Corn Flakes		□ Due uova fritte Two fried eggs	
□ Latte Milk		□ Omelette semplice Plain omelette	
□ The Tea		□ Pancetta o Prosciutto Bacon or Ham	
□ Espresso Espresso coffee		□ Composta di prugne Stewed prunes	
□ Caffé nero Black coffee		□ Cappuccino	

DATA ....
DATE

FIRMA ....
SIGNATURE

H. Che cosa hai fatto recentemente? *(What have you done recently?)* Ask another student questions. Follow the example. The student questioned should answer in the affirmative and provide original details.

> *Esempio:*   giocare a carte →
>   —Hai giocato a carte recentemente?
>   —Sì, ho giocato a carte ieri con Mario.

1. comprare abiti nuovi
2. mangiare in un buon ristorante
3. andare a Parigi
4. cambiare *(change)* lavoro
5. vedere l'ultimo film di Martin Scorsese
6. rispondere a molte lettere
7. leggere dei buoni libri
8. conoscere persone interessanti
9. avere degli esami difficili
10. essere all'estero *(abroad)*
11. uscire con altri studenti
12. ritornare a casa dopo la lezione

Now alternate roles. Answer the same questions in the negative, telling what you did instead.

> *Esempio:*   giocare a carte →
>   —Hai giocato a carte recentemente?
>   —No, non ho avuto tempo. Ho studiato molto.

I. Domande. Answer the following questions.

1. Che data è oggi?
2. Che data è domani?
3. Quali sono i mesi dell'inverno?
4. Quali sono i mesi della primavera?
5. Quanti giorni ci sono in febbraio?
6. Quanti giorni ci sono in giugno?
7. Quanti giorni ci sono in un anno?
8. Quale stagione preferisce Lei? Perché?

Come si dice?

Expressing admiration, surprise, or regret

A common way to express admiration, surprise, or regret is with an exclamation containing an adjective or a noun. To form exclamations you can use the word **Che** + *adjective* or *noun*.

Che bello!	How beautiful!
Che brutto!	How ugly!
Che peccato! (Peccato!)	What a shame / pity!
Che sorpresa!	What a surprise!
Che fortuna!	What luck! How lucky!
Che noia!	What a bore! How boring!
Che bella città!	What a beautiful city!
Che signore simpatiche!	What nice ladies!

Come and **Quanto** are immediately followed by a verb:

Com'è (Quant'è) lungo questo viaggio!	What a long trip!
Come (Quanto) sono noiosi!	How boring they are!

Descrizioni. Describe the following pictures, using **Che** + *noun!* You might want to choose from the following nouns: **il caldo, la fame, il freddo, la fretta, la noia, la paura** *(fear),* **la sete, il sonno, la sorpresa.**

Esempio:

Che noia!

1. _____

2. _____

3. _____

4. _____

5. _____

6. _____

7. _____

8 BUON COMPLEANNO!

Paolo e Angela sono fratello e sorella. Hanno quasi la stessa età ed alcuni amici in comune. Oggi è domenica e Angela sta per uscire per andare a una festa. Paolo invece sta a casa a studiare.

Paolo: Che bella giornata!

Angela: Sì, è ideale per una festa all'aperto.

Paolo: Quale festa?

Angela: Oggi è il compleanno di Carmine. Andiamo con alcuni amici a casa di Giuseppe, alla casa di campagna che ha a Poggibonsi.

Paolo: Chi viene?

Angela: Il solito gruppo: Gianni, Carlo, Luisa ed altra gente.

Paolo: Andate con la tua macchina?

Angela: No, Carlo porta la sua; è più grande. E tu che fai? Vuoi venire?

La campagna toscana.

Paolo:	No, sto per andare in pasticceria per la mamma; dopo resto a casa. Il professor Tucci ha dato un sacco di lavoro per domani.
Angela:	Ma dai! Oggi è domenica, non è mica una giornata da studiare. A proposito, hai visto i miei occhiali?
Paolo:	Quali occhiali?
Angela:	Quelli da sole.
Paolo:	Se non li trovi, ti do i miei.
Angela:	Scherzi? Figurati se mi metto i tuoi occhiali! Ah, eccoli! Sono qua nella mia borsetta.
Paolo:	Buon divertimento, allora. Fa' gli auguri di buon compleanno a Carmine da parte mia.

DOMANDE

1. Che cosa hanno in comune Paolo e Angela?
2. Che giorno è oggi?
3. Perché oggi è ideale per una festa all'aperto?
4. Dove si trova la casa di Giuseppe?
5. Chi partecipa alla festa?
6. Che tipo di festa è?
7. Perché non va alla festa Paolo?
8. Angela trova i suoi occhiali o si mette quelli di Paolo?

Vocabolario

Sostantivi

l'**augurio** wish
  fare gli auguri to offer
  one's best wishes
la **borsetta** purse, handbag
la **campagna** countryside
il **compleanno** birthday
l'**età** age
la **festa** party
il **fratello** brother
la **gente** *(s.)* people
la **giornata** day *(descriptive)*
il **gruppo** group
il **lavoro** work
la **macchina** car, automobile
gli **occhiali** glasses
  occhiali da sole sunglasses
la **sorella** sister

Aggettivi

ideale ideal
stesso same

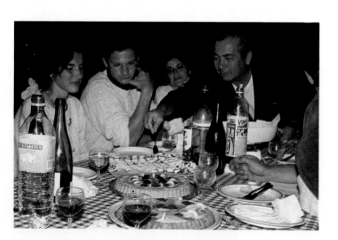

La famiglia e gli amici festeggiano il compleanno di Michele.

Verbi

dare° *(irr.)*   to give
festeggiare   to celebrate
partecipare (a)   to participate (at/in)
portare (a)   to take (to); to bring (to)
restare (a)   to remain (at/in)
scherzare   to joke
stare° *(irr.)*   to stay; to remain
trovare   to find

Altri vocaboli

invece   instead
qua   here
quasi   almost

Espressioni

all'aperto   in the open
a proposito   by the way
buon divertimento!   have fun!
buon compleanno!   happy birthday!

da parte [mia]   on [my] behalf
fa' gli auguri a ... da parte mia   wish [him/her] ... for me
figurati se mi metto...   no way I'll wear ...
in comune   in common
ma dai!   come on!
mica   at all
un sacco di *(colloquial)*   a lot of

NOTE LINGUISTICHE E CULTURALI

- The idiomatic expression **stare per** + *infinitive* means *to be about to:*
  Stanno per partire per l'Italia. *(They are about to leave for Italy.)*
  (Refer to p. 104 for the irregular conjugation of **stare**.)
- Personal holidays not only include the celebration of birthdays and anniversaries but also the **onomastico**, or one's name day. For example, a person named Lorenzo or Lorenza will celebrate the **onomastico** on August 10, the day on which **San Lorenzo** *(Saint Lawrence)* is honored. On Father's or Mother's Day (**il giorno del papà, il giorno della mamma**), cards and presents are given only to the person to whom the holiday is dedicated. For example, on Valentine's Day (**il giorno di San Valentino**) presents are exchanged only between couples and lovers.

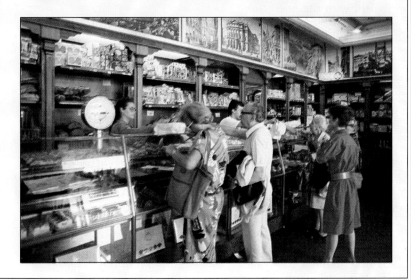

Grammatica

I. Aggettivi e pronomi possessivi
(Possessive adjectives and pronouns)

Singolare		Plurale		
Maschile	*Femminile*	*Maschile*	*Femminile*	
il mio	la mia	i miei	le mie	*my, mine*
il tuo	la tua	i tuoi	le tue	*your, yours (familiar, s.)*
il suo	la sua	i suoi	le sue	*his, her, hers, its*
il Suo	la Sua	i Suoi	le Sue	*your, yours (formal, s.)*
il nostro	la nostra	i nostri	le nostre	*our, ours*
il vostro	la vostra	i vostri	le vostre	*your, yours (familiar, pl.)*
il loro	la loro	i loro	le loro	*their, theirs*
il Loro	la Loro	i Loro	le Loro	*your, yours (formal, pl.)*

As shown in the preceding chart, the forms for the possessive pronouns and adjectives are identical.

1. Possessive adjectives and pronouns are usually preceded by the definite article and agree in gender and number with the object *possessed*—not, as in English, with the *possessor.*

Anna ama **i suoi nonni.**	*Ann loves **her grandparents.***
Io porto **i miei cugini** e tu porti **i tuoi.**	*I'll bring **my cousins** and you will bring **yours.***
Noi preferiamo **il nostro giardino** e voi preferite **il vostro.**	*We prefer **our garden** and you prefer **yours.***

2. The definite article that precedes possessive adjectives is omitted before a singular, unmodified noun denoting family relationship, except for **mamma** *(mom),* **papà** *(dad),* and **babbo** *(daddy),* and often also **nonno** *(grandfather),* **nonna** *(grandmother),* **bisnonno** *(great-grandfather),* and **bisnonna** *(great-grandmother).*

Sua zia si chiama Adele.	*His aunt's name is Adele.*
È **tuo fratello** Marco!	*It's your brother Marco!*
La mia mamma è giovane.	*My mom is young.*

Il tuo nonno è simpatico.	*Your grandfather is charming.*
Vedi **le mie cugine** laggiù?	*Can you see my cousins over there?*
Anna resta **coi suoi fratelli.**	*Anna is staying with her brothers.*

Additional vocabulary might include expressions that do not seem to follow the possessive rules: **a casa mia, a casa nostra, mamma mia.**

Option: introduce the fact that following the verb **essere**, the article is seldom used with the possessive: **Il piacere è mio.**

With the possessive **loro,** the article is never omitted.

Conosco **il loro zio.**	*I know their uncle.*

3. Possessive adjectives are usually repeated before each noun to which they refer.

La tua camicia e la tua cravatta sono sulla sedia.	*Your shirt and tie are on the chair.*

4. To avoid ambiguity, instead of saying **il suo libro,** *his (her) book,* one may say **il libro di lui (lei),** *the book belonging to him (her).*

Prendiamo l'ombrello **di lei,** non **di lui.**	*We are taking her umbrella, not his.*

II. Gli aggettivi e pronomi interrogativi *quanto* e *quale*

Ask students to prepare questions using each of the interrogatives twice. Then have them ask each other and the teacher these questions.

1. **Quanto?** means *How much? How many?* Both the adjective and the pronoun have these forms: **quanto, quanta, quanti, quante.**

Quanto pane vuole?	*How much bread do you want?*
Quanta carne compro?	*How much meat shall I buy?*
Quanti pomodori desidera?	*How many tomatoes would you like?*
Compro delle mele.	*I will buy some apples.*
—**Quante?**	*—How many?*
Quanto costa (costano)?	*How much does it (do they) cost?*

2. **Quale?** means *Which one? Which ones?* Both the adjective and the pronoun have these forms: **quale, quali.**

Quale zio è in Italia?	*Which uncle is in Italy?*
Quale automobile preferisce?	*Which car do you prefer?*
Quali occhiali vuole?	*Which eyeglasses do you want?*
Quali libri sono?	*Which books are they?*

Before è *(is),* **quale** usually drops the e. The apostrophe is not used.

Qual è la pronuncia corretta?	*Which (What) is the correct pronunciation?*

III. Il partitivo, *continuazione*

As we saw in Chapter 5, the partitive concept expressed by *some* or *any* in English may be rendered by **di** + *definite article* in Italian. It may also be expressed as follows:

1. By **alcuni/e**, which is always used in the plural.

> Ho **alcune cugine** e **alcuni cugini,** ma non molti.
> *I have **some cousins,** but not many.*

> Oggi è mezza festa e **alcuni negozi** sono chiusi.
> *Today is a half-holiday and **some stores** are closed.*

2. By **qualche**, which is always followed by the singular form of the noun.

> Ogni giorno scrivo **qualche lettera.**
> *Every day I write **some letters.***

> Ha comprato **qualche cravatta.**
> *He bought **a few ties.***

NOTE Both **alcuni** and **qualche** may be used only when *some* or *any* stands for *several, a few.*

3. By **un po' di** when *some* and *any* mean *a little, a bit of.*

> Vorrei **un po' di pane** e **un po' di burro,** per favore.
> *I would like **some bread** and **some butter** please.*

> Mi dai **un po' di latte** caldo?
> *Would you give me **some hot milk?***

NOTE Only **alcuni/e** and **un po'** can be used as pronouns.

> Quante persone ci sono in banca? —**Alcune.**
> *How many people are there in the bank? —**Some.***

> Parla inglese tuo padre? —**Un po'.**
> *Does your father speak English? —**Some.***

IV. Presente indicativo di *dare* e *stare*

The verbs **dare** and **stare** are irregular in the present indicative.

Idioms with dare and stare: dare la mano; dare del tu, del Lei; dare noia a, fastidio a; dare da mangiare; dare un'occhiata a; dare una mano (cf. la mano); stare attento a; stare sulle spine; stare fresco.

Dare *to give*		Stare *to stay*	
do		sto	
dai		stai	
dà		sta	
diamo		stiamo	
date		state	
danno		stanno	

Oggi **do** una festa.   *Today **I am giving** a party.*
Sto a casa tutto il giorno.   *I stay at home all day.*

ESERCIZI

A. **È tua questa gonna?** *(Is this skirt yours?)* Say whose the following things are by choosing the appropriate possessive pronoun. Follow the example.

> *Esempio:* È tua questa gonna? (la mia, il mio) →
> Sì, è la mia.

1. Sono di tua madre questi sandali? (le sue, i suoi)
2. È di Luigi questa camicia? (la sua, il suo)
3. Sono dei bambini queste biciclette? (le loro, i loro)
4. È di Luisa questo maglione? (la sua, il suo)
5. È di Alessandro questa valigia *(suitcase)*? (la sua, il suo)
6. Sono vostri questi biglietti? (le nostre, i nostri)
7. Sono miei questi libri? (le tue, i tuoi)
8. Sono tue queste scarpe? (le mie, i miei)

B. Answer the following questions in the first person singular. Use both the possessive adjective and the possessive pronoun.

> *Esempio:* Sono gli amici di Marina? →
> No, non sono i suoi amici. Sono i miei.

1. È l'appartamento di Paolo?
2. È la scuola di Angela?
3. È la città di Loredana e di Francesca?
4. È il macellaio della signora Bertolini?
5. Sono le idee di Luisa?
6. Sono gli occhiali dei tuoi amici?

C. Following the example, form questions making all the necessary changes.

> *Esempio:* figlio →
> Hai conosciuto suo figlio?

1. figlia	7. fratelli
2. figlie	8. nonno
3. zii	9. mamma
4. zia	10. vecchio zio
5. padre	11. papà
6. giovane fratello	12. sorella

D. Form sentences using the words listed and the appropriate form of the possessive adjective **mio**.

> *Esempio:* agenzia di viaggi →
> È la mia agenzia di viaggi.

1. appartamento
2. compagne di scuola
3. madre
4. occhiali
5. fratello
6. famiglia
7. figlie
8. automobile
9. sorella
10. cara bisnonna

E. Che cosa hanno fatto ieri? *(What did they do yesterday?)* Change the following sentences using another form of the partitive.

Esempio: Abbiamo comprato dei libri interessanti. →
Abbiamo comprato alcuni libri interessanti.
(Abbiamo comprato qualche libro interessante.)

1. Loredana ha scritto qualche lettera.
2. Il signor Cossutta ha comprato alcuni vestiti.
3. La signora Adele ha visitato alcuni negozi.
4. Io ho comprato del pane dal fornaio.
5. Mia sorella ha comprato qualche mela e alcuni zucchini dal fruttivendolo.

F. Al supermercato. You work at an Italian supermarket and always have to ask your customers to be more specific about the things they want.

Ask them . . .

1. what type of (**tipo di**) meat they want
2. how many green beans they wish to buy
3. how many apples they wish to buy
4. which vegetables they want
5. which bananas they wish to see

In return, your customers ask . . .

6. how much do these pears cost
7. which pastries are fresh
8. which tomatoes cost less
9. how much is it altogether

G. Oggi faccio la spesa; vorrei... *(Today I am buying groceries; I would like . . .)* Pretend that you are buying groceries. Form sentences using words from the two columns below and vocabulary from the drawings. Add elements of your own.

Esempio: Antonio, oggi prendo solamente alcune pere.

desidero
compro
prendo
vorrei

un po' di
alcuni/e
qualche
del / dello / della / degli / delle

Gli alimentari *(groceries)*

La carne e i salumi *(meat and cold cuts)*

 la **carne di suino**   il **manzo** il **pollo**   il **tacchino**   il **vitello**

 il **prosciutto**   il **salame**   la **pancetta**

La frutta e la verdura *(fruits and vegetables)*

 la **banana**   l'**uva** *(s.)*   lo **zucchino**

 il **pompelmo**   la **pera**   il **pomodoro**   gli **spinaci** *(pl.)*   la **lattuga**   la **patata**

Il pane e i dolci *(bread and sweets)*

 il **panino**   il **biscotto**   la **pasta**   la **torta**

I latticini *(dairy products)*

 il **formaggio**   l'**uovo** *(pl.* le **uova)**   lo **yogurt**   il **latte**   il **burro**

H. Complete the following sentences with the correct partitive expression, without making any other changes.

1. Oggi preferisco _____ vino.
2. Abbiamo _____ lezioni nell'edificio nuovo.
3. Vuole _____ pomodori o _____ fagiolini?
4. Grazie. Preferisco comprare _____ fragole.
5. _____ studenti non rispondono.

I. **Domande.** Working in pairs, ask another student the following questions. Alternate roles and report your findings to the class.

Domandate ...

1. come si chiamano sua madre e suo padre
2. se ha dei fratelli o delle sorelle e quanti anni hanno
3. dove abitano i suoi nonni e come si chiamano
4. a che ora fa colazione
5. a che ora esce di casa per andare all'università o al lavoro
6. se esce spesso la sera e che cosa fa
7. a che ora e in quali giorni fa la spesa di solito *(usually)*
8. che cosa compra e dove
9. quali ingredienti o cibi *(foods)* compra di solito per una festa
10. se fa la spesa in un supermercato o se la fa in piccoli negozi

Come si dice?

Inquiring about someone's age

To ask how old a person is, you might say:

Quanti anni hai?   *How old are you?*

Expressing best wishes

Useful expressions related to birthdays or anniversaries are the following:

Quand'è il tuo compleanno?	*When is your birthday?*
Il mio compleanno è in [aprile].	*My birthday is in [April].*
Buon compleanno!	*Happy birthday!*
Tanti auguri!	*Many best wishes!*
Buon onomastico!	*Happy name day!*
Felice anniversario!	*Happy anniversary!*
Oggi festeggiamo il nostro primo anniversario di matrimonio.	*Today we are celebrating our first wedding anniversary.*
Salute!	*Cheers!*

Optional expressions: **Buon Natale, Buona Pasqua, Buone feste, Felice anno nuovo.**

Have students work in pairs and ask each other when their birthday is and how old they are. Students can also learn the Italian version Tanti auguri a te, tanti auguri a te, tanti auguri a ... , tanti auguri a te.

Situazioni

1. Il Suo compagno (la Sua compagna) di stanza festeggia il suo ventunesimo compleanno oggi. Che cosa dice Lei?
2. All'anniversario di matrimonio dei Suoi genitori gli invitati *(guests)* cominciano a brindare *(toast)* e dicono ...
3. Il 19 marzo è il giorno di San Giuseppe. Lei chiama Suo cugino Giuseppe e dice ...

Make an Italian calendar available to the class. Students can look up their names and determine when their **onomastico** is.

Ask each student **Quando è il Suo compleanno?** When the student answers, say **Allora, Lei è [sagittario, capricorno...].** Give the **Segni dello zodiaco.** Start a discussion: ci crede / non ci crede? Va d'accordo con ... ?

Che bella giornata! È ideale per una passeggiata sulla marina.

LA CUCINA ITALIANA

La cucina italiana è conosciuta° e apprezzata° in tutto il mondo° perché i suoi piatti° sono sani° e saporiti.° Chi non ha gustato° il risotto alla milanese, le tagliatelle alla bolognese, la pizza napoletana, o i cannoli siciliani? Ogni° regione ha le sue specialità tipiche, e ingredienti o metodi° di preparazione variano° persino° da città a città. Per esempio, i cibi tradizionali del nord includono carni, pasta e salse° piuttosto robuste.° Il centro° e il sud, invece, usano prodotti° tipici della dieta mediterranea, come l'olio d'oliva,° il pomodoro, la pasta e il pesce.

 In Italia ci sono tre pasti° principali: la prima colazione, la colazione o pranzo° e la cena. Il pranzo è il pasto principale mentre la cena è più leggera.° Con i due pasti principali quasi tutti bevono° vino bianco o rosso e acqua.° Di solito, molti italiani finiscono il pranzo e la cena con formaggio e frutta e, naturalmente, il solito caffè.

known / appreciated / world
dishes / wholesome / tasty / tasted

Each / methods
vary / even
sauces / robust / center
products / l'olio...olive oil

meals
lunch / lighter
drink / water

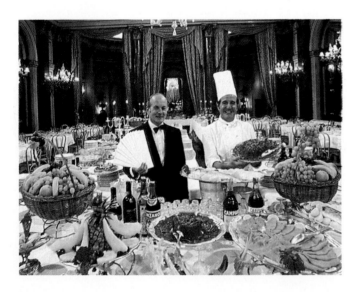

«A tavola non s'invecchia» dice un proverbio italiano.

Esercizi di comprensione

A. Vero o falso?

_____ 1. Il nord e il centro usano prodotti tipici della dieta mediterranea.

_____ 2. Ogni città ha specialità tipiche, ma i metodi di preparazione sono gli stessi.

_____ 3. Per cena gli italiani non mangiano molto.

_____ 4. Formaggio e frutta sono solamente per la prima colazione.

_____ 5. Molti piatti della cucina italiana sono sani e saporiti.

_____ 6. Ingredienti tipici della cucina italiana sono l'olio d'oliva, il pomodoro, la pasta, e carni di diverso tipo.

B. Bring in and share with the class a family (Italian) recipe. Of course, the recipe should be written out in Italian.

Buon Appetito, Italia

Bring in cookbooks. Especially good are those with pictures and a little history (like those produced by Touring Club Italiano). Using Italian only, discuss the different meals eaten during the day. Include the **merenda**. Trivia: what do Snap, Crackle, and Pop say in Italian? **Pif, paf, pof.**

—Also bring in a D.O.C. map of the wine-producing regions of Italy. Continuing only in Italian, discuss the Italian wine industry.

—Have students make up a shopping list in which they include measures or amounts of the items they wish to buy. Ask them which stores they would have to go to for each item. Remind students hat bread, for example, is sold by weight. Use everyday items to give an idea of comparative weights. A pound, for example, is (more or less) **mezzo chilo**; a loaf of bread might weigh about that. Finally, explain the etiquette of marketing: grocers will pick out your fruit and vegetables instead of allowing the customer to pick and prod and smell the produce.

RIPETIZIONE II

A. Change the following sentences according to the example. Add the
word **anche**.

> *Esempio:* Loro mi vẹdono →
> Anch'io li vedo.

1. Io ti conosco bene.
2. Vi capiamo sempre.
3. Li invito a colazione.
4. Voi ci guardate.

5. Lei li conosce.
6. Lui ci vede.
7. Tu mi inviti la domẹnica.

B. Complete the following paragraph with the correct form of the **passato
prọssimo**.

Ieri Vanna e Marina _____ (andare) in centro. In vịa Verdi
_____ (incontrare) Gianni. Gianni, Vanna e Marina
_____ (arrivare) alla Rinascente. Vanna e Marina
_____ (entrare). Gianni _____ (restare) nella vịa.
Le ragazze _____ (comprare) un pạio di scarpe. Alle quattro
_____ (uscire) ma non _____ (trovare) Gianni.
Marina _____ (preferire) andare a casa. Vanna
_____ (restare) alla Rinascente.

C. Answer the following questions, making the suggested changes.

> *Esempio:* Visitate quel musẹo? →
> No, l'abbiamo visitato ieri.

1. Compri le frạgole?
2. Mangiate i fagiolini?
3. Guardate la televisione?
4. Porti la mạcchina?

5. Lei prende il pesce e l'insalata?
6. Comprate le carote?
7. Hai visto il signor Moretti?

D. Complete the following sentences with the appropriate form of the possessive adjective.

Esempio: Ho degli appunti. Sono _____ appunti. →
Sono i miei appunti.

1. Carlo e Marina hanno degli amici. Sono _____ amici.
2. Anche tu hai dei vestiti. Sono _____ vestiti.
3. La signora Borghini è una cliente di Giacomo. È _____ cliente.
4. Abbiamo ordinato del caffè. È _____ caffè.
5. Milena ha molti vestiti. Sono _____ vestiti.
6. Ho due zii. Sono _____ zii.
7. Avete un negozio in periferia. È _____ negozio.
8. I signori Fassi hanno due figlie. Sono _____ figlie.

E. Complete the following sentences with the correct partitive form without making any other changes.

1. Ho _____ amici inglesi.
2. Buon giorno, Giacomo! Desidero _____ fragole surgelate e _____ frutta fresca.
3. _____ agenzia di viaggi non ha gite a Londra.
4. Ha dormito _____ ore.
5. Come al solito, vuole _____ caffè bello caldo.
6. Ho _____ vestito nuovo ma non ho scarpe.
7. Vuole _____ altro libro?

F. Answer in complete sentences.

1. Che cosa ha comprato Lei ieri?
2. Preferisce fare delle compere o studiare?
3. Quando scrive delle lettere, a chi scrive?
4. Conosce il caffè italiano? Preferisce il caffè italiano o quello americano?
5. È già andato/a in Italia Lei? Quando? Quali città ha visto?
6. Ha visto qualche film italiano? Quale? Quale attore (attrice) italiano(a) preferisce?

G. **Dialogo.** Complete the dialogue between Angela and her mother the day after the party at Giuseppe's house.

Mamma: Com'è andata la festa a casa di Giuseppe ieri sera?
Angela: _____
Mamma: Quando siete ritornati a casa?
Angela: _____

Mamma:	Ecco il caffè; vuoi anche del latte?
Angela:	_____
Mamma:	Ho comprato anche qualche pasta, se hai fame.
Angela:	_____
Mamma:	Nel frigorifero *(refrigerator)*. Siete andati con la tua macchina?
Angela:	_____
Mamma:	Bene. Adesso vado, oggi ho un sacco di lavoro in ufficio, ed è già tardi.
Angela:	_____

III LE CITTÀ ITALIANE

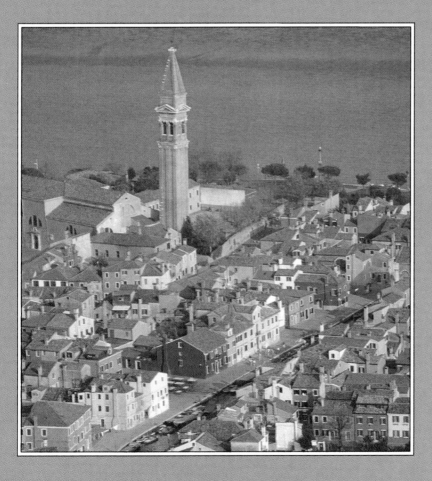

Culture
- Venice's main points of interest
- Florence and the Renaissance
- Rome's legendary origins
- Sicily's historical heritage
- Outline of Italian history

Communication
- Expressing incomprehension
- Expressing likes and dislikes
- Asking for information (about transportation)
- Expressing disbelief

9 LA CITTÀ DEI CANALI

Italian only: give a mini-lecture to students on Italy's regions and cities. When possible, repeat difficult phrases with different words. Include cities' nicknames (**Bologna la grassa** o **la dotta; Venezia la ricca**). Ask students to "adopt" cities and to begin presenting their cities in conjunction with the appropriate chapters that follow.

Due americani, il signor e la signora Wheaton, sono andati in Italia in vacanza. Sono arrivati a Venezia ieri sera e in questo momento il signor Wheaton entra in un'agenzia di viaggi.

    Impiegato: Buona sera, desidera?
Signor Wheaton: Vorrei qualche informazione; desidero fare un giro della città.

Venezia: Una regata sul Canal Grande.

Cultural note: several topics for mini-lectures present themselves as accompaniment to this chapter on Venice: la commedia dell'arte, Venice in literature (in Shakespeare, for example), il Carnevale. These may be presented before the chapter or during discussions of Venice. There is abundant visual material to be used, especially for the first and third topics. Include a short lecture on the painters and musicians of Venice.

Impiegato:	C'è un ottimo giro turistico domani. Comincia alle nove di mattina e finisce alle quattro del pomeriggio. *(Dà una pianta al signor Wheaton.)* Ecco, se guarda sulla pianta vede qui Piazza San Marco. Il giro comincia qui a piedi perché facciamo prima una visita alla Basilica di San Marco e al Palazzo Ducale.
Signor Wheaton:	E il Campanile?
Impiegato:	No, mi dispiace, il Campanile non è mai incluso in quest'escursione. Poi con il vaporetto da Piazza San Marco andiamo all'isola di Murano. Lì visitiamo una vetreria e poi pranziamo. Dopo pranzo, sempre in vaporetto, andiamo al Lido.
Signor Wheaton:	Ah bene, bene.
Impiegato:	Al Lido, se fa bel tempo, facciamo una passeggiata sulla spiaggia.
Signor Wheaton:	E se fa cattivo tempo?
Impiegato:	In estate non fa quasi mai cattivo tempo, però se piove o tira vento, il gruppo torna invece direttamente a Piazza della Stazione, e da lì a San Marco sul Canal Grande in vaporetto o in gondola.
Signor Wheaton:	Molto bene.
Impiegato:	Allora, desidera un biglietto?
Signor Wheaton:	Due biglietti, per favore, perché viene anche mia moglie.

DOMANDE

1. Perché sono andati in Italia i signori Wheaton?
2. Quando sono arrivati a Venezia?
3. Perché il signor Wheaton va in un'agenzia di viaggi?
4. Quando comincia e quando finisce il giro turistico?
5. Il giro comincia in gondola o in autobus?
6. Come vanno all'isola di Murano i turisti?
7. Se fa bel tempo cosa fanno al Lido?
8. E se piove o tira vento cosa fa il gruppo?

Vocabolario

Sostantivi

il **biglietto**   ticket
il **campanile**   belfry
il **canale**   canal
la **chiesa**   church
il **giro**   tour

l' **impiegato**, l' **impiegata** employee
l' **informazione** *(f.)*   an item of information
l' **isola**   island
il **momento**   moment
il **palazzo**   palace
la **pianta**   map

la **piazza**   square
il **pomeriggio**   afternoon
il **pranzo**   lunch
la **spiaggia**   beach
la **stazione**   station
il **vaporetto**   ferryboat
la **vetreria**   glassworks

Aggettivi

incluso included
ottimo very good, excellent
turistico touristic

Verbi

entrare to enter
piovere to rain
pranzare to have lunch
visitare to visit; to sightsee

Altri vocaboli

direttamente directly
più more
precisamente precisely
prima first

Espressioni

da lì from there
desidera? what can I do for you?

fa cattivo tempo the weather is bad
fare un giro to tour, take a tour
fare visita a to visit, to pay a visit to
in vacanza on vacation
mi dispiace I'm sorry
tira vento the wind is blowing
vorrei I would like

NOTE LINGUISTICHE E CULTURALI

- The **Canal Grande,** Venice's main canal, offers a view of patrician palaces of various styles. At its end is St. Mark's Square (**Piazza San Marco**), with its unique basilica, numerous cafés and luxury shops. The **Palazzo Ducale** *(Doges' Palace),* located at one end of the square, was the seat of government of the old Republic of Venice.
- At the end of the seventh century, some of the inhabitants of the mainland sought refuge in the lagoon to protect themselves from the incursions of the barbarians. These mainlanders were Venice's first settlers. Today the city is built on 117 islands, separated by 150 canals, and connected by 400 bridges.

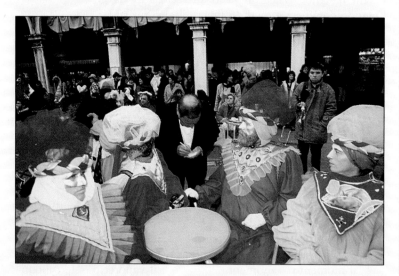

Il Carnevale a Venezia.

Grammatica

I. Espressioni negative

1. As you know, an Italian verb is made negative by placing **non** *(not)* before it.

Capisco.	*I understand.*
Non capisco.	*I **don't** understand.*

2. The following words usually come after the verb and require **non** before the verb:

(non)	**mai**	*never*
(non)	**niente**	*nothing, anything*
(non)	**nulla**	*nothing, anything*
(non)	**nemmeno**	*not even*
(non)	**neanche**	*not even*
(non)	**nessuno**	*no one*
(non)	**né ... né**	*neither . . . nor*

Non siete **mai** stati a Londra?	*You have **never** been to London?*
Nel traghetto **non** c'è **nessuno**.	*There is **no one** on the ferryboat.*
Non sa **mai nulla**.	*She **never** knows **anything**.*
Non conoscono **né** Anna **né** Gina.	*They know **neither** Anna **nor** Gina.*

Explain further that there is occasionally a triple negative used in Italian. **Non ho mai fatto nulla.** This does not change meaning, and it is grammatically correct.

In Italian, the double negative represents the standard format. If the negative word precedes the verb, however, then **non** is omitted:

Neppure lui ha chiamato.	*He didn't call either. (**Not even** he called.)*
Nessuno è venuto.	*No **one** came.*

3. Note these three common negative expressions:

non ... ancora	*not yet*
non ... affatto	*not at all*
non ... più	*no more, no longer*

Non è **affatto** vero.	*It isn't true at all.*
Non sono **ancora** arrivati.	*They haven't arrived yet.*
Non scrive **più**.	*She no longer writes.*

Note that **non ... più** is the equivalent of *no (not any) more, no (not any) longer* in English.

Non c'è **più** vino.	*There is no more wine.*
Non ạbitano **più** a Pạdova.	*They do not live in Padova any longer.*

4. The English *any* is generally not translated in negative or interrogative sentences when the Italian noun is in the plural (see Chapter 5, III).

Hanno invitati?	*Do you have (any) guests?*
Non ho sorelle.	*I do not have (any) sisters.*

BUT	Ha **del** pane?	*Do you have any bread?*
	Non ho **nessuna sorella**.[1]	*I do not have a(ny) sister(s).*

II. Presente indicativo di *dire* e *fare*

Word-builder: introduce verbs that build off **dire**: contraddire, interdire; maledire, disdire.

Both **dire** and **fare** are irregular in the present tense.

Dire *to say, tell*	**Fare** *to do, make*
dico	faccio
dici	fai
dice	fa
diciamo	facciamo
dite	fate
dịcono	fanno

Dice che Venezia è una città molto romạntica.	*She says that Venice is a very romantic city.*
In questa pasticcerịa **fanno** della paste deliziose.	*In this pastry shop they make delicious pastries.*

Additional fare expressions: fare la conoscenza di; fare lo spiritoso; fare il biglietto; fare una telefonata. Be sure to explain the difference between fare colazione and preparare la colazione.

1. There are many idioms with **fare**, for example:

fare una domanda	*to ask a question*
fare un viaggio	*to take a trip*
fare una passeggiata	*to take a walk*
fare una fotografịa (a/di)	*to take a picture (of)*
fare dụe passi	*to take a stroll*
fare colazione	*to have breakfast*

---

[1] As a modifier of a noun, **nessuno** has the same forms as the indefinite article: **nessun libro, nessuno zịo, nessuna casa, nessun'amica.**

fare caldo	*to be warm (weather)*
fare freddo	*to be cold (weather)*
fare il bagno	*to take a bath*
fare la doccia	*to take a shower*

Non **faccio** mai **colazione** tardi.	*I never have breakfast late.*
Fanno sempre **una passeggiata** dopo cena.	*They always take a walk after dinner.*
Quando sono in vacanza, **faccio** sempre molte **fotografie**.	*When I'm on vacation, I always take many pictures.*

2. **Dire** and **fare** have irregular past participles: **detto, fatto.**

Ha detto di no.	*He said no.*
Hanno fatto molte passeggiate.	*They took many walks.*

III. Il tempo
(The weather)

1. The verb **fare** is used in many expressions relating to the weather.

Che tempo **fa**?	*How is the weather?*
Fa bel tempo.	*The weather is nice.*
Fa cattivo (brutto) tempo.	*The weather is bad.*
Ha fatto caldo (molto caldo).	*It has been warm (hot).*
Qui **fa** sempre freddo.	*It's always cold here.*
In primavera **fa** sempre fresco.	*In spring it's always cool.*

NOTE   In the preceding examples, *it* is an impersonal subject and is not translated into Italian.

Bollettino meteorologico

2. Other verbs and expressions that denote weather conditions are

piovere	*to rain*	Piove.	*It is raining.*
nevicare	*to snow*	Nevica.	*It is snowing.*
tirare vento	*to be windy*	Tira vento.	*It is windy.*
grandinare	*to hail*	Grandina.	*It is hailing.*
lampeggiare	*to flash lightning*	Lampeggia.	*It is lightning.*
tuonare	*to thunder*	Tuona.	*It is thundering.*

With the exception of **tirare vento**, these verbs may be conjugated with either **essere** or **avere**.

È (**Ha**) piovuto.	*It rained.*
È (**Ha**) nevicato.	*It snowed.*

Tirare vento, however, requires the auxiliary **avere**:

Ha tirato vento.	*It was windy.*

ESERCIZI

A. **Che cosa ha fatto a Venezia?** Rispondete alle domande seguendo *(following)* l'esempio.

> *Esempio:* Ha fatto molte fotografie a Venezia? →
> No, non ho fatto nessuna fotografia.

1. Avete visto molti palazzi moderni?
2. Ha conosciuto molti italiani?
3. Avete comprato molti souvenir?
4. Avete fatto molte escursioni?
5. Ha comprato oggetti di vetro *(glassware)* a Murano?
6. Ha visto molte macchine a Venezia?

B. **Personalità opposte.** Carlo e Ugo hanno personalità opposte. Completate le frasi *(sentences)* nella forma negativa, seguendo l'esempio.

> *Esempio:* Carlo viaggia sempre. Ugo invece ... →
> Carlo viagga sempre, Ugo invece non viaggia mai.

1. Al lavoro Carlo conosce tutti gli impiegati, Ugo invece ...
2. Carlo ha già finito la tesi *(dissertation)*, Ugo invece ...
3. Carlo parla francese e spagnolo, Ugo invece ...
4. Nel quartiere *(neighborhood)* Carlo saluta tutti, Ugo invece ...
5. Il venerdì sera Carlo vuole sempre fare qualcosa, Ugo invece ...
6. Carlo conosce molte ragazze, Ugo invece ...
7. Carlo abita ancora in centro, Ugo invece ...
8. Carlo esce quasi tutte le domeniche pomeriggio, Ugo invece ...

C. **Paragoni** *(Comparisons)*. Paragoni *(compare)* sé stesso/a *(yourself)* a un amico o un'amica in almeno *(at least)* tre frasi, usando *(using)* espressioni negative e affermative.

Esempi: Il mio amico Giovanni lavora sempre fino alle sette di sera.
Io, invece, lavoro solamente fino alle cinque.

La mia amica Lucia compra un abito nuovo ogni settimana.
Io, invece, non compro mai nulla.

D. Cambiate i verbi di ciascuna frase seguendo le indicazioni date.

1. Se tu fai la domanda, io do la risposta.
   (voi / noi; io / tu; lui / Lei)
2. Quando noi diciamo una parola, loro la ripetono.
   (io / tu; lei / voi; loro / Alberto)
3. Quando stiamo bene, facciamo due passi insieme.
   (loro; tu e Alberto; io e Carla)

E. In italiano, domandate a un'altra persona nella classe se lui o lei ...

1. asks many questions in class
2. has breakfast at home
3. prefers to go for a stroll or watch television
4. shops at the supermarket
5. takes many pictures
6. has taken a trip to Venice
7. usually takes a shower or a bath

F. Quali sono le domande per queste risposte?

1. No, qui fa sempre caldo.
2. Sì, di solito faccio colazione a casa.
3. No, non facciamo mai una passeggiata prima di cena.
4. No, non ho mai visitato una vetreria.
5. Di solito facciamo la spesa al supermercato.

G. **Intervista.** Fate le seguenti domande a una persona
di vostra scelta *(choice)*.

1. Che tempo fa oggi?
2. Che tempo ha fatto ieri?
3. Che tempo fa qui in estate?

a.

b.

c.

d.

4. In che stagione fa freddo in Alaska; ad Acapulco?
5. In che stagione fa caldo in Argentina?
6. In quali mesi è primavera in Brasile? Quando è autunno?
7. A che ora fa colazione Lei di solito?
8. Fa la doccia la mattina o la sera?
9. Quando fa fotografie?
10. Ha fatto un viaggio interessante? Dove? Quando?

Come si dice?

Expressing incomprehension

In a foreign language, when you don't understand, you need to be able to
stop the speaker and ask for clarification:

Cosa ha (hai) detto?	*What did you say?*
Come ha (hai) detto?	*How's that?*
Come?	*What?*
Non ho capito.	*I didn't understand.*
Può (puoi) ripetere, per favore?	*Could you repeat that, please?*
Scusi? (Scusa?)	*I beg your pardon?*

If you want the person to slow down, you can say:

Più piano, per favore.	*Slower, please.*

A. Un momento, per favore. You don't understand what is being said.
Interrupt the speaker and ask for clarification.

Esempio: Il volo da Caracas arriva alle tre e un quarto. →
Come? Che cosa arriva da Caracas? Può ripetere, per
favore?

1. Se fa bel tempo facciamo una passeggiata sulla spiaggia.
2. Il numero di telefono dell'agenzia è 051-357942.
3. L'escursione costa trentamila a persona e dura dalle nove e trenta
alle cinque del pomeriggio.
4. La visita alla città include le Gallerie dell'Accademia, Santa Maria
della Salute e la Chiesa di San Giorgio Maggiore.

B. Situazione. Role-play the following situation: You are in St. Mark's
square when someone comes up to you and asks where the famous Bridge
of Sighs (**Ponte dei Sospiri**) is. You don't understand at first and ask for
clarification. She explains, but you say you don't know. Then you ask her
what time it is. She tells you, but you don't hear at first. So you ask her to
repeat it more slowly. You thank her and say good-bye.

10 IN ALBERGO A FIRENZE

Have students present Florence as if it were their city. Give a brief mini-lecture on the history of Florence, stressing those events and people at least vaguely familiar to the students: the **Medici**, gli **Uffizi**, etc.

Remind students of the **Florentine aspirated "c."** This might also be a good time to discuss again briefly the differences in pronunciation heard throughout Italy. If students have Italian films available to them, have them try to discern, for example, the "ng" transposition that is heard in the Roman dialect (**mangiamo** as **magniamo**, for example).

Students who have chosen Siena, if any have, as "their" city, should also do their presentation here, as well as students who have chosen Tuscan cities in general.

Ieri i signori Wheaton hanno noleggiato una Fiat e, in macchina, sono andati a Firenze dove pensano di restare per un paio di giorni. Hanno trovato un albergo che gli piace molto, specialmente perché la loro camera dà sull'Arno.

Portiere: Buon giorno, signora, ha già fatto colazione così presto?
Signora: Sì, stamattina vogliamo visitare gli Uffizi, e nel pomeriggio il Duomo. Ma prima devo imbucare queste cartoline. Sa dov'è la posta?
Portiere: Non Le consiglio di andare all'ufficio postale: è lontano. E poi adesso è ancora chiuso. Vendono francobolli anche qui all'angolo, alla tabaccheria.
Signora: Benissimo! Sa se sono già aperti?
Portiere: Sì, sì. A quest'ora sono già aperti.

Alla tabaccheria

Commesso: Desidera, signora?
Signora: Dieci francobolli per posta aerea per gli Stati Uniti.

Firenze: Una veduta del fiume Arno e del Ponte Vecchio.

Commesso:	Per lettera o per cartolina?
Signora:	Per cartolina, per piacere. Che bei francobolli!
Commesso:	Sono nuovi. Le piacciono?
Signora:	Molto. Non ho spiccioli. Va bene se Le do un biglietto da cinquantamila lire?
Commesso:	Sì, fa lo stesso. EccoLe il resto. ArrivederLa signora.

DOMANDE

1. Come sono andati a Firenze i signori Wheaton?
2. Perché gli piace l'albergo?
3. Cosa desidera la signora?
4. Cosa domanda la signora al portiere dell'albergo?
5. Dov'è la posta?
6. Perché la signora dà cinquantamila lire al commesso della tabaccheria?
7. Che tipo di francobolli compra?
8. Lei scrive molte cartoline? Lettere? A chi? Quando?

Vocabolario

Sostantivi

l'albergo (*pl.* **alberghi**)   hotel
il **biglietto** (**da** + *amount*)
   (*denomination*) banknote
il **commesso**, la **commessa**
   salesperson, clerk
il **duomo**   cathedral
il **francobollo**   postage stamp
il **portiere**   hotel desk clerk
la **posta**   mail; post office
il **resto**   change
gli **spiccioli** (*pl.*)   small
   change
gli **Stati Uniti**   United States
la **tabaccheria**   tobacco store
l'**ufficio postale**   post office

Aggettivi

aereo   air (*adj.*)
aperto   open
chiuso   closed
lontano (*adj. and adv.*)   far
nuovo   new

Posti seduti	TIPO VETTURA	Gruppo	dal 1° al 3° gg. 1ST TO 3RS days per giorno/per day	giorno extra extra day	7 giorni 1 week	WEEK END *	30 GIORNI
5	FIAT PANDA	A	98.000				
5	PEUGEOT 205 FIAT UNO OPEL CORSA	B	120.000	77.000	520.000	108.000	1.090.000
5	RENAULT CLIO 1.2 FIAT TIPO 1.1. FORD FIESTA 1.1	C	138.000	87.000	600.000	119.000	1.320.000
5	FIAT TIPO 1.4. OPEL VECTRA	D	150.000	92.000	690.000	138.000	1.480.000
5	FIAT TEMPRA OPEL KADETT SW	E	165.000	106.000	810.000	147.000	1.690.000
5	CROMA 2.0. AC DEDRA 1.8. AC OPEL OMEGA PEUGEOT 405 AUT.	F	195.000	115.000	860.000	162.000	1.880.000
5	RENAULT NEVADA AC	G	210.000	145.000	1.020.000	190.000	2.250.000
9	DUCATO MINIBUS	H	235.000	150.000	1.200.000	205.000	2.500.000
				190.000	1.280.000	290.000	2.750.000

Rent a car
TROPEA

Altri Servizi:
Noleggio Furgoni

Servizio con Autista
Chauffeur Driven Service

Tempo minimo di noleggio: 1 giorno.
Per tutte le tariffe si applica una tolleranza di 59 minuti, Oltre la quale si applica la tariffa di un giorno intero.
For all rates there is a tolerance of 59 minutes, and after it will be calculated a whole day.
* La tariffa week-end parte dal venerdì ore 16.00 al lunedì successivo entro le ore 09.00.
* The week-end rate applies from friday at 16.00 p.m. to monday at 09.00 a.m.

Verbi

consigliare (di + *inf.*) to advise (*doing something*)

imbucare to mail, drop into the mail box

noleggiare (una macchina) to rent (a car)

pensare to think

pensare (di + *inf.*) to think (*of doing something*)

piacere° (*irr.*) to enjoy; to like

Espressioni

dare su to look out on, face (*for a place*)

in macchina by car

per piacere, per favore please

fa lo stesso it doesn't matter; no problem

specialmente especially

va bene se... ? is it all right if . . . ?

Optional activity:
1. Quanto costa noleggiare una Croma per una settimana? E per 30 giorni? 2. Quanto costa noleggiare una Fiat Panda per quattro giorni? E solamente per il weekend? 3. Quanto tempo di tolleranza c'è sulle tariffe? 4. Quando è il «weekend»? 5. È caro noleggiare una macchina per un mese? 6. Se Lei ha solamente 150.000 lire e ha bisogno di noleggiare una macchina per il weekend, quale può noleggiare?

NOTE LINGUISTICHE E CULTURALI

- To specify the value or cost of an item, Italian uses the preposition **da**: Vorrei un francobollo *da 300 lire.* (*I'd like a 300-lira stamp.*) Prendo il macinato *da duemila lire l'etto.* (*I'll take the ground beef that costs 200 liras a hectogram.*)
- To express *by car, by train, by boat, by airplane,* use the preposition **in**: **in macchina, in treno, in nave, in aereo.**
- Among Florence's most admirable monuments are the Cathedral of Santa Maria del Fiore, the Baptistry (**il Battistero**), and Giotto's Bell Tower (**il Campanile di Giotto**). With its geometrical decorations and the white, green, and pink marbles, this architectural group embodies the Florentine artistic tradition from the Middle Ages to the Renaissance, the city's most splendid era. The **Galleria degli Uffizi** houses works portraying the evolution of Italian art from its beginning to the seventeenth century. The superb collection, assembled by various members of the **Medici** family, makes the Uffizi one of the finest museums in the world.
- Besides selling typical products for smokers, a **tabaccheria** stocks toiletry items, stationery and gift articles (such as candy, games, and perfumes) as well as bus and metro tickets and stamps. Tobacco shops don't close for lunch and remain open until eight or nine in the evening.

Una tabaccheria a Termoli.

Grammatica

I. Pronomi personali come complementi di termine
(Indirect object pronouns)

Review pronouns to date before beginning the chapter. Leave it up to the students to explain these pronouns (subject, direct object, possessive).

The indirect object pronoun replaces the indirect object noun of a sentence. For example:

I am writing **to Mary** (*indirect object noun*).
I am writing **to her** (*indirect object pronoun*).
He is writing **Mary** (*indirect object noun*) a letter.
He is writing **her** (*indirect object pronoun*) a letter.

1. Like direct object pronouns, indirect object pronouns are used in conjunction with verbs and are called *conjunctive pronouns*. (Refer to Chapter 6, I for the discussion of direct object pronouns.) Italian has the following indirect object pronouns.

INDIRECT OBJECT PRONOUNS

Singolare		*Plurale*	
mi	*to me*	**ci**	*to us*
ti	*to you* (familiar)	**vi**	*to you* (familiar)
gli	*to him, to it* (m.)	**loro**	*to them* (m./f.)
le	*to her, to it* (f.)	**Loro**	*to you* (formal, m./f.)
Le	*to you* (formal, m./f.)		

Mi, ti, vi may drop the vowel before another vowel or an **h**, and replace it with an apostrophe: **m', t', v'. Ci** may drop the vowel only before an **i** or an **e** (**c'**). Like the direct object pronouns, the indirect object pronouns generally precede the verb; **loro** (**Loro**), however, always follows it. It should be noted that in modern usage **gli** often replaces **loro** (**Loro**).

Gli parlo in sala d'aspetto.	*I am speaking **to him** in the waiting room.*
Mi ha presentato sua zia.	*He introduced his aunt **to me**.*
Mi hanno scritto due cartoline.	*They wrote **me** two postcards.*
Le ho mandato un espresso da Palermo.	*I sent **her** a special delivery letter from Palermo.*
Ci (**C'**) insegna la strada.	*She is showing **us** the way.*
Portiamo **loro** (**Gli** portiamo) dei libri.	*We are taking **them** some books.*
Maria ha telefonato **Loro** (**gli** ha telefonato) ieri.	*Maria telephoned **you** yesterday.*

2. Like direct object pronouns, indirect object pronouns generally follow and are attached to dependent infinitives.

È andato a parlar**gli**.	*He went to talk **to him**.*
Desidero telefonar**le**.	*I wish to phone **her**.*

3. Certain Italian verbs, such as **consigliare, mandare, scrivere, insegnare,** and **telefonare** take an indirect object when they indicate that the action is done *for* or *to* a person. Here are a few examples with **comprare, dare, dire, fare, scrivere,** and **rispondere.**

Additional vocabulary here should include other commonly used verbs that demand the indirect object pronoun: bastare, dispiacere, domandare, fare male, volere bene, somigliare.

Gli ho comprato un libro.	*I bought **him** a book.*
Le ho dato l'indirizzo.	*I gave **her** the address.*
Le abbiamo detto che non ci piace.	*We told **her** that we do not like it.*
Mi fa un favore?	*Will you do **me** a favor?*
Gli scrivo subito una lettera.	*I'll write **him** a letter at once.*
Non **gli** hanno mai risposto.	*They never answered **him**.*

II. Il verbo *piacere*

Piacere is used to translate the English verb *to like*. However, it is essential to remember that since the English verb *to like* is transitive, it carries the action to the direct object: *I* (subject) *like beer* (direct object). In Italian, however, the verb **piacere** is intransitive and requires the indirect object, so that *"I like beer"* is translated as *"Beer **is pleasing** to me."* Study the following examples:

Mi piace questa veduta.	*I **like** this view.*
Ti piace la musica italiana?	*Do you **like** Italian music?*
Vi piace la verdura?	*Do you **like** vegetables?*
Questa borsetta **non ti piace**?	*You don't **like** this purse?*
Mi piacciono molto i dolci.	*I **like** sweets a lot.*
Nemmeno queste paste **gli piacciono**?	*He doesn't even **like** these pastries?*

1. The verb **piacere** is conjugated with **essere** in all compound tenses. The past participle of **piacere** is **piaciuto**. Note also that when the indirect object is a noun, the preposition **a** is needed.

Le è piaciuto quel film?	*Did you **like** that film?*
A Tina non è piaciuta la scultura.	*Tina did **not like** the sculpture.*
Ai miei genitori sono piaciuti i vini italiani.	*My parents **liked** Italian wines.*

2. In negative sentences, **non** precedes the indirect object pronoun:

Non mi piacciono questi libri.	*I do **not like** these books.*
Non vi piace Firenze?	*Don't you **like** Florence?*

3. The third person singular form of **piacere** is used when **piacere** is followed by an infinitive, because the infinitive functions as a singular noun. **Piacere** remains singular even if followed by more than one infinitive.

Le **piace nuotare**.	*She likes to swim.*
A loro **piace nuotare** e **giocare** a tennis.	*They like to swim and play tennis.*
Ci **piace viaggiare** all'estero.	*We like to travel abroad.*

4. The verb **piacere** is irregular in the present indicative.

Piacere *to like*	
piaccio	piacciamo
piaci	piacete
piace	piacciono

Mi piaci molto.	*I like you a lot.*
Non **ti piaccio?**	*Don't you like me?*

The verb occurs most frequently in its third person singular and plural forms.

5. Where English often uses the verb *to love*, Italian uses **piacere**, especially with food.

Mi piace molto il gelato.	*I love ice cream.*
Mi piace molto il cioccolato.	*I love chocolate.*

III. Verbi come *piacere*

Other verbs that function like **piacere** are **mancare** (*to be lacking*), **interessare** (*to interest; to be interested in*), and **sembrare** (*to seem, appear*).

Ti interessa la mostra dei Carracci?	***Are you interested in** the Carracci exhibit?*
Non ci **interessano** i film dell'orrore.	***We are not interested in** horror films.*
Mi manca lo zucchero per fare la torta.	***I'm out of** sugar to make the cake.*
Queste scarpe **mi sembrano** un po' care!	*These shoes **seem** a bit expensive **to me**!*

IV. Presente indicativo di *sapere*

Sapere *to know*	
so	sappiamo
sai	sapete
sa	sanno

CHE COSA NE SAI?

se lo conosci lo eviti

COMMISSIONE NAZIONALE PER LA LOTTA CONTRO L'AIDS

Ministero della Sanità

Sapete dove abita Marisa?	*Do you **know** where Marisa lives?*
Sai l'italiano?	*Can you speak Italian? (**Do you know** [how to speak] Italian?)*

Whereas **conoscere** means *to know a person, to be acquainted with, to meet,* **sapere** means *to know a fact, to know how (to do something).*

La conosco molto bene, **l'ho conosciuta** a Roma.	*I **know** her very well, **I met her** (became acquainted with her) in Rome.*
Mia madre **non conosce** Genova.	*My mother **is not familiar with** Genoa.*
Sa quando parte?	*Do you **know** when she is leaving?*
Non so guidare.	*I do **not know** how to drive.*

V. Presente indicativo di *volere*

Option: using a children's book, or any other source with pictures, ask students what they know how to do. **Sa guidare? cucinare?** etc. Then ask: **Vuole imparare a ... ?** Another source of words for this exercise is verbs learned to date.

Volere	*to want*	
voglio	vogliamo	
vuoi	volete	
vuole	vogliono	

Vuole una camera doppia o una singola?	*Do you **want** a double or a single room?*
Vogliono andare in Italia la prossima estate.	*They **want** to go to Italy next summer.*

ESERCIZI

A. Riscrivete ogni frase sostituendo *(substituting)* alle parole in corsivo *(italics)* la forma corretta del pronome.

> *Esempio:* Scrivo *a Maria.* →
> *Le* scrivo sempre.

1. Rispondo *a mio marito.*
2. Giacomo parla *ai clienti.*
3. Il signor Wheaton telefona *a sua moglie.*
4. Gli impiegati danno informazioni *ai turisti.*
5. Il professore dà un sacco di lavoro *a quella studentessa.*
6. Il commesso dà il resto *ai due signori.*

B. Riscrivete ogni frase seguendo le indicazioni date nell'esempio.

> *Esempio:* Ha dato i biglietti. (ci) →
> Ci ha dato i biglietti.

1. Anche lui ha scritto molte cartoline. (vi)
2. Chi ha telefonato? (ti)
3. Quando ha risposto? (vi)
4. Ha dato i biglietti. (loro)
5. Ha dato il resto. (gli)
6. Ieri sera ho telefonato. (le)

C. Rispondete alle domande seguenti nella forma negativa.

Esempio: Avete scritto a Graziella? →
                No, non le abbiamo ancora scritto.

1. Hai scritto a quei tuoi amici?   5. Ci avete scritto?
2. Mi hai scritto?   6. Vi abbiamo scritto?
3. Avete scritto a Gianni?   7. Ti abbiamo scritto?
4. Ho scritto a Marina e Tina?   8. Hai scritto a Marina?

D. Riscrivete le frasi seguenti al passato prossimo sostituendo alle parole in corsivo la forma corretta del pronome.

Esempi: Diamo le informazioni *a questo signore.* →
                Anche ieri *gli* abbiamo dato le informazioni.

                Diamo *le informazioni* a questo signore. →
                Anche ieri *le* abbiamo date a questo signore.

1. Do *gli spiccioli* all'impiegato.
2. Il commesso vende i francobolli *alla turista.*
3. I genitori scrivono *la cartolina* alle ragazze.
4. Lui scrive una cartolina *alla moglie.*
5. Il portiere dà *le informazioni* alla signora.
6. Bruno raccomanda *(recommends)* l'albergo *agli amici.*
7. La mamma compra *le scarpe* per Lorena.

E. **Ti piace?** Domandate a un'altra persona nella classe se le cose seguenti piacciono. Seguite l'esempio.

Esempio: —Ti piace il pesce?
             —Sì, mi piace. (No, non mi piace.)

1. il gelato al cioccolato
2. i bignè alla crema
3. la verdura cotta *(cooked)*
4. i vini californiani
5. le automobili della Ferrari
6. il Messico
7. leggere romanzi d'amore *(romantic novels)*
8. gli hamburger
9. mangiare fuori *(out)*
10. viaggiare

LA SIGARETTA?
Mi piace da morire!!

Ora fate le stesse domande all'insegnante.

F. **E allora cosa ti piace?** Paolo e Luca sono molto pignoli *(particular)* quando si tratta di mangiare *(in matters of eating)*. Date le risposte di Luca, seguendo l'esempio.

Esempio: Perché non mangi la frutta? →
Perché non mi piace.

1. Perché non mangi l'insalata?
2. Perché non mangiate le uova?
3. Perché non mangiate il dolce?
4. Perché non mangi gli spaghetti?
5. Perché non bevi *(drink)* il latte?
6. Luca, perché Paolo non mangia il filetto *(filet)*?
7. Paolo, perché Luca non mangia le fragole?

G. **Mi manca ...** Quali ingredienti mancano alle persone seguenti? Formulate frasi complete usando il verbo **mancare** e le indicazioni date.

Esempio: a te / il formaggio / la pasta →
Ti manca il formaggio per la pasta.

1. a Paola / le uova / il dolce
2. a noi / il pomodoro / la salsa *(sauce)*
3. a voi / le verdure / il minestrone
4. a Lei / la carne / gli hamburger

H. **Brevi scambi.** Completate i seguenti scambi con la forma corretta di **sapere** o **conoscere**.

Eva: I tuoi genitori _____ l'inglese?
Renato: No, ma _____ Londra molto bene.

Gigi: _____ (tu) Carlo Del Monte?
Donata: No, però _____ chi è.

Filippo: (Loro) _____ che siamo in centro?
Teresa: No, non lo _____ .

Lisa: _____ (lui) dove abita Manuela Morini?
Gigi: No, non lo _____ . Non la _____ .

I. **Intervista.** Formulate le domande seguenti in italiano e chiedete a un altro di rispondere. Poi alternate i ruoli *(roles)*. Domandate ...

1. if he (she) knows how to play cards
2. if he (she) knows the new student from San Francisco
3. if his (her) father knows how to cook
4. if he (she) knows where the library is
5. if his (her) mother knows Mrs. Tilde Rossi
6. if his (her) sister knows how to swim
7. if he (she) knows how to make **spaghetti alla carbonara**

J. Cosa vogliono? Usando le indicazioni date, dite che cosa vogliono i clienti del ristorante Quattro Stagioni. Seguite l'esempio.

1. Chi vuole mangiare la pizza? *Io la voglio mangiare.*
   (tu; io e Emilia; Filippo; tu e Giacomo)
2. Chi vuole ordinare il pollo? *Noi lo vogliamo ordinare.*
   (io; Antonio e Cristina; Lei; Loro)

K. Biglietteria Arcobaleno *(Rainbow Ticket Office)*. Specificate che tipo di biglietti vogliono queste persone. Seguite l'esempio.

Esempio: Lei / il concerto di Madonna / il concerto di REM →
              —Vuole i biglietti per il concerto di Madonna?
              —No, voglio quelli per il concerto di REM.

1. Loro / il film *Novecento* / il film *L'ultimo imperatore*
2. tu / la partita di basketball / la partita di football americano
3. voi / il concerto dell'orchestra di Vienna / il concerto degli U2
4. Lei / la mostra di Magritte / la mostra di De Chirico

L. Domande. Rispondete alle domande seguenti con frasi complete.

1. Le piace fare passeggiate o preferisce andare in macchina?
2. Che cosa Le piace molto? Poco?
3. Conosce il nome di un'isola vicino a Venezia? Quale? E una piazza famosa di Venezia?
4. Ha mai noleggiato un'automobile? Che tipo?
5. Vuole andare in Italia? Dove?
6. Che cosa sa fare bene? (cucinare, guidare, parlare italiano, ecc.)

Small-group activities:
—have each group of students plan a day in Florence. Ask for specifics. When will they start? What will they have for breakfast? Where will they go? Whom will they see? What will they buy?
—bring in guidebooks and compare Florence, Siena, and Venice in an Italian-only discussion.
—conduct a **domanda-risposta** activity that emphasizes piacere, sapere, conoscere: Le piace nuotare? Sa nuotare? Conosce il professore che nuota ogni mattina?

Come si dice?

Expressing likes

Mi piace (piacciono) ...	*I like . . .*
Mi piacerebbe[1] (+ *inf.*)	*I would like* (to do something)
Mi interessa (interessano) ...	*I am interested in . . .*
... è bello (interessante, ecc.)	*. . . is beautiful (interesting, etc.)*
... è buono (saporito, delizioso, ecc.)	*. . . is good (tasty, delicious, etc.)*

---

[1]The verb **piacerebbe** + *infinitive* (*would like to* + infinitive) is the third person singular of the verb **piacere** in the present tense of the conditional mode: **Vi piacerebbe noleggiare una macchina?** *(Would you like to rent a car?)* **Gli piacerebbe imparare il russo.** *(He would like to learn Russian.)* To learn more about the conditional mode, see Chapter 22.

Expressing dislikes

Non mi piace (piącciono) ...	*I don't like . . .*
Non mi piacerebbe (+ *inf.*)	*I wouldn't like* (to do something)
Non m'interessa (interęssano) ...	*I am not interested in . . .*
... è orrįbile (disgustoso, ecc.)	*. . . is horrible (disgusting, etc.)*

Gusti *(Tastes)*. Domandate a un'altra persona che cosa gli piace. Usate le espressioni date o altre espressioni originali.

Esempi: —Ti piace giocare a carte?
            —No, giocare a carte è noioso.

            —Ti interęssano i film di Scorsese?
            —Sì, mi interęssano molto.

il cioccolato	giocare a carte
le arąchidi *(peanuts)*	giocare a golf
i dolci	giocare a tennis
la moda *(fashion)* italiana	il calcio
portare vestiti eleganti	il football americano
andare dal dentista	andare a fare cọmpere
i film dell'orrore	andare a fare la spesa
i film di Fellini	la neve *(snow)*
la mụsica degli U2	la pioggia *(rain)*
la mụsica heavy metal	andare alla spiaggia

11 LA CITTÀ ETERNA

Option: begin this chapter with an Italian-only session to reinforce the use of the present and past tenses. Questions might include:

A che ora viene all'università? A che ora è venuto/a ieri? In estate, studia? Preferisce la frutta fresca o quella surgelata? Ha scritto gli esercizi? Ha mai conosciuto il presidente degli Stati Uniti? Avete mai trovato denaro? Quanti caffè prende ogni giorno? Ha una macchina? Quando l'ha comprata? A che ora è cominciata la lezione d'italiano? Quali sono i Suoi libri preferiti? Qual è il Suo film preferito? Quali sono i mesi della primavera? dell'autunno? dell'inverno? dell'estate?

I signori Wheaton sono a Roma. Stamattina si sono svegliati molto presto; si sono vestiti alla svelta e sono usciti. Ora sono le dieci, e dopo una visita al Colosseo, dove hanno fatto molte fotografie, sono a una fermata dell'autobus e parlano con un vigile.

Signor Wheaton:	Scusi, è la fermata dell'autobus questa?
Vigile:	Sì. Dove devono andare?
Signor Wheaton:	A Piazza San Pietro.
Vigile:	Allora per Piazza San Pietro devono prendere il trentuno. Vanno a visitare il Vaticano?

Messa a San Pietro il giorno di Pasqua (Easter Sunday).

Signor Wheaton:	Sì. Vogliamo vedere gli affreschi di Michelangelo nella Cappella Sistina.
Vigile:	Vale proprio la pena. Sono opere magnifiche.
Signora Wheaton:	Ma quando arriva l'autobus? È in ritardo?
Vigile:	No, non è affatto in ritardo. Il trentuno passa alle dieci e mezzo, fra sette minuti.
Signor Wheaton:	Possiamo andare a piedi... o è lontano?
Vigile:	Eh sì, è un po' lontano. Ma con l'autobus bastano dieci minuti.
Signora Wheaton:	Allora mi siedo e mi riposo un po'. *(Si siede sulla panchina.)*
Signor Wheaton:	Ah, ecco l'autobus!
Vigile:	Sì, è proprio il trentuno. Buon divertimento!

DOMANDE

Assign roles for reading the dialogue. Ask students to create similar dialogues for other cities (Venice, Florence, etc.).

1. Quando si sono svegliati i signori Wheaton?
2. Con chi parlano alla fermata dell'autobus?
3. Dove sono gli affreschi di Michelangelo?
4. È in ritardo l'autobus?
5. Perché si siede la signora Wheaton?
6. Dove si siede la signora Wheaton?
7. Come va Lei a casa, in autobus?
8. Conosce le opere di Michelangelo? Quali?

Vocabolario

Sostantivi

l'**affresco** (*pl.* gli **affreschi**) fresco painting
l'**autobus** *(m.)* bus
la **cappella** chapel
  Cappella Sistina Sistine Chapel
il **Colosseo** Colosseum
la **fermata** stop
l'**opera** work
la **panchina** bench
la **Piazza San Pietro** St. Peter's Square
il **Vaticano** the Vatican
il/la **vigile** police officer

Aggettivi

eterno eternal
magnifico magnificent

Verbi

bastare to be enough, to be sufficient
dovere° *(irr.)* to have to, must
  devono you must *(formal, pl.)*
potere° *(irr.)* to be able, can
  possiamo we can
riposarsi to rest

sedersi° *(irr.)* to sit down
  mi siedo I sit down
svegliarsi to wake up
vestirsi to get dressed

Altri vocaboli

proprio exactly, really

Espressioni

alla svelta quickly
andare a piedi to go on foot
eh sì! yes indeed!
vale proprio la pena it is well worth it

- In Italian, the preposition **per** frequently indicates direction or destination *(to)*. **Finalmente l'autobus *per* Piazza San Pietro!** *(Finally, the bus to Saint Peter's Square!)* **Scusi, è questo il treno *per* Torino?** *(Excuse me, is this the train to [for] Turin?)*
- In time expressions, the preposition **fra (tra)** means *in*. **Ti richiamo *fra* (*tra*) dieci minuti.** *(I'll call you back in ten minutes.)*
- Rome experienced tremendous population growth in the past century due to a continuous influx of people from the neighboring regions of Lazio, Abruzzi, Marche, and the southern areas of the country. When Rome became the country's capital in 1870, it had 200,000 inhabitants. Today it has almost three million people and is one of Italy's most populous cities. Tourism is not only tied to Rome's artistic heritage but virtually inseparable from the religious presence of the Vatican, located in the heart of Rome.
- According to Rome's legendary origins, recounted in the *Aeneid* by the poet Virgil, Aeneas, son of the goddess Venus, escaped the destruction of Troy and later founded the town of Lavinium at the mouth of the river Tiber. His son, Ascanius, subsequently founded Alba Longa where the Vestal Rhea Silvia gave birth to the twins Romulus and Remus from a union with the god Mars. Abandoned on the Tiber, the infants were miraculously saved and nursed by a wolf and later became the mythical "founding fathers" of the Eternal City.

Roma:
Piazza San Pietro.

Grammatica

I. Forme riflessive
(Reflexive forms)

Before introducing the reflexive pronouns, **review** all pronouns to date.

In a reflexive sentence the action of the verb reverts to the subject, as in the following examples: *I wash **myself**. **They** enjoy **themselves**.* In reflexive sentences, Italian verbs, like English verbs, are conjugated with reflexive pronouns.

1. Italian has the following reflexive pronouns (**pronomi riflessivi**):

REFLEXIVE PRONOUNS

Singolare		Plurale	
mi	*myself*	ci	*ourselves*
ti	*yourself*	vi	*yourselves*
si	*himself, herself, itself*	si	*themselves*
	yourself (formal)		*yourselves* (formal)

Io mi vesto come Chicco.

Mi, ti, si, and **vi** may drop the **i** before another vowel or an **h** and replace it with an apostrophe. **Ci** may drop the **i** only before an **i** or **e**.

Si lava tutti i giorni.	*He washes **himself** every day.*
Ci divertiamo molto qui.	*We enjoy **ourselves** a lot here.*
A casa, **m'**annoio.	*At home, I get bored.*

2. The infinitive form of an Italian reflexive verb ends in **-si** (**alzarsi, sedersi, vestirsi,** etc.) When the verb is conjugated, **-si** is replaced by the appropriate reflexive pronoun, which is usually placed *before* the verb.

Domani **s'**alzano alle nove.	*Tomorrow **they'll** get up at nine o'clock.*
Ti vesti?	*Are **you** getting dressed?*
Ci siamo seduti laggiù in fondo.	*We sat down over there in the back.*

3. The present indicative of a reflexive verb is as follows:

Divertirsi	*to enjoy oneself*
mi diverto	ci divertiamo
ti diverti	vi divertite
si diverte	si divertono

La domenica **mi diverto** molto.	*On Sundays **I enjoy myself.***
Anna **si diverte** allo zoo.	*Anna **has a good time** at the zoo.*

4. In general, when a verb is reflexive in English, it is also reflexive in Italian. Certain verbs, however, are reflexive in Italian, but not in English.

Mi metto il cappotto.	*I am **putting on my** coat.*
Ogni mattina **si sveglia** alle sette.	*Every morning **he wakes up** at seven.*
Ti preoccupi per nulla.	*You're **worrying** for nothing.*

5. In the compound tenses (we have studied only the present perfect so far), reflexive verbs always take the auxiliary **essere**; therefore, the past participle always agrees with the subject.

Mi sono tolto/a la giacca.	*I took my jacket off.*
Si sono asciugati/e subito.	*They dried themselves right away.*

6. In the **forma reciproca** *(reciprocal form),* plural reflexive pronouns are used with the reciprocal meaning of *each other* or *one another.*

Maria e Carlo **si scrivono.**	*Maria and Carlo **write to each other.***
Ci vediamo tutti i giorni.	*We **see one another** every day.*
Vi siete scambiati regali?	*Did you **exchange** (give each other) presents?*
Si sono visti la settimana scorsa.	*They **saw one another** last week.*

7. In a negative sentence, reflexive pronouns come between **non** and the verb.

Carlo **non si pettina** mai.	*Carlo **never combs his hair.***
Non ci siamo divertiti.	*We **did not have a good time.***

8. Reflexive pronouns are attached to the infinitive.

È troppo presto per alzar**si.**	*It's too early to get up.*
Si sono telefonati per parlar**si.**	*They called each other to speak to each other.*

II. Nomi e aggettivi femminili

Feminine nouns and adjectives ending in **-ca** and **-ga** end in **-che** and **-ghe** in the plural.

amica *(s.)*	*friend*		amiche *(pl.)*	*friends*
lunga *(s.)*	*long*		lunghe *(pl.)*	*long*

III. Presente indicativo di *sedersi*

Sedersi	*to sit down*
mi siedo	ci sediamo
ti siedi	vi sedete
si siede	si siędono

Io **mi siedo** a questo tạvolo.	*I'm going to sit at this table.*
Dove **ti siedi** tu?	*Where are you going to sit?*
Loro **si sono** già **seduti**.	*They already sat down.*

IV. Presente indicativo di *dovere* e *potere*

Additional vocabulary here should include **riuscire a,** *to be able.* This is used colloquially almost everywhere and will give students some variety in their speech.

Dovere	*to have to, must*	Potere	*to be able, can, may*
devo		posso	
devi		puọi	
deve		può	
dobbiamo		possiamo	
dovete		potete	
dęvono		possono	

Dovere, potere, and **volere** are often called "servile" verbs in Italian (modal auxiliaries in English) because they "serve" other verbs by acting as helping verbs.

Se **vuọi fare** il bagnino, **devi imparare** a nuotare.	*If you **want to be** a lifeguard, you **must learn** how to swim.*
Mi dispiace, ma **devo andare**.	*I'm sorry, but **I must go**.*
Devo scęndere alla stazione.	*I **have to get off** at the station.*
Posso entrare?	*May I come in?*
Ha la febbre alta e **non può giocare** oggi.	*He has a high fever and **can't play** today.*

ESERCIZI

A. Formate nuove frasi seguendo le indicazioni nell'esempio.

Esempio: I signori Wheaton →
               I signori Wheaton si divẹrtono molto a Roma.

1. anch'io
2. anche tu
3. i turisti

4. io e Salvatore
5. tu e la tua amica
6. quel signore

B. Formate nuove frasi seguendo le indicazioni nell'esempio.

Esempio: (noi) →
Quando arriviamo in Piazza San Pietro, ci riposiamo.

1. loro due
2. io
3. tu e la tua compagna di scuola
4. tutti noi
5. tu
6. questi turisti

C. Descrivete *(describe)* le attività *(activities)* di Daniela.

Esempio: svegliarsi / presto →
Daniela si sveglia presto.

1. alzarsi / alle 7.00

2. fare il bagno

3. asciugarsi i capelli

4. vestirsi

5. sedersi a tavola

6. fare colazione

7. alzarsi da tavola

8. lavarsi i denti

9. pettinarsi

10. andare al lavoro

D. Usate le parole date per rispondere alle domande seguenti. Seguite l'esempio.

Esempio: Con che cosa ti lavi la faccia? →
Mi lavo la faccia con acqua e sapone.

il **sapone**   l'**acqua**   il **dentifricio**   lo **sciampo**   il **pettine**   l'**asciugamano**

1. Con che cosa ti lavi i denti?
2. Con che cosa ti asciughi?
3. Con che cosa ti lavi i capelli *(hair)*?
4. Con che cosa ti lavi le mani *(hands)*?
5. Con che cosa ti pettini?
6. Ti lavi con acqua calda, fredda o tiepida?

E. Descriva le attività di una Sua giornata tipica (o non tipica) usando le espressioni dell'esercizio precedente ed altre espressioni originali.

Esempio: La mattina normalmente mi alzo presto. Ma stamattina mi sono svegliato/a alle nove. Ho fatto la doccia, ma non mi sono lavato/a i capelli. Mi sono lavato/a la faccia con acqua fredda ...

F. Rispondete alle domande con frasi complete. Seguite l'esempio.

Esempio: Vi parlate in italiano? →
Sì, ci parliamo in italiano ogni giorno.

1. Vi scrivete?
2. Vi vedete?
3. Vi parlate?
4. Vi mandate cartoline?
5. Vi fate visita spesso?
6. Vi telefonate?

Option: using exercises F and G, give additional practice with the **passato prossimo** of reciprocal reflexives. For example, **Si sono fatti visita ieri? Si sono scritti durante l'estate? Si sono parlati ieri?** This makes clear that all reflexives, even those made from transitive verbs, demand the auxiliary essere.

G. Cambiate le frasi seguenti usando la forma reciproca.

Esempio: Vanna scrive a Gianni e Gianni scrive a Vanna. →
Vanna e Gianni si scrivono.

1. Vanna guarda Gianni e Gianni guarda Vanna.
2. Carlo telefona a Maria e Maria telefona a Carlo.
3. Lidia ha fatto visita a Adriana e Adriana ha fatto visita a Lidia.
4. Il professore aspetta lo studente e lo studente aspetta il professore.
5. L'impiegato parla al turista e il turista parla all'impiegato.
6. Il portiere ha visto il signore e il signore ha visto il portiere.

H. Usate il passato prossimo per fare le vostre domande. Seguite l'esempio.

> *Esempio:* Ci telefoniamo quasi ogni giorno. →
> Vi siete telefonati anche ieri?

odd

1. Ci vediamo quasi ogni giorno.
2. Ci scambiamo regali per il compleanno.
3. Ci scriviamo quasi ogni giorno.
4. Ci troviamo davanti alla chiesa quasi ogni giorno.
5. Ci aspettiamo quasi ogni giorno.
6. Ci parliamo quasi ogni giorno.

I. Completate il dialogo con la forma corretta di **volere, potere,** o **dovere.**

all

> Lisa: Leo, che cosa fai oggi pomeriggio?
> Leo: _____ andare in ufficio. Mio padre ha un sacco di lavoro.
> Lisa: _____ uscire prima dell'una?
> Leo: _____ provare *(try)*. Perché?
> Lisa: Io e Gabriella _____ noleggiare una macchina e fare una gita. _____ andare al mare, o se _____ , anche in montagna. _____ venire anche tu?
> Leo: Buon'idea! E _____ invitare anche Fabio!

J. **Ipotesi e conclusioni** *(Hypotheses and conclusions).* Per ogni frase formulate un'ipotesi o una conclusione usando i verbi **potere** e **dovere** nel tempo presente. Cercate di essere originali.

> *Esempi:* L'autobus non arriva. →
> Possiamo andare a piedi o prendere un tassì.
>
> Mario va al lavoro alle sei. →
> Si deve sempre alzare presto allora.

1. I Musei Vaticani sono chiusi oggi.
2. Vogliono fare colazione a casa, ma gli mancano il latte e il pane.
3. Non c'è acqua calda.
4. Il volo *(flight)* per Venezia partirà in ritardo.
5. Volete imbucare le cartoline ma non avete i francobolli.
6. Senza dubbio domani piove.
7. Franca ha fame ed è stanca.
8. Ci interessa molto la dieta mediterranea.

all

K. **Domande.** Rispondete alle domande seguenti con frasi complete.

1. A che ora si alza di solito? E stamattina?
2. È uscito/a domenica scorsa? Dov'è andato/a? Si è divertito/a?
3. Dove si siede quando va al parco?
4. Prende mai l'autobus? Quale?
5. È mai in ritardo? Quando?

6. Quali ingredienti deve comprare se vuole cucinare gli spaghetti al pomodoro?
7. Cosa dovete comprare se volete andare a vedere un film?
8. In quale tipo di negozio posso trovare francobolli e biglietti per la metropolitana?

L. **Dialogo: Roma... che città magnifica!** Completate il dialogo con espressioni appropriate.

Amica:	_____
Signora Wheaton:	Sì, la conosciamo molto bene. È una città magnifica.
Amica:	_____
Signora Wheaton:	L'abbiamo visitata nell'estate del 1992.
Amica:	_____
Signora Wheaton:	Sì, quando abbiamo visitato il Vaticano abbiamo visto gli affreschi di Michelangelo.
Amica:	_____
Signora Wheaton:	Naturalmente ci sono piaciuti moltissimo.
Amica:	_____
Signora Wheaton:	Sì, anch'io ho fatto molte fotografie.
Amica:	_____
Signora Wheaton:	Sì, abbiamo noleggiato una Lancia.
Amica:	_____
Signora Wheaton:	Ci siamo divertiti moltissimo!

Follow-up activities:
—give students reflexive verbs to guide them through the day: svegliarsi, lavarsi, etc.
—compare the different meanings of verbs in their reflexive and nonreflexive forms: addormentarsi / addormentare; chiamarsi / chiamare; etc.
—assign a composition on una giornata tipica, in which students use reflexives as often as possible. Ask students to correct one another's compositions.
—bring in children's books, like those of Richard Scarry translated into Italian, or *The First Thousand Words in Italian*, by Amery and Di Bello (Usborne Pub., London, 1983), and use those pages that name body parts, daily activities, etc., to discuss the daily things one does.

QUAL È IL PROBLEMA PRINCIPALE DEL SUO COMUNE?	MILANO	VENEZIA	FIRENZE	BARI
L'INQUINAMENTO	25,7	21,5	10,5	4,0
LA VIOLENZA	10,2	6,2	11,5	44,8
LA DROGA	23,2	5,6	16,5	12,6
LA CASA	9,7	7,7	17,0	13,4
L'IGIENE	5,8	7,2	2,5	2,0
IL TRAFFICO	7,8	17,4	11,0	11,4
I TRASPORTI PUBBLICI	1,5	4,1	1,0	1,5
GLI IMMIGRATI	3,4	3,6	20,5	0
I SERVIZI SOCIALI	4,4	5,6	4,0	4,0
LE STRUTTURE SPORTIVE	0,5	1,5	0,5	0,5
LE STRUTTURE RICREATIVE	0,5	2,1	0	0
GLI OSPEDALI	4,9	11,3	3,0	1,5
ALTRO	1,5	3,6	2,0	2,5
NESSUNO	1,0	2,6	0	1,5

E nella Sua città come stanno le cose?

Come si dice?

Asking for information (about transportation)

These expressions are useful when taking the bus or other public means of transportation:

Scusi, che ạutobus devo prẹndere per [Piazza del Pọpolo]?	*Excuse me, what bus should I take to go to [Piazza del Popolo]?*
Quale autobus va a (passa per) [il Vaticano]?	*Which bus goes to (goes through to) [the Vatican]?*
Sa se la prọssima fermata è [il Colossẹo]?	*Do you know if the next stop is [the Colosseum]?*
Sono sull'ạutobus giusto? Devo andare [alla stazione].	*Am I on the right bus? I have to go [to the railway station].*
Ogni quanto passa il nụmero [tre]?	*How often does the (bus) number [three] come by?*
Passa ogni [dieci] minuti.	*It comes by every [ten] minutes.*
È occupato questo posto?	*Is this seat taken?*
Sì, è occupato.	*Yes, it's taken.*
No, è libero.	*No, it's not taken.*
Sa quanto tempo ci vuole per arrivare [al Vaticano]?	*Do you know how long it takes to get to [the Vatican]?*

Che cosa dice Lei? Date le espressioni appropriate per le situazioni seguenti.

1. You want to get off at Piazza Navona but don't know where the stop is.
2. You can't make out the bus schedule. Ask someone how often bus number 58 goes by.
3. You're on the vaporetto in Venice and want to sit down. Ask if anyone is sitting at one of the seats.
4. On your way from Milan to Bologna on a train, you ask your neighbor if the next stop is Parma or Mọdena.
5. You know that bus number 35 goes in the direction of the Vatican in Rome, but you are not sure if it stops at Castel Sant'Ạngelo, where you want to get off.
6. You have been in Rome for four days now and you are going back to see the Imperial Forum when the bus suddenly turns in a direction that you have not gone before. Ask another passenger if you are on the right bus, and what the next stop is.

Una fermata dell'ạutobus e del tramvại a Milano.

12 VIAGGIO DI NOZZE

Franca e Antonio si sono fidanzati alcuni mesi fa, e hanno deciso di sposarsi il prossimo giugno. Anche se la data è ancora lontana, i futuri sposi fanno già progetti per la luna di miele. Al momento sono seduti in una nota agenzia milanese e stanno discutendo il loro itinerario con un agente di viaggio.

Agente: Ecco le tariffe. Includono l'albergo a mezza pensione, il trasporto in aereo con l'Alitalia e la macchina a noleggio per sette giorni.

Franca: A me piacerebbe fare una crociera lungo il Nilo...

Agente: Se volete, ho un viaggio nei mesi di marzo, aprile e maggio. Dopo farà troppo caldo per l'Egitto.

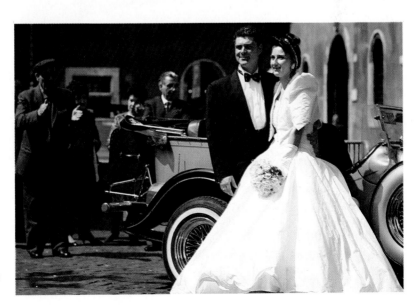

Il giorno del matrimonio di Franca e Antonio.

Antonio:	E poi non coincide con la nostra data. Ci sposeremo verso la fine di giugno.
Agente:	In tal caso, vi raccomando la Sicilia: Siracusa, Palermo e molte altre località di notevole interesse. È senza dubbio un itinerario che vi permette più autonomia.
Antonio:	Il volo è diretto?
Agente:	Fa scalo a Napoli prima di arrivare a destinazione.
Antonio:	Che ne pensi, tesoro?
Franca:	Mi sembra un bel viaggio.
Antonio:	Dunque, Le possiamo lasciare un deposito adesso e pagare il resto dopo?
Agente:	Esatto. Vi spedirò la conferma trenta giorni prima della partenza. La lettera sarà la ricevuta della prenotazione. Comunque, vi devo avvertire che ci sono penali per la disdetta.

DOMANDE

1. Quando si sposeranno Franca e Antonio?
2. Dove vogliono andare in luna di miele?
3. Cosa fanno in una agenzia milanese?
4. Che cosa vuole fare Franca?
5. Cosa raccomanda invece l'agente?
6. Il volo da Milano a Palermo è diretto o fa scalo in un'altra città?
7. Che cosa lasciano Antonio e Franca?
8. I fidanzati riceveranno una conferma della prenotazione?

Vocabolario

Sostantivi

l'**arrivo**   arrival
l'**autonomia**   independence, autonomy
la **conferma**   confirmation
la **consegna**   delivery
la **crociera**   cruise
la **data**   date
il **deposito**   downpayment, deposit
la **destinazione**   destination
la **disdetta**   cancellation
il **dubbio**   doubt
l'**Egitto**   Egypt
il **fidanzato**, la **fidanzata** fiancé, fiancée
l'**interesse** *(m.)*   interest

l'**itinerario**   itinerary
la **località**   place
la **partenza**   departure
la **penale**   penalty charge
la **prenotazione**   reservation
il **resto**   balance
la **ricevuta**   receipt
lo **sposo**, la **sposa**   groom, bride
gli **sposi**   newlyweds

la **tariffa**   rate, fare
il **trasporto**   transportation
il **viaggio di nozze**   honeymoon
il **volo**   flight
volo diretto   non-stop flight

Aggettivi

notevole outstanding, great
prossimo next

Verbi

coincidere (*p.p.* **coinciso**) to coincide
fidanzarsi to get engaged
includere (*p.p.* **incluso**) to include
intendere (*p.p.* **inteso**) (+ *inf.*) to intend (*to do something*)
lasciare to leave, leave behind
permettere (*p.p.* **permesso**) (di + *inf.*) to allow (*to do something*)
raccomandare to recommend

sembrare to seem, appear
spedire (**isc**) to mail, send
sposarsi to get married

Altri vocaboli

comunque however
dunque so, therefore
esatto! right! precisely!
lungo (*prep.*) along
prima di before
senza (di) without

Espressioni

andare in luna di miele to go on a honeymoon
che ne pensi? what do you think (about it)?
fare progetti to make plans

fare scalo a to stop, to make a stopover (*airplanes and ships*)
in tal caso in that case
macchina a noleggio rental car
pensione board
  a pensione completa including three meals
  a mezza pensione including breakfast and dinner
mi piacerebbe fare I would like to do
senza dubbio without a doubt
stanno discutendo are discussing
tesoro darling

NOTE LINGUISTICHE E CULTURALI

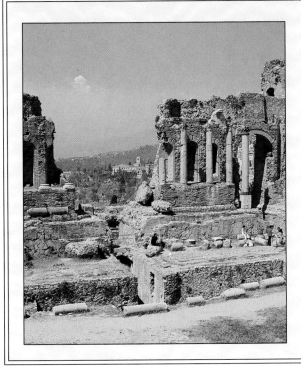

- **Siracusa** (*Syracuse*) was colonized by the Greeks in the eighth century B.C. and soon became one of Magna Graecia's most prestigious cities. One of its famous citizens was the mathematician and inventor Archimedes, who was born there in 287 B.C. While defending his city from a Roman attack, Archimedes was able to burn the enemy's ships by directing the rays of the sun at them through a system of mirrors and lenses. Yet, Archimedes was so absent-minded and so absorbed in his calculations that one day, when the Romans eventually invaded **Siracusa**, he was caught by surprise and killed.
- **Palermo** was the capital of Saracen and Norman Sicily as well as the capital of the Autonomous Region of Sicily in the later Italian Republic. In the thirteenth century, Palermo was the center of the Sicilian school of poetry, which gave birth to Italian literature. Its royal palace boasts the **Cappella Palatina** with its outstanding mosaics that date back to A.D. 1130.

Veduta delle rovine (ruins) *a Taormina.*

Grammatica

I. Il futuro
(The future tense)

The future tense of regular verbs is formed by adding the future endings to the infinitive after dropping the final -e. Verbs of the first conjugation change the **a** of the infinitive ending (-**are**) to **e** (**parlare** → **parlerò**). The future endings are identical for all three verb conjugations, regular and irregular.

Parlare	Rispondere	Capire
parler-ò	risponder-ò	capir-ò
parler-ai	risponder-ai	capir-ai
parler-à	risponder-à	capir-à
parler-emo	risponder-emo	capir-emo
parler-ete	risponder-ete	capir-ete
parler-anno	risponder-anno	capir-anno

Domani **parlerò** con l'avvocato.	*Tomorrow, I'll talk to the lawyer.*
Ripeteremo la lezione.	*We'll repeat the lesson.*
Un giorno **capirai**...	*One day, you'll understand . . .*

1. Verbs ending in **-care** and **-gare** add an **h** to the stem of all persons to retain the hard sound: **dimenticare** → **dimenticherò**, **pagare** → **pagherò**.

Mi **dimenticherai** in fretta.	*You'll forget me in a hurry.*

2. Verbs ending in **-ciare** and **-giare** drop the **-i** of the stem: **cominciare** → **comincerò**, **mangiare** → **mangerò**.

Non hanno fame? **Mangeranno** più tardi!	*They're not hungry? They'll eat later!*

II. Uso idiomatico del futuro

1. The future tense may be used to express conjecture or probability in the present.

Dove sarà?	*Where can he be?*
Sarà americano.	*He is probably an American.*
Che ora sarà?	*I wonder what time it is.*
Saranno le dieci.	*It's probably ten o'clock.*

2. When the future tense is used in the main clause, and the subordinate clause begins with **se**, **appena**, or **quando**, the future should also be used in the subordinate clause.

Se visiterò il Colosseo, **visiterò** anche il Foro.	*If I visit the Colosseum, I will also visit the Forum.*
Quando arriveranno, pranzeremo.	*When they arrive, we will dine.*
Appena ritornerà, telefonerò.	*As soon as she returns, I'll telephone.*

3. The future is used to translate the English progressive present of *to go* when denoting futurity but no immediate action.

Quando **partirete?**	*When are you going to leave?*

4. The English future is often rendered in Italian by the present when the action is about to take place.

Lo compro io, se tu non lo vuoi.	*I'll buy it, if you do not want it.*

5. The English future, when used to make a suggestion, is rendered in Italian by the present.

Andiamo insieme?	*Shall we go together?*

III. Il futuro di *avere* e *essere*

Avere	Essere
avrò	sarò
avrai	sarai
avrà	sarà
avremo	saremo
avrete	sarete
avranno	saranno

Sì, la prossima settimana **avrò** tempo.	*Yes, I'll have time next week.*
Sarà all'aeroporto.	*He'll be at the airport.*

IV. Il futuro di alcuni verbi irregolari

Some verbs have an irregular future stem, but regular endings. Here are some of them:

andare	andrò, andrai, andrà, andremo, andrete, andranno
dare	darò, darai, darà, daremo, darete, daranno
fare	farò, farai, farà, faremo, farete, faranno
dovere	dovrò, dovrai, dovrà, dovremo, dovrete, dovranno

potere	potrò, potrai, potrà, potremo, potrete, potranno
sapere	saprò, saprai, saprà, sapremo, saprete, sapranno
vedere	vedrò, vedrai, vedrà, vedremo, vedrete, vedranno
venire	verrò, verrai, verrà, verremo, verrete, verranno
volere	vorrò, vorrai, vorrà, vorremo, vorrete, vorranno

Verrò in Italia in luglio.   *I'll come to Italy in July.*
Sapranno dove siamo andate?   *Will they know where we went?*
Vedrai... tornerà presto.   *You'll see . . . she'll come back soon.*

ESERCIZI

A. Riscrivete le frasi con il soggetto dato in parentesi, facendo i cambiamenti necessari.

> *Esempio:*   Quando arriveremo, manderemo una cartolina. (loro) →
>   Quando arriveranno, manderanno una cartolina.

1. Se studierò, capirò tutto.
   (voi; anche tu; noi due; quegli studenti)
2. Non dimenticherete di pagare?
   (tu; noi; il turista; le turiste)
3. Scenderemo dal tassì davanti al teatro.
   (anche noi; tutti; tu; io; tutti voi; quel turista)
4. Se andrò, mi divertirò molto.
   (anche loro; noi; tu e tua moglie; questo signore)

B. Completate le frasi seguenti con la forma corretta del futuro.

1. Sì, in quella discoteca _____ (ballare, *to dance*) anche noi.
2. Lui _____ (arrivare) in aereo.
3. Fra pochi minuti (voi) _____ (passare) davanti all'aeroporto.
4. Che cosa _____ (visitare) quando arriverai a Capri?
5. Naturalmente, (noi) _____ (mangiare) bene!
6. Forse quei turisti _____ (scendere) a Piazza San Marco.
7. Dove _____ (cenare) tu?
8. Quando arriveremo, _____ (riposarsi) a Taormina.
9. Sì, tutti _____ (riposarsi).
10. In discoteca, anche voi _____ (divertirsi).

C. **Franca e Antonio.** Completate le frasi seguenti con i verbi in parentesi al futuro.

Per il loro viaggio di nozze Franca e Antonio _____ (andare) in Sicilia e _____ (visitare) diverse località di notevole interesse. _____ (divertirsi) molto, ma prima di partire,

Franca _____ (dovere) fare tutti i preparativi (arrangements) per la cerimonia. Io e Tina non le _____ (permettere) di preoccuparsi troppo. Noi _____ (contattare, to contact) il proprietario del ristorante, _____ (preparare) la lista degli invitati, e _____ (spedire) le partecipazioni (invitations). La data _____ (coincidere) con l'anniversario di matrimonio dei genitori di Antonio. Senza dubbio, anche loro _____ (decidere) di fare un secondo viaggio di nozze per festeggiare l'occasione. _____ (essere) certamente una festa magnifica!

Silvano Filippi   *Antonella Nasi*

annunciano il loro matrimonio
che sarà celebrato
nella Chiesa Parrocchiale di Pantano
Sabato 24 Agosto 1991 alle ore 16

Via Pantano - Piagnola, 39   *Via Pomponazzi, 8*
Carpineti (RE)   *Coviolo (RE)*

dopo la cerimonia Silvano e Antonella
saranno lieti di salutare amici e parenti
al rinfresco che si terrà presso il
Ristorante «Mulino del Tasso» di Giandeto

D. In vacanza. I signori Del Monte andranno in vacanza fra un mese. La signora è impaziente e già prepara una lista delle cose che deve fare prima della partenza. Date le risposte del marito. Usate il futuro e seguite l'esempio.

Esempio: Tu e Giorgio avete già telefonato allo zio? →
             No, ma gli telefoneremo presto.

1. Abbiamo già pagato l'assicurazione (insurance) per il viaggio?
2. Carlo, hai già ricevuto la conferma?
3. Leo e Paola hanno già trovato il numero di telefono dell'albergo?
4. Hai già spedito la lettera con il deposito?

5. Abbiamo già ricevuto informazioni sulle escursioni locali?
6. Hai già lasciato le chiavi alla nonna Patrizia?
7. Hai già invitato i tuoi cugini per la festa prima della partenza?
8. L'impiegata dell'agenzia ha già detto quando è la partenza?

E. Riscrivete le frasi seguenti usando l'esempio come modello.

Esempio: No, oggi loro non pagano il tassì →
             No, domani loro non pagheranno il tassì.

1. No, oggi non vado alla discoteca.
2. No, oggi tu non puoi nuotare.
3. No, oggi non piove.
4. No, oggi non possono fare fotografie.
5. No, oggi non ci ricordiamo nulla.
6. No, oggi non dimentico il biglietto.
7. No, oggi non dovete venire.
8. No, oggi non li vediamo.

F. Date l'equivalente in inglese.

1. Che ore sono? Non sono sicuro; saranno le quattro o le quattro e un quarto.
2. Dov'è Marina? Non sono sicuro; sarà all'agenzia.
3. Quanti anni ha Giacomo? Non sono sicuro; avrà cinquanta o cinquantacinque anni.
4. Che cosa mangia quel turista? Non sono sicuro; mangerà una pizza o un panino.
5. Chi è quella ragazza? Non la conosco, ma sarà italiana.
6. Quando i miei genitori arriveranno, faranno molte fotografie.
7. Appena finiremo questo esercizio, ci riposeremo.
8. Quando sarai in Italia, mi scriverai?

G. Rispondete alle domande seguenti in frasi complete.

1. Che cosa farà Lei domenica prossima? Resterà a casa o andrà da qualche parte *(somewhere)*?
2. A che ora si alzerà domani?
3. Dove andrà la prossima estate? Viaggerà? Resterà a casa? In tal caso, che cosa farà?
4. Quanti anni avrà Lei nell'anno 2000?
5. Che ore saranno adesso?
6. Dove sarà Sua madre in questo momento? Che cosa starà facendo? E Suo padre? E il Suo fidanzato (la Sua fidanzata)?

H. **Rielaborazione.** Date l'equivalente in italiano.

1. As soon as we arrive in Capri, I will have dinner (**cenare**).
2. Are you joking? He is probably fifty years old.
3. I will never go downtown by bus. I will take a cab.

Repeat exercise E with the past and **anche ieri** in order to reinforce verb tenses studied to date.

Follow-up activity: ask students to write a composition that requires the use of the future. Topics might include **Cosa farà dopo la lezione? quando avrà 30 o 40 anni?**

4. Yes, you will have to take a cab.
5. If I visit Rome, I will see the Vatican.
6. How is the weather in Florence? I don't know; it's probably raining.

Come si dice?

Expressing disbelief

When you don't quite believe what you have just heard, you can say:

Sarà!	*Maybe so (but I doubt it)!*
Sarà vero?	*Do you think it's true?*
Non ci credo!	*I don't believe it!*
Stai (sta) scherzando!	*You're kidding!*
Mi prendi in giro?	*Are you kidding me?*
Ma va!	*Oh, come on!*
Impossibile!	*Impossible!*

A. Incredibile! *(Unbelievable!)* Reagite *(react)* a queste affermazioni *(statements)* incredibili, usando l'espressione appropriata.

> *Esempio:* Roma non è una città molto interessante. →
> Mi prendi in giro?

1. Alberto Tomba è un giocatore di football americano.
2. Gabriella Sabatini è una tennista italiana.
3. Greg Luganis ha partecipato alle Olimpiadi di Barcellona per la nazione russa.
4. Muhammad Alì è stato battuto *(defeated)* almeno cinquanta volte durante la sua carriera.
5. Il tennista John McEnroe è sempre gentile e contento quando gioca partite al livello internazionale.
6. L'attrice Kim Basinger è stata la protagonista di *Via col vento (Gone with the Wind)*.

B. Ci credi o no? Fate delle affermazioni vere o false ai vostri compagni di classe. I membri della classe dovranno reagire a queste affermazioni.

> *Esempi:* —Ieri ho ballato con Madonna.
> —Ma va. È impossibile!
>
> —Il venti aprile compio vent'anni.
> —Ci credo.

Le città italiane

Roma:
I Fori Imperiali.

La storia d'Italia è la storia di Napoli, Venezia, Roma, Genova, Milano e di tutte le altre città. L'Italia come la conosciamo oggi, cioè° come una nazione unita° e indipendente, ha una storia piuttosto breve.° Infatti, la storia dell'Italia moderna comincia nel 1861 (mille ottocento sessantuno). Prima di questa data e per circa undici secoli,° l'Italia era divisa° in piccoli stati, repubbliche marinare° e territori feudali. Dopo la caduta° dell'Impero Romano e durante° il periodo medievale, il comune° e la repubblica erano° le due forme di governo° di molte città italiane. Anche durante il Rinascimento° e fino al secolo scorso,° la penisola non ha mai avuto un governo centrale. Questo ha dato al paese una diversità eccezionale.

namely

united / brief

centuries / was divided
maritime / fall
during / city-state / were
government / Renaissance
last

Roma, la capitale moderna e anche la capitale dell'antico Impero Romano, è nell'Italia centrale, sul fiume Tevere. Le altre grandi° città sono al nord e al sud di Roma. E poi ci sono molte piccole città pittoresche, specialmente sulle colline° e lungo le coste:° Siena, Perugia, Orvieto, Salerno, Ragusa, Taormina, San Remo e molte altre.

big

hills / coasts

Le città italiane sono costruite di pietra,° hanno molte piazze, e le vie sono strette.° Una delle caratteristiche delle città italiane, grandi e piccole, è la varietà, e questo è vero anche del paesaggio,° dei costumi,° dei dialetti° e dei tipi etnici.°

stone

narrow

landscape / customs / dialects
ethnic

Ask students to read the passage out loud and to ask each other the questions. Then make comparisons with American cities.

ESERCIZI DI COMPRENSIONE

A. Vero o falso?

_____ 1. L'Italia è un paese con una lunga storia.

_____ 2. L'Italia è stata una nazione unita per circa undici secoli.

_____ 3. La penisola ha avuto un governo centrale durante il Rinascimento.

_____ 4. Il comune e la repubblica erano tipiche forme di governo dell'Impero Romano.

_____ 5. Le città italiane non hanno un carattere uniforme.

B. Rispondete in modo completo.

1. Sa il nome di cinque città italiane? Quali sono?
2. Perché è breve la storia dell'Italia moderna?
3. Quando non ha avuto un governo centrale l'Italia?
4. Dove ci sono molte piccole città pittoresche?
5. Che cosa notano gli stranieri in Italia?
6. Quale città italiana è chiamata la Città Eterna? Perché?

Follow-up activities:
—using the verb review found at the end of **Capitolo 6** as a model, have a general review of verbs to date, using all tenses thus far introduced.
—using specialized maps (available from any Italian Tourist Office or Trade Commissioner), give a review mini-lecture on the various regions. Ask students what they know about each region: what food, wine, industry, agriculture are characteristic of that region; some historico-political event or famous person tied to that region. You may wish to have students make their own maps, filling in the regions and information they have acquired.

RIPETIZIONE III

A. Formate domande e risposte seguendo le indicazioni date nell'esempio.

Esempio: fare delle passeggiate recentemente →
—Hai fatto delle passeggiate recentemente?
—No, non ho fatto nessuna passeggiata.

1. visitare località d'interesse
2. vedere le nuove tariffe per il Kenya
3. fare progetti per quest'estate
4. chiedere informazioni per qualche escursione
5. ricevere la conferma per il volo
6. conoscere degli studenti italiani

B. Formate domande e risposte seguendo l'esempio.

Esempio: i francobolli / Maria →
—Hai dato i francobolli a Maria?
—No, non le ho dato i francobolli perché non l'ho vista.

1. gli spiccioli / Bruno e Vanna
2. la lettera con la conferma / gli zii
3. le fotografie / gli amici della mamma
4. il denaro / tuo fratello
5. i compiti / l'insegnante *(f.)* di francese
6. i biglietti / le signore
7. il deposito / l'agente di viaggio
8. gli appunti / Lucia

C. Formate domande e risposte usando i pronomi complemento oggetto indiretto, come nell'esempio.

Esempi: il vino *(wine)* / la Coca-Cola →
             —Ti piace il vino?
             —No, non mi piace. Preferisco la Coca-Cola.

             ballare / ascoltare la musica →
             —Ti piace ballare?
             —No, non mi piace. Preferisco ascoltare la musica.

1. fare una crociera / viaggiare in aereo
2. il vaporetto / la gondola
3. andare a piedi / prendere l'autobus
4. l'ultimo modello della Maserati / l'ultimo modello della Ferrari
5. viaggiare in gruppo / viaggiare da solo/a *(by yourself)*
6. la carne di suino / la carne di pollo

D. Formate nuove frasi seguendo le indicazioni nell'esempio.

Esempio: quegli edifici / io →
              Quegli edifici? No, purtroppo non mi sono piaciuti.

1. le fragole / noi
2. questi affreschi / il signor Wheaton
3. andare in gondola / io
4. il Lido di Venezia / gli studenti
5. visitare le vetrerie / voi
6. questo pranzo / mia zia

E. Date il contrario delle frasi seguenti usando le forme appropriate del doppio negativo.

Esempio: Il numero trentuno è già passato. →
              Il numero trentuno non è ancora passato.

1. Quell'autobus arriva sempre presto.
2. Vale proprio la pena.
3. Ci riposeremo ancora.
4. I tuoi cugini sono già arrivati.
5. Quel ristorante è un po' lontano.

Esempio: (voi) → Dove vi riposerete?

1. loro due
2. il vigile
3. tutti noi
4. tu e tua cugina
5. i tuoi amici
6. io e la zia

G. Formate nuove frasi seguendo l'esempio.

Esempio: io / il Colosseo →
                   Se avrò tempo, visiterò il Colosseo e farò delle fotografie.

1. noi / Pompei
2. anche loro / l'isola di Murano
3. tu e Luisa / il Vaticano
4. tu / la Basilica di San Pietro
5. mio padre / la città di Palermo

Situazione pratica

Progetti per una domenica d'inverno. Domani è domenica e siamo in inverno. Quali sono i Suoi progetti? Che cosa farà? Chi vedrà? Come andranno le cose? Ci spieghi.

IV   IL TEMPO LIBERO

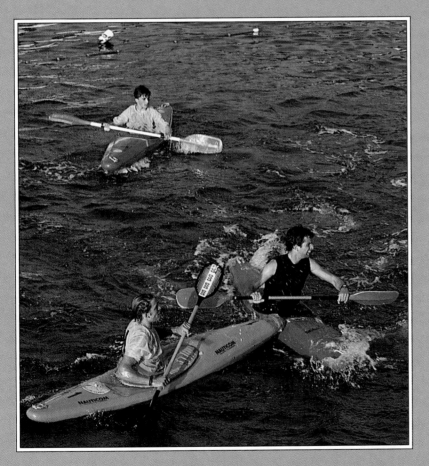

Culture
- Forms of entertainment
- Popular sports
- Soccer as national pastime
- The **Totocalcio**

Communication
- Expressing agreement or disagreement
- Talking about sports
- Encouraging someone
- Rejoicing and expressing relief

13 ANDIAMO AL CINEMA?

Oggi all'Ambra danno un film in prima visione di un giovane regista italiano. Adriana e Lorenzo fanno la coda al botteghino.

Adriana: Quanto tempo sarà che non ci vediamo?
Lorenzo: Almeno due mesi. Sai che stai molto bene?
Adriana: Veramente è un maglione che ho comprato uno o due anni fa.
Lorenzo: Senti, sei sicura che sarà un bel film? I protagonisti sono tutti sconosciuti.

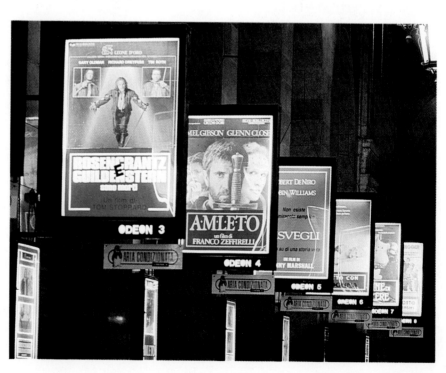

*Cosa vogliamo
andare a vedere?*

Adriana:	Ho letto un'ottima recensione ieri sera sulla *Repubblica*. La trama sembra interessante, è ambientato in Sicilia, verso il 1848. È un film drammatico e gli attori, compreso il regista, sono tutti italiani. Dai, vedrai che ti piacerà. Alcune mie amiche hanno detto che è stupendo.
Lorenzo:	Sarà! Sai che io generalmente sono più appassionato dei grandi maestri del cinema italiano: Visconti, Antonioni...
Ragazza:	*(allo sportello)* Quanti biglietti vogliono? In platea è esaurito.
Lorenzo:	Due in galleria allora.
Adriana:	Finalmente escono.
Lorenzo:	Dove ci sediamo?
Adriana:	Se c'è posto, nelle prime file. Ho dimenticato gli occhiali a casa.

DOMANDE

1. Che cosa danno oggi al cinema Ambra?
2. Quando ha comprato il maglione Adriana?
3. Lorenzo sa chi sono i protagonisti del film?
4. Che cosa ha letto Adriana sulla *Repubblica*?
5. Che tipo di film è?
6. Lei pensa che il film piacerà a Lorenzo?
7. Quale sezione del cinema è esaurita?
8. Perché vuole sedersi nelle prime file Adriana?

Vocabolario

Sostantivi

l'**attore**, l'**attrice**   actor, actress
il **botteghino**   ticket booth
la **fila**   row
la **galleria**   balcony
la **platea**   stalls, parterre
il **posto**   seat; space
la **recensione**   review
il/la **regista**   director
la **sezione**   section
lo **sportello**   ticket window; counter
la **trama**   plot

Aggettivi

appassionato (di)   keen (on)
drammatico   dramatic

sconosciuto   unknown
sicuro   sure
stupendo   stupendous

Verbi

comprendere (*p.p.* compreso)   to include
dimenticare (**di** + *inf.*) to forget (*to do something*)
essere ambientato (**in/a**)   take place (in)

Altri vocaboli

almeno   at least
esaurito   sold out
fa   ago

finalmente   finally, at last
generalmente   generally
veramente   to tell you the truth; really
verso   around; towards

Espressioni

dare un film   to show a movie
fare la coda   to wait in line
prima (seconda) visione   first (second) release
quanto tempo   how long
senti!   listen!
se c'è posto   if there is space
stare bene   to look well

NOTE LINGUISTICHE E CULTURALI

- When reacting to a compliment, instead of thanking the person who made it, Italians tend to downplay the compliment. In this case, Adriana softens Lorenzo's observation by implying that she is actually wearing an old item. If Adriana thanked Lorenzo, she would seem rather immodest to Italians.
- A movie is **in prima visione** when it has just been released. Movies **in seconda visione** are shown later than their initial release and at lower admission prices.

Optional activity: ask students what is playing at the various theaters and at what time. For example:

Dove danno *Il principe delle maree* in lingua originale? Quando è l'ultimo spettacolo del *Silenzio degli innocenti*? Dov'è il cinema Mignon? Cosa danno al Maestoso? A che ora?

PRIME VISIONI A MILANO

AMBASCIATORI c. V. Emanuele 30. **Il principe delle maree**. Or.: 15; 17,30; 20; 22,30.

ANGELICUM p. S. Angelo 2. **Ombre e nebbia** (film lingua orig.). Or.: 17.

ANTEO v. Milazzo 9. **Il ladro del bambini**. Orario: 15,30; 17,50; 20,10; 22,30.

APOLLO Galleria. De Cristoforis. **Analisi finale**. Orario: 15; 17,30; 20; 22,30.

ARCOBALENO v. Tunisia 11. **Il principe delle maree** (film in lingua originale) Or.: 14,30; 17; 19,30; 22.

ARISTON Galleria del Corso. **Il padre della sposa**. Orario: 15; 17,30; 20; 22,30.

ARIOSTO via Ariosto 16. **Paura d'amare**. Ore 20,15; 22,30.

ARLECCHINO Gall. del Corso. **Belli e dannati**. Or.: 15; 16,50; 18,30; 20,30; 22,30.

ASTRA c. V. Emanuele 11. **Mediterraneo**. Orario: 15,15; 17,40; 20,05; 22,30.

CAVOUR p. Cavour 3. **Vite sospese**. Or.: 15; 17,30; 20; 22,30.

CENTRALE 1 via Torino 30. **Delicatessen**. Orario: 16; 19; 22.

CENTRALE 2 via Torino 30. **Thelma & Louise**. Orario: 16; 18,10; 20,20; 22,30.

MAESTOSO c. Lodi 39. **J.F.K.** Or.: 15; 18,30; 22.

MANZONI via Manzoni 40. **Detective col tacchi a spillo**. Orario: 15; 16,50; 18,40; 20,30; 22,30.

MEDIOLANUM c. V. Emanuele 24. **Beethoven**. Or.: 15,30; 17,50; 20,10; 22,30.

METROPOL. Il silenzio degli innocenti. Orario: 15,15; 17,40; 20,05; 22,30.

MIGNON Galleria del Corso 4. **Cape Fear**. Or.: 16,30; 19,30; 22,30.

NUOVO ARTI v. Mascagni, 8. **Biancaneve e i sette nani**. Or.: 15,10; 17; 18,50; 20,40; 22,30.

NUOVO ORCHIDEA v. Terraggio 3. **Tacchi a spillo**. Or.: 16; 17,10; 20,20; 22,30.

ODEON SALA 1 via S. Radegonda 8. **Priorità assoluta**. Or.: 15,30; 17,50; 20,10; 22,35.

ODEON SALA 2 v. S. Radegonda 8. **Il silenzio degli innocenti**. Or.: 15,10; 17,40; 20,10; 22,35.

ODEON SALA 3 via S. Radegonda 8. **L'amante**. Or.: 15,20; 17,45; 20,10; 22,35.

ODEON SALA 4 via S. Radegonda 8. **Obiettivo indiscreto**. Orario: 15; 16,45; 18,30; 20,30; 22,35.
nebbia. Orario: 16,30; 19,40; 22,30.

SEMPIONE via Pacinotti 6. **Jungle Fever**. Or.: 20; 22,15.

SPLENDOR via Gran Sasso 28. **Beethoven**. Or.: 15; 17; 18,50; 20,40; 22,30.

TIFFANY c. B. Aires 39. **Assolto per aver commesso il fatto**. Or.: 20,10; 22,30.

VIP via Torino 21. **Toto le héros**. Orario: 17; 18,50; 20,40; 22,30.

TEATRI A MILANO

ALLA SCALA piazza della Scala. Riposo.

CONSERVATORIO via Conservatorio 12. **Concerto**. Ore 21.

SMERALDO piazza XXV Aprile 10. **Spettacolo benefico**. Ore 21.

SAN BABILA corso Venezia 2. **Et moi...Et moi!** Ore 21.

FILODRAMMATICI (via Filodrammatici 1; tel. 86.93.659): (Compagnia Stabile): **Emma B. vedova Giocasta**. Ore 21.

NAZIONALE piazza Piemonte 12. **Pipino il breve**. Ore 21.

OUT OFF (via Duprè 4): **Sogni pirandelliani**. Ore 21,30.

Grammatica

I. Il futuro anteriore
(The future perfect)

The future perfect is formed with the future of **avere** or **ẹssere** plus the past participle of the main verb.

FUTURO ANTERIORE

Verbi come **parlare**		
avrò ⎫	avremo ⎫	
avrại ⎬ parlato	avrete ⎬ parlato	
avrà ⎭	avranno ⎭	

FUTURO ANTERIORE

Verbi come **andare**		
sarò ⎫	saremo ⎫	
sarại ⎬ andato/a	sarete ⎬ andati/e	
sarà ⎭	saranno ⎭	

1. The future perfect is used to describe a future action that will take place *before* some other future action.

Gli **avrò parlato** prima di lunedì.	*I will have spoken to him before Monday.*
Domani mattina **sarete** già **arrivati** a Madrid.	*Tomorrow morning you will already have reached Madrid.*
Gli darò il libro quando l'**avrò finito.**	*I will give him the book when I have finished it.*

2. Just as probability in the present is expressed by the simple future, probability in the past is expressed by the future perfect.

Sarà partito di mattina.	*He probably left in the morning.*
L'avranno letto sul giornale.	*They must have read it (they probably read it) in the newspaper.*

II. Futuro anteriore di *avere* e *essere*

I will have been, etc. Ask students to continue their verb chart, adding the futuro anteriore.

FUTURO ANTERIORE

Avere *to have*	Essere *to be*
avrò ⎫	sarò ⎫
avrai ⎪	sarai ⎬ stato/a
avrà ⎬ avuto	sarà ⎭
avremo ⎪	saremo ⎫
avrete ⎪	sarete ⎬ stati/e
avranno ⎭	saranno ⎭

Ne **avrò avuto** abbastanza.	*I will have had enough.*
Quando Maria arriverà a Venezia, io ci **sarò** già **stato** una settimana.	*When Maria gets to Venice, I will already have been there a week.*
Avrà avuto abbastanza tempo?	*Will he have had enough time?*
Saranno stati puntuali?	*Could they have been on time?*

III. Date, *continuazione*

Cultural note and review: ask students what happened on selected dates (with emphasis, of course, on Italian history): Esempio: 1492— Lorenzo de' Medici è morto; è morto anche Piero della Francesca.

1. The expression *What's today's date?* is rendered by **Quanti ne abbiamo oggi?** The answer is either **Oggi ne abbiamo ...** or **Oggi è il ...**

Oggi ne abbiamo tre. (Oggi è il tre.)	*Today is the third.*
Domani è il cinque aprile.	*Tomorrow is the fifth of April.*

2. In Italian a date that includes the month, day, and year is expressed in the order: *day, month, year.* Remember that, except for the first day of the month, which is always **il primo,** the other days are expressed with cardinal numbers (see Chapter 7, V). The English *on* is not translated, but the definite article is always used.

Siamo partiti **il primo luglio,** mille novecento ottanta.	*We left on July 1, 1980.*
L'anno scolastico è finito **il trenta giugno.**	*The school year ended on June 30.*

3. The definite article also always accompanies the year. In dates, **mille** is used for *one thousand.*

il mille novecento cinquantasette	*1957*
nel mille trecento ventuno	*in 1321*

IV. Gli avverbi e la loro formazione

An adverb is a word used to modify an adjective, a verb, or another adverb; for example, "It is a *very* beautiful book," "He always sings *well*." We have already learned such adverbs as **bene** *(well)*, **male** *(badly)*, **molto** *(very)*, and **poco** *(not very)*. Most Italian adverbs, however, are formed by adding **-mente** (equivalent to the English *-ly*) to the feminine singular of the adjective.

Adjective		Adverb	
chiaro	*clear*	chiaramente	*clearly*
vero	*true*	veramente	*truly*
recente	*recent*	recentemente	*recently*

Parla **chiaramente**.   *She speaks **clearly**.*
È un uomo **veramente** sensibile.   *He is a **truly** sensitive man.*

If the last syllable of the feminine adjective is -le or -re and it is preceded by a vowel, then the final -e is dropped before -mente is added.

facile	*easy*	facilmente	*easily*
regolare	*regular*	regolarmente	*regularly*

Leggeva **facilmente** un libro in   *He **easily** read a book in two*
   due ore.   *hours.*
Paghiamo l'affitto **regolarmente**.   *We pay the rent **regularly**.*

V. Costruzione idiomatica con gli aggettivi possessivi

The Italian equivalent of phrases such as *a . . . of mine* and *some . . . of yours* are **un mio...** and **alcuni tuoi ...**

Un mio cugino.   *A cousin **of mine**.*
Due suoi parenti.   *Two relatives **of his**.*
Alcuni nostri amici.   *Some friends **of ours**.*

Note that in this construction, the definite article is not needed before the possessive adjective.

VI. Uso idiomatico del presente

The present indicative can be used to indicate an action or a condition that began in the past and is still going on in the present when accompanied by the preposition **da** + *expression of time*.

The interrogative forms of this construction are **Da quanto tempo? Da quanti mesi / giorni?** *(How long? How many months / days?)*, and **Da quando?** *(Since when?)*

—**Da quanto tempo** studi il   —*How long have you been*
  francese?   *studying French?*
—Lo studio **da due anni**.   —*I have been studying it **for***
     ***two years**.*

—**Da quanti mesi** è in Svizzera   —*How many months has*
  Barbara?   *Barbara been in Switzerland?*
—È in Svizzera **da tre mesi**.   —*She has been in Switzerland*
     for three months.

—**Da quando** non vi vedete?   —*How long has it been since*
     you've seen each other?
—Non ci vediamo **da settembre**.   —*We haven't seen each other*
     since September.

—**Da quando** abiti qui?

—**Dall'anno scorso.**

—*How long have you lived here?*

—*Since last year.*

ESERCIZI

A. Formate nuove frasi usando il futuro anteriore. Fate tutti i cambiamenti necessari.

> *Esempio:* La lettera? La leggerò. →
> L'avrò letta prima di domani.

1. I vostri amici? Li vedremo.
2. I romanzi? Li finiremo.
3. Il dolce? Lo farò.
4. L'esercizio? Lo scriveremo.
5. Il telegramma? Lo riceverà.
6. I biglietti? Li comprerà.

B. Che cosa sarà stato? Seguite l'esempio.

> *Esempio:* La gente non esce; forse il film non è ancora finito. →
> Il film non sarà ancora finito.

1. Forse la trama non è stata interessante.
2. Forse gli attori non sono stati bravi.
3. Forse la gente non ha capito il significato *(meaning)* del film.
4. Forse non gli sono piaciuti gli attori.
5. Forse non hanno letto il libro prima di vedere il film.
6. Forse Lorenzo non è d'accordo con la filosofia del regista.

C. Probabilità. Spiegate che cos'è probabilmente accaduto *(happened)* nelle situazioni seguenti. Formate almeno tre frasi per ogni affermazione.

> *Esempio:* Antonio e Luca aspettano Carmine davanti al cinema, ma Carmine non arriva. →
> —Avrà dimenticato l'appuntamento.
> —Sarà uscito con la fidanzata.
> —Non avrà avuto tempo.

1. Beatrice non ha superato *(passed)* l'esame di latino.
2. Alberto non arriva, e voi lo aspettate al bar Florian.
3. Lei è il regista di un film che non ha avuto molto successo.

D. Popolazione. Quanti abitanti ci sono nelle province di queste città italiane?[1] Seguite l'esempio.

> *Esempio:* Roma / 3.000.000 →
> —Quanti abitanti ci sono a Roma?
> —Ci sono tre milioni di abitanti.

---

[1]*La Nuova Enciclopedia Universale Garzanti* (Milan: Garzanti Editore, 1989), pp. 732–33. The numbers have been rounded off for the purposes of the exercise.

1. Venezia	825.000		5. Napoli	2.900.000
2. Genova	1.000.000		6. Palermo	1.200.000
3. Bologna	925.000		7. Milano	4.000.000
4. Siena	250.000		8. Pisa	380.000

E. **La data.** Esprimete queste date in italiano.

1. February 6, 1961
2. July 30, 1843
3. October 12, 1492
4. April 25, 1945
5. June 27, 1632
6. March 15, 2003
7. November 1, 1928
8. March 9, 1078

F. **Domanda e risposta.** Domandate a un'altra persona nella classe ...

1. qual è la data di oggi
2. quanti ne abbiamo domani
3. in che anno siamo
4. in che anno riceverà il diploma di laurea
5. quando è il suo compleanno
6. quanti anni avrà nell'anno 2025

**Da sette secoli
un formaggio unico al mondo**

Parmigiano-Reggiano, il classico e prestigioso formaggio italiano noto ed apprezzato in tutto il mondo per le sue peculiarità inimitabili, ha origini antichissime.
Fonti bibliografiche di epoca romana (Columella, Varrone, Marziale), confermano infatti l'esistenza, già a quei tempi, ossia all'inizio dell'era cristiana, di un formaggio di provenienza parmigiana con caratteristiche molto prossime a quelle dell'attuale Parmigiano-Reggiano.
La testimonianza più nota e più precisa è comunque quella del Boccaccio che nel suo Decamerone, scritto intorno al 1350, cita il Parmigiano descrivendone un impiego tuttora attualissimo (condire maccheroni e ravioli).

G. Completate le frasi seguenti con l'avverbio che corrisponde all'aggettivo fra parentesi.

Esempio: *(chiaro)* →
Il professore ha parlato chiaramente.

1. (libero)   Quello studente risponde sempre _____ .
2. (recente)   Siamo andati al cinema _____ .
3. (aperto)   Il dottor Centrini parlerà molto _____ .
4. (regolare)   Gli italiani prendono il tram _____ .
5. (sicuro)   Troveranno posto _____ .

Redo Exercise G, inserting a form of **volere**: Quello studente vuole rispondere... This stresses the semi-auxiliary nature of the verb.

H. **Domande.** Rispondete alle domande seguenti con frasi complete.

1. Da quanto tempo studia l'italiano?
2. Da quanto tempo abita a _____ ?
3. Da quando è fidanzato/a (sposato/a)?
4. Da quanti giorni (mesi) non ha visto Sua madre? E Suo padre?
5. Da quando è appassionato/a di musica rock (country / classica / pop)?

Ti piace questa canzone (song)?

Come si dice?

Expressing agreement

When you want to agree with someone, you can say:

Esatto. / Esattamente.	*Precisely.*
Penso di sì.	*I believe / think so.*
È così.	*It is so.*
È vero.	*It is true.*
Hai perfettamente ragione.	*You're perfectly right.*
Sono pienamente d'accordo.	*I fully agree.*

Expressing disagreement

When you disagree with someone, you can use some of these expressions:

Non è affatto vero.	*It's not at all true.*
Non sono d'accordo.	*I don't agree.*
Al contrario ...	*On the contrary ...*
Non è vero.	*It's not true.*

Lavorate in coppie. Uno afferma una cosa e l'altro dice se è d'accordo o no.

Esempi: —Cinema Paradiso è un film bellissimo.
—Sono pienamente d'accordo con te.

—In Italia il divorzio non è legale.
—Non è vero!

You may choose your own topics or elaborate on some of those listed below.

i trasporti pubblici nella città
l'arte postmoderna
la squadra *(team)* di football
   dell'università
lo sport
le lezioni di matematica (storia,
   fisica, ecc.)
gli esami d'italiano
l'estate e le vacanze

il femminismo
il maschilismo *(male
   chauvinism)*
il film di ...
il libro di ...
le canzoni di ...
l'attore ... / l'attrice ...
il divorzio negli Stati Uniti
la mafia in Italia

14   IN MONTAGNA

Mini-lecture topic to begin this chapter is **Gli sport in Italia.** Use magazines like *L'Espresso, Sport* and have students do short reports on selected articles.

Ieri, così, all'improvviso Gianni e Franco hanno deciso di andare a sciare all'Abetone. Erano le sette di mattina quando sono partiti da Firenze, e alle nove erano già sulla sciovia per passare una piacevole giornata sui campi di sci. Dopo l'ultima discesa, mentre si levavano gli scarponi, parlavano e si riscaldavano davanti a un allegro fuoco nel caminetto dell'albergo.

Gianni:	Abbiamo smesso presto; eri stanco?
Franco:	No, ma avevo fame.
Gianni:	C'era troppa gente sulle piste, non credi?
Franco:	Sì, era quasi difficile sciare.
Gianni:	E la sciovia non funzionava troppo bene.
Franco:	Già, infatti quando siamo venuti via non funzionava affatto.

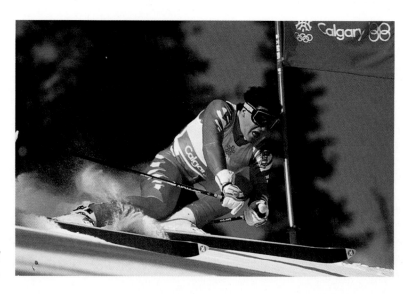

Lo sciatore e campione del mondo Alberto Tomba.

Gianni:	Non importa. Io mi sono veramente divertito. Lo sci è il mio sport preferito.
Franco:	A proposito, dove hai imparato a sciare così bene?
Gianni:	Vicino a casa mia, in montagna. Quando ero piccolo mio padre mi portava a sciare tutti gli inverni.
Franco:	Ora capisco; non lo sapevo.
Gianni:	Mio padre era un ottimo maestro.
Franco:	E tu, evidentemente eri un ottimo studente.
Gianni:	Non esageriamo. Vieni, ti offro qualcosa da mangiare.

Più tardi...

Franco:	Be', torniamo a Firenze?
Gianni:	Io sono pronto.
Franco:	Benissimo, ma prima facciamo il pieno di benzina qui alla stazione di servizio.

DOMANDE

1. Quando hanno deciso di andare a sciare Gianni e Franco?
2. Dove erano alle nove?
3. Dove si riscaldavano dopo l'ultima discesa?
4. Perché hanno smesso presto?
5. Perché era quasi difficile sciare?
6. Quando ha imparato a sciare Gianni?
7. Il padre di Gianni sciava bene?
8. Cosa fanno i due amici prima di partire per Firenze?

Ask **students** to prepare a composition about a day spent either watching or playing a sport they enjoy. Use the dialogue as a model.

Vocabolario

Sostantivi

il **caminetto**   fireplace
il **campo**   field
  campo di sci   skiing slopes
la **discesa**   downhill run
il **fuoco**   fire
il **maestro**   teacher
la **montagna**   mountain
  in montagna   in the mountains
la **pista**   ski run
lo **scarpone**   boot
la **sciovia**   ski lift
la **stazione di servizio**   service station

Aggettivi

allegro   cheerful
piacevole   pleasant
preferito   favorite

Verbi

credere (a/in + *noun;* **di** + *inf.*) (*p.p.* **creduto**)   to believe, think
divertirsi   to have a good time
esagerare   to exaggerate
funzionare   to function, to work

imparare (a + *inf.*)   to learn (*how to do something*)
levarsi   to take off (*something*)
offrire (*p.p.* **offerto**)   to offer
ringraziare   to thank
riscaldarsi   to warm up
sciare   to ski
smettere (di + *inf.*) (*p.p.* **smesso**)   to quit, stop

Altri vocaboli

evidentemente   evidently

Espressioni

a casa mia   at (to) my house
all'improvviso   all of a sudden

da piccolo/a   as a child
fare il pieno (di benzina)   to fill up (with gasoline)
non importa   it doesn't matter

ti offro ...   I'll buy you . . .
venire via   to come away, to leave
vieni!   come (*familiar, s.*)

NOTE LINGUISTICHE E CULTURALI

- When you wish to do something with one or more persons, use the first person plural of the present indicative. This translates the English *Let's + infinitive!*

   Andiamo a sciare domani!
   Let's go skiing tomorrow!

   Non esageriamo!
   Let's not exaggerate!

- **Qualcosa (niente) da** + *infinitive* corresponds to the English expression *something (anything, nothing) + infinitive.*

   Ho fame. Vorrei qualcosa da mangiare.
   I'm hungry. I'd like something to eat.

   C'è nient'altro da lavare?
   Is there anything else to wash?

- Skiing is a favorite winter sport among Italians: almost 39% of the national territory is mountainous, and resorts are relatively accessible from major cities. Among the most renowned locations are **Cortina d'Ampezzo, Sestriere,** and **Madonna di Campiglio** in the Alps; and **Abetone, Terminillo,** and **Campo Imperatore** in the Appennines. Numerous skiing clubs as well as schools organize weekend trips throughout the season. **Fare la settimana bianca** means to go on a skiing trip of at least four to five days.

- Other sports popular in Italy (besides the national passion, soccer) are tennis, boxing, basketball, and car and bicycle racing. Every year the **Giro d'Italia** *(Tour of Italy)* attracts cyclists from all over the world and parallels the Tour de France. Formula One car racing ignites national interest for Ferrari, the legendary car line.

LA GUIDA DEL

SPECIALE DI **BS** BICISPORT

Supplemento al n. 5
di Bicisport
maggio 1991
L. 5.000

GIRO '91

Percorso • tappe • montagne • chilometri e protagonisti del Giro '91

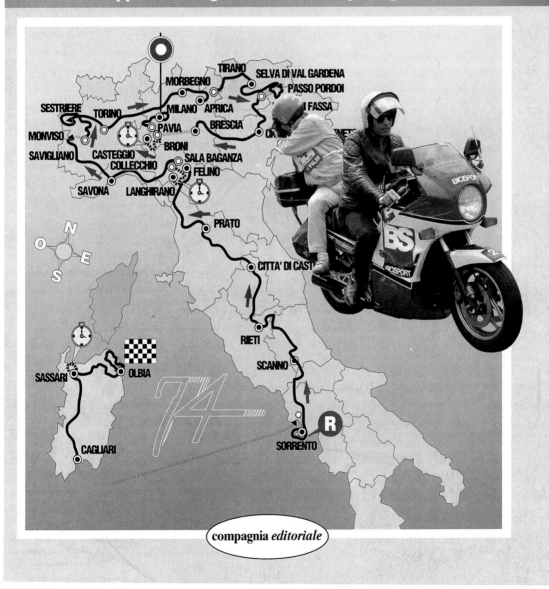

compagnia editoriale

Grammatica

I. L'imperfetto
(The past descriptive tense)

This tense, which is also called the imperfect, expresses the duration or the frequent repetition of an action in the past. The past descriptive is formed by adding the personal endings to the stem of the infinitive.

IMPERFETTO

Parlare	Ripetere	Capire
parl-avo	ripet-evo	cap-ivo
parl-avi	ripet-evi	cap-ivi
parl-ava	ripet-eva	cap-iva
parl-avamo	ripet-evamo	cap-ivamo
parl-avate	ripet-evate	cap-ivate
parl-avano	ripet-evano	cap-ivano

Ripetevo sempre le stesse cose.

I always repeated the same things.

Parlava a Maria ogni giorno.

She used to talk to Maria every day.

Quando parlava in fretta, non lo capivo.

When he talked fast, I could not understand him.

II. L'imperfetto di *avere* e *essere*

Because of their meanings, and because they so often require the imperfect, remind students of the avere expressions: avere fame, avere sonno, avere paura, etc. Devise review sentences with these.

Avere	Essere
avevo	ero
avevi	eri
aveva	era
avevamo	eravamo
avevate	eravate
avevano	erano

Quando ero piccola avevo i capelli neri.

When I was little I had (used to have) black hair.

La mattina erano sempre a casa.

They were always at home in the morning.

III. L'imperfetto di *dire* e *fare*

Dire	Fare
dicevo	facevo
dicevi	facevi
diceva	faceva
dicevamo	facevamo
dicevate	facevate
dicẹvano	facẹvano

Cosa **dicevi?**
Dicevo che l'Italia è un bel paese.
Ogni volta che andạvano a Firenze **faceva brutto tempo.**

*What **were you saying?***
*I **was saying** that Italy is a beautiful country.*
Every time they went** to Florence, **the weather was bad.

IV. Uso dell'imperfetto

Like the present perfect, the past descriptive indicates a past action. However, while the present perfect always indicates an action completed in the past *(what actually did happen)*, the past descriptive indicates what *was happening*. It is used as follows:

1. To describe or express a state of being (physical or mental) in the past (not what happened, but what *was*).

Era una bella giornata.
Era giọvane.
Eravamo felici.

*It **was** a beautiful day.*
*She **was** young.*
*We **were** happy.*

2. To express an action going on in the past, in progress (not what happened, but *what was happening*) when another action took place.

Imbucava una lẹttera quando l'ho visto.
Studiavamo quando è arrivato tuo zịo.

*He **was mailing** a letter when I saw him.*
*We **were studying** when your uncle arrived.*

Option: give the students a list of the more common keys to the imperfect: **mentre, sempre, di solito, senza sosta, giorno dopo giorno, la domenica (il lunedì),** etc. Ask them to write sentences using these expressions and to find others that are similar. Stress again that verbs describing inner and outer qualities of a person, age, time, and weather almost always require the imperfect.

3. To express a habitual or regularly recurring action in the past (not what happened, but *what used to happen* or *would happen regularly*).

Andavo a scuola alle otto.
Se era tardi, restavo in pensione.

Leggeva il giornale **ogni giorno.**
Quando faceva bel tempo, studiavo in giardino.

*I **used to go** to school at eight.*
*If it **was** late, I **stayed** (**used to stay**) in the boarding house.*

*He **read** the paper **every day.***
*When the **weather was** nice, I **would study** in the garden.*

4. To express the time of day in the past, the weather, and age.

Erano le sette.	*It was seven o'clock.*
Faceva caldo.	*It was warm.*
Avevo dodici anni.	*I was twelve years old.*

Like the present tense, the imperfect followed by the preposition **da** is used to indicate that an action or condition which had begun in the past was still going on at a certain time in a more recent past.

Explain the shades of meaning associated with the use of either the **passato prossimo** *or the imperfetto with verbs like* **conoscere** *and* **sapere:** conoscevo = *I knew;* ho conosciuto = *I met;* sapevo = *I knew;* ho saputo = *I found out.*

Quando l'ho conosciuto, **studiava** l'italiano **da un anno.**	*When I met him, **he had been studying** Italian for one year.*

V. Paragone dei tempi passati
(Comparison of past tenses)

To compare the use of the present perfect and the past descriptive, study the following examples:

Stamattina è arrivato alle otto.	*This morning he arrived at eight o'clock.*
Tutte le mattine arrivava alle otto.	*Every morning he used to arrive at eight o'clock.*
Ieri sono andato al cinema.	*Yesterday I went to the movies.*
Ogni sabato andavo al cinema.	*Every Saturday I used to go to the movies.*
Ho studiato **tutto il giorno.**	*I studied **all day long.***
Al liceo studiavo solo un paio d'ore al giorno.	*In high school I used to study only a couple of hours a day.*
Ieri ha fatto molto caldo.	*Yesterday it was very hot.*
Faceva **sempre** caldo in Sicilia.	*It was **always** hot in Sicily.*
Quest'anno sono rimasti in città.	*This year they stayed in town.*
Tutti gli anni andavano in ferie a Cortina.	*Every year they used to vacation in Cortina.*

ESERCIZI

A. **In vacanza.** Che cosa faceva la Sua famiglia quando andava in vacanza? Seguite l'esempio e usate l'imperfetto.

Esempio: mio fratello e sua moglie / andare a sciare →
Mio fratello e sua moglie andavano a sciare.

1. mio padre / riscaldarsi vicino al caminetto
2. mia madre / preparare i panini per il pranzo
3. io / dormire fino a tardi
4. tu e lo zio / smettere di sciare presto
5. io e Marco / avere sempre fame
6. tutti / divertirsi molto
7. tu e la mamma / non sciare quasi mai

B. Rispondete alle domande seguenti usando la forma corretta dell'imperfetto.

Review passato prossimo and futuro, as well as practice the imperfetto by a adding a key to the sentences in Exercises B and C (ieri, sempre, mentre, domani). Ask students to choose verbs according to their key word.

Esempio: Mangi la pizza? →
            No, ma la mangiavo ogni giorno in Italia.

1. Compri i gettoni?
2. Parlerete italiano?
3. Visitate molti musei?
4. Prendo l'autobus, io?
5. Farai due passi domani?

C. Completate con un'espressione scelta secondo il contesto *(in keeping with the context)*.

Esempio: Bruno non è andato a sciare perché ... →
            Bruno non è andato a sciare perché non aveva soldi.

1. La signora non ha imbucato la lettera perché ...
2. Non abbiamo mangiato molto perché ...
3. Si sono levati gli scarponi perché ...
4. Lui ha imparato a sciare perché ...
5. Non mi è piaciuto quel film perché ...
6. Sono tornati a Firenze perché ...
7. Abbiamo dovuto fare la coda al botteghino perché ...
8. Ha pagato la penale perché ...

D. Che cosa facevano ieri queste persone? Usate l'imperfetto e seguite l'esempio.

Esempio: io, sciare / lui, dormire →
            Io sciavo mentre lui dormiva.

1. tu, guidare / tua sorella, riposarsi
2. noi, fare la coda / Lidia parcheggiare *(to park)* la macchina
3. mio padre e mia madre, visitare i musei / voi due, sciare a Cortina
4. tu, aspettare / lui, comprare i francobolli
5. Franco, fare il pieno di benzina / Gianni, parlare con l'impiegato

E. Completate le frasi seguenti con la forma corretta dell'imperfetto o del passato prossimo, secondo il contesto.

1. Ogni estate i signori Wheaton _____ (andare) in Italia.
2. Ieri Bruno _____ (ritornare) molto tardi.
3. Mentre la signora _____ (scrivere) delle lettere, suo marito _____ (andare) a comprare i francobolli.
4. Alcuni miei amici _____ (essere) a Firenze una settimana.
5. Franco _____ (restare) all'Abetone solamente un giorno.
6. Ieri tutti _____ (imparare) la lezione.
7. Nessuno _____ (sapere) dov'è il Vaticano?
8. Perché tu non _____ (capire) mai niente?

F. La settimana bianca. Dite che cosa è accaduto quando Gianni e Franco sono andati a Cortina. Completate le frasi con il verbo in parentesi. Usate l'imperfetto o il passato prossimo, secondo il contesto.

Quando Gianni e Franco _____ (arrivare) a Cortina _____ (essere) molto tardi. Mentre Gianni _____ (fare) il pieno e _____ (parcheggiare) la macchina, Franco _____ (entrare) nell'albergo e _____ (chiedere) delle informazioni all'impiegata della recezione. Gianni, purtroppo, _____ (essere) molto stanco e _____ (decidere) di andare a dormire presto. Mentre Gianni _____ (dormire), Franco _____ (cambiarsi, *to change*) ed _____ (uscire) da solo. _____ (desiderare) visitare il paese. Vicino alla discoteca, _____ (incontrare) Paola Vergnani, una ragazza che _____ (conoscere) ai tempi dell'università di Padova. I due _____ (parlare) tutta la notte, e il giorno dopo, mentre Gianni _____ (vestirsi), Franco e Paola _____ (fare) colazione al bar dell'albergo.

G. Domanda e risposta. Fate le seguenti domande a un'altra persona nella classe. Cercate di essere originali nelle risposte.

Espressioni utili:

andare	in campagna	*(to the countryside)*
	in campeggio	*(camping)*
	al circo	*(to the circus)*
	a fare un picnic	*(on a picnic)*
	al luna park	*(to the amusement park)*
	al mare	*(to the seaside)*
	in montagna	*(to the mountains)*
	allo zoo	*(to the zoo)*

Domandate: quando aveva dieci anni ...

1. dove abitava
2. con chi giocava
3. dove andava il weekend con i genitori
4. se andava a sciare in inverno, se no cosa faceva
5. se andava in campagna d'estate
6. che cosa preferiva mangiare
7. se voleva andare a scuola

Il Lago di Garda.

H. Vai a sciare spesso? Completate il dialogo seguente con espressioni appropriate al contesto.

Mario: _____
Maria: Sì, mi piace sciare.
Mario: _____
Maria: No, non vado a sciare molto spesso.

Mario:	_____
Maria:	Lo sci è uno sport molto caro, non lo sai? E tu, sei un bravo sciatore?
Mario:	_____
Maria:	Come erano le piste ieri?
Mario:	_____
Maria:	Peccato! Ma ti sei divertito?
Mario:	_____
Maria:	Be', allora valeva la pena andare.

Before beginning the next chapter, ask students to reteach the verb tenses to date. Have small groups devise **domanda-risposta** exercises based on the verbs learned up to this point.

Come si dice?

Talking about sports

To inquire if you share the same interests in physical activities with others, or to find out what types of sports your interlocutor likes doing, use these idiomatic expressions:

Che sport fai / pratichi? (*from* **praticare**)	*What sport activities do you engage in?*
Che attività sportiva ti (Le) piace fare?	*What sport do you like to play?*
Che sport facevi da piccolo/a?	*What sports did you use to do when you were little?*

To answer these questions, here are some appropriate expressions:

Faccio [ginnastica] due volte alla settimana.	*I do [gymnastics] twice a week.*
Gioco spesso a [pallacanestro].	*I often play [basketball].*
Facevo [equitazione e pattinaggio].	*I used to [ride horses and skate].*
Pratico molto (poco) sport.	*I play many (few) sports.*
Sì, adesso faccio molto moto.	*Yes, now I exercise a lot.*

As you can see, the verbs **fare** and **giocare** are very important when talking about sports. Here are some of the most common sports:

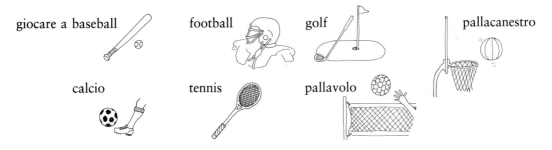

giocare a baseball   football   golf   pallacanestro

calcio   tennis   pallavolo

fare sollevamento pesi
(pesistica)

alpinismo

ciclismo

ginnastica

pattinaggio

footing (jogging)

A. **Domanda e risposta.** Domandate a un'altra persona nella classe quali sport praticava da piccolo/a, e se adesso fa molto moto e quali sport preferisce. Fate almeno tre domande. Alternate i ruoli.

Esempi: —Che sport facevi quando eri piccola?
—Facevo nuoto *(swimming)* e pattinaggio.

—E adesso fai molto moto?
—Sì, faccio ginnastica una volta alla settimana.

—Quali altri sport ti piace fare?
—Mi piacciono la pallacanestro e la pallavolo.

B. **L'anno nuovo.** Inizia l'anno nuovo e decidete di rimettervi in forma *(to get back into shape),* ma non sapete quale sport praticare. Scrivete un dialogo secondo le indicazioni date.

STUDENTE A	STUDENTE B
You say you would like to try weight lifting. Ask your friend what he (she) likes to do.	You say you would prefer playing volleyball, but the university doesn't have a team (**la squadra**) and you don't know where to go to play volleyball.
Say that when you were 14 you started playing volleyball and then quit because you weren't good at it.	Your favorite sport is actually mountain climbing. When you were little your parents used to take you to the mountains. Your dad was a great teacher.
Say that mountain climbing is very dangerous. Ask why he (she) quit.	Say that once (**una volta**) you almost fell (**cadere,** *p.p.* **caduto**), and now you are very afraid.

15 UN INCONTRO DI CALCIO

Agli italiani piacciono molti sport: le corse, il ciclismo, il pugilato, il tennis, lo sci, la pallacanestro e tanti altri. Ma il calcio è senza dubbio lo sport preferito, e ogni domenica milioni di tifosi seguono le partite allo stadio o alla televisione. Oggi Mario e Michele guardano la trasmissione in diretta dell'incontro fra il Milan e la Fiorentina.

Michele: Questa partita mi fa star male: l'arbitro è proprio un cretino!
Mario: È chiaro che i nostri calciatori non gli sono simpatici!
Michele: È tutta invidia perché i nostri sono in forma. L'allenatore ha fatto un ottimo lavoro quest'anno.
Mario: Ecco Donadoni; bravo Donadoni, forza!

Chi farà goal?

Michele:	Dai, bravo! Evviva, ha segnato!
Mario:	Ora siamo due a due.
Michele:	Ricordi quando la nostra squadra ha vinto in Spagna?
Mario:	Come no! Volevo andare a fare il tifo, ma il viaggio era troppo caro.
Michele:	Ma che fa Parducci? Dove ha imparato a giocare?
Mario:	Gli ultimi minuti sono sempre lunghi.
Michele:	Se continuano a giocare così, perdiamo.
Mario:	Finalmente! La partita è finita.
Michele:	Be', meglio un pareggio che una sconfitta.

DOMANDE

1. Dov'è popolare il calcio?
2. Dove seguono le partite di calcio gli italiani?
3. Quali altri sport piacciono agli italiani?
4. Chi segue l'incontro fra il Milan e la Fiorentina? Dove, allo stadio?
5. Chi vince l'incontro?
6. L'arbitro è simpatico a Michele?
7. L'allenatore della squadra di Michele e Mario è stato bravo quest'anno? Perché?
8. Ricorda in quale anno la squadra nazionale italiana ha vinto in Spagna?

Vocabolario

Sostantivi

l'**allenatore**   coach
l'**arbitro**   referee
il **calciatore**   soccer player
il **calcio**   soccer
la **corsa**   race
il **cretino**, la **cretina**   idiot, fool
la **forma**   form, shape
l'**incontro**   match
l'**invidia**   envy
il **minuto**   minute
il **pareggio**   tie
il **pugilato**   boxing
la **sconfitta**   defeat
la **Spagna**   Spain
la **squadra**   team

lo **stadio**   stadium, arena
il **tifoso**   sports fan
la **trasmissione**   telecast

Aggettivi

chiaro   clear, evident
simpatico   likeable

Verbi

perdere° (*p.p.* **perso**)   to lose
ricordare   to remember
segnare   to score
vincere (*p.p.* **vinto**)   to win

Altri vocaboli

fra   between, among
male   badly; ill

Espressioni

come no!   of course!
essere in forma   to be in (good) shape; to look sharp
evviva!   hurrah!
fare il tifo   to cheer (*as a fan*)
forza!   keep it up! go to it! go!
in diretta   live
mi fa star male   it's making me sick
non gli sono simpatici   he doesn't like them

- The expression **star(e) male**, or **sentirsi male**, means *to be not well, to be (feel) sick*:

  Sto male!
  I'm not well!
  Improvvisamente si è sentita male.
  Suddenly, she felt sick.

  To express a sense of guilt, use the expression **sentirsi in colpa** *(to feel guilty / bad)*:

  Non l'ho aiutato e adesso mi sento in colpa.
  I didn't help him, and now I feel guilty.

- The idioms **essere simpatico** and **essere antipatico** indicate that a person is or is not pleasant.

  Mi è davvero antipatica.
  I really don't like her. (I find her disagreeable.)
  Gli sono simpatici.
  He likes them. (He finds them congenial.)

- **Totocalcio** is a nationwide weekly lottery directly tied to thirteen major league soccer matches. To play one must fill out a computer card (**schedina**) and guess the final score of each of the thirteen games. From the high school student to the company executive, just about everyone has purchased a card at one time or another, and for good reason: cash prizes are determined by the revenues generated through the sales of the cards and the total number of winners. **Fare tredici**, that is guessing all thirteen scores, can earn you as much as a million dollars.

- **Il Milan** and **la Fiorentina** are, respectively, Milan's and Florence's soccer teams. Note the use of the definite article in front of the name of each team.

Grammatica

I. Uso idiomatico dell'articolo determinativo

1. Contrary to English usage, the definite article is required in Italian before a noun used in a general or abstract sense. (See also Chapter 4.)

Preferisco **la lotta al pugilato**.	*I prefer **wrestling to boxing**.*
La cucina italiana è sana.	*Italian **cuisine** is healthy.*

2. In Italian, the definite article is used before the names of languages, unless they are preceded by the prepositon *in* or are used with the verb **parlare**.

Le piace **l'italiano**, ma ha studiato anche **il francese**.	*She likes **Italian**, but she has also studied **French**.*

BUT

Parla italiano bene.	*He speaks **Italian** well.*
Come si dice ... **in inglese**?	*How do you say . . . **in English**?*

You might want to introduce additional vocabulary for names of countries: la Germania, la Francia, la Svezia, la Danimarca, la Cina, l'India, etc.

3. The name of a continent, country, region, or large island is always preceded by the definite article.

L'Italia è una nazione.	*Italy is a nation.*
L'Europa ha molti paesi.	*Europe has many countries.*
Vuole visitare **la Sicilia**.	*He wants to visit Sicily.*
Sono venuti **dall'Inghilterra**.	*They came from England.*
i laghi **della Svizzera**	*the lakes of Switzerland*
gli Stati Uniti	*the United States*

The article, however, is dropped when the name of an *unmodified* feminine continent, country, region, or large island is preceded by the preposition **in**, which means both *in* and *to*.

L'Italia è **in Europa**.	*Italy is **in Europe**.*
Andiamo **in America**.	*We are going **to America**.*
Mosca è **in Russia**.	*Moscow is **in Russia**.*

BUT

Roma è **nell'Italia centrale**.	*Rome is **in central Italy**.*
I miei amici andranno **nell'America Latina**.	*My friends will go to **Latin America**.*

Point out that Canadà ends in "a" but is a masculine noun, therefore in/nel Canadà.

When the name of a country, region, or island is masculine, the article is usually retained after *in*.[1]

---

[1]For phonetic reasons, the article is *always* retained with the name of the two Italian regions of **Veneto** and **Lazio**: Venezia è **nel Veneto**; Roma è **nel Lazio**.

Acapulco è **nel Messico (in Messico)**.	*Acapulco is **in Mexico**.*
Siamo stati **nel Giappone**.	*We have been **to Japan**.*
Torino è **nel Piemonte (in Piemonte)**.	*Turin is **in Piedmont**.*
BUT	
Sono **in Egitto**.	*They are **in Egypt**.*

II. Pronomi relativi (*Relative pronouns*)

1. The relative pronoun replaces a noun or a pronoun. It relates to an antecedent and adds a modifying clause; for example, "I bought a book *that* has many illustrations." The Italian relative pronouns are **che, cui, quale,** and **chi.** In Italian, the relative pronoun may never be omitted.

a. **che** *(who, whom, that, which)* is invariable, and is never used with prepositions.

Il ragazzo **che** gioca a scacchi è italiano.	*The boy **who** is playing chess is Italian.*
La signorina **che** abbiamo incontrato è studentessa.	*The young lady (**whom**) we met is a student.*
Gli sci **che** abbiamo comprato sono usati.	*The skis (**that**) we bought are used.*

b. **cui** *(whom, which)* replaces **che** after a preposition. Like **che,** it is invariable.

Quella è la ragazza di **cui** ti ho parlato.	*That is the girl **about whom** I spoke to you.*
È il corso **a cui** mi sono iscritto.	*This is the course **in which** I enrolled.*
Sono gli studenti **con cui** ho studiato.	*They are the students **with whom** I studied.*

c. **quale** *(who, whom, that, which)* is variable and is always preceded by the definite article **il (la) quale, i (le) quali.** This form is not common in speech, but it is occasionally used to replace **che** and **cui** to avoid ambiguity. The article that accompanies **quale** must agree with its antecedent in number and gender. This agreement makes **quale** desirable when word order and sentence complexity may create confusion. Being more specific and more formal, **quale** is also more emphatic.

La signorina **con la quale** sono andato allo stadio fa il tifo per il Milan.	*The young lady **with whom** I went to the stadium cheers for the Milan team.*
È la cugina di Mario, **la quale** va al liceo.	*She is Mario's cousin, **who** is in high school.*

d. **chi,** which is also an interrogative pronoun, is invariable and translates *he who, the one who, whoever.* The relative pronoun **chi** does not require an antecedent like **che, cui,** and **quale.**

Chi studia, impara.	*He who studies, learns.*
Chi dorme, non piglia pesci.	*The early bird catches the worm.* (lit., "He who sleeps, catches no fish.")
Ho dato i pạttini **a chi** ha finito prima.	*I gave the skates to the one who finished first.*
Risponderà **a chi** le scriverà.	*She will reply to whoever writes her.*

2. *What,* with the meaning of *that which,* is expressed by **quello che** (or its shortened form **quel che**) and also by **ciò che. Quello che,** like **chi,** does not require an antecedent.

È **quello che** (**ciò che**) le ho detto.	*That's what I told her.*
Puọi comprare **quello che** vuọi.	*You can buy what you want.*

III. La preposizione *a* con l'infinito

Certain verbs that indicate motion or the beginning or continuation of an action, such as **andare, continuare, imparare, (in)cominciare, invitare, insegnare, portare,** and **venire,** require the proposition **a** before an infinitive.

Voglio **imparare a parlare** italiano.	*I want to learn to speak Italian.*
Sono venuti a vedere Giovanni.	*They have come to see Giovanni.*
Incomincia a piọvere.	*It's starting to rain.*

IV. Plurale dei nomi e degli aggettivi con terminazione in *-co*

If a noun or an adjective ends in **-co** and the stress falls on the preceding syllable, it takes an **h** in the plural and retains the hard sound of the singular.

il fuọco	i fuọchi	*fire(s)*
l'affrẹsco	gli affrẹschi	*fresco(s)*
il rinfrẹsco	i rinfrẹschi	*refreshment(s)*
biạnco	biạnchi	*white*
pọco	pọchi	*little, few*
rịcco	rịcchi	*rich*

Nouns and adjectives that are not stressed on the second-to-the-last syllable usually end in **-ci** in the plural.

il mẹdico	i mẹdici	*physician(s)*
il meccạnico	i meccạnici	*mechanic(s)*
magnịfico	magnịfici	*magnificent*
simpạtico	simpạtici	*likeable*

There are, however, a few exceptions to this rule, the most common of which are **amico** *(friend),* **nemico** *(enemy),* and **greco** *(Greek),* whose plurals are **amici, nemici, greci.**

V. Plurale dei nomi e degli aggettivi con terminazione in *-go*

Nouns and adjectives ending in **-go** usually take an **h** to retain the hard sound of the **g**.

l'albergo	gli alberghi	*hotel(s)*
l'obbligo	gli obblighi	*obligation(s)*
lungo	lunghi	*long*
largo	larghi	*wide*

There are a few exceptions, among them nouns ending in **-ologo** that refer to scientists:

il geologo	i geologi	*geologist(s)*
il radiologo	i radiologi	*radiologist(s)*

BUT

il catalogo	i cataloghi	*catalogue(s)*
il dialogo	i dialoghi	*dialogue(s)*

ESERCIZI

A. Completate le frasi seguenti con la forma appropriata dell'articolo quando è necessario.

1. Agli italiani piace molto _____ calcio.
2. _____ calciatori italiani sono molto bravi.
3. _____ sci è uno sport caro.
4. Visiterai _____ America Latina.
5. _____ signori Saraceno hanno visitato anche _____ Svizzera.
6. Come sta Lei oggi, _____ signora Romani?
7. _____ Sicilia è un'isola.
8. Non capisco _____ calcio.

Roma:
La Fontana di Trevi.

B. Completate le frasi seguenti con la forma appropriata della preposizione.

    1. Andrete _____ Taormina.
    2. So che loro sono _____ Italia ma non so se sono _____ Roma.
    3. No, Napoli non è _____ Italia centrale.
    4. Voglio andare _____ Europa e precisamente _____ Europa centrale.
    5. Mia nipote abitava _____ Sicilia; mio nipote, invece, abitava _____ Capri, una piccola isola vicino a Napoli.
    6. _____ Italia ci sono molti laghi.

C. Formate delle domande seguendo le indicazioni nell'esempio.

    Esempio: tu *(f.)* / Italia → Sei mai stata in Italia?

    1. voi *(m.)* / Cortina   5. lui / America Latina
    2. tu *(m.)* / Africa   6. loro / Spagna
    3. loro *(m.)* / Canadà   7. tu *(f.)* / Stati Uniti
    4. lei / America   8. Lei *(m.)* / Inghilterra

D. Formate nuove domande usando il verbo riflessivo **chiamarsi** e il pronome relativo **che**.

    Esempio: Ho conosciuto un signore americano. →
                      Come si chiama il signore americano che hai conosciuto?

    1. A Roccaraso abbiamo incontrato degli sciatori canadesi.
    2. Sul lungomare *(seafront)* ho visto un amico francese.
    3. Sulla pista dell'Abetone abbiamo conosciuto un italo-americano *(Italian-American)*.
    4. Ho trovato una discoteca vicino al Colosseo.
    5. Ammiro gli affreschi.

E. Date nuove risposte alle domande **Chi è? Chi sono?** seguendo l'esempio.

    Esempi: italo-americana →
                   È l'italo-americana di cui (della quale) ti parlavo ieri.

                   amici →
                   Sono gli amici di cui (dei quali) ti parlavo ieri.

    1. circolo *(club)*   5. corsa di Formula Uno
    2. arbitri   6. film
    3. squadre   7. campi di sci
    4. albergo   8. giocatori

F. Inserite la forma corretta del pronome relativo. Usate una sola parola.

    1. Questa è la sciovia _____ tutti preferiscono.
    2. Questo è il bar nel _____ servono un ottimo cappuccino.
    3. Questa è la ragazza con _____ giocherò a tennis.

4. Questi sono i posti _____ dovete visitare.
5. Questo è il vigile al _____ ho fatto una fotografia.
6. _____ dorme in classe non impara molto.

G. Completate le frasi seguenti con il pronome relativo **cui** e un'espressione appropriata al contesto.

Esempio: Ecco gli sciatori con ... →
Ecco gli sciatori con cui ho fatto colazione.

1. Ecco il bar in ...
2. Ecco l'Università di ...
3. Ecco il caminetto davanti a ...
4. Ecco la ragazza simpatica con ...
5. Ecco gli amici a ...
6. Ecco la professoressa con ...

H. Volgete le frasi seguenti al plurale o al singolare, secondo il caso.

Esempio: Il lago è molto grande. →
I laghi sono molto grandi.

1. A Fattori è piaciuto il rinfresco.
2. Questo campo è magnifico.
3. Questa verdura è fresca.
4. Questo meccanico è di Napoli.
5. Qui non ci sono alberghi.
6. Quel catalogo è troppo lungo.
7. Quegli affreschi erano davvero magnifici.
8. I medici non scherzavano.
9. Il dialogo di questo capitolo parla degli sport in Italia.
10. Perché gli arbitri non sono simpatici ai calciatori?
11. Questo radiologo è famosissimo.

I. **Ah, la vita!** Volgete il paragrafo seguente in italiano.

Life is not always easy (**facile**). Ada is seventeen years old and lives in Italy. Last year in Capri she met an attractive German guy, Helmut, who lives in Frankfurt. Ada's parents come from Switzerland. Now they live in Turin, a city in Piedmont. Ada's parents never taught Ada to speak German. She only speaks Italian. Since she met Helmut, she keeps asking her mother: "How do you say . . . in German?" Helmut wants to learn to speak Italian and has already started to write some letters. Ada is very sad (**triste**) because they will have to wait until next summer.

J. **Domande.** Rispondete alle domande seguenti in frasi complete.

1. Chi è la persona con cui Lei esce spesso?
2. Qual è la materia *(subject)* che studia di più?
3. Chi è la persona con cui studia spesso?
4. Qual è il regista che preferisce?
5. Qual è lo sport che Le piace fare?
6. Chi è la persona con cui vuole passare le vacanze?

K. Intervista. Formulate le domande seguenti in italiano e chiedete a un'altra persona nella classe di rispondere. Domandate ...

1. what sports he (she) likes
2. which games or sports he (she) likes to watch on TV, and which one he (she) likes to play
3. if he (she) cheers for any team
4. who taught him (her) to play [...]
5. if he (she) will continue to study Italian and why so
6. if today he (she) is in good shape or must do some exercise

Come si dice?

Encouraging someone

When you want to encourage or exhort someone to do something, these expressions can be helpful:

Coraggio!	*Cheer up! Take heart!*
Forza!	*Go!*
Avanti!	*Come on! Keep it up! Keep moving!*
Su!	*Hurry up! Move!*
Dai!	*Come on!*

Rejoicing and expressing relief

If the person performs what you had been asking for, you can exclaim:

Era ora!	*About time!*
Finalmente!	*Finally!*
Evviva! Urrà!	*Hurrah!*
Che sollievo!	*What a relief!*
Meno male!	*Thank goodness!*

Che cosa dice Lei? What would you say in these circumstances?

1. La sua squadra perde. Lei fa il tifo per i giocatori.
2. È in ritardo per un appuntamento con l'allenatore di ginnastica di Sua figlia, ma Sua figlia non è pronta.
3. Cosa dice a Suo fratello (Sua sorella) che è depresso/a perché la sua squadra di hockey ha perso?
4. Una Sua amica, che non lavora da un anno, Le telefona e Le dice che avrà un colloquio *(interview)* all'Olivetti il giorno seguente.
5. Lei guarda un incontro di pugilato. Il pugile *(boxer)* per cui fa il tifo vince all'ultimo round.

La vita cittadina

Un bar gelateria in Piazza Bra a Verona.

Milano: Piazza del Duomo e entrata della Galleria.

Una delle parole italiane che ormai fa parte del vocabolario internazionale è *galleria*. C'è una galleria a Roma, a Milano, a Napoli, a Ge-
nova e in molte altre città italiane. Un'altra parola italiana che è diventata° — *has become*
internazionale è *piazza*. Le grandi città hanno molte piazze ed alcune sono
famose per la loro bellezza, come per esempio Piazza Navona a Roma, Piazza
del Plebiscito a Napoli, Piazza dei Miracoli a Pisa, e tante altre.

La piazza di solito è il centro del paese° o della città e, se la città è — *town*
grande, la piazza è il centro di un quartiere.° Gli italiani «vivono», nel vero — *neighborhood*
senso° della parola, nelle loro città. Le piazze e le strade° sono per gli abi- — *meaning / streets*
tanti° come un'estensione della loro casa. Nei paesi gli artigiani° portano il — *residents / artisans*
loro lavoro sulla strada. Nelle grandi città ogni piazza ha un caffè all'aperto° — *in the open*
e i ristoranti spesso mettono i tavoli sui marciapiedi.° E tanto nelle grandi — *sidewalks*
città come° nei piccoli paesi c'è sempre una piazza o una strada dove ha — *tanto ... just as ... so*
luogo° la passeggiata la sera o la domenica. Alla passeggiata s'incontrano gli — *ha ... takes place*
amici di tutto il vicinato,° e perfino° della città stessa.° Mentre passeggiano, — *neighborhood / even / itself*
chiacchierano,° parlano di politica o di sport, e poi si fermano al caffè pre- — *chat*
ferito per l'espresso o per l'aperitivo, e magari° per una pasta o per un gelato. — *perhaps even*

ESERCIZI DI COMPRENSIONE

Additional vocabulary: ask students for synonyms or different
ways to say the following: **paese,
di solito, lavoro, strada, all'aperto,
s'incontrano.** Paese's meaning of
both "village" and "nation" lends
itself to a discussion of regional or
familial loyalties (and of **campani-
lismo**).

A. Vero o falso?

_____ 1. Piazza dei Miracoli e Piazza Navona sono famose per le loro
gallerie.

_____ 2. L'elemento centrale di ogni città italiana è il quartiere.

_____ 3. La passeggiata, la sera o la domenica, ha luogo in una piazza o
in una strada principale di un quartiere o di una città.

_____ 4. Agli italiani piace fermarsi al caffè. Qui chiacchierano, parlano di
politica o prendono un aperitivo.

_____ 5. Generalmente gli italiani fanno la passeggiata per conoscere
nuova gente.

B. Domande.

1. Quali parole italiane fanno parte del vocabolario internazionale
oltre a **piazza** e **galleria**?
2. Conosce alcune piazze italiane famose? Quali?
3. In che senso gli italiani «vivono» nelle loro città?
4. Generalmente che cosa fanno durante la passeggiata?
5. Che cosa prendono quando si fermano al loro caffè preferito?

RIPETIZIONE IV

A. Rispondete alle domande seguendo le indicazioni date nell'esempio.

Esempio: C'è un affresco in questa chiesa? →
No, ma ci sono molti affreschi in quella là.

1. C'è un medico americano in questa città?
2. C'è un bar in questo piccolo paese?
3. C'è una buona discesa in questo centro invernale?
4. C'è una squadra di calcio in questo stato?
5. C'è un giocatore argentino in questa squadra?
6. C'è uno studente greco in questa classe?

B. Formate nuove frasi seguendo le indicazioni date nell'esempio.

Esempio: Spagna / noi *(m.)* →
In Spagna non ci siamo divertiti affatto.

1. Perugia / loro *(f.)*
2. Sicilia / voi *(m.)*
3. Ischia / Guido e Vanna
4. Africa equatoriale / io *(f.)*
5. Capri / tu *(m.)*
6. Egitto / noi *(f.)*

C. Usate il pronome relativo **che** e formate nuove frasi secondo l'esempio.

Esempio: Il signore parla. È italiano. →
Il signore che parla è italiano.

1. Le persone sono nello spogliatoio *(locker room)*. Giocheranno a golf.
2. La ragazza è appena entrata nella classe di tedesco. Si chiama Paola.
3. L'ingegnere ha invitato i due ragazzi. Gioca a pallacanestro.
4. L'avvocato ha chiamato ieri l'altro *(day before yesterday)*. Ha prenotato il campo *(court)* numero tre.

Because this chapter marks the halfway point of the book, a review that stresses using the language is appropriate. Such a review may take several forms, including:
—asking students to explain grammar points covered to date;
—synonyms and antonyms;
—word definitions in Italian;
—verb drill: preface sentences with key words, like **oggi, domani, ieri, sempre, spesso, un giorno, quando, se, appena, fra un'ora,** etc.;
—bring in cartoons or pictures and ask students to explain what each represents, says, or tells;
—in an Italian-only session, ask students to present short reports on cultural topics covered to date; regions, school, family, famous Italians and Italian-Americans, food. You may wish to devote two, or preferably three, class periods to this review.

Other follow-up exercises might take the form of:
—showing an Italian movie and having students discuss it;
—bringing in a guest speaker (an exchange student or local Italian speaker) for a short talk that is followed by a question-answer period;
—reading stories from children's books to students, or **I Fioretti,** and then "quizzing" students on the stories.

5. Quello era lo spogliatoio delle donne *(women)*. Aveva anche la sauna.

D. Completate con la forma appropriata del pronome relativo. Usate una sola parola.

Esempio: È l'arbitro a _____ la nostra squadra non è simpatica. →
È l'arbitro a cui la nostra squadra non è simpatica.

1. _____ gioca male non ha tifosi.
2. Questi sono gli sport _____ mi piacciono.
3. Ecco il paese nel _____ abita mia zia.
4. Ci riposeremo nell'albergo di _____ ci hai parlato.
5. Nessuno ha capito _____ che dicevi.
6. È la figlia di quel professore il _____ insegnava al liceo.

E. Volgete le seguenti frasi al plurale facendo tutti i cambiamenti necessari. Tenete conto *(keep in mind)* che il plurale di **uno** è il partitivo **dello**.

1. Là c'è una chiesa antica e immensa.
2. Quello è un albergo elegante e molto comodo.
3. Oggi la verdura è ottima perché è fresca.
4. La lezione non sarà né lunga né difficile.
5. La trasmissione della partita non è sempre brillante *(sharp, clear)*.

F. **Chi avete conosciuto?** Seguendo l'esempio, formulate nuove domande e risposte. Usate i seguenti verbi: **parlare, vedere, salutare, conoscere, incontrare.**

Esempio: due giocatori / giocano malissimo →
—Chi avete visto?
—Abbiamo visto due giocatori che giocavano malissimo.

1. due ragazzi / fanno il pieno di benzina
2. uno sciatore / scia davanti all'albergo
3. un arbitro / capisce poco
4. molti tifosi / si divertono molto
5. un farmacista / scherza sempre
6. due persone / aspettano allo sportello

G. Volgete il brano seguente al passato usando le forme appropriate dell'imperfetto o del passato prossimo. Cominciate con: *Ieri pomeriggio...*

Oggi io e Fulvio andiamo a una partita di calcio. Il tempo è splendido e c'è molta gente. I tifosi sono molto allegri perché i giocatori sono in forma e giocano proprio bene. Ci sediamo nella prima fila perché vogliamo vedere tutto. Nella nostra squadra ci sono due calciatori italo-americani. Fulvio non fa mai il tifo. Tutti e due, però, seguiamo il gioco perché è interessante. Ci ricordiamo di una partita vista in

Spagna e parliamo di quell'arbitro antipatico. La partita finisce alle cinque con un pareggio. Abbiamo freddo e andiamo a prendere un cappuccino bello caldo.

H. Rispondete alle domande seguendo l'esempio.

Esempio: Lei si entusiasma? (facile) →
             Sì, mi entusiasmo facilmente.

1. Quando avete fatto la coda a un botteghino? (recente)
2. Come guida Guido? (splendido)
3. Ha imparato a giocare bene a tennis? (ultimo)
4. Dimentica mai gli occhiali? (generale)
5. Vi vedrete al cinema? (sicuro)

I. **Mia cugina Franca.** Franca, una cugina di Trieste, è appena arrivata alla stazione Termini. Formulate domande originali basate sulle informazioni date.

Esempio: —Franca, com'è stato il viaggio?
                —Hai sete? Ti offro qualcosa da bere.

Franca è appena arrivata alla stazione Termini, a Roma. Il viaggio è stato lungo. Sul treno ha conosciuto un ragazzo di Pisa che frequenta l'università di Trieste. Ha parlato un po' con lui, ha letto un libro di Castellaneta e ha dormito. Ha mangiato un panino al prosciutto e ha bevuto una Coca-Cola nel vagone ristorante. I suoi sport preferiti sono il calcio e l'alpinismo. Recentemente ha iniziato a fare sollevamento pesi. Il suo fidanzato le ha anche insegnato a giocare a racketball, ma lo sport non le piaceva tanto, per questo ha smesso quasi subito. Adesso è contenta di essere a Roma ma è molto stanca.

J. **Domande.** Rispondete con frasi complete e originali.

1. Che cosa farà Lei subito dopo la lezione?
2. Che cosa ha mangiato stamattina?
3. Chi ha visto ieri?
4. Quando prende il caffè?
5. Quando Lei e i Suoi amici si incontrano, dove vanno?
6. Le piace scherzare? Le piacciono le persone che scherzano?
7. Le piace il pugilato?
8. È vero che Lei incomincia a parlare italiano?

V NOI E GLI ALTRI

Culture
- The job market
- **RAI:** Public television
- Banking and bank hours
- The **maturità,** or high school exit exam
- Italian and its dialects

Communication
- Telling a story
- Giving a speaker encouragement
- Talking about TV and TV programs
- Expressing spatial relationships
- Giving directions
- Apologizing
- Expressing forgiveness

16 IL MONDO DEL LAVORO

Federica e Antonio si sono diplomati in luglio. Dopo alcuni mesi si sono accorti che non è così facile trovare un posto di lavoro. Per la prima volta, oggi si sono incontrati all'ufficio di collocamento e stanno consultando la lista dei posti disponibili.

Federica: Senti, che ne pensi di questo posto? Corrispondente estero, ragazza dai 20–30 anni, bella presenza, conoscenza del francese e tedesco ed esperienza nel settore commerciale.

Antonio: Non mi sembra per te. Hai sempre detto che non volevi lavorare dietro a una scrivania.

Federica: Lo so, ma oggigiorno bisogna adattarsi. Le ditte che stanno assumendo sono poche. Fortunato te che almeno hai già avuto un colloquio alla banca di tuo padre... e con ottime referenze.

Antonio: Sì, ma voglio andare avanti da me... senza l'aiuto di lui.

Federica: Allora, se sei così orgoglioso va' al primo piano: stanno accettando domande per programmatori, architetti e commessi per le farmacie comunali.

Antonio: Mi stai prendendo in giro? Sai benissimo che non ho le qualifiche necessarie.

DOMANDE

1. Quando si sono diplomati Federica e Antonio?
2. Dove si sono incontrati oggi?
3. Che cosa stanno consultando?
4. Perché il posto per corrispondente estero non è per Federica?
5. Perché bisogna adattarsi oggigiorno?
6. Dove ha già avuto un colloquio Antonio?
7. Perché, secondo Lei, Antonio è orgoglioso?
8. Quali posti di lavoro sono disponibili all'ufficio di collocamento?

Vocabolario

Sostantivi

l'aiuto help
l'architetto, l'architetta architect
la banca bank
il colloquio job interview; talk, conversation
il commesso, la commessa salesperson; clerk
la conoscenza knowledge
il/la corrispondente estero/a foreign correspondent
la ditta company
la domanda application; question
l'esperienza experience
la farmacia pharmacy
la lista list
il mondo world
il piano floor
il posto (di lavoro) position, job
il programmatore programmer
la qualifica qualification
la referenza reference
la scrivania desk
il settore field, sector
l'ufficio di collocamento employment agency
la volta time, instance, occasion

Aggettivi

commerciale commercial
comunale municipal
disponibile vacant, available
facile easy
necessario necessary
orgoglioso proud

Verbi

accorgersi to realize
adattarsi to adapt
assumere (*p.p.* **assunto**) to hire
bisognare (+ *inf.*) to be necessary *(to do something)*
consultare to consult
diplomarsi to graduate (from high school)
incontrarsi to meet with someone
succedere (*p.p.* **successo**) to happen

Altri vocaboli

avanti ahead
oggigiorno nowadays

Espressioni

accettare una domanda to take / accept an application
bella presenza pleasant appearance
da me by myself
fare domanda to submit an application, apply
il mondo del lavoro marketplace
prendere in giro to make fun of (someone)
secondo [me, te, lui] in [my, your, his] opinion

NOTE LINGUISTICHE E CULTURALI

- Some masculine nouns ending in -ore form the feminine by adding the suffix -trice: **il direttore, la direttrice** *(director)*; **l'allenatore, l'allenatrice** *(coach)*; **il lettore, la lettrice** *(reader; lecturer)*.
- Where English uses the word *time*, Italian uses three different words: **ora** *(time of the day; proper time to do something)*; **volta** *(instance, occasion)*; **tempo** *(duration of time; time in the abstract)*.

È **ora** di andare a dormire.	*It's **time** to go to bed.*
Faccio ginnastica **tre volte** alla settimana.	*I exercise **three times** a week.*
Aspetta **da molto tempo.**	*He has been waiting **for a long time.***

- **Primo piano** corresponds to the second floor. In Italy the first floor is called **il pianterreno** *(ground floor)*.
- **Prima** *(before)*, **dopo** *(after)*, and **senza** *(without)* require the preposition **di** before a pronoun: **prima di te** *(before you)*; **dopo di Lei** *(after you)*; **senza di me** *(without me)*.
- In Italy job security and steady income are a major concern in selecting a position. Overall, Italians might change jobs only once or twice in a lifetime, and a career change after forty is quite unusual.
- Italy ranks among the seven most industrialized countries in the world, but has an unemployment rate exceeding 10%, one of the highest in the European Community.

Due impiegate della SIP.

Grammatica

I. Pronomi personali in funzione di complemento: forme toniche
(Object pronouns: stressed forms)

The stressed forms of object pronouns are often called disjunctive pronouns.

DISJUNCTIVE PRONOUNS

Singolare		*Plurale*	
me	*me*	**noi**	*us*
te	*you* (familiar)	**voi**	*you* (familiar)
lui, lei	*him, her*	**loro**	*them*
Lei	*you* (formal, m./f.)	**Loro**	*you* (formal, m./f.)
sé	*himself, herself, itself, yourself* (formal)	**sé**	*themselves, yourselves* (formal)

These pronouns are used as follows:

1. After a preposition.

Enzo canta **con me.**	*Enzo sings **with me.***
Lei ha molti amici **fra noi.**	*You have many friends **among us.***
Mario lo fa **per Lei.**	*Mario is doing it **for you.***
Parla spesso **di te.**	*He speaks often **of you.***
Luisa l'ha fatto **da sé.**	*Luisa did it **by herself.***
Stụdiano **da sé.**	*They study **by themselves.***

2. In place of the other object pronouns for emphasis or contrast, or after the verb when it has two or more objects.

Conjunctive (unstressed) use:

Mi vede	*He sees **me.***
Ci riconọscono.	*They recognize **us.***
L'inviterà.	*He will invite **her.***

Disjunctive (stressed) use:

Vede **me.**	*He sees **me.***
Riconọscono **noi** non **lui.**	*They recognize **us,** not **him.***
Inviterà **lei** e **me.**	*He will invite **her** and **me.***

3. In exclamations.

Povera me! I biglietti sono esauriti.	**Poor me!** *The tickets are sold out.*
Fortunato te che vai in vacanza!	***Lucky you*** *who are going on vacation!*

II. Numeri ordinali
(Ordinal numbers)

primo	*1st*	dodicẹsimo	*12th*
secondo	*2nd*	tredicẹsimo	*13th*
terzo	*3rd*	quattordicẹsimo	*14th*
quarto	*4th*	ventẹsimo	*20th*
quinto	*5th*	ventunẹsimo	*21st*
sesto	*6th*	ventiduẹsimo	*22nd*
sẹttimo	*7th*	ventitreẹsimo	*23rd*
ottavo	*8th*	trentẹsimo	*30th*
nono	*9th*	centẹsimo	*100th*
dẹcimo	*10th*	millẹsimo	*1,000th*
undicẹsimo	*11th*	milionẹsimo	*1,000,000th*

NOTE   After **dẹcimo,** one can easily get any ordinal number merely by dropping the last vowel of a given cardinal number and adding **-ẹsimo.** If a cardinal number ends in **-tre** *(three),* the final **-e** is retained. Ordinal numbers are adjectives and agree with the noun modified in gender and number.

To review ordinal and cardinal numbers, bring in a game familiar to students, but in Italian. Especially useful is **Monopoli,** since it requires both language and large numbers in conversational use.

la **prima** volta	*the **first** time*
le **prime** scene	*the **first** scenes*
il **quarto** programma	*the **fourth** program*
i **secondi** posti	*the **second** places*
il **primo** violinista	*the **first** violinist*
un biglietto di **seconda** classe	*a **second**-class (coach) ticket*
il **sesto** piano	*the **sixth** floor*

In Italian, ordinal numbers precede a noun and require the definite article. As in English, they follow the names of dignitaries but do *not* require the definite article.

Napoleone **Terzo**	*Napoleon **the Third***
Pio **Nono**	*Pius **the Ninth***

III. Plurale dei nomi e degli aggettivi con terminazione in *-cia* e *-gia*

Words that end in **-cia** and **-gia** drop the **i** in the plural unless the **i** is stressed in the singular.

l'arạncia	le arance	*orange(s)*
la quẹrcia	le querce	*oak(s)*
la valịgia	le valige	*suitcase(s)*
mạrcia	marce	*rotten*
grịgia	grige	*gray*

	BUT	la farmacịa	le farmacịe	*drugstore(s)*
		la bugịa	le bugịe	*lie(s)*

IV. Il gerundio
(The gerund)

The gerund is used to express an action in progress. It is formed by adding **-ando** to the stem of the verbs of the first conjugation and **-endo** to the stem of the verbs of the second and third conjugations.

parl-are	**parl-ando**	*speaking*
ripẹt-ere	**ripet-endo**	*repeating*
cap-ire	**cap-endo**	*understanding*

It is used with **stare** to express an action in progress.

Zitti! **Sta parlando.**	*Quiet! He's talking!*
Quando è arrivato, **stavamo guardando** la partita.	*When he arrived, we were watching the game.*
Stanno riposando.	*They are resting.*

ESERCIZI

A. Rispondete a ciascuna delle domande seguenti usando il pronome di forma tọnica.

Esempio: Rossini? (noi) →
              Sì, parlavamo proprio di lui.

1. Adriana? (io)
2. Laura e Carmela? (Eugenia)
3. Tu e Adriana? (noi)
4. Tu? (io)
5. Tuo padre e tua madre? (noi)
6. Io e Carmela? (i suọi fratelli)

B. Malintesi *(Misunderstandings).* Seguite l'esempio e usate i pronomi tonici e l'imperfetto.

> *Esempio:* parlare / di / io / lui →
> —Parlavi di me?
> —No, parlavo di lui!

1. parlare / a / lei / tu
2. dire / a / io / loro
3. stare / con / noi / lui
4. parlare / di / io / loro
5. telefonare / a / noi / lei
6. pensare / a / lui / tu

C. Completate ciascuna delle frasi seguenti usando la forma appropriata del pronome tonico.

> *Esempio:* Mia cugina? Sì, vado spesso da _____ →
> Sì, vado spesso da lei.

1. I signori Wheaton? Sì, ho fatto due passi con _____ .
2. L'allenatore? Sì, abbiamo chiamato proprio _____ .
3. Parducci e Donadoni? Tutti parlano di _____ .
4. Sarai a Roma? Allora farò visita anche a _____ .
5. I'suo lavoro? Dovrà finirlo da _____ .
6. Non volete i biglietti per la partita? Ma se li ho comprati proprio per _____ !

✗ D. Per chi? Completate ogni frase con un pronome appropriato.

1. Secondo _____, è difficile trovar lavoro oggigiorno?
2. Per _____ è facile imparare a parlare una lingua. Tu parli già svedese e russo, e lei parla francese.
3. Povera _____, tuo padre e già tornato a casa, ed è già mezzanotte.
4. Ieri il tuo capo *(boss)* ha dato il posto di corrispondente estero a _____ e non a _____ .
5. Antonio è un ragazzo orgoglioso e vuole trovare lavoro da _____ .
6. Paola ieri sera è stata da _____ fino alle undici. Mio marito è andato a dormire appena è andata via.
7. Dici che lo stai facendo per _____ ?

E. Formate domande e risposte usando le parole indicate.

> *Esempi:* mercoledì →
> Che giorno è mercoledì? È il terzo giorno della settimana.
>
> febbraio →
> Che mese è febbraio? È il secondo mese dell'anno.

1. sabato
2. lunedì
3. gennaio
4. domenica
5. agosto

6. giovedì
7. aprile
8. ottobre
9. martedì
10. dicembre

F. **Una partita di pallamano** *(handball)*. Completate le frasi con il numero ordinale indicato in parentesi.

Esempio: La _____ partita non mi è piaciuta. (1) →
La prima partita non mi è piaciuta.

1. Era il _____ incontro della stagione. (5)
2. La squadra ha perso per la _____ volta. (3)
3. Carlo era seduto nella _____ fila. (2)
4. Io sono stato/a la _____ persona che è entrata nello stadio. (1000)
5. Un mio amico americano ha visto la partita di pallamano per la _____ volta in vita sua. (1)
6. L'allenatore ha chiesto un time out per la _____ volta. (6)

G. Riscrivete le frasi seguenti al singolare. Rileggete ad alta voce.

Esempio: Quelle belle querce non sono vecchie. →
Quella bella quercia non è vecchia.

1. Le mie valige erano grandi e grige.
2. Purtroppo queste verdure sono marce.
3. Queste arance non mi sono piaciute.
4. Le bugie non sono facili.
5. Quelle case grige sono molto vecchie.
6. In quegli edifici c'erano delle farmacie.

H. Descrivete le posizioni degli studenti della classe d'italiano. Cominciate con: *Joan e Joel sono seduti nella prima fila. Joan è seduta al primo posto, Joel è seduto al secondo posto ...*

I. **Suggerimenti** *(Suggestions)*. Carlo ha ottimi suggerimenti per Andrea, ma Andrea non è sempre d'accordo. Formulate domande e risposte secondo l'esempio.

Esempio: studiare il russo →
—Perché non studi il russo?
—Perché sto già studiando il tedesco!

1. frequentare le lezioni del professor Aliota
2. leggere l'Odissea
3. telefonare a Maria per sabato sera
4. iscriversi *(to enroll)* all'Università di Padova
5. studiare per l'esame di biologia
6. leggere il capitolo per la lezione di filosofia

J. La festa. Che cosa stanno facendo gli invitati quando Giuseppe arriva a casa di Daniele? Formate frasi complete e usate il gerundio.

> *Esempio:* Michele e Daniele / guardare / la televisione →
> Michele e Daniele stanno guardando la televisione.

1. Luca / seguire la trasmissione in diretta da Las Vegas
2. le ragazze / preparare qualcosa da mangiare
3. tutti / divertirsi molto
4. tu e Francesca / chiacchierare *(to chat)* in un angolo della stanza
5. noi / fare il tifo per la Roma
6. tu / cercare di capire le regole *(rules)* del calcio
7. la Roma / perdere due a zero
8. loro / parlare dell'allenatore della squadra di pallavolo

K. In un paese del Lazio. Dite che cosa sta succedendo nel centro del paese. Formulate almeno una frase per ogni espressione data.

> *Esempio:* ufficio postale →
> All'ufficio postale l'impiegato sta vendendo francobolli e la signora D'Amato sta imbucando una lettera per sua figlia Maria.

1. liceo classico Virgilio
2. boutique Donna Fatale
3. fornaio Melli
4. Piazza Grande
5. stadio
6. fruttivendolo Giancarlo

Come si dice?

Telling a story

Here are some expressions that are often used in telling a story:

Indovina che cosa è successo [ieri]!	*Guess what happened [yesterday]!*
Sai che cosa è accaduto ad [Anna]?	*Do you know what happened to [Anna]?*
Mi viene in mente quando ...	*I remember when ... (It comes back to me that when ...)*
C'era una volta ...	*Once upon a time ...*
E sapevi che ...	*And did you know that ...*
Alla fine ...	*In the end ...*

Giving a speaker encouragement

When someone is telling a story, it's important to give the speaker some sort of response to show that you are listening and that you want to hear more. Here are some expressions that you can use:

E poi cosa ha detto (fatto)?	*And then, what did he say (do)?*
E dopo cosa è successo?	*And then what happened?*
Quanto tempo fa è successo?	*How long ago did it happen?*
Dai, racconta!	*Come on, say it! Go on!*
Dici sul serio?	*Are you serious?*
Davvero?	*Really?*

A. Sai che ... Tell another student a story about something that happened to you or someone you know. Your partner will ask questions and give encouragement using words and expressions learned in this chapter. Then change roles and have your partner tell a story.

B. Il colloquio. Marco is telling Fabio about a phone call he received yesterday. Put the dialogue in the proper sequence. Begin with Marco asking Fabio to guess what has just happened to him.

—E poi?
—E allora?
—Indovina cosa è successo!
—Dici sul serio?
—Che stanno cercando dei commessi per la farmacia comunale del quartiere Mantegazza.
—E poi non so. Vedrò lunedì al colloquio.
—Ma sì.
—E che cos'altro ti hanno detto?
—Hai vinto un miliardo alla lotteria.
—Dai, racconta!
—Non prendermi in giro. È successa una cosa straordinaria.
—Sai, due settimane fa sono andato all'ufficio di collocamento...
—Ieri mi ha chiamato un impiegato dell'ufficio personale del municipio. E ho un appuntamento per un colloquio lunedì.

Alcuni prodotti di una farmacia.

17 COSA C'È ALLA TV?

Carlo e Lisa sono una giovane coppia. Sposati da più di tre anni, hanno una figlia e sono occupatissimi dal punto di vista professionale. Lisa è veterinario provinciale a Mantova e Carlo è musicista. Quando Carlo non suona o non viaggia con l'orchestra aiuta la moglie e si dedica alla bambina e alle faccende di casa.

Quando uon viaggia, Carlo si dedica alla bambina.

Carlo: Lisa... a tavola! È pronto.
Lisa: Arrivo.

Si siedono a tavola. La televisione è accesa.

Carlo: Sul TG3 hanno appena discusso il progetto ecologico della regione. Ne sai qualcosa?

Lisa: Ah sì. L'amministratore Paglia me ne ha accennato qualcosa ieri l'altro: ma vedrai, come al solito non succederà niente.

Carlo: Vuoi anche del pollo arrosto? Te l'ha portato tua madre.

Lisa: No, non ne voglio, grazie. Mangio solo un po' di affettato. Dov'è il telecomando? Ti dispiace se cambio canale?

Carlo: Affatto. Non stavo neanche prestando attenzione.

Lisa: L'inquinamento, la disoccupazione, la caduta del governo... dopo una giornata come oggi ne ho abbastanza di crisi. Ho bisogno di rilassarmi.

Carlo: Sul primo c'è l'ultima puntata di quello sceneggiato americano che ti piaceva...

Lisa: «Colomba solitaria»! Quasi me ne dimenticavo. Accidenti, ed è anche iniziato mezz'ora fa.

DOMANDE

1. Chi prepara la cena?
2. Lisa sa niente del progetto ecologico della regione?
3. Carlo stava guardando la televisione con interesse?
4. Perché ha bisogno di rilassarsi Lisa?
5. Chi ha cucinato il pollo arrosto?
6. Dal punto di vista professionale che cosa fa Carlo? E Lisa?
7. Su quale canale è lo sceneggiato?
8. Che cosa fa Carlo quando non viaggia con l'orchestra?

Vocabolario

Sostantivi

l'**affettato**   cold cuts
l'**amministratore**, l'**amministratrice**   administrator
il **bambino**, la **bambina**   little boy, little girl
la **caduta**   fall
il **canale**   channel
la **colomba**   dove
la **coppia**   couple
la **crisi**   crisis
la **disoccupazione**   unemployment
le **faccende di casa**   household chores
il **governo**   government
l'**inquinamento**   pollution
il/la **musicista**   musician
l'**orchestra**   orchestra
la **puntata**   episode; installment
il **punto di vista**   point of view
la **regione**   region
lo **sceneggiato**   TV miniseries
il **telecomando**   remote control
il **veterinario** *(m./f.)*   veterinarian

Aggettivi

arrosto roast, roasted
ecologico ecological
giovane young
inquinato polluted
occupato busy
professionale professional
pronto ready
provinciale provincial; of the province
solitario lonesome
sposato married

Verbi

accendere° (*p.p.* **acceso**) to turn on
accennare to mention
aiutare (a + *inf.*) to help (*to do something*)

cambiare to change
dedicarsi (a) to devote oneself (to)
discutere (*p.p.* **discusso**) (di + *noun*) to discuss; to debate (about, over)
rilassarsi to relax
spegnere (*p.p.* **spento**) to turn off
suonare to play (*an instrument*)
viaggiare to travel

Altri vocaboli

abbastanza enough
ieri l'altro day before yesterday
mezz'ora fa half an hour ago

Espressioni

accidenti! darn it!
a tavola! (come) to the table!
ne ho abbastanza di ... I have had enough of . . .
preparare il pranzo / la cena to fix lunch / dinner
prestare attenzione to pay attention
sul primo (canale) on channel one
ti dispiace se ... do you mind if . . .

Discuss the popular private channels like **Rete Quattro**, **Italia 1**, **Canale 5**, etc., which are similar to North American TV channels: commercials are numerous, broadcasting hours are longer, and many programs are imported from the U.S.

NOTE LINGUISTICHE E CULTURALI

- Italian public television is managed by RAI, Radiotelevisione Italiana, which is divided into three national networks: RAI UNO, RAI DUE, and RAI TRE, operating respectively the first, second and third channels. Compared to American commercial TV, the RAI broadcast day is much shorter, running from early morning to approximately midnight. Because operating revenues are generated by fees paid by all TV owners and government subsidies, advertising is strictly regulated and only broadcast in clusters between programs. Italian television strives for balance in representing the views of the major political parties as well as minority and special interest groups. For this reason, there is often heated public debate about who should sit on the RAI supervisory boards. TG3 is the abbreviation for the **telegiornale** (*news broadcast*) on RAI TRE.
- Surveys indicate that Italians don't watch much TV: only 129 minutes per day compared to 228 minutes in Great Britain, 207 in Spain and 178 in France.[1]

---

[1]*Millelibri* (Milan: Editoriale Giorgio Mondadori) No. 43, June 1991, pp. 6–7.

Grammatica

I. Plurale dei nomi e degli aggettivi,
continuazione

1. Masculine nouns and adjectives ending in unstressed **-io** have only one **i** in the plural.

il figlio	i figli	*son(s)*
vecchio	vecchi	*old*

BUT

lo zio	gli zii	*uncle(s)*
pio	pii	*pious*

2. Masculine nouns ending in **-a** (there are not many) usually form the plural in **-i,** the typical masculine plural ending. Most of them are of Greek origin and exist in almost identical form in English.

il programma	i programmi	*program(s)*
il problema	i problemi	*problem(s)*
il poeta	i poeti	*poet(s)*
il pigiama	i pigiami	*pajama(s)*

BUT

il cinema	i cinema	*cinema(s)*
il vaglia	i vaglia	*money order(s)*

3. Several nouns, which usually refer to professions, end in **-ista** and are invariable in the singular. In the plural, the masculine form ends in **-i,** and the feminine in **-e.**

il pianista	i pianisti	*(male) pianist(s)*
la pianista	le pianiste	*(female) pianist(s)*

4. Certain common abbreviations do not change in the plural: **il cinema, i cinema** (*from* **cinematografo**); **la foto, le foto** (*from* **fotografia**); **l'auto, le auto** (*from* **automobile**), **la radio, le radio** (*from* **radiofonia**); **lo stereo, gli stereo** (*from* **stereofonico**).

5. Nouns ending in **-ie** and **-i** are also invariable, with the exception of **la moglie** *(wife)* whose plural is **le mogli.**

la serie	le serie	*series*
la crisi	le crisi	*crisis, crises*

To the above must be added family names, which are also invariable.

la signora Rossi	*Mrs. Rossi*
i signori Rossi	*Mr. & Mrs. Rossi*
i fratelli Recchia	*the Recchia brothers*

II. Il pronome congiuntivo *ne*

The pronoun **ne** is used:

1. When referring back to a noun preceded by the preposition **di**. Its meaning, therefore, is *of it, of him of her, of them.*

Il professore ha parlato **della Divina commedia?**—Sì, **ne** ha parlato stamattina.	*Did the professor speak **of the Divine Comedy?**—Yes, he spoke **of it** this morning.*

2. When referring back to a noun preceded by the partitive. Its meaning is, therefore, *of it, of them.*

Avete **delle belle cravatte?** —Sì, **ne** abbiamo.	*Do you have **any beautiful ties?** —Yes, we do (have **some**).*
Vuole **un po' di formaggio?** —No, non **ne** voglio.	*Do you want **some cheese?** —No, I do not want **any.***

3. When referring back to a number or an amount.

Quanti dischi hai?—**Ne** ho **cinque.**	*How **many** records do you have?—I have **five** (of them).*
Vuole **un chilo** di carne?—No, **ne** voglio **mezzo chilo.**	*Do you want **one kilogram** of meat?—No, I want **half a kilogram** (of it).*

Note that in English *of it, of them,* etc., is often not expressed. The Italian equivalent, **ne**, must always be expressed.

4. The position of **ne** in the sentence is the same as that of other object pronouns. Besides the examples given above, study the following:

Mi piace la poesia moderna ma non desidero **parlarne** ora.
*I like modern poetry, but I do not wish **to talk about it** now.*

5. When **ne** is used in a compound tense, such as the present perfect, in place of a direct object, the past participle agrees with the noun it replaces in number and gender.

Quante **opere** hai visto? —**Ne** ho **viste** molte.	*How many operas have you seen?—I have seen many.*
Avete letto **i romanzi** di Moravia?—**Ne** abbiamo **letti** sei.	*Have you read Moravia's novels?—We have read six (of them).*

III. I verbi con il doppio oggetto
(Verbs with double objects)

When a verb has two conjunctive pronouns, the indirect object or reflexive pronoun comes before the direct object pronoun, and both precede or follow the verb according to the rules given for a single object pronoun. (See Chapters 6, 10 and 11).

Additional vocabulary: sample expressions using ci and ne: ce ne sono tanti (pochi, troppi); non ne vale la pena; non ne sono sicuro/a; non ne ho colpa.

1. When **mi, ti, si, ci, vi,** are followed by the direct object pronouns **lo, la, li, le, ne,** they change the final -i to -e and become, respectively, **me, te, se, ce, ve.**

Ci danno il **libro.**	*They give us the book.*
Ce lo danno.	*They give it to us.*
Mi parla **dell'Italia.**	*He speaks to me of Italy.*
Me ne parla.	*He speaks of it to me.*
Vi legge la lẹttera.	*He reads you the letter.*
Ve la legge.	*He reads it to you.*
Non c'è **pane.**	*There is no bread.*
Non ce n'è.	*There isn't any.*
Ci sono **molti libri.**	*There are many books.*
Ce ne sono molti.	*There are many (of them).*
Mi sono lavato le **mani.**	*I washed my hands.*
Me le sono lavate.	*I washed them.*
Si sono scritti le lẹttere.	*They wrote each other the letters.*
Se le sono scritte.	*They wrote them to each other.*

2. When **gli** and **le** are followed by the direct object pronouns **lo, la, li, le, ne,** they change to **glie** and combine with the pronoun that follows: **glielo, gliela, glieli, gliele, gliene.**

Gli parlo **dell'Italia.**	*I speak to him of Italy.*
Gliene parlo.	*I speak of it to him.*
Le scrivo **queste lẹttere.**	*I write her these letters.*
Gliele scrivo.	*I write them to her.*

3. **Loro** *(to you, to them)* always follows the verb.

Ne parlo **loro.**	*I speak of it to them.*
Ne parlo **Loro.**	*I speak of it to you.*

In modern Italian, especially in the spoken language, the use of **lo, la, li, le,** and **ne** with **loro** is frequently replaced by **glielo, gliela, glieli, gliele,** and **gliene.**

ESERCIZI

A. Volgete ciascuna delle frasi seguenti al singolare.

Esempio: Ecco dei bravi violinisti! →
Ecco un bravo violinista!

1. Ecco delle vere artiste!
2. Ecco dei programmi interessanti!

3. Ecco delle città italiane moderne!
4. Ecco due poeti famosi!
5. Ecco due bravi pianisti!
6. Ecco delle auto giapponesi *(Japanese)!*

B. Dopo il concerto. Di che cosa hanno parlato queste persone? Rispondete alle domande usando il pronome **ne.**

Esempio: di politica / loro →
         —Hanno parlato di politica?
         —Di politica? No, non ne hanno parlato.

1. di problemi sociali / voi
2. dell'inquinamento / tu
3. della disoccupazione in Italia / Adele e Franca
4. di quel famoso concerto / Franco
5. di cinema / io e mio fratello
6. dell'ultimo sceneggiato su RAI DUE / Loro

C. Alternative. Che alternative diamo ai nostri clienti se non abbiamo quello che cercano? Seguite l'esempio e usate il pronome **ne.**

Esempio: fragole al limone / alla panna *(whipped cream).* →
         —Avete delle fragole al limone?
         —Mi dispiace, ne abbiamo solamente alla panna.

1. bignè alla crema / al cioccolato
2. spaghetti alla carbonara / al pomodoro
3. pizza alle quattro stagioni / al prosciutto
4. tortellini al ragù / alla panna
5. gelato al cioccolato / al limone
6. fettuccine al pomodoro / al burro
7. risotto alla milanese / alla marinara

D. Intervista con il famoso sciatore Alberto Tomba. Rispondete alle seguenti domande in modo originale, come farebbe Tomba la Bomba. Usate il pronome **ne** dove possibile.

Esempio: —Quanti agenti ha avuto?
         —Da quando ho vinto alle Olimpiadi di Albertville ne ho
           avuti due.

1. Quante gare *(competitions)* ha già vinto?
2. Quante auto ha già comprato?
3. Quanti viaggi all'estero ha già fatto?
4. Quante interviste ha rilasciato (**rilasciare** *to give*)?
5. Quante ragazze ha conosciuto?
6. Quanti telegrammi ha ricevuto?

E. Formate nuove frasi seguendo le indicazioni date nell'esempio.

Esempio: La ragazza vende il biglietto a noi. →
         a. La ragazza lo vende a noi.
         b. La ragazza ci vende il biglietto.
         c. La ragazza ce lo vende.

1. No, non manderemo il telegramma a voi.
2. Dà gli spiccioli a me.
3. Il fornaio non ha venduto il pane alla cliente.
4. Il professore ha parlato di letteratura agli studenti.
5. Gianni offrirà una birra *(beer)* all'amico.
6. Michele spiegava a Francesca i problemi che aveva.

F. Formate nuove frasi usando la forma appropriata del pronome complemento indiretto, secondo le indicazioni.

Esempio: a me → I biglietti? Sì, me li ha dati.

1. a noi
2. a Bruno e a Vanna
3. a te
4. a te e tua madre
5. al dentista
6. a me e a te

G. **In ditta.** Armando è segretario in una ditta di import-export. Che cosa deve fare per il suo capo? Seguite l'esempio e usate i pronomi come indicato.

Esempio: —Può mandare il catalogo a questi clienti?
         —Certamente. Glielo mando subito.

1. Può dire al signor Varazzo di venire nel mio ufficio domani alle tre?
2. Può spiegare alla ditta Contarella di New York quali prodotti abbiamo?
3. Può prenotarmi due posti sul volo per Madrid di martedì prossimo?
4. Può controllare per me se gli stereo che abbiamo spedito a Londra sono arrivati?
5. Può imbucare queste lettere per via aerea?
6. Può farmi una prenotazione per la cena di domani sera?

H. **Souvenir.** Annamaria è ritornata da Londra e ha portato con sé alcuni souvenir. Seguite l'esempio usando i pronomi congiuntivi.

Esempio: un romanzo in inglese / a Michele →
         A Michele ha portato un romanzo in inglese.
         Gliel'ha portato.

1. una radio / a Rosa e Franca
2. del tè / alla sua farmacista
3. dei vecchi libri / a suo padre
4. delle foto della regina Elisabetta II / a sua madre
5. un poster del British Museum / a te e tua moglie
6. un maglione rosso / a me
7. un libro di Milton / a te

I. **Domande.** Rispondete con frasi complete.

1. Chi prepara la cena a casa Sua?
2. Chi fa le faccende di casa?
3. Quando ha bisogno di rilassarsi guarda la televisione? Altrimenti *(otherwise)* che cosa fa?
4. Quante ore al giorno guarda la televisione?
5. Quali canali preferisce?
6. Con gli amici parla mai di politica e del governo? Di che cosa parlano normalmente?
7. Lei è un tipo solitario o Le piace stare con la gente?
8. Quando non è a scuola a che cosa si dedica?
9. Quali sono i Suoi passatempi *(pastimes)* preferiti?

Come si dice?

Talking about TV and TV programs

When talking about TV or TV programs the following expressions can be helpful:

Puoi accendere (spegnere) la tele?	*Can you turn on (off) the TV?*
Puoi alzare (abbassare) il volume?	*Can you turn up (down) the volume?*
Su quale canale è [«Febbre d'amore»]?	*On which channel is [Love Fever]?*
Che trasmissione vuoi vedere?	*Which program do you want to watch?*
Sul secondo danno [Casablanca].	*On channel two they are showing [Casablanca].*
Guardo volentieri [il telegiornale].	*I like watching [the news].*
Guarderei volentieri [il telegiornale].	*I feel like watching [the news]. I'd like to watch [the news].*

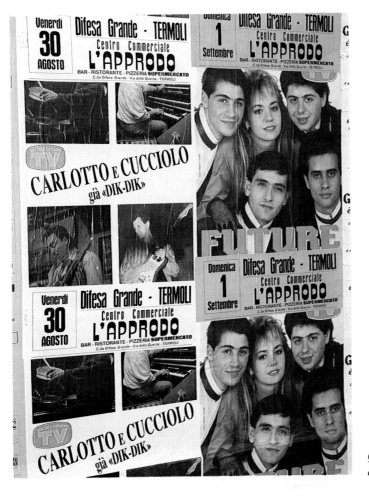

Questi poster pubblicitari annunciano i concerti per l'estate.

LE TRASMISSIONI TELEVISIVE

il documentario
   (documentary)
il film   *(film)*
il giallo   *(detective story)*
lo sceneggiato   *(miniseries)*
il telefilm   *(film made for TV)*
la telenovela   *(soap opera)*

la trasmissione
   d'attualità   *(current affairs)*
   musicale   *(musical)*
   religiosa   *(religious)*

i cartoni animati   *(animated cartoons)*
le previsioni del tempo
   (weather forecast)
la pubblicità   *(advertising; commercials)*
il servizio speciale   *(special report)*
il telegiornale   *(newscast)*
il quiz   *(quiz show)*
il talk show   *(talk show)*

◯ RAIUNO   ▢ RAIDUE   ◁ RAITRE

◯ RAIUNO

MATTINO

Telegiornale: 7; 8; 9; 10; 11; 12,30; 13,30; 18; 20; 22,45; 24

6,55-10 Unomattina. Regia di Pasquale Satalia

7,30 Da Milano Tgr Economia

10,05 Unomattina Economia

10,15 Ci vediamo. Conducono Danila Bonito e Pino Bruno. Regia di Paolo Luciani. 1ª parte

11,05 Ci vediamo. 2ª parte

11,55 Che tempo fa

POMERIGGIO

12 — Pupi Avati presenta **E' proibito ballare: Romanzo rosa**

12,35 La signora in giallo

13,55 Teleglornale Uno - Tre minuti di...

14 — Joe e suo nonno

14,10 Sidekicks - L'ultimo cavaliere elettrico, telefilm

14,35 L'albero azzurro

15,05 Dse - Green. A cura di Sandro Lai - **Ragazze e ragazzi**

15,35 Dse - Caramella 3. Con Valeria Ciangottini e «Gli Specchio»

16,05 Big! Varietà per ragazzi. Regia R. Valentini

18,05 Vuol vincere?

SERA

18,20 Blue jeans, telefilm, *L'altalena*

18,50 Il mondo di Quark. A cura di Piero Angela. *Alle sorgenti del Nilo - Gli oranghi del Borneo -*

19,40 Il naso di Cleopatra

19,50 Che tempo fa

20,40 Festa della mamma, conduce Elisabetta Gardini con Massimo Ranieri

22,30 Zeus, Il mito di Prometeo

23,05 Mercoledì sport 1ª parte Automobilismo: **Rally di Corsica**

0,30 Appuntamento al cinema

0,40 Tgs Mercoledì sport. 2ª parte - Mezzanotte e dintorni - Roma. **Tennis: Internazionali d'Italia femminili** - Aiaccio. **Automobilismo: Rally di Corsica**

2,15 Masada, sceneggiato. Regia di Boris Sagal. Con Peter O'Toole, Peter Strauss

4,50 Teleglornale Uno Linea notte (r)

5,05 Divertimenti

5,55 Le affinità elettive, sceneggiato, 1a puntata

▢ RAIDUE

MATTINO

Telegiornale: 11,50; 13; 17,25; 19,45; 23,55

7-9,10 Piccole e grandi storie

— Curiosità, documentario

— Pimpa-Dungeons and dragons, cartoni

— Furia, telefilm

7,55 L'albero azzurro

— Lassie, telefilm

9,10 Dse - Caramella 3

9,35 Dse - Natura selvaggia

10 — Pronto... c'è una certa Giuliana per te (1967), film

11,35 Segreti per voi - Mattina

11,55 I fatti vostri. Conduce Alberto Castagna

13,30 TG 2 - Economia

13,45-15,35 Supersoap

13,45 Segreti per voi - Pomeriggio

13,50 Quando si ama

14,45 Santa Barbara, serie tv

15,35 Tua - Bellezza e dintorni

15,45 L'avventuriero di Burma (1955), film

17,30 Spaziolibero. ANVV. Associazione Professionale Polizia Municipale

17,50 Rock café. Di Andrea Olcese

18,05 Tgs - Sportsera

18,20 Un giustiziere a New York, telefilm

19,10 Segreti per voi - Sera. Presenta F. Tessari

19,15 Beautiful, serie tv

20,15 TG 2 - Lo sport

20,30 RAIDUE presenta **Affari di famiglia** 1ª parte, Film tv in sei parti. Scritto e diretto da Marcello Fondato. Con Florinda Bolkan, Catherine Spaak, Horst Buchholz, Jean Sorel, Riccardo Cucciolla, Massimo Ciavarro, Georgia Lepore, Dagmar Lassander, Nino Castelnuovo, Gabriele Antonini, José Quaglio, Giorgio Giuliano

22,10 Aldo Bruno, Giovanni Minoli presentano **Mixer nel mondo.** Di Sergio De Santis. Produttore esecutivo B. Lanaro. *Nicaragua: La pace armata.* Regia di Marco Melega

23,15 TG 2 - Pegaso. A cura di M. Mangiafico

0,05 Rock café. Di Andrea Olcese

0,10 Appuntamento al cinema

0,20 Cinema di notte. **Verso la libertà** (1982), 2ª parte, film tv. Con Klaus Maria Brandauer

◁ RAITRE

MATTINO

Telegiornale: 12,05; 14; 19; 19,30; 22,30; 0,45

10 — Tennis under 18 Da Salsomaggiore

11 — Ginnastica ritmica: Campionati assoluti

11,30 Tgs Mischia e Meta

12-14 Dse - dal TV 2 di Milano **Il circolo delle 12,** rotocalco quotidiano d'informazione culturale. Un programma di Roberto Costa

14,30 Tg 3 - Pomeriggio

14,45 Dse - Ministero della Pubblica Istruzione - Rai-Dse presentano **La scuola si aggiorna** 14ª puntata

15,15 Roma. **Tennis: Internazionali d'Italia femminili**

18,45 La rassegna. Giornali e tv estere. A cura di Giancesare Flesca

19,55 Blob. Cinico Tv — Di tutto di più. Di E. Ghezzi, M. Giusti

20,10 Lisbona. **Calcio: Monaco-Werder Brema.** Coppa delle Coppe. Finale **Nell'Intervallo: Una cartolina,** di Andrea Barbato

22,05 Blob. Di tutto di più. Di E. Ghezzi, M. Giusti

22,45 Porca miseria. Condotto da Fabio Fazio, Bruno Gambarotta e Patrizio Roversi. Regia di Paolo Macioti

23,45 Viaggio Infinito. Documentario. 1ª puntata. *L'avventura stellare.* Di Georgann Kane e Lionel Friedberg

1,10 Fuori orario. Cose (mai) viste presenta **BlobCartoon**

1,35 Blob (r)

1,45 Una cartolina, replica

2 — Porca miseria (r)

2,55 Tg 3 - Nuovo giorno - Edicola (r)

3,15 La corsa della morte, film di R. Walsh. Con Alan Ladd

4,50 Tg 3 - Nuovo giorno - Edicola (r)

5,10 Bodymatters

5,40 Schegge

6,30 Oggi in edicola - Ieri in tv

A. Buonasera, signore e signori! Che tipo di trasmissioni sono le seguenti? Combinate le trasmissioni della prima colonna con le categorie della seconda.

1. «Che tempo fa?»
2. «TG1 Notte»
3. «OK il prezzo è giusto»
4. «Spie senza volto»
5. «La ruota della fortuna»
6. «Maurizio Costanzo Show»
7. «Blob: di tutto, di più»
8. «Colomba solitaria»
9. «Messaggio dall'Africa»

a. quiz
b. telegiornale
c. documentario
d. telenovela
e. sceneggiato
f. attualità
g. previsioni del tempo
h. talk show
i. giallo

B. Cosa c'è alla TV? Esaminate i programmi di oggi a pagina 220. Fate una lista delle trasmissioni di RAI UNO, RAI DUE e RAI TRE hanno i temi seguenti:

1. intrattenimento (*entertainment*)
2. sport
3. musica
4. informazione / notizie / attualità
5. scienza (*science*)
6. previsioni metereologiche
7. educazione

18 IN BANCA

A uno sportello della Cassa di Risparmio, Giulio sta servendo alcuni clienti. Ma ieri sera è rimasto fuori fino a tardi con gli amici, e oggi pomeriggio è stanco, di cattivo umore e non è in vena di parlare con nessuno.

Cliente 1: Buon giorno. Devo cambiare un assegno. Ho bisogno di contanti.

Giulio: Ha un conto qui da noi?

Cliente 1: Sì, certo.

Giulio: Lo firmi sul retro, per cortesia. Ma no, non scriva lì. Lo firmi qui... in cima.

Questa banca è situata in un edificio antico.

Cliente 1:	Ah... sì, scusi. Uhm, volevo anche accedere a una cassetta di sicurezza.
Giulio:	Vada attraverso quella porta, giri a sinistra e chieda alla guardia.
Giulio:	Desidera?
Cliente 2:	Sì. Ho bisogno di depositare questi assegni turistici, metà sul conto corrente e metà sul libretto di risparmio. È possibile?
Giulio:	Come no. Compili questo modulo e proceda direttamente alla cassa.
Giulio:	Tocca a Lei.
Cliente 3:	Senta, quant'è il cambio del dollaro oggi?
Giulio:	Chieda allo sportello Valute Estere.
Cliente 3:	Sa, per caso, se devo mostrare il passaporto?
Giulio:	Domandi allo sportello Valute Estere.
Cliente 3:	Va bene, va bene... Che modi!

DOMANDE

1. Perché è di cattivo umore Giulio?
2. In quale banca lavora Giulio?
3. Perché il primo cliente vuole cambiare un assegno?
4. Che altro vuole fare il primo cliente?
5. Dove vuole depositare gli assegni turistici il secondo cliente?
6. Che cosa deve compilare?
7. Che cosa vuole sapere l'ultimo cliente?
8. Giulio è cortese o scortese con i clienti?

Vocabolario

Sostantivi

l'assegno check
   l'assegno turistico traveler's check
il **bancomat** *(inv.)* ATM
il **cambio** exchange rate
la **cassa** cashier
la **cassetta di sicurezza** safe-deposit box
il/la **cliente** customer, client
i **contanti** cash
il **conto corrente** checking account
il **dollaro** dollar
la **guardia** guard

il **libretto di risparmio** passbook
il **modulo** form
il **retro** back
il **paese** town; country
il **passaporto** passport
la **valuta (estera)** (foreign) currency

Aggettivi

certo sure, certain
cortese polite
possibile possible
scortese rude

Verbi

accedere a to access
chiedere° to ask
compilare to fill out
depositare to deposit
firmare to sign
girare to turn
mostrare to show
procedere to proceed
rimanere (*p.p.* **rimasto**) to remain, stay
servire to serve; to help *(sales)*

Altri vocaboli

a destra / sinistra   to the
right / left
attraverso   through
dentro   in(side)
fuori   out(side)
in cima   on top
sul retro   on the back

Espressioni

cambiare un assegno   to cash
a check
che modi!   what manners!
essere di cattivo (buon) umore
to be in a bad (good) mood

essere in vena (di + *inf*.)   to
be in the mood *(to do something)*
per caso   by any chance
scusa! *(familiar)* **scusi!** *(formal)*
I'm sorry! (excuse me!)
sì certo; ma certo!   of course;
certainly!
tocca a Lei!   next!

NOTE LINGUISTICHE E CULTURALI

- The verb **cambiare** has several meanings:

  cambiare   *to change; to exchange;
  to get/give change (money):*

  > Vorrei cambiare delle sterline.
  > *I would like to exchange some pounds
  > sterling.*

  > Ci può cambiare un biglietto da
  > diecimila lire?
  > *Can you change (give us change for)
  > a ten thousand-lira bill?*

cambiarsi   *to change (clothes):*

> Ti sei già cambiata!
> *You have already changed (your clothes)!*

cambiare *(intr.)*   *to become different, change:*

> Come sei cambiata!
> *How you've changed!*

- If you are standing in line and someone cuts in
front of you, politely say:

  > Scusi, ma tocca a me.
  > *Excuse me, but it's my turn.*
  > Ero prima di Lei.
  > *I was before you.*

- Italian banks have short business hours and are
generally open from 8 A.M. to 1:30 P.M. They
are closed on Saturdays. In recent years, to
accommodate customers' needs, some major
banks like Cassa di Risparmio are open to the
public for about an hour in the afternoon.
Because Italians use public transportation or
walk more often than North Americans do,
drive-in services at banks as well as at other
businesses are not needed.

- In Italy check writing is not as widespread as in
North America. Usually, a bank will cash checks
only for regular depositors, and retailers will
accept checks only if they know the customer
personally. Automated teller machines, called **il
bancomat** (*from* [banc(a aut)omat(ica)]), can be
found at almost every bank. Postal money orders
(**vaglia postali**) are generally used for purchases
by mail.

Grammatica

I. L'imperativo (The imperative)

In Italian, the imperative is used to express orders, requests, and advice, much the same as in English.

Parli ad alta voce, per favore.	*Speak up (aloud), please.*
Ripetete questa frase.	*Repeat this sentence.*
Dormi in questo letto.	*Sleep in this bed.*
Finiamo il progetto prima delle quattro.	*Let's finish the project before four o'clock.*

IMPERATIVO

	Parlare	Ripetere	Dormire	Finire
(tu)	parl-**a**	ripet-**i**	dorm-**i**	fin-**isc-i**
(Lei)	parl-**i**	ripet-**a**	dorm-**a**	fin-**isc-a**
(noi)	parl-**iamo**	ripet-**iamo**	dorm-**iamo**	fin-**iamo**
(voi)	parl-**ate**	ripet-**ete**	dorm-**ite**	fin-**ite**
(Loro)	parl-**ino**	ripet-**ano**	dorm-**ano**	fin-**isc-ano**

Subject pronouns are not used with the imperative. Note that in the second and third conjugations the forms for **tu, noi,** and **voi** are the same as for the present indicative. In the first conjugation, however, only the forms for **noi** and **voi** are the same as in the present indicative.

II. L'imperativo di avere e essere

	Avere		Essere
(tu)	abbi		sii
(Lei)	abbia		sia
(noi)	abbiamo		siamo
(voi)	abbiate		siate
(Loro)	abbiano		siano

(tu)	**Abbi** pazienza!	*Be patient! (lit. Have patience!)*
(voi)	**Siate** buoni!	*Be good!*

III. L'imperativo negativo

The negative imperative of the familiar singular (**tu**) is the infinitive form of the verb.

	(tu)	**Non essere** in ritardo.	***Don't be late.***
	(tu)	**Non dormire** tutto il giorno.	***Don't sleep all day long.***
BUT	(Lei)	**Non fumi** qui, per cortesia.	***Please, don't smoke here.***
	(voi)	**Non portate** la macchina in centro.	***Don't take the car downtown.***
	(Loro)	**Non perdano** la ricevuta.	***Don't lose the receipt.***

IV. Alcuni imperativi irregolari

	Fare	Venire	Andare	Sapere
(tu)	fa'	vieni	va'	sappi
(Lei)	faccia	venga	vada	sappia
(noi)	facciamo	veniamo	andiamo	sappiamo
(voi)	fate	venite	andate	sappiate
(Loro)	facciano	vengano	vadano	sappiano

(tu) Mario, **fa'** presto!	*Mario, **hurry** up!*
(voi) **Andate** a casa subito!	***Go home immediately!***
(Lei) **Venga** dentro!	***Come inside!***
(tu) **Sappi** che il telegiornale comincia alle otto!	***Be advised** that the news begins at eight o'clock!*

ESERCIZI

A. Formate frasi usando le espressioni date all'imperativo.

Esempio: (voi) / chiedere alla cassa →
Chiedete alla cassa.

1. (tu) / firmare qui
   aspettare un attimo
   compilare il modulo
   servire questa cliente
2. (voi) / depositare l'assegno
   procedere alla cassa
   girare a sinistra
   chiedere alla guardia
3. (Loro) / affittare *(to rent)* una cassetta di sicurezza
   aprire un conto in questa banca
   rimanere fuori
   consultare l'amministratore

B. I signori Motta stanno andando in vacanza e danno le ultime istruzioni ai figli. Usate l'imperativo nelle forme **tu** e **voi,** come indicato.

1. (voi) / pagare l'amministratore
2. (voi) / studiare abbastanza
3. (tu) / pulire *(to clean)* la camera
4. (voi) / andare a dormire presto
5. (tu) / telefonare ai nonni
6. (tu) / finire la carne nel frigorifero
7. (voi) / leggere il giornale
8. (tu) / chiudere bene la porta

C. Rispondete alle domande usando l'imperativo nelle forme **Lei** e **Loro.** Osservate l'esempio.

Esempio: —Devo scrivere queste frasi? (quelle)
—No, non scriva queste frasi, scriva quelle.

1. Devo cominciare a scrivere? (a leggere)
2. Dobbiamo prendere l'autobus? (il tram)
3. Devo spiegare dove si trova la scuola? (l'ufficio)
4. Dobbiamo finire questo libro? (quello)
5. Devo aprire un conto in quella banca? (questa)

D. Ordini *(Commands)*. Francesca è un'amica e il signor Pardini è un conoscente *(acquaintance)*. Date suggerimenti *(Make suggestions)* usando le espressioni seguenti. Osservate l'esempio.

Esempio: prendere il tassì →
Francesca, non prendere il tassì.
Signor Pardini, non prenda il tassì.

1. non avere fretta
2. non ripetere queste cose
3. non chiamare Giancarlo
4. non venire qui
5. non andare a quella banca
6. non fare una passeggiata quando piove
7. non affittare un appartamento in via Garibaldi
8. non girare a sinistra

E. Completate le frasi con le forme giuste dell' imperativo dei verbi seguenti: **avere, fare, essere, venire, sapere, prestare.**

1. Figlia mia, _____ pazienza.
2. Michele, Marco, _____ presto. La lezione è già iniziata.
3. Antonella, _____ brava. Mangia la minestra.
4. Signorina Melioli, _____ nel mio ufficio domani mattina alle nove.

5. Francesco e Carla, _____ che questa è l'ultima volta che tornate a casa alle tre di mattina.
6. Signora, _____ attenzione. Piazza del Plebiscito è a destra, dopo quell'edificio.

F. In italiano, per favore!

1. Miss Borghini, hurry please!
2. Let's go! And you, Giancarlo, listen! Don't talk!
3. Don't forget your passbook!
4. Don't come home late.
5. This program is too long. Let's turn off the TV.
6. Giancarlo, be patient.

Since this chapter has only one grammatical point, this may be a good place to use directed discussion in Italian to review and consolidate the students' Italian and to give them practice in conversation. Topics might include any daily activity, travel, and so forth. Ask the students to prepare questions before coming to class.

G. **Dialogo.** Completate il dialogo seguente con espressioni adatte al contesto.

Gigi: _____
Marina: Oh, ciao Gigi. Vengo dalla biblioteca.
Gigi: _____
Marina: Mi dispiace. Non posso andare alla mensa con te. Devo andare a casa.
Gigi: _____
Marina: Nessuno mi aspetta. Ho fame e preferisco mangiare a casa.
Gigi: _____
Marina: Non lo so, esattamente. Probabilmente studierò per qualche ora. Poi andrò a nuotare.
Gigi: _____
Marina: No, domani non ho niente da fare. Perché?
Gigi: _____
Marina: Se desideri vedermi, puoi telefonarmi.
Gigi: _____

H. **Domande.** Rispondete alle domande seguenti in frasi complete.

1. Che cosa fa quando va in banca?
2. Ha mai incontrato degli impiegati scortesi in un ufficio pubblico? Che cosa ha fatto o detto?
3. Ha una cassetta di sicurezza in banca? Un conto corrente? Un libretto di risparmio?
4. Quando compra o cambia degli assegni turistici?
5. Se vuole comprare della valuta estera, che cosa domanda prima all'impiegato?
6. Ha bisogno del passaporto quando cambia dei soldi?
7. Oggi è di cattivo umore? Perché?
8. Oggi comanda Lei e può dare ordini a tutti, e può dire ciò che pensa. Cosa dice al professore d'italiano? Al Suo vicino *(neighbor)*? A Suo marito (Sua moglie) o fidanzato (fidanzata)?

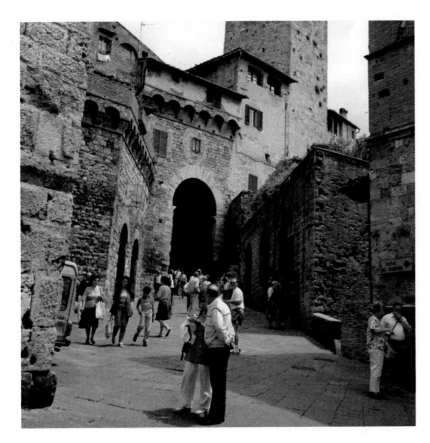

*L'antica porta medievale
di San Gimignano.*

Come si dice?

Expressing spatial relationships

The following expressions are useful when describing location:

Il panificio è **sotto** i portici.	sotto *(under)*
La gelateria è **sopra** il bar.	sopra *(above, on)*
La cassa è **dentro** il negozio.	dentro *(inside)*
La banca è **accanto alla** biblioteca.	accanto a *(beside, next to)*
Il bar è **di fronte alla** piscina *(swimming pool).*	di fronte a *(in front of)*
L'albergo è **dietro al** ristorante.	dietro a *(behind)*
La scuola è **vicina a** Piazza Grande.	vicino/a a *(close to)*
L'ufficio postale è **lontano dal** bar.	lontano/a da *(far from)*

Giving directions

To direct someone to a place, use the following:

Vada avanti per [cento metri].	Go [100 meters] further down.
Vada diritto fino [all'incrocio].	Go straight ahead as far as [the intersection].
Giri [a destra / a sinistra].	Turn [to the right / to the left].
Attraversi [il ponte].	Cross over [the bridge].
È all'angolo di [via Cassola].	It's at the corner of [via Cassola].

A. **Il paese.** Descrivete il paese del disegno alla pagina accanto usando le espressioni imparate. Formate frasi complete.

Esempio: Il cinema è vicino alla chiesa.

Parole utili:

la cabina telefonica *(telephone booth)*	il municipio *(city hall)*
	l'ottico *(optician)*
il campo sportivo *(soccer field)*	il panificio *(bakery)*
il chiosco *(kiosk)*	il portico *(arcade)*
la fontana *(fountain)*	il semaforo *(traffic light)*
i giardini pubblici *(park, public gardens)*	le strisce pedonali *(pl.)* *(crosswalk)*

B. **Informazioni.** Carlo è vigile e molti turisti gli chiedono informazioni stradali *(directions)*. In gruppetti *(small groups)* immaginate di essere Carlo e i turisti, e rendete *(give)* i seguenti brevi dialoghi in italiano.

1. —Scusi, cerco una farmacia.
   (Tell the tourist to go straight ahead and turn left at the second traffic light. The pharmacy will be at the right, next to the greengrocer.)
2. —Ci sa dire dov'è la chiesa di Sant'Antonio?
   (Tell them to cross the bridge. The church is at the corner of piazza Martiri and viale Verdi.)
3. —Sa per caso dov'è via Respighi?
   (Ask if they can see the intersection. Tell them to turn right at the intersection, go straight about 300 meters, then turn left on viale Marconi. Via Respighi will be [is] the third street on the right.

19 Uno alla volta!

Un gruppo di studenti di liceo si prepara per l'esame di letteratura moderna che avrà luogo la settimana prossima. La discussione è animata.

Franco: Zitti! Zitti! Fatemi il favore, cercate di parlare uno alla volta o qui non combiniamo niente.

Graziella: Dicci tu come dobbiamo fare.

Franco: Uno di noi propone una domanda piuttosto generale. Poi uno alla volta ognuno esprime la sua opinione, e dopo spieghiamo le parti che non sono chiare.

Graziella: Prima voglio dire una cosa...

Graziella sta per continuare quando entra Giancarlo.

Giancarlo: Abbiate pazienza e scusatemi se sono in ritardo. C'era un tale ingorgo di traffico in centro che sono sceso dall'autobus e sono venuto a piedi.

Franco: Stiamo per cominciare, Giancarlo.

In an Italian-only session, **ask students** to talk about how they study and the best way to learn a language.

Quando sarà il prossimo esame?

Giancarlo si siede vicino a Francesca.

Francesca: (sottovoce) Ero davvero preoccupata. Sei così in ritardo!
Giancarlo: Non è colpa mia. Dimmi, cosa avete fatto finora?
Francesca: Ben poco.

La discussione ricomincia e dopo pochi minuti è più animata di prima.

DOMANDE

1. Per cosa si preparano gli studenti?
2. Quando avrà luogo l'esame?
3. Cosa dice Franco agli altri studenti?
4. Perché è in ritardo Giancarlo?
5. Cosa dice Franco a Giancarlo?
6. Perché era preoccupata Francesca?
7. Lei, quando studia per gli esami?
8. Quando ci sono ingorghi di traffico nella nostra città?

Vocabolario

Ti manca il diploma?

Sostantivi

la **cosa**   thing
la **discussione**   discussion
il **favore**   favor
l'**ingorgo (di traffico)**   (traffic) jam, bottleneck
la **letteratura**   literature
il **liceo**   high school
l'**opinione** (f.)   opinion
l'**ora di punta**   rush hour
la **parte**   part

Aggettivi

animato   lively
ordinato   orderly
preoccupato   worried
tale   such a

Verbi

cercare (di + inf.)   to seek, to look for; to try (to do something)
combinare   to accomplish

continuare (**a** + *inf.*)   to continue *(to do something)*
esprimere (*p.p.* **espresso**)   to express
prepararsi   to prepare, get ready
proporre (**di** + *inf.*) (*irr.; p.p.* **proposto**)   to propose;
   propone   proposes
ricominciare (**a** + *inf.*)   to begin again *(to do something)*
scusare   to excuse
spiegare   to explain

Altri vocaboli

finora   till now
ognuno   each one
sottovoce   whispering

Espressioni

aver luogo   to take place
aver pazienza   to be patient
ben poco   very little
di prima   than before

dire una cosa   to say something
fare una domanda   to ask a question
fare un favore   to do a favor
non combiniamo niente   we are getting nowhere
non è colpa mia   it's not my fault
uno alla volta!   one at a time!
zitti!   be quiet! silence!

NOTE LINGUISTICHE E CULTURALI

- When the subject of a verb is stressed, it is often placed after the verb.

  Se lo dice **lei...**
  *If **she** says so . . .*

  Se non lo vuole fare **Carlo,**
     lo faccio **io.**
  *If **Carlo** does not want to do it,*
     I will do it.

- To graduate from high school, Italian students must pass the much-feared **esame di maturità.** This exam covers both core subjects and specialty areas and is administered nationwide by the Ministry of Education each July. Because the exam is meant to ascertain a student's overall development, students and teachers alike start preparing for it well in advance, at the beginning of the preceding school year.

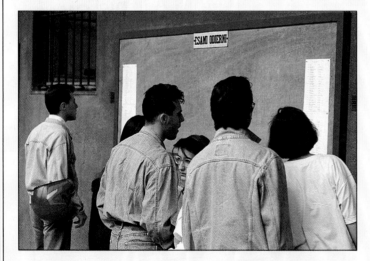

Questi studenti stanno controllando i voti (grades) *presi all'ultimo esame.*

Grammatica

I. Imperativi irregolari, *continuazione*

	Dare	**Stare**	**Dire**
(tu)	da'	sta'	di'
(Lei)	dia	stia	dica
(noi)	diamo	stiamo	diciamo
(voi)	date	state	dite
(Loro)	diano	stiano	dicano

(tu)	**Da'** questo libro a Mara!	*Give this book to Mara!*
(Lei)	**Stia** a Firenze un'altra settimana!	*Stay in Florence another week!*
(Loro)	**Dicano** che arriverò domenica prossima!	*Say that I'll arrive next Sunday!*

II. I pronomi personali con l'imperativo

Continue student presentations of advertisements.

1. The conjunctive pronouns, we have learned, almost always precede a conjugated verb. But they precede or follow the imperative forms, as explained below.

a. They *precede* all forms of command (affirmative or negative) of **Lei** and **Loro.**

Ecco la mia relazione. **La legga.** (**Non la legga.**)	*Here is my report. **Read it. (Do not read it.)***
Signorina, ecco le caramelle. **Le assaggi. (Non le assaggi.)**	*Miss, here is the candy. **Taste it. (Do not taste it.)***
Questi dolci non sono cari. **Li comprino. (Non li comprino.)**	*These sweets are not expensive. **Buy them. (Do not buy them.)***

b. They *follow* the affirmative imperative forms of **tu, noi,** and **voi** and are directly attached to the verb. (The indirect object pronoun **loro** is the only exception as it is never attached to the verb.)

Alzati, è tardi!	*Get up, it's late!*
Ecco il modulo. **Riempitelo** prima di lunedì!	*Here is the form. **Fill it out** before Monday!*
Questo è il romanzo che ho comprato. **Leggilo!**	*This is the novel I bought. **Read it!***
BUT	C'è un vecchio presepio; **mostriamolo loro.**	*There is an old Nativity scene; let's show it to them.*

c. The conjunctive pronouns usually precede the negative imperative forms of **tu, noi,** and **voi,** but they may also follow. When they follow, they attach to the imperative, except for **loro.**

Non ti vestire (Non vestirti), è ancora presto.

Don't get dressed, it's still early.

Non vi avvicinate. (Non avvicinatevi.) Ho il raffreddore.

Don't come near me. I have a cold.

As additional illustration, here is a reflexive verb conjugated in the imperative:

Affirmative			Negative	
(tu)	Lavati!	*Wash yourself!*	Non ti lavare! ⎫ Non lavarti! ⎭	*Do not wash yourself!*
(Lei)	Si lavi!	*Wash yourself!*	Non si lavi!	*Do not wash yourself!*
(noi)	Laviamoci!	*Let's wash ourselves!*	Non ci laviamo! ⎫ Non laviamoci! ⎭	*Let's not wash ourselves!*
(voi)	Lavatevi!	*Wash yourselves!*	Non vi lavate! ⎫ Non lavatevi! ⎭	*Do not wash yourselves!*
(Loro)	Si lavino!	*Wash yourselves!*	Non si lavino!	*Do not wash yourselves!*

2. When combining with monosyllabic imperatives (**da', fa', sta', di', va'**), the initial consonant of the conjunctive pronoun is doubled (**gli** being the only exception).

Ecco il mio libretto degli assegni: **dallo** a Maria!

*Here is my checkbook: **give it** to Maria!*

Fammi un favore!

*Do **me** a favor!*

Dicci quale auto preferisci.

*Tell **us** which car you prefer.*

BUT

Quando vedi Giovanni, **dagli** questo dépliant!

*When you see Giovanni, **give him** this brochure!*

3. As we saw in Chapter 6, conjunctive pronouns always attach to **ecco.**

Eccomi!

Here I am!

Eccoli!

Here they are!

Eccone due!

Here are two of them!

III. Il comparativo (The comparative)

1. When making a comparison of equality, the English *as (so) . . . as* is translated as **così ... come** (or by **tanto ... quanto**). It should be noted, however, that the first part of the comparison is usually omitted, unless it is needed for emphasis.

Questa chiesa è (così) **bella come** quella.	*This church is **as beautiful as** that one.*
Queste caramelle sono (così) **dolci come** il miele.	*This candy is **as sweet as** honey.*
Ẹlena è (tanto) **nervosa quanto** sua sorella.	*Elena is **as nervous as** her sister.*

BUT

Questa poesịa **non è così difficile come** credevo.	*This poem is **not as difficult as** I thought.*

When the comparison of equality is made between nouns, only **tanto ... quanto** can be used, and the agreement is made with the appropriate noun.

In questa classe ci sono **tanti ragazzi quante ragazze**.	*In this class there are **as many boys as** (there are) **girls**.*

2. When making a comparison of inequality *more (less) . . . than, more* is translated by **più**, *less* by **meno**. *Than* is translated as follows:

a. Generally by **di** before nouns, pronouns, and numerals.

Lisa è più gentile **di** sua sorella.	*Lisa is more polite **than** her sister.*
Giovanni è più alto **di** me.	*Giovanni is taller **than** I.*
Il giapponese è più fạcile **del** cinese.	*Japanese is easier **than** Chinese.*
Leonardo ha dipinto meno affreschi **di** Michelạngelo.	*Leonardo painted fewer frescoes **than** Michelangelo.*
Parla più **di** due lingue.	*She speaks more **than** two languages.*

Bring in pictures that will elicit comparisons ("before-after" pictures are useful) and ask students to discuss them. Also, discuss comparative topics: il sistema scolastico italiano e quello americano; la cucina italiana, la cucina americana, etc.

b. By **che** when the comparison concerns the same subject and is made between two nouns, two adjectives, two verbs, or two adverbs.

A Venezia ci sono più ponti **che** canali.	*In Venice there are more bridges **than** canals.*
È più ricca **che** bella.	*She is more rich **than** beautiful.*
Mi piace più nuotare **che** camminare.	*I like swimming more **than** walking.*
L'ạria è più buona qui **che** là.	*The air is better here **than** there.*
Vediamo meglio da vicino **che** da lontano.	*We see better close up **than** at a distance.*

c. By **di quel che** before a conjugated verb, namely, when *than* introduces a clause.

È più vicino **di quel che** sembra.	*It is nearer **than** it seems.*
Questa antologịa costa meno **di quel che** credevo.	*This anthology costs less **than** I thought.*

ESERCIZI

A. Completate le frasi seguenti usando la forma appropriata dell'imperativo.

1. (farmi; discutere)   Ragazzi, _____ un favore: non _____ tutti insieme!

2. (dire; fare)   Signorina, _____ la Sua opinione e _____ qualche domanda!

3. (stare; parlare)   Franco, _____ zitto! Non _____ sempre.

4. (avere; aspettare)   Signori, _____ un po' di pazienza. _____ la guida!

5. (essere; vestirsi)   Giancarlo, _____ bravo e _____ !

B. Rispondete alle seguenti domande.

Esempio: Mamma, posso stare a Firenze un altro giorno? →
Sì, sta' a Firenze un altro giorno.

1. Posso dire cosa voglio?
2. Devo avere pazienza?
3. Dobbiamo firmare qui in cima?
4. Possiamo dire quello che pensiamo?
5. Posso fare la prima domanda?
6. Possiamo dare i biglietti a Gianni?
7. Possiamo stare a casa?

C. Riscrivete ciascuna della frasi seguenti facendo il cambiamento suggerito dall'esempio.

Esempio: Mi dica la verità. →
Dimmi la verità.

1. Mi faccia un favore.
2. Ci parli di vacanze non di lavoro.
3. Gli mandi i documenti per il passaporto.
4. Mi porti un cappuccino bello caldo.
5. Le dia dei contanti.
6. Mi spieghi perché non può venire.
7. Ci faccia una domanda meno generale.
8. Si prepari la cena.

D. Riscrivete ciascuna delle frasi seguenti facendo i cambiamenti suggeriti dall'esempio.

Esempio: Vestiamoci in fretta. →
Vestitevi in fretta.
Si vestano in fretta.

1. Vediamoci domani.
2. Alziamoci subito.
3. Divertiamoci se possiamo.
4. Sediamoci davanti al fuoco.
5. Ricordiamoci di telefonare.
6. Telefoniamoci giovedì.

E. Riscrivete ciascuna delle frasi seguenti facendo il cambiamento suggerito dall'esempio.

Esempio: Dacci i biglietti. →
Dacceli!

1. Dagli una caramella.
2. Leggimi questo dialogo.
3. Falle questo favore.
4. Mostraci le cassette di sicurezza.
5. Parlami della città da cui vieni.
6. Dimmi la tua opinione.
7. Portami il dizionario.

DOCUMENTO
Lettere sul razzismo

L'Espresso

22 APRILE 1990
Giornata mondiale della Terra

Salviamola!

F. Rispondete alle seguenti domande nelle forme positive e negative.

Esempio: Devo comprarti un gelato? →
Sì, compramelo.
No, non comprarmelo.
No, non me lo comprare.

1. Devo darti un modulo?
2. Devo mostrarvi l'ufficio di collocamento?
3. Devo parlarti dei miei risparmi?
4. Devo spiegarLe le regole del calcio?
5. Devo dirvi il mio nome?
6. Devo fargli un caffè?

G. Formate frasi usando un'espressione comparativa.

Esempio: Adriana è intelligente. Anche Vanna è intelligente. →
Vanna è così intelligente come Adriana.
Vanna è intelligente come Adriana.

1. Machiavelli è conosciuto. Anche Galileo è conosciuto.
2. La chiesa era antica. Anche la fontana era antica.
3. Gli affreschi di Michelangelo sono famosi. Anche gli affreschi di Giotto sono famosi.
4. Quel bar è popolare. Anche questo bar è popolare.
5. Quell'albergo è lontano. Questo albergo, invece, non è così lontano.

H. Formate frasi usando un'espressione comparativa.

Esempio: I film storici sono abbastanza divertenti. I film di fantascienza *(science fiction)* sono molto divertenti. →
I film di fantascienza sono più divertenti dei film storici.
I film storici sono meno divertenti dei film di fantascienza.

1. Il caffè è abbastanza caldo. Il cappuccino è molto caldo.
2. La mensa dello studente è abbastanza cara. Quel ristorante è molto caro.
3. L'aria di Firenze è abbastanza inquinata *(polluted)*. L'aria di Venezia è molto inquinata.
4. La discussione di oggi è abbastanza animata. La discussione di ieri non era affatto animata.
5. Io sono abbastanza simpatico. Tu sei molto simpatico.
6. Questo esame è abbastanza difficile. L'esame di domani sarà molto difficile.

I. **Paragoni.** Paragoni sé stesso/a alle persone che conosce. Parli delle cose che Le piacciono, che ha o non ha, e di ciò che fa. Usi le espressioni suggerite o altre.

Esempio: (intelligente) →
Non sono così intelligente come mia sorella.

(amici) →
Non ho tanti amici come il mio compagno di stanza.

(studiare) →
Non studio tanto quanto Michela. Lei studia più di me.

1. alto/a
2. fare ginnastica
3. giovane
4. problemi
5. denaro
6. cose
7. lezioni
8. pazienza
9. divertirsi
10. leggere
11. dormire
12. essere appassionato/a di

J. Le professioni (Professions).

Paragonate le seguenti professioni. Seguite l'esempio e fate paragoni logici usando comparativi in frasi complete.

Esempio: Fare il medico non è così interessante come fare la hostess.
Fare il muratore è più faticoso di quello che pensavo.
Fare l'avvocato è più monotono che prestigioso.

Remind students of the issues in the gender variants in the names of professions. **Repeat** the information in the note on p. 200, Ch. 16. **Here** say that **medico** and **ingegnere** are used for women also (although there is a form **ingegnera**). **Architetto, avvocato,** and **fotografo** are borderline cases, with either the masculine or feminine variant used to refer to professional women. Sometimes, **fotografa** is used in the sense of "dilettante photographer," as opposed to a professional photographer.

Aggettivi utili:

emozionante	*(exciting)*	pericoloso	*(dangerous)*
faticoso	*(tiring)*	prestigioso	*(prestigious)*
monotono	*(boring)*	violento	*(violent)*

l'architetto

l'avvocato

il commesso

la fotografa

il giornalista

l'infermiere

la farmacista

l'ingegnere

la hostess (lo steward)

il **medico**

il **muratore**

l'**operaia**

K. Completate le frasi seguenti con la forma appropriata della preposizione **di** o con la congiunzione **che.**

1. Mangi molto. Sei più largo _____ lungo.
2. Quegli studenti non sono affatto più intelligenti _____ voi.
3. Questa esperienza è più originale _____ utile.
4. Il gelato è più caro _____ cappuccino.
5. Il Palazzo Ducale non è più lontano _____ Basilica di San Marco.
6. Parlare italiano è più difficile _____ parlare inglese.
7. Marco è più scortese _____ me.
8. Il calcio è più popolare _____ pugilato.
9. Ci sono più _____ venti persone che fanno la coda.

VITA CULTURALE

politica estera

L. **Domande.** Rispondete con frasi complete.

1. Le piacciono le discussioni?
2. Che tipo di discussione preferisce?
3. Con chi discute, di solito?
4. Quando discute, come esprime la Sua opinione?
5. Le piace la letteratura moderna?
6. Con chi, dove e come discute di letteratura moderna?
7. Discute di politica, qualche volta? Con chi?

M. **Rielaborazione.** In italiano, per favore!

1. Vanna, Marina, get up. It's late.
2. Bring me an ice cream, please.
3. And now, please take me home.
4. Going shopping downtown is less fun than going to the movies.
5. Here's my book. Read it and tell me if you liked it.
6. I only like foreign movies when I understand them.

Ask **students** to write a composition on any topic. Have them write on every other line of the paper, or have them type double-spaced. When correcting compositions, circle mistakes, but do not correct them. Have students rewrite their compositions making necessary corrections.

Come si dice?

Apologizing

The following expressions can go far in smoothing over an error in judgment or bad timing:

Scusami! Scusatemi! }
Mi scusi! Mi scusino! }   *Forgive me! Excuse me!*

Mi dovete scusare, ma ...   *You'll have to excuse me,*
                              but ...

Mi (di)spiace di [essere in   *I'm sorry [to be late].*
   ritardo].
Mi (di)spiace per [il ritardo].   *I apologize for the [delay].*

Expressing forgiveness

To make someone feel at ease after an awkward moment, you can say:

Tutto è a posto.   *Everything is O.K.*
Nessun problema.   *No problem.*
Non importa.   *It doesn't matter.*
Figurati! (Si figuri!)   *Don't mention it!*
Non ti preoccupare! (Non si   *Don't worry!*
   preoccupi!)

Additional vocabulary: Non è niente *(It's nothing)*; Non fa niente *(It's nothing)*; Non ha alcuna importanza *(It's not important)*; Non c'è bisogno di scusarsi *(No need to apologize)*.

A. **Situazioni.** Che espressione usa in ciascuna di queste situazioni?

1. Il Suo capo Le ha chiesto un favore, ma Lei se ne è dimenticato/a. Cosa gli spiega?
2. Un amico di famiglia, che lavora alla Fiat, Le dice che la domanda che Lei ha fatto in ditta non è stata accettata. Lei, nel frattempo *(in the meantime),* ha già avuto un colloquio all'Alfa Romeo.
3. Lunedì scorso era il Suo settimo anniversario di matrimonio, e Lei se ne è dimenticato/a.
4. Ha dato la Sua macchina a una cugina in visita da Napoli. La cugina Le telefona improvvisamente per dirLe che ha avuto un incidente *(accident)* sull'autostrada.

B. **L'appuntamento.** Role-play the following situation: Your boyfriend (girlfriend) calls you two hours after you had planned to go out. He (she) had forgotten all about the date. You mention that this is the second time this week that this has happened (**è la seconda volta che è successo questa settimana**). You are furious. He (she) apologizes profusely, but at first you refuse to forgive. Eventually, you give in and accept the apologies offered.

LA LINGUA ITALIANA

L'italiano è la lingua nazionale° del paese: tutti la studiano a scuola; è la lingua della radio, della televisione, e della stampa.° Ma ogni regione ha anche un suo dialetto° caratteristico. Cosicché,° per esempio, un napoletano° parla sia italiano sia° napoletano, il dialetto di Napoli. Alcuni dialetti si somigliano,° altri sono molto differenti e, come l'italiano, derivano° dal latino° parlato che si è trasformato° durante i secoli.

    Ma quanti italiani parlano in dialetto? E in quali occasioni° preferiscono esprimersi o nell'uno o nell'altro°? Dopo decenni° in cui il dialetto era considerato una lingua «bassa°», soprattutto dalla scuola, gli italiani hanno riscoperto° la tradizione e l'espressività° dialettale. Secondo recenti studi,[1] sono l'85 per cento quelli che sanno parlare italiano, mentre° trent'anni fa erano solamente il 35 per cento. Con gli amici o in famiglia il 57 per cento degli italiani sa o preferisce parlare in dialetto, e la presenza dei dialetti è molto forte° in regioni come il Veneto, il Friuli, la Sicilia e la Campania, nei quali più della metà° della popolazione° parla in dialetto anche con estranei.° Invece, nel Piemonte e in Lombardia, con gli estranei la gente usa l'italiano l'80 per cento delle volte, e il 60 per cento in famiglia. Non bisogna inoltre° dimenticare che l'italiano non è l'unica° lingua parlata in Italia. Le minoranze etniche° in Alto Adige parlano tedesco, in Val d'Aosta è forte la presenza del francese, e in alcune piccole comunità° della Puglia e della Sicilia l'albanese° è tuttora° vivo.

national

press
dialect / So that / Neopolitan
sia ... both ... and
resemble each other / derive
Latin / evolved

occasions
in one or the other / decades
low
rediscovered / expressiveness
whereas

strong
half / population / strangers

furthermore
only
ethnic minorities
communities / Albanese
still

ESERCIZI DI COMPRENSIONE

A. **Vero o falso?**

_____ 1. L'italiano è la lingua nazionale del paese ed è l'unica lingua usata in Italia.

---

[1] Tullio De Mauro «Sotto l'italiano trovi il dialetto.» *L'Espresso,* No. 15, April 15, 1990.

_____ 2. Anche oggi gli italiani considerano il dialetto una lingua «bassa».

_____ 3. Il 57 per cento degli italiani usa il dialetto con gli estranei.

_____ 4. Gli italiani del nord parlano quasi sempre in italiano mentre quelli del sud preferiscono sempre parlare in dialetto.

_____ 5. Sia i dialetti che l'italiano derivano dal latino parlato.

_____ 6. L'albanese, il tedesco e il francese sono le lingue di alcune minoranze etniche italiane.

B. Domande.

1. Secondo la lettura, in generale in quali occasioni gli italiani preferiscono parlare in italiano? E in dialetto?
2. In quali regioni d'Italia è molto forte la presenza dei dialetti? Da che cosa lo capiamo?
3. In generale, quale lingua usa la gente del Piemonte e della Lombardia quando parla con estranei?
4. Perché, secondo Lei, trent'anni fa solamente il 35 per cento degli italiani sapeva parlare italiano?
5. Quali minoranze etniche ci sono nel Suo paese? Che lingua parlano?

BLASTERS
• DISCHI & NASTRI •
NOVITA' IMPORT UK USA & RARE RECORDS
BLUES - ROCK - SOUL - COUNTRY - PSICHEDELIA
HEAVY METAL - NEW WAVE
POP - DARK
DISCHI DI CATALOGO - PROMO
LIVE RECORD E LIVE TAPES
COMPACT DISC - VIDEO
PICTURE DISC
Piazza Liberta', 1/B - Tel. 855047 - SCANDIANO

RIPETIZIONE V

A. Il colloquio. Marco sta cercando lavoro. La mamma gli fa alcune domande. Rispondete usando il pronome di forma tonica.

Esempio: Vai alla ditta Alessandrini con Marina? →
No, non voglio andare alla ditta con lei.

1. Hai il colloquio con il dottor Neri, oggi?
2. Farai domanda dai F.lli (Fratelli) Rossi?
3. Ti consulterai con me prima?
4. Accetterai anche l'aiuto di tua sorella?
5. Manderai un telegramma alla nonna se otterrai (**ottenere** *to obtain, get*) il posto?
6. Scriverai anche a me e al papà se ti manderanno in Algeria?
7. Rimarrai dagli zii a Bologna dopo il colloquio?

B. Espressioni. Combinate le espressioni della colonna a sinistra con quelle appropriate della colonna a destra.

1. E sapeva che...
2. È possibile chiamare l'Europa da qui?
3. Perché non fai domanda dal meccanico?
4. Desidera?
5. Dove firmo?
6. Tocca a Lei!
7. Zitto! Non sono in vena di parlare con nessuno.
8. Sei in ritardo.
9. Ritornerai presto?

a. Voglio cambiare dei dollari.
b. Che modi!
c. Qui in cima.
d. Arrivederci.
e. Appena posso.
f. Come no!
g. Scusa, ma non è colpa mia.
h. Che cosa?
i. Ah, sì. Volevo solo un'informazione.
j. Mi prendi in giro?

C. Rispondete a ciascuna delle domande seguenti usando il pronome congiuntivo **ne.**

Esempio: Ha qualche amico in Italia? →
Sì, ne ho molti.

1. Ha qualche opinione?
2. Ha fatto qualche domanda intelligente?
3. Ha qualche parente nel Veneto?
4. Ha visitato qualche chiesa antica?
5. Ha conosciuto qualche regista italiano?
6. Ha visto qualche affresco di Michelangelo?

D. Rispondete a ciascuna delle domande seguenti usando le due forme indicate dell'imperativo.

Esempio: Devo proprio parlare? →
Sì, parli!
Sì, parla!

1. Devo proprio partire?
2. Devo proprio pagare?
3. Devo proprio ricominciare?
4. Devo proprio andare?
5. Devo proprio venire?
6. Devo proprio stare qui?

E. Rispondete a ciascuna delle domande seguenti usando le due forme indicate dell'imperativo.

Esempio: Posso fare una domanda? →
No, non farla.
Sì, falla.

1. Posso leggere questo libro?
2. Posso assumere questo ragazzo?
3. Posso spiegare questo problema?
4. Posso rispondere a Gino?
5. Posso depositare questi assegni?
6. Posso consultare questa lista?

F. Riscrivete le frasi seguenti sostituendo il nome complemento oggetto col pronome appropriato. Fate tutti i cambiamenti necessari.

Esempio: Ci legge i romanzi di Moravia. →
Ce li legge.

1. Gli vende quattro biglietti.
2. Mi fa un favore.
3. Ci ha fatto molti favori.
4. Ci faranno molte domande.
5. Vi insegnavano la letteratura moderna.
6. Le ha portato un cappuccino bello caldo.

G. Rispondete a ciascuna delle domande seguenti.

Esempio: Comprerai dei dischi *(records)* ai tuoi figli? →
No, preferisco non comprargliene.

1. Professore, farà questa domanda ai Suoi studenti?
2. Gianni, leggerai questa relazione a Graziella?

3. Signorina, porterà i biglietti a Gianni?
4. Farai questo favore per tua cugina?
5. Ripeterà le Sue opinioni agli amici?
6. Manderai i telegrammi agli artisti?

H. Rispondete a ciascuna delle domande seguenti.

Esempio: Chi è più simpatico? Tu o lui? →
Lui è più simpatico di me e io sono meno simpatico di lui.

1. Chi è più dinamico? Tu o lei?
2. Chi è più simpatico? Voi o loro?
3. Chi è più orgoglioso? Lui o lei?
4. Chi è più giovane? Tu o loro?
5. Chi è più fortunato? Noi o voi?
6. Chi è più animato? Io o tu?

I. **Una serata a teatro.** *(An evening at the theater.)* Riscrivete il brano seguente al passato usando le forme necessarie del passato prossimo e dell'imperfetto, secondo il contesto. Incominciate con: *Nel 1988, Joan e Mary...*

Joan e Mary sono a Firenze e vogliono andare a teatro. Il teatro è chiuso ogni lunedì. Una domenica le due ragazze prendono un tassì alle sette di sera e arrivano al teatro verso le sette e mezzo. Mentre Joan aspetta, Mary fa la coda al botteghino. L'impiegata le vende due biglietti di seconda fila. La rappresentazione *(performance)* incomincia alle otto precise e finisce alle undici. È una commedia moderna ambientata a Napoli. Joan e Mary si divertono e imparano molto. Prima di ritornare all'albergo si fermano in un bar e ordinano due cappuccini.

J. **Quale dei tre?** Completate le frasi con la forma appropriata di uno dei tre verbi seguenti: **andare, avere, essere.**

1. Anche stamattina (io) ＿＿＿＿＿＿ venuto a piedi.
2. Francesca, perché ＿＿＿＿＿＿ sempre in ritardo?
3. Perché io non ＿＿＿＿＿＿ mai fretta.
4. Con chi (voi) ＿＿＿＿＿＿ a teatro, domani?
5. A che ora (tu) ＿＿＿＿＿＿ a casa, di solito?
6. Su, (noi) ＿＿＿＿＿＿ a casa mia.
7. Giancarlo si ＿＿＿＿＿＿ alzato tardi anche ieri.

Situazioni pratiche

1. Un amico (un'amica) che abita in un'altra città desidera visitare la città dove Lei abita. Gli (Le) dia suggerimenti e le istruzioni necessarie. Poi dia gli stessi suggerimenti e le stesse istruzioni a un amico (un'amica) della Sua famiglia, con il (la) quale userà il Lei.

2. Presentate una discussione molto animata fra alcuni amici che parlano di sport, di cinema o di politica, ma che non sono d'accordo.

VI GLI AMICI E LA FAMIGLIA

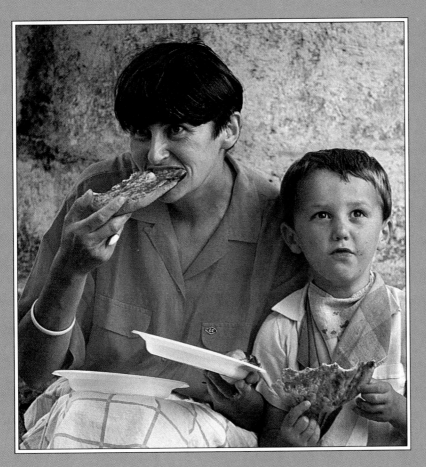

Culture
- Using public transportation
- Understanding clothing sizes
- Shopping hours in Italy
- Eating habits
- Italian opera and popular festivals

Communication
- Communicating at the railway station
- Making a purchase
- Ordering at a restaurant
- Expressing time relationships

ALLA STAZIONE FERROVIARIA

Ieri Lisa ha ricevuto un telegramma da Roma: «Parto domani ore diciotto. Arriverò alle ventitré col rapido. Vieni alla stazione. Cecilia.»

Lisa: Cecilia! Che sorpresa. Hai fatto buon viaggio?

Cecilia: Non proprio.

Lisa: Cos'è successo?

Cecilia: Niente. A causa del traffico sono arrivata alla stazione tardi e ho quasi sbagliato treno.

La Stazione Centrale a Bologna.

Lisa:	Dici sul serio?
Cecilia:	Ma sì... stavo per salire su un Eurocity per Parigi. Comunque, senti, indovina chi ho incontrato?
Lisa:	Chi? L'uomo dei tuoi sogni? Dai, racconta.
Cecilia:	Ero seduta nello scompartimento e avevo cominciato a leggere quando è entrato il controllore, un ragazzo più o meno della mia età.
Lisa:	E così?
Cecilia:	Gli ho spiegato che non avevo fatto in tempo a fare il biglietto e gli ho chiesto se dovevo pagare anche il supplemento rapido. Be', mentre parlavamo...
Lisa:	Vi siete accorti che vi conoscevate!
Cecilia:	Esatto! Era Silvano Filippi. Il bambino più simpatico dell'intera scuola elementare. Sai, quando avevamo traslocato a Salerno.
Lisa:	Che coincidenza! Aspetta, ti aiuto con le valige.
Cecilia:	Non importa. Non sono pesanti.
Lisa:	Sapevi che a Milano c'è lo sciopero dei tassisti, vero?
Cecilia:	No. Pazienza! Prenderemo la metropolitana.

DOMANDE

1. Da chi ha ricevuto il telegramma Lisa?
2. È già alla stazione Lisa quando il treno arriva?
3. Perché Cecilia è arrivata tardi alla stazione?
4. Dove ha fatto il biglietto?
5. Secondo Lei, deve pagare anche il supplemento?
6. Il controllore è più giovane o più vecchio di Cecilia?
7. Di che cosa si sono accorti quando hanno cominciato a parlare?
8. Perché Lisa e Cecilia devono prendere la metropolitana?

Vocabolario

Sostantivi

il **controllore**   conductor
la **metropolitana**   subway
il **rapido**   direct train
lo **sciopero**   strike
lo **scompartimento**   compartment
il **sogno**   dream
la **sorpresa**   surprise
il **supplemento**   premium;
   supplemento rapido   premium paid for direct trains

il/la **tassista**   taxi driver
l'**uomo** (*pl.* gli **uomini**)   man
la **valigia** (*pl.* le **valige**)   suitcase

Aggettivi

elementare   elementary
ferroviario   rail (*adj.*)
pesante   heavy

Verbi

aspettare   to wait for
indovinare   to guess
partire   to leave
raccontare   to tell
ricevere   to receive
salire° (*irr.*)   to get on
sbagliare   to mistake, make a
   mistake
traslocare   to move

Espressioni

a causa di   because of
e così?   so?
fare il biglietto   to buy a
   ticket

fare in tempo a (+ *inf.*)   to
   have enough time to (*do
   something*)
fare (un) buon viaggio   to
   have a good trip
essere seduto/a   to be seated

non proprio!   not really!
pazienza!   never mind!
per fortuna   luckily, fortunately
più o meno   more or less

NOTE LINGUISTICHE E CULTURALI

- The verb **sbagliare** means to make a mistake or to do something wrong,
  so that **sbagliare treno, sbagliare strada** mean *to catch the wrong train,
  to go the wrong way.*

  Abbiamo sbagliato. Dovevamo
     invitarli.
  Abbiamo sbagliato autobus.

  *We made a mistake. We should
     have invited them.*
  We got on the wrong bus.

- Use of public transportation, such as the rail systems, is widespread in
  Europe. An extensive rail network serves commuters locally while long-
  distance travelers can rely on fast and comfortable trains like the **Intercity (IC)** or the **Eurocity (EC)** to reach major Italian and European destinations in a matter of hours. Although the Italian rail system run by
  the **Ferrovie dello Stato** *(State Railways)* is somewhat less efficient than
  its Swiss or German counterparts, it still represents the most convenient
  and enjoyable means of touring the country.

Dipendenti (employees) *delle Ferrovie dello Stato.*

Come viaggiano?

Optional activity 1:
Che età avranno Lucia e Giuseppe? Dove andrannno, secondo Lei? Saranno in viaggio di nozze? Quando si saranno sposati? Perché la signora Peretti ha preso il treno e non l'aereo? Secondo voi, ha paura di viaggiare in aereo? ecc.

Optional activity 2:
Divide the class into groups of 3 to 4 students. Each group invents a story on one of the characters in the drawing. One student starts with a statement about the character, and the next student adds on to it. Each group presents the story to the class and the most original story is chosen. This can also be assigned as homework.

Marco

Famiglia Rossi

Signora Peretti

Francesca

Lucia e Giuseppe

Grammatica

I. Il trapassato prossimo (The past perfect)

As in English, the past perfect is used in Italian to express what *had taken place*. The **trapassato prossimo** is formed with the past descriptive of **avere** or **essere** plus the past participle of the verb.

TRAPASSATO PROSSIMO

Verbi come **parlare**			
avevo avevi aveva	parlato	avevamo avevate avevano	parlato

TRAPASSATO PROSSIMO

Verbi come **arrivare**			
ero eri era	arrivato/a	eravamo eravate erano	arrivati/e

Avevano parlato con loro?　　　*Had they talked to them?*
Ero arrivata presto.　　　*I had arrived early.*
Sapevo che **aveva comprato** l'acqua minerale.　　　*I knew she had bought the mineral water.*
Il treno **era arrivato** in ritardo.　　　*The train had arrived late.*

II. L'avverbio di luogo *ci*

Ci is used as an unstressed adverb of place and means *there, here*. It is used to refer to a place already mentioned in the sentence and precedes or follows the verb according to the rules already given for **ci** and **vi**[1] as conjunctive pronouns (see Chapter 6).

Sono andati alla stazione; andiamo**ci** anche noi.　　　*They went to the station; let's go **there** too.*
Vogliamo andar**ci** insieme.　　　*We want to go **there** together.*
Mi fermo a casa tua, ma non **ci** rimango a lungo.　　　*I'll stop by your house, but I won't stay **there** long.*

---

[1]**Vi** is also an adverb of place and has the same function and meaning as **ci**. **Vi** is not frequently used.

III. Il superlativo relativo
(The relative superlative)

1. The relative superlative is formed by placing the definite article before the comparative **più** or **meno**. Thus, *the most* interesting (beautiful, etc.), the tall*est* (great*est*, etc.) is translated by **il più, la più, i più, le più** plus the adjective; or, if the idea of *least* is implied, by **il meno, la meno, i meno, le meno** plus the adjective.

Roma è **la più grande** città d'Italia.	Rome is **the largest** city in Italy.
Questo è **il meno interessante** mus̫eo della città.	This is **the least interesting** museum in the city.

2. In the relative superlative construction, the English preposition *in* is rendered by the Italian preposition **di**.

3. When the superlative immediately follows the noun, the definite article is not repeated with **più** or **meno**.

Il *Corriere della Sera* è **il più noto** giornale d'Italia.
The Corriere della Sera *is **the best-known** newspaper in Italy.*

BUT

Il *Corriere della Sera* è il giornale **più noto** d'Italia.
The Corriere della Sera *is **the best-known** newspaper in Italy.*

ESERCIZI

A. Riscrivete ogni frase al trapassato pross̫imo e inserite l'avverbio di tempo **già**.

Esempio: L'hai conosciuto? →
L'avevi già conosciuto?

1. Sì, l'ho saputo anch'io.
2. Anna e Marina si sono scusate del ritardo.
3. Hai fatto il biglietto?
4. Avete ricevuto il telegramma?
5. È arrivato il rap̫ido da Bologna?
6. A Milano c'è stato lo sciop̫ero dei tassisti.

B. Completate ciascuna delle frasi seguenti con la forma appropriata del trapassato pross̫imo del verbo fra parentesi.

Esempio: (studiare fino a mezzanotte) →
Avevo sonno perché avevo studiato fino a mezzanotte.

1. Volevamo sederci perché ... (camminare tutto il giorno)
2. Adriana scriveva ancora perché ... (non finire l'esercizio)
3. Marina non desiderava parlare perché ... (incominciare a l̫eggere)
4. Voi avete fatto molte domande perché ... (non capire niente)
5. Non ẹrano arrivate, perché ... (avere sbagliato treno)
6. Le ragazze non sono andate a teatro perché ... (non trovare i biglietti)

C. Osservate attentamente l'esempio e formate frasi singole.

Esempio: Sono arrivata alla stazione. Il rapido non è partito. →
    Quando sono arrivata alla stazione il rapido non era
    ancora partito.

1. È entrata Silvana. Non mi sono seduta.
2. Siamo stati a Roma. Non hanno finito il restauro *(restoration)* della
   Cappella Sistina.
3. Gianni è arrivato. Non abbiamo trovato una stanza.
4. Ho telefonato. Non sono ritornati a casa.
5. Sono andata in classe. Non mi sono preparata per l'esame.

D. Rispondete a ciascuna della domande usando il pronome avverbiale **ci.**

Esempio: Andrai a Roma? (in agosto) →
    Sì, ci andrò in agosto.

1. Verrete a Bologna? (fra una settimana)
2. Signora, quando andrà alla Rinascente? (domani)
3. Ritornerai a Padova? (in primavera)
4. Andrete al parco? (presto)
5. Professoressa, quando andrà in biblioteca? (fra due ore)
6. Lavorerai nel negozio di tua madre? (il prossimo settembre)

E. Rispondete alle domande usando il pronome avverbiale **ci.**

Esempio: Volete andare al cinema? →
    No, non ci vogliamo andare.

1. Vuoi ritornare al Lido?
2. Signora, vuole abitare nel centro della città?
3. Volete andare alla partita?
4. Vuoi venire dal macellaio con me?
5. Vuoi andare in un altro scompartimento?
6. Vuole ritornare all'università Suo cugino?

Additional vocabulary: verbs whose meanings change when ci is added: **crederci, sentirci, vederci, volerci, pensarci, entrarci.**
 Review **averci** now that students have learned the double object pronouns: **Ce l'hai? Sì, ce l'ho. Maria ce l'ha.** This is an appropriate place to explain redundancy in Italian. **A Capri ci vanno ogni estate. Io a casa non ci sto più.** Redundancy is always present in spoken Italian and is confusing to those not anticipating it.

F. Formate frasi singole includendo il superlativo relativo e la forma
appropriata della preposizione **di.** Alternate le due forme.

Esempio: È una piazza famosa. È a Firenze. →
    È la piazza più famosa di Firenze.
    È la più famosa piazza di Firenze.

1. È una ragazza scortese. È in questa classe.
2. È un albergo comodo. È in questa città.
3. Era un parco nazionale interessante. Era nel Lazio.
4. È una rivista nota. È in Italia.
5. È un professore divertente. È nel vostro liceo.
6. È un edificio moderno. È in quella piazza.

G. Osservate l'esempio e formate frasi includendo il superlativo relativo e
la forma appropriata della preposizione **di.**

Esempio: professore / originale / università →
　　　　　　　È il professore più originale dell'università.

1. poeta / conosciuto / Italia
2. liceo / antico / Roma
3. sorpresa / piacevole / viaggio
4. museo / conosciuto / città
5. esercizio / difficile / questo libro
6. Eurocity treno / veloce / Europa

H. Rielaborazione. In italiano, per favore!

1. I remembered that they had not been here since 1980.
2. Ladies and gentlemen, close your books.
3. Please go to the railroad station, Ann. The express train will arrive in half an hour.
4. They finally built a theater in our city.
5. It was the largest and most comfortable hotel in the whole town.
6. When we arrived, they had already left.
7. He is the oldest student in the class. He is older than our professor.
8. Can you imagine! There is a strike of university professors in Italy.

Domanda-risposta: construct drill questions that will force students to respond in different tenses: Conosci Mario? Quando l'hai conosciuto? Avevi conosciuto suo fratello? Lo vedrai quando andrai in Italia?

I. A diciott'anni avevo già ... Determinate *(determine)* quello che avevano fatto d'interessante gli altri studenti a diciott'anni. Osservate l'esempio e date risposte complete.

Esempio: —Avevi già fatto qualche viaggio interessante o visitato dei luoghi esotici, quando avevi diciott'anni?
　　　　　　　—Sì, a diciott'anni ero già stato/a in Brasile e in Egitto con i miei genitori. Non so se li posso chiamare viaggi «esotici», ma l'esperienza è stata molto interessante. E tu, che cosa avevi già fatto a diciott'anni?
　　　　　　　—Be', mi ero già fidanzato/a ...

J. Conversazione. Chiedete a un'altra persona nella classe quali sono state le esperienze più interessanti (noiose, pericolose, ecc.) della sua vita. Rispondete in frasi complete e osservate gli esempi.

Esempio: —Qual è stata l'esperienza più interessante della tua vita?
　　　　　　　—Quando facevo il bagnino (la bagnina) ad Acapulco ...
　　　　　　　—E qual è stata l'esperienza più pericolosa della tua vita?
　　　　　　　—Quando ho visitato la foresta equatoriale con mia zia Serafina.

Parole utili:

bello	entusiasmante *(exciting)*
esotico	indimenticabile *(unforgettable)*
noioso	spaventoso *(scary)*
pericoloso	strano *(strange)*

Come si dice?

Communicating at the railway station

Here are some useful expressions for when you take a train trip:

Vorrei un biglietto [d'andata e ritorno / di sola andata] per [Roma].
I would like a [round-trip / one-way] ticket to [Rome].

Da che binario parte il locale per [Termoli]?
From which platform does the local train to [Termoli] leave?

Su quale binario arriva [l'espresso da Roma delle 10.30]?
On which platform does the [10:30 express train from Rome] arrive?

Ho perso la coincidenza. A che ora parte il prossimo rapido [per
   Parigi]?
*I missed my connection. At what time does the next local express [to
   Paris] leave?*

Accidenti! Ho sbagliato treno. Devo scendere assolutamente.
Darn it! I took the wrong train. I must get off at all costs.

Il diretto da [Parigi] viaggia con [tre] ore di ritardo.
The fast train from [Paris] is running [three] hours late.

Attenzione. Allontanarsi dal [terzo] binario. Treno in transito.
*Attention, please. Stand clear of track number [three]. A train is
   approaching.*

Additional vocabulary: il binario (*platform, track*), la biglietteria (*ticket counter*), la cuccetta (*berth*), la coincidenza (*connection*), cambiare treno (*to change train*), il posto riservato (*reserved seat*), il vagone ristorante (*restaurant car*), il vagone letto (*sleeping car*), le rotaie (*rails*).

LINEA BOLOGNA (RAVENNA) RIMINI (S.MARINO) (**)

ANDATA		EX.	L	D	IC	Ex (*)	D (°)
BOLOGNA C.	p.	7.55	8.21	8.37	8.53	9.09	9.(35)
CASTELBOLOGNESE	a.	=	8.56	9.05	=	=	9.59
RAVENNA	a.	=	9.33	=	=	=	10.34
FAENZA	a.	8.26		9.10	=	=	
FORLÌ	a.	8.37		9.25	=	9.48	
CESENA	a.	8.52		9.43	=	10.06	
RIMINI	a.	9.12		10.06	9.59	10.27	
RITORNO		D	D	IC	D (°)	D	Ex	IC
RIMINI	p.	17.05		18.00		19.05	19.51	20.45
CESENA	p.	17.26		=		19.26	20.14	=
FORLÌ	p.	17.39		18.30		19.39	20.28	=
FAENZA	p.	17.39		=		19.49	20.39	=
RAVENNA	p.		17.30		18.03			
CAST. BOL.	p.	17.56	18.20	=	18.53	19.56	=	=
BOLOGNA C.	a.	18.25	18.52	19.11	19.25	20.25	21.11	21.50

Note: (**) Per S. Marino e viceversa esiste servizio di autobus in partenza ed in arrivo nel piazzale esterno dalla stazione di Rimini
   con frequenza oraria.
   (*) Si effettua dal 22.6 all'11.9.1990
   (°) Si effettua dal 9.6 al 9.9.1990

A. **Alla stazione.** Il signor Alberto ha fatto visita al figlio a Bologna ed ora vuole ritornare a casa a Piacenza. Luca lo accompagna alla stazione e, come al solito, il treno è in ritardo. Mettete in ordine logico le frasi del dialogo.

—Che sfortuna! Hanno appena annunciato che il treno è in ritardo.

—Non ne voglio sentir parlare. L'ultima volta che ho fatto come dicevi tu, sono finito *(I ended up)* a Milano.

—*(Altoparlante)* Attenzione prego. Allontanarsi dal terzo binario. Treno in transito. Allontanarsi dal...

—Non è stata colpa mia. Quando ti sei accorto che avevi sbagliato treno, dovevi scendere.

—*(Altoparlante)* Il locale per Piacenza viaggia con due ore di ritardo. Attenzione, prego, il locale per Piacenza...

—L'orario *(timetable)* dice che ce n'è un altro alle cinque e dieci che si ferma a Piacenza.

—Ma tu non mi avevi detto che era un Intercity! Attento! *(Be careful!)* Sta arrivando il treno.

B. **Devo fare il biglietto.** In pairs, role-play this dialogue with another student. You want to catch a train to Lucca but don't know if you have to change trains, at what time the train leaves, etc. Go to the ticket counter and ask for information.

STUDENTE 1: Passeggero *(passenger)*	STUDENTE 2: Bigliettaio *(ticket agent)*
Ask for two one-way tickets to Lucca.	Answer by quoting how much they are: 21,000 liras.
Ask from which platform the train leaves.	Answer that the train leaves from platform number 10.
Ask if you need to change trains in Florence.	Say that, yes, it is necessary to change trains. Ask if the passenger knows at what time the connection is.
No, you didn't know that you had to change trains.	The train for Lucca leaves at 2:55 P.M. (**14.55**). It's a local train.
Ask at what time the next train is, if you miss your connection in Florence.	Say that you will tell him (her), but that next time he (she) needs to go to the information office. You only sell tickets here.
Object to the agent's manners.	

21 IN CENTRO

Lisa e Cecilia sono andate a fare due passi in centro. Non hanno potuto guardare molte vetrine perché Cecilia ha dovuto comprare un regalo per la cognata, e Lisa ha voluto cambiare un paio di scarpe che non le andavano bene. Prima però si sono fermate a un'edicola per comprare il giornale.

All' edicola

Lisa: Ha il *Corriere della Sera*?

Giornalaio: Eccolo. Sono mille e duecento lire.

Cecilia: Mi dia una rivista, l'ultimo numero di *Panorama*, per cortesia.

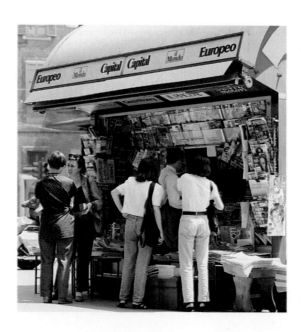

Il giornalaio vende giornali, riviste e biglietti per l'autobus.

Da Dimensione Donna

Cecilia: Cerco un regalo per una signora sui trent'anni.

Commessa: Posso mostrarLe delle camicette di cotone graziosissime, le ultime novità della stagione. Che taglia porta?

Cecilia: Il quarantadue.

Commessa: Ecco alcuni modelli. Quella là beige è di seta, ed è anche in svendita.

Cecilia: Uhm, che te ne pare, Lisa? Quella beige non è male.

Lisa: Prendigliela. È un'occasione.

Cecilia: Ci può fare una confezione regalo?

Ti piacciono quegli orecchini d'argento?

Da Sebastian

Lisa: Scusi, vorrei cambiare questo paio di scarpe, se è possibile. Mi stanno strettissime, e la qualità della pelle è pessima.

Commesso: Ha tenuto lo scontrino?

Lisa: Certamente. Eccolo.

Il commesso ritorna con altre paia di scarpe.

Cecilia: Lisa, questa volta devi provartele almeno!

Lisa: Sì, sì. Ecco fatto. Come mi stanno?

Cecilia: Benissimo. Ma ti vanno bene?

Lisa: Sono comodissime. Le prendo.

DOMANDE

1. Dove stanno facendo due passi Lisa e Cecilia?
2. Che cosa comprano all'edicola?
3. Che cosa mostra la commessa a Cecilia?
4. Per chi è il regalo?
5. La camicetta che Cecilia compra costa poco, vero? Perché?
6. Come sono le scarpe che Lisa vuole cambiare?
7. Quando Lisa aveva comprato le scarpe la prima volta, le aveva provate?
8. Com'è il nuovo paio di scarpe?

Vocabolario

Sostantivi

la **camicetta**   blouse
il **cognato**, la **cognata**
   brother-in-law, sister-in-law
il **cotone**   cotton
la **dimensione**   dimension
la **donna**   woman
l'**edicola**   newspaper kiosk
il **giornalaio**, la **giornalaia**
   newspaper vendor
il **giornale**   newspaper
il **modello**   model; style
la **novità**   fashion; innovation
il **numero**   (newspaper, magazine) issue
la **pelle**   leather; skin
la **qualità**   quality
il **regalo**   present

la **rivista**   magazine
lo **scontrino**   receipt
la **seta**   silk
la **taglia**   (clothing) size
la **vetrina**   (store) window

Aggettivi

comodo   comfortable
grazioso   pretty, nice
pessimo   terrible
stretto   tight, narrow

Verbi

portare   to wear
provare   to try on
tenere° *(irr.)*   to keep

Altri vocaboli

estremamente   extremely
però   however

Espressioni

andare bene (a)   to fit
che te ne pare?   what do you
   think (about it)?
la confezione regalo   gift
   wrap
è un'occasione!   it's a bargain!
ecco fatto!   done!
guardare le vetrine   to window shop
in svendita   on sale
sui trent'anni   about thirty
   years old

- Whereas **taglia** refers to size in clothing, **numero** is used to refer to shoe sizes.

Che numero porta?	**What size shoe do you wear?**
—Porto il trentanove.	—I wear a size thirty-nine.

VESTITI DONNA	ITALIA	40	42	44	46	48
	USA	6	8	10	12	14
VESTITI UOMO	ITALIA	46	48	50	52	54
	USA	36	38	40	42	44
SCARPE DONNA	ITALIA	35	36	37	38	39
	USA	5	6	7	8	9
SCARPE UOMO	ITALIA	41	42	43	44	45
	USA	8	9	10	11	12

- To express that items of clothing look good or bad on a person, use the verb **stare**.

Come mi stanno queste scarpe?—Benissimo!	**How do these shoes look?** —They look great!
Bruno, quella cravatta rossa **sta male** con quei calzoni.	Bruno, that red tie **doesn't go** with those pants.

- The expression (**non**) **andare bene** means (not) to fit when referring to clothing.

La gonna **ti va bene**?	Does the skirt fit you?
Questo cappotto **non mi va bene**. È stretto.	This coat does not fit me. It's tight.

- Since lunch is the major meal of the day, most shops close over the lunch hours and reopen around 3:30 P.M. in the winter (**orario invernale**) or 4:30 P.M. in the summer (**orario estivo**). They rarely stay open longer than 7:30 in the evening. All stores are closed on Sundays and major holidays, except florists and pastry shops. In addition, within the week each business observes a rest period (usually in the afternoon). This is often indicated on signs as **Chiuso per turno: [lunedì]**. (Rest day: [Monday]).
- Besides indicating possession, the preposition **di** also indicates content or composition.

un bicchiere di vino	a glass of wine
un orologio d'oro	a gold watch
un piatto d'argento	a silver plate
un vaso di fiori	a vase (full) of flowers

Grammatica

I. I pronomi con l'infinito, *continuazione*

1. As we saw (Chapters 6, section I, and 10, section I) conjunctive pronouns always follow the infinitive and, with the exception of the indirect pronouns **Loro** and **loro** *(to you, to them)*, are directly attached to it. In such cases the infinitive drops the final -e.

È venuto per **vederla**.	*He has come in order **to see her**.*
Siamo venuti per **parlarLe**.	*We came **to talk to you**.*
Ha telefonato per **spiegarglielo**.	*He telephoned **to explain it to you**.*
Vogliono **vendercene cinque**.	*They want **to sell us five** (of them).*
Voglio **venderne loro** (**vendergliene**) **due**.	*I want **to sell them two** (of them).*

Stress the placement of pronouns and the fact that they *never* come between two verbs.

2. When, however, the infinitive is preceded by **dovere, potere, volere,** or **sapere** (which at times function as modal auxiliaries), the conjunctive pronouns and the adverb of place **ci** may either precede the conjugated verb or follow the infinitive.

Non **la** voglio vedere. Non voglio veder**la**.	*I do not want to see her.*
Me lo deve mostrare. Deve mostrar**melo**.	*He must show it to me.*
Non posso andar**ci** Non **ci** posso andare.	*I cannot go there.*

II. Il superlativo assoluto

Bring in pictures that will elicit comparisons: especially good are those of houses, children, food.
  Option: this is a good place to review adjectives and adverbs in general. To do this, ask students to write a descriptive composition, taking their subject from a picture.

1. We have already learned that to express the absolute superlative the suffix -**issimo (a, i, e)**[1] can be added to the adjective. The absolute superlative can also be constructed by placing adverbs such as **molto, assai** *(very),* and **estremamente** *(extremely)* before an adjective.

È una rivista **molto (assai) spinta**.	*It's a **very daring** magazine.*
È stata una discussione **estremamente utile**.	*It was an **extremely useful** discussion.*

---

[1]Remember that adjectives in -**co** and -**go** add an **h** to the stem, and adjectives in -**cio** and -**gio** drop the -**io** before adding -**issimo**: lungo **lunghissimo**; bianco **bianchissimo**; grigio **grigissimo**.

2. Buono and **cattivo** have both a regular and an irregular absolute superlative.

buono	*good*	buonissimo ottimo	} *very good*
cattivo	*bad*	cattivissimo pessimo	} *very bad*

III. Verbi servili

When **dovere, potere,** and **volere** govern an infinitive, they are conjugated with either **essere** or **avere**, depending on whether the dependent infinitive is conjugated with **essere** or **avere**.

The past participles for these verbs are **dovuto, potuto,** and **voluto.**

Adriana non è **potuta venire.**	*Adriana could not come.*
Siamo dovuti partire all'improvviso.	*We had to leave suddenly.*
Non **sono voluti rimanere.**	*They didn't want to stay.*
Ho potuto lavorare fino a tardi.	*I was able to work until late.*

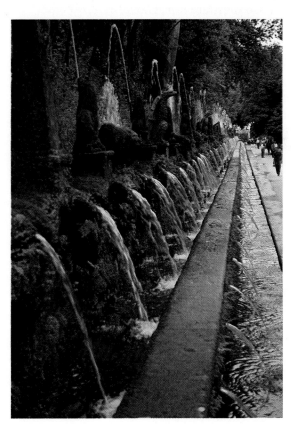

Le Cento Fontane a Villa d'Este.

ESERCIZI

A. Formate nuove frasi usando pronomi congiuntivi doppi.

Esempio: Devi spiegarmi questa poesia. →
Me la devi spiegare.
Devi spiegarmela.

1. Dovete darci la rivista *Epoca*.
2. Non doveva raccomandarti questo bar.
3. Non poteva farmi una confezione regalo.
4. Potevano mostrarci altre paia di scarpe.
5. Mi dispiace ma non posso andare a Milano.
6. Non dovevate comprargli questo regalo.

B. **In vacanza in Italia.** Michael e James vanno a fare spese in centro. Michael è un po' timido perché ha studiato l'italiano solamente per un paio di mesi, per questo James parla sempre al posto suo *(on his behalf)*. Osservate l'esempio, e date tre alternative alle richieste *(requests)* di Michael.

Esempio: *Michael:* Ask her if she can show you the sweater.
James: Mi può mostrare il maglione?
Me lo può mostrare?
Può mostrarmelo?

1. Ask them if you can try on the black leather shoes.
2. Tell him that we want to buy the blouse for a cousin of ours.
3. Ask her if they can show you the wool jacket in the window.
4. Tell them that they must give (**fare**) us a discount (**sconto**).
5. Ask him if I can exchange this record (**disco**) for a friend.
6. Say that she must sell it to you at a lower price.

C. **Credimi!** *(Believe me!)* Reagite a queste affermazioni usando il superlativo assoluto e una delle espressioni seguenti: **Credimi! Hai ragione! Ma certo!**

Esempio: —È stato davvero uno sciopero lungo?
—Ma certo! È stato lunghissimo.

1. La gita di Franco in Africa sarà stata piacevole?
2. La pelle della tua borsetta deve essere buona. L'hai avuta quattro anni.
3. Bruno dice che fare la guardia in banca è pericoloso.
4. L'edificio dove vive Giovanna sarà veramente elegante come dice lei?
5. Non so. La taglia di questa gonna sembra un po' grande.
6. Questi vestiti da bambino sono graziosi, vero?
7. Saranno fresche queste uova?
8. Secondo te, sono comode quelle scarpe?

D. **Articoli da regalo** *(gift items)*. Siete in centro con amici. Commentate sugli articoli nella vetrina di un negozio di articoli da regalo. Osservate l'esempio e il disegno.

Esempio: —Guarda quella collana!
—Quale? Quella d'oro in basso?
—Sì, è bella non credi?
—È bellissima ma è anche estremamente cara!

—Mi piace quell'anello d'argento!
—Anche a me. Il modello è modernissimo.

Parole utili:

d'oro	originale
d'argento	orribile
di seta	simpatico
di pelle	strano
di lana	in basso
di cotone	in cima
di paglia *(straw)*	a destra / sinistra
grazioso	in alto *(on top)*
carino	dietro / davanti a
brutto	accanto a

il **foulard**   il **vestito**   la **blusa**   il **cappello**   i **pantaloni**   la **calza**

la **cintura**   la **camicetta**   le **scarpe**   la **borsa**   l'**anello**   gli **orecchini**   la **collana**

E. Dite che cosa hanno fatto oggi le persone seguenti. Usate le espressioni indicate al passato.

> *Esempio:* noi / dover andare al supermercato nel pomeriggio →
> Noi siamo dovuti/e andare al supermercato nel pomeriggio.

1. io e Tiziano / dover parlare con i clienti dell'agenzia
2. tu / voler noleggiare un'auto per l'amministratore della ditta
3. il capoufficio / dover fare la coda in banca per più di mezz'ora
4. Lei e l'avvocato / voler rimanere in biblioteca tutta la mattina
5. l'ingegner Marina Scotto / poter andare alla conferenza di ecologia
6. il controllore / dover controllare i biglietti di tutti i passeggeri
7. i farmacisti delle farmacie comunali / non poter fare sciopero

F. Formulate domande per le risposte seguenti.

1. Mi dispiace, ma *L'Espresso* è esaurito.
2. Porta il cinquantaquattro.
3. Sì, la giacca gli va benissimo.
4. Glieli posso cambiare se ha il passaporto.
5. Il *Corriere della Sera,* per cortesia.
6. Sì, le cambiamo se ha tenuto lo scontrino.
7. Di scarpe? Porto il quarantadue.
8. Non è successo niente. Sono semplicemente arrivata alla stazione in ritardo a causa del traffico.

G. **Domande.** Rispondete con frasi complete e originali.

1. Legge molto, Lei? Che cosa legge, generalmente? Libri o riviste?
2. Compra il giornale ogni giorno? Quale? Quanto costa il giornale? È caro?
3. Le piace il giornale della domenica? Com'è?
4. Preferisce le riviste di discussione politica o quelle di informazione? Perché?
5. Quali sono le riviste di discussione politica più conosciute nel Suo paese?
6. Ha mai letto una rivista italiana? Se sì, quale?
7. Quando finisce di leggere il giornale, a chi lo dà?
8. Lei presta volentieri i Suoi libri? Se sì, a chi? Se no, perché no?

Follow-up: in an Italian-only class discussion, ask students about their reading habits: what authors do they read? which magazines and newspapers? why?

The emphasis should be on extemporaneous speech here—not prepared ahead of time by the students.

LA STAMPA

ANNO 126. N. 122 ·   *M E R C O L E D I'   6   M A G G I O   1 9 9 2*   SPEDIZIONE ABBONAMENTO POSTALE GRUPPO 1/70   *L. 1200* □

Come si dice?

Making a purchase

When you enter a store, the salesclerk may say:

Mi dica. Desidera? ⎱	*How can I help you?*
Tocca a Lei. Prego.	*It's your turn. May I help you?*

The customer can respond:

Cerco [un paio di calzoni blu].	*I'm looking for [a pair of blue trousers].*
Mi può mostrare [quel cappello in vetrina]?	*Could you show me [that hat in the window]?*
Vorrei vedere [delle cravatte].	*I would like to see [some neckties].*

Other expressions related to purchases are:

Lo prendo. (Lo compro.)	*I'll take it. (I'll buy it.)*
Paga in contanti?	*Will you pay cash?*
Accettano carte di credito?	*Do you accept credit cards?*
È un'occasione.	*It's a bargain.*
È regalato/a.	*It's dirt cheap.*
Che prezzi alti (bassi)!	*What high (low) prices!*

A. **Anniversario.** Create un dialogo per la situazione seguente.

Vuole comprare una collana (un orologio) d'oro per Sua moglie (Suo marito). È il Loro decimo anniversario di matrimonio. Entra in un negozio di articoli da regalo perché ha visto delle cose interessanti in vetrina. Il commesso La saluta e Le chiede che cosa desidera. Lei spiega che tipo di regalo vuole e il commesso le mostra diversi oggetti. Alla fine, Lei compra la collana (l'orologio), paga con la carta di credito, ed esce dal negozio.

B. **Situazioni.** In gruppi di tre o quattro studenti, create una serie di brevi scambi per le situazioni seguenti. Date una conclusione logica a ogni dialogo.

1. È entrato/a in un negozio elegante di via Veneto a Roma e si sta provando una giacca. La commessa Le dice che Le sta molto bene. L'amico (l'amica) che è con Lei la pensa diversamente: dice che la giacca è stretta ed è anche molto cara.
2. Diversi amici discutono e danno opinioni sulle varie riviste e giornali che leggono normalmente. Non tutti hanno le stesse opinioni.

22 AL RISTORANTE

Oggi i signori De Michelis si sono riuniti per un'occasione particolare: festeggiare la promozione della figlia Silvana a capostilista di una nota casa di moda lombarda. Ora sono seduti in un ristorante e stanno per ordinare.

Sig. Aldo: Io, tagliatelle agli spinaci e un fritto misto.

Sig.ra Marta: Io invece vorrei una minestra in brodo, del pollo arrosto e un'insalata, per favore.

Silvana: A me porta del prosciutto e melone come antipasto.

Cameriere: E per primo e per secondo?

Silvana: Uhm... che piatto consiglia Lei? Sono indecisa tra il risotto e gli gnocchi di patate.

Cameriere: Direi che gli gnocchi ai quattro formaggi sono la specialità della casa.

Un ristorante rustico a Roma.

Silvana:	Allora, mi dia gli gnocchi. Non voglio niente per secondo o contorno; prendo il dolce più tardi.
Sig.ra Marta:	Aldo, avresti dovuto ordinare un piatto più leggero. Lo sai che il fritto fa male.
Sig. Aldo:	Che storie! Anzi, il pesce fa bene. *(a Silvana)* Dunque, dicevi che i tuoi colleghi...
Cameriere:	Ecco il pane, l'acqua minerale e il vino della casa, signori.
Sig. Aldo:	*(Brinda alla salute della figlia.)* Alla migliore stilista del mondo! Auguri, Silvana.
Sig.ra Marta:	Congratulazioni, cara.
Silvana:	Grazie mamma, grazie papà. E buon appetito!

Due ore dopo...

Sig. Aldo:	Cameriere, ci porta il conto, per cortesia?

DOMANDE

1. Che cosa fanno oggi i signori De Michelis?
2. Dove lavora Silvana?
3. Che cosa ordina la madre di Silvana?
4. Il signor Aldo ordina l'antipasto?
5. Che cosa consiglia il cameriere?
6. Chi mangia pesce per secondo?
7. Quale vino prendono?
8. Perché la signora Marta dice «Congratulazioni»?

Vocabolario

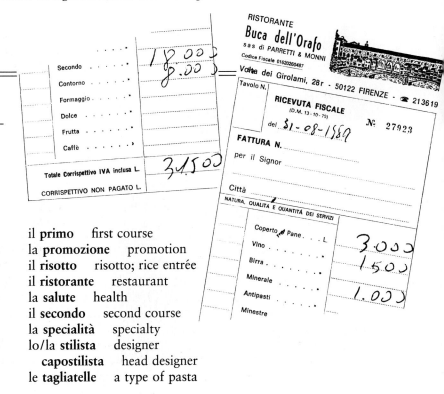

Sostantivi

l'antipasto appetizer
il brodo broth; stock
il cameriere, la cameriera waiter, waitress
il conto bill, check
il contorno vegetable; side dish
gli gnocchi *(pl.)* dumplings
  gnocchi di patate potato dumplings
il melone melon
la moda fashion
l'occasione occasion
  occasione particolare special occasion
il piatto dish

il primo first course
la promozione promotion
il risotto risotto; rice entrée
il ristorante restaurant
la salute health
il secondo second course
la specialità specialty
lo/la stilista designer
  capostilista head designer
le tagliatelle a type of pasta

Aggettivi

indeciso undecided
leggero light
lombardo Lombard, from Lombardy
misto mixed; assorted
noto well-known

Verbi

brindare to toast
ordinare to order

riunirsi *(isc)* to get together, meet
scegliere° *(irr.)* *(p.p.* **scelto)** *(di + inf.)* to choose *(to do something)*

Espressioni

buon appetito! enjoy your meal!
che storie! what nonsense!
congratulazioni! congratulations!

fare bene (a) to be good *(for someone)*
fare male (a) to be bad *(for someone)*
il **fritto misto** platter of fried seafood (or assorted fried vegetables)
il/la **migliore** the best
l'**insalata mista** tossed salad
salute! cheers!
il **vino della casa** house wine

NOTE LINGUISTICHE E CULTURALI

- The preposition **per** is often used to refer to a meal course: *Per antipasto prendo del prosciutto. (I'll take some ham as an appetizer.)*
- An appropriate answer to **Buon appetito!** *(Enjoy your meal!)* is **Grazie, altrettanto!** *(Thanks, the same to you!)*
- The shape and flavor of Italian bread varies considerably not only from region to region but even among neighboring cities. It is sold by weight and is not served with butter. Being an important component of the Mediterranean diet, bread is bought fresh every morning and is eaten abundantly with every meal. A popular expression to mean that a person is particularly kind or good-natured is **Quell'uomo è buono come il pane.** *(That man is as good as bread.)*
- Italians like to entertain themselves in restaurants, and a meal can last two to three hours. For this reason, it would be very impolite for the waiter to bring the check to the table, unless the patron asks for it.

Filoni di pane in un panificio.

Grammatica

I. Il condizionale
(The conditional)

As in English, the conditional tense in Italian expresses uncertainty, doubt, hypothesis. In general, the conditional translates as the English auxiliary verb *would*. The stem of the conditional is the same as the future stem and, as in the future, verbs of the first conjugation change the **a** of the infinitive ending to **e**. The endings are identical for all three conjugations.

CONDIZIONALE PRESENTE

Parlare	Ripetere	Capire
parler-ei	ripeter-ei	capir-ei
parler-esti	ripeter-esti	capir-esti
parler-ebbe	ripeter-ebbe	capir-ebbe
parler-emmo	ripeter-emmo	capir-emmo
parler-este	ripeter-este	capir-este
parler-ebbero	ripeter-ebbero	capir-ebbero

Gli **parlerei** volentieri, ma è fuori città.
I would gladly speak to him, but he is out of town.

Ripeterei lo stesso ballo, ma sono stanca.
I would do the same dance again, but I am tired.

È un tipo di musica che **non capirebbe**.
It's a type of music that he wouldn't understand.

Ti **inviterei** al concerto di sabato, ma non ho più biglietti.
I would invite you to Saturday's concert, but I don't have any more tickets.

E quando **ritornerebbero** a casa?
And when would they return home?

II. Il condizionale di *avere* e *essere*

Avere	Essere
avrei	sarei
avresti	saresti
avrebbe	sarebbe
avremmo	saremmo
avreste	sareste
avrebbero	sarebbero

Avrebbe un fiammifero?	*Would you (happen to) have a match?*
A dire il vero, non **avrei** molto tempo.	*To tell you the truth, **I don't** (really) have much time.*
Saresti più severo tu?	*Would you be stricter?*
Scusa, ma chi **sarebbe** Marcella?	*I beg your pardon, but who **is** Marcella?*

Note that Italian tends to use the present conditional where English prefers the present indicative. Italians often use the conditional to soften statements or requests.

III. Forme irregolari del condizionale

1. Those verbs that have an irregular stem in the future, also have it in the conditional:

andare	andrei		**sapere**	saprei
dare	darei		**stare**	starei
dovere	dovrei		**vedere**	vedrei
fare	farei		**venire**	verrei
potere	potrei		**volere**	vorrei

2. Verbs ending in **-ciare** and **-giare** drop the i of the stem:

cominciare	comincerei		**mangiare**	mangerei

Vorremmo due gelati.	*We **would like** two ice creams.*
Loro **saprebbero** cosa dire.	*They **would know** what to say.*
Al posto suo non so cosa **farei.**	*I don't know what **I would do** in his place.*
Staresti a casa da sola?	*Would you stay at home by yourself?*

IV. Il condizionale passato

1. The conditional perfect of transitive verbs is formed by putting the auxiliary **avere** in the present conditional and using the past participle of the verb.

CONDIZIONALE PASSATO

Verbi come **parlare**	
avrei ⎱ avresti ⎰ parlato avrebbe ⎰	avremmo ⎱ avreste ⎰ parlato avrebbero ⎰

Ne **avrei parlato** a Maria, ma era già uscita.
*I **would have spoken** to Maria about it, but she had already left.*

Avrebbe accettato il posto, ma lo avevano già dato a un altro.
He would have accepted the position, but they had already given it to someone else.

Ti **avrebbero chiamato**, ma il telefono non funzionava.
They would have called you, but the phone was not working.

2. The conditional perfect of intransitive verbs is formed by putting the auxiliary **essere** in the present conditional and using the past participle of the verb.

CONDIZIONALE PASSATO

Verbi come **arrivare**			
sarei saresti sarebbe } arrivato/a		saremmo sareste sarebbero } arrivati/e	

The following completed "verb line chart" helps make clear to students the logic in forming Italian verbs.

essere avere *present*	+ p.p. =	_____
sono ho *imperfect*	+ p.p. =	pass. pross.
ero avevo *future*	+ p.p. =	trap. pross.
sarò avrò *conditional*	+ p.p. =	fut. anter.
sarei avrei	+ p.p. =	cond. pass.

You may wish to add key words to each tense: "would" for the conditional, "will" for the future.

Sarei arrivato prima, ma il treno era in ritardo.
I would have arrived earlier, but the train was late.

Saremmo venuti al matrimonio, ma non sapevamo la data.
We would have come to the wedding, but we did not know the date.

Sarebbero rimasti più a lungo, ma non avevano più soldi.
They would have stayed longer, but did not have any more money.

The conditional perfect, though ordinarily translated as above, also expresses the simple English conditional (*would speak, would understand*, etc.) in certain cases. For example, when the simple English conditional depends on a verb of saying, telling, informing, etc., and expresses a future in past time, Italian expresses the idea with the conditional perfect.

Gli ho detto che gli **avrei telefonato** alle nove.
Ha telefonato per dire che **sarebbe venuto**.

*I told him that **I would telephone** him at nine o'clock.*
*He telephoned to say that **he would come**.*

V. Significato speciale del condizionale di *dovere* e *potere*

The present conditional of **dovere** denotes obligation and is rendered by *should, ought to*. The present conditional of **potere** is equivalent to *could* or *might*. Likewise, the conditional perfect of **dovere** and **potere** translates as *ought to have, should have*, and *could have, might have*, respectively.

Dovrebbe studiare.
Avrebbe dovuto studiare.
Potremmo farlo.
Avremmo potuto farlo.
Dovremmo partire oggi.
Saremmo dovuti partire ieri.

He ought to study.
He ought to have studied.
We could do it.
We could have done it.
We should leave today.
We should have left yesterday.

ESERCIZI

A. Riformulate le domande seguenti al condizionale.

Esempio: Parlerai con lui? →
Parleresti con lui?

1. Ordinerete anche l'acqua minerale?
2. Rileggerai lo stesso libro?
3. Sceglierai questa rivista?
4. Si congratuleranno per la promozione?
5. Partirai con me?
6. Andranno all'edicola a piedi?
7. Mi farete questo piacere?
8. Avrai davvero paura?
9. Ci andremo anche noi?
10. Il cameriere potrà consigliare un buon piatto?

To emphasize the changes of meaning that occur when the semi-auxiliaries **dovere** and **potere** are put into the conditional or the conditional perfect, you may wish to draw this out for the students:

Devo =	I must, I have to	+ inf.
Dovrei =	I should, I ought to	+ inf.
Avrei dovuto		
Sarei dovuto/a =	I should have, I ought to have	+ inf.
Posso =	I can, am able to	+ inf.
Potrei =	I could, might	+ inf.
Avrei potuto		
Sarei potuto/a =	I could have, I might have	+ inf.

Explain that, as usual, the infinitive determines the helper. Practice examples might include the following sentences to translate: *I must leave. I should leave. I should have left an hour ago.*
   I can eat at noon. I might eat at noon. I could have eaten at noon.
   Additional practice that involves all persons is useful.

B. Completate ciascuna delle frasi seguenti usando la forma appropriata del condizionale.

Esempio: Non gli scrivo oggi e ... →
Non gli scrivo oggi e non gli scriverei mai.

1. Non la ordino oggi e ...
2. Non lo leggete oggi e ...
3. Non lo mangia oggi e ...
4. Non ci ritorniamo oggi e ...
5. Non lo cerco oggi e ...
6. Non lo ricordano oggi e ...
7. Non la scegli oggi e ...
8. Non lo compriamo oggi e ...
9. Non ci vanno oggi e ...
10. Non ne parlate oggi e ...
11. Non lo prende oggi e ...
12. Non lo impari oggi e ...

C. Completate ciascuna delle frasi seguenti usando la forma appropriata del condizionale.

Esempio: Ci andrò anche domani, anzi ... →
Ci andrò anche domani, anzi ci andrei ogni giorno.

1. Lo farà anche domani, anzi ...
2. Ci verranno anche domani, anzi ...
3. Ti vedremo anche domani, anzi ...
4. Dovrete ritornarci anche domani, anzi ...
5. Lo vorrai mangiare anche domani, anzi ...
6. Te lo mostreranno anche domani, anzi ...

D. Formate nuove frasi, usando le forme corrette del condizionale secondo i soggetti indicati.

Esempio: pane, tagliatelle, fritto misto / io / ordinare →
Li ordinerei tutti!

1. pizza, minestra, insalata / noi / mangiare
2. Firenze, Roma, Bologna / tu / visitare
3. riviste, libri, giornali / loro / leggere
4. caffè, cappuccino, gelato / voi / prendere
5. sceneggiati, film, documentari / loro / vedere

E. Rispondete a ciascuna delle domande seguenti usando il condizionale e
i pronomi appropriati.

Esempio: Visiterete la ditta? →
La visiteremmo volentieri, ma non abbiamo tempo.

1. Vedrai il Museo d'Arte
   Moderna?
2. Andrete a Genova?
3. Studieranno l'italiano?

4. Mi aspetterete?
5. Entreranno in questo teatro?
6. Verrai a Padova?

F. Completate ciascuna delle frasi seguenti usando la forma appropriata
del condizionale passato.

Esempio: Ci siamo andati ieri e ... →
Ci siamo andati ieri e ci saremmo andati ogni giorno.

1. L'hanno visitato ieri e ...
2. Le ho comprate ieri e ...
3. Li ho visti ieri e ...

4. Le abbiamo ordinate ieri e ...
5. Ci sono venuti ieri e ...
6. C'è ritornata ieri e ...

*Quali sono le specialità
di questi ristoranti?*

G. **In italiano, per favore!**

1. He ought to come.
2. We ought to have listened.
3. I might do it.
4. She could have done it.
5. I ought to learn (how) to swim.
6. You (**tu**) ought to have ordered soup.
7. He should have telephoned.
8. He might come tomorrow.
9. They should not come at all.
10. You (**voi**) should have left.

Follow-up: review verb tenses up to this point. You may wish to have students do a series of sentences, as follows:
I go.
I went once.
I always went.
I will go.
I will have gone by tomorrow.
I had gone.
I would go but have no money.
I would have gone but didn't feel like it.

H. **Domande.** Rispondete con frasi complete e originali.

1. Quando va al ristorante generalmente? Con chi ci va?
2. Come si chiama il Suo ristorante preferito? Dov'è? È caro?
3. Che cosa ordina di solito?
4. Rimane seduto/a a tavola per molto o poco tempo?
5. Le piace l'acqua minerale o preferisce il vino? Bianco o rosso?
6. Ha mai fatto le tagliatelle?
7. Preferisce, Lei, il fritto misto o il pollo arrosto? Perché?

I. **Dialogo aperto.** Completate il dialogo seguente con espressioni appropriate al contesto.

Cameriere: _____

Signore: Buona sera anche a Lei. Non abbiamo ancora deciso. Lei cosa consiglia?

Cameriere: _____

Signore: Il fritto misto sarà buonissimo ma noi non lo ordiniamo mai. C'è altro?

Cameriere: _____

Signore: *(alla moglie)* Decidi tu, cara. Preferisci il pesce o il pollo arrosto?

Signora: _____

Signore: Mia moglie ha deciso fritto misto per due e un'insalata mista.

Cameriere: _____

Signora: Acqua minerale per lui. Un bicchiere di vino bianco per me.

J. **Intervista.** Usate le espressioni seguenti per fare domande al condizionale (con i soggetti **tu** o **Lei**) a un'altra persona nella classe. Osservate l'esempio, ma formate domande e risposte originali.

Esempio: abitare a Roma o a Bologna →
—Preferiresti abitare a Roma o a Bologna?
—Preferirei abitare a Bologna perché Roma è una città molto cara.

1. leggere un giornale o una rivista
2. mangiare gnocchi o fritto misto
3. prendere acqua minerale o vino bianco
4. visitare gli Uffizi o la Biblioteca Nazionale
5. sciare o seguire un incontro di calcio
6. vedere un film storico o un film di fantascienza
7. parlare di storia dell'arte o di musica contemporanea
   (*contemporary*)
8. essere nello scompartimento con un italiano o con un americano

Come si dice?

Ordering at a restaurant

The following are some useful expressions to use at an eating establishment:

Vorrei vedere il menù, per favore.	*I'd like to see the menu, please.*
Mi potrebbe portare [un caffè]?	*Could you bring me [a (cup of) coffee]?*
Per [dolce] prendo [una fetta di torta di mele].	*For [dessert] I'll have [a slice of apple pie].*
Qual è la specialità della casa?	*What is the house specialty?*
Il conto, per favore!	*The check, please.*
Ci deve essere un errore. Non ho ordinato [zuppa di pesce] ma [una bistecca].	*There must be a mistake. I didn't order [seafood chowder] but [a steak].*
Quasi quasi prenderei [una porzione di zuppa inglese].	*I'm rather tempted to have [some (a portion of) English custard].*

A. **Situazioni.** Che cosa direbbe Lei in queste situazioni?

1. You ordered potato dumplings with cheese sauce, but the waitress brings you a seafood chowder.
2. You want a main course but are undecided as to what to order.
3. At the end of the meal, your friend asks for the check.
4. After a good plate of spaghetti ask to see the menu: you're in the mood for some dessert.
5. Imagine you are a waiter (waitress) at a restaurant. Ask some people who have just arrived if they would like to order now or wait for a few minutes.

B. Al ristorante. Lei è al ristorante con alcuni amici. Uno alla volta tutti ordinano dal menù. Uno studente o una studentessa fa la parte del cameriere o della cameriera.

★ PIZZERIA		★ MINESTRE IN BRODO		★ SECONDI	
Frutti Mare	L. 5500	Cappelletti	L. 4000	Piatto di lesso	L. 6000
Marinara	L. 3000	Passatelli di Romagna	L. 4000	Arrosto misto	L. 9000
Napoletana	L. 3000	Pasta e fagioli	L. 3500	Coniglio arrosto	L. 8000
Margherita	L. 3000	Tagliolini in brodo	L. 3500	Faraona arrosto	L. 8000
Pizza alla Casaccia	L. 5000	Fagioli con cotiche	L. 4500	Coniglio alla cacciatora	L. 8000
Pizza ai funghi	L. 5000	Pastina in brodo	L. 3500	Coniglio in porchetta	L. 8000
Pizza al prosciutto	L. 5000	Fagioli con salsiccia	L. 5500	Salsiccia alla brace	L. 6000
Pizza al Crudo	L. 5500			Braciola di maiale	L. 6000
Pizza alla capricciosa	L. 5000	★ MINESTRE ASCIUTTE		Filetto alla brace	L. 13000
Pizza alla Rossini	L. 5000	Penne all'arrabbiata	L. 4000	Castrato alla brace	L. 8000
Quattro Stagioni	L. 5000	Penne basilico	L. 4500	Bistecca alla brace	L. 8000
Calzone ripieno	L. 5500	Spaghetti alla carbonara	L. 4500	Cotoletta alla milanese	L. 6000
Ciclista	L. 4500	Spaghetti alla bolognese	L. 4000	Scaloppine a piacere	L. 8000
Crostini	L. 4000	Spaghetti aglio olio peperoncino	L. 4000	Costarelle alla brace	L. 6000
Toast	L. 2500	Tagliatelle ai fagioli	L. 4500	Wurstell	L. 4000
Toast farcito	L. 3000	Tagliatelle al ragù	L. 4500	Spiedini di carne alla griglia	L. 8000
★ ANTIPASTI		Maccheroncini alla panna	L. 4500	Spiedini di carne Pesce	L. 8000
Antipasto casa	L. 2000	Maccheroncini al pasticcio	L. 4500	★ CONTORNI	
Piadina con prosciutto	L. 3500	Maccheroncini alla boscaiola	L. 4500	Insalata verde	L. 4500
Piadina con salame	L. 3500	Tortellini al pasticcio	L. 5000	Insalata mista	L. 8000
Prosciutto	L. 5000	Tortellini alla boscaiola	L. 5000	Radicchi di campagna	L. 8000
Salame	L. 5000	Tortellini al ragù	L. 5000	Verdura cotta	L. 8000
Lonza	L. 5000	Tortellini alla panna	L. 5000	Patate fritte	L. 8500
Prosciutto e ananas	L.			Patate al forno	L. 8500
Prosciutto e melone	L. 6500			Cipolline al forno	L. 8500
Prosciutto e fichi	L. 6500			Melanzane al graten	L. 8500
Piadina	L. 4000			Pomodori al graten	L. 8500
Coperto e pane	L. 3000			Ortaggi in pinzimonio	L. 3000
Cozze alla marinara	L. 4000				
Cozze al grattè	L. 6000				

23 TUTTI I GUSTI SON GUSTI

Cultural note: a mini-lecture on opera—historical development, composers, stars, houses, famous festivals—is useful. If possible, offer a video showing an Italian opera to students.

Adriana e Marina sono davanti a un grande cartellone pubblicitario che annuncia le opere che si daranno al Teatro Comunale questa stagione.

Marina: Sai che io non ho mai visto un'opera?

Adriana: Dici sul serio? Com'è possibile?

Marina: Veramente non so: un po' per pigrizia, un po' per mancanza d'interesse. Mio padre è appassionato dell'opera e mi ci avrebbe anche portato.

Adriana: I tempi cambiano. Una volta, per lo meno nelle grandi città, si andava all'opera più spesso. Ma, almeno, ti piacerà la musica, spero!

Marina: Certo che mi piace, specialmente quella moderna, la musica americana, il jazz, il rock...

Ti piace andare all'opera?

Adriana: Senti, perché non andiamo all'opera insieme? Guarda, il 21 si dà *Un ballo in maschera* di Verdi, e il 23 *La Bohème* di Puccini.

Marina: Dipende. Tu quale preferisci?

Adriana: Sono tutt'e due grandi opere.

Marina: Chi canta nel *Ballo in maschera?*

Adriana: Vediamo. Ah, c'è Luciano Pavarotti, un gran tenore, e Katia Ricciarelli, anche lei una grand'artista.

Marina: Ci vengo, se tu vieni con me al concerto di musica rock del gruppo americano che viene a Firenze il mese prossimo.

Adriana: Va bene, accetto.

DOMANDE

Explain the difference between **pubblicità** *(noun)* and **pubblicitario** *(adjective):* l'annuncio (il cartellone) pubblicitario, *advertisement;* la pubblicità, *advertising, commercials;* l'inserzione pubblicitaria, *advertisement* (in a newspaper); l'agenzia pubblicitaria, *advertising agency.*

1. Cosa annuncia il cartellone pubblicitario?
2. Che musica piace a Marina?
3. Lei sa il nome di alcune altre opere italiane che sono conosciute in tutto il mondo? Quali?
4. Chi è il compositore della *Bohème?*
5. Chi canta nel *Ballo in maschera?*
6. Chi verrà a Firenze il mese prossimo?
7. Lei preferisce la musica classica o la musica moderna? Perché?
8. Lei sa il nome di alcuni grandi tenori o di qualche soprano? Quali?

ARENA DI VERONA
Ente Autonomo

61° FESTIVAL DELL'OPERA LIRICA
7 luglio - 31 agosto 1983

24, 27, 30 luglio
2, 4, 7, 13, 21, 26 agosto

MADAMA BUTTERFLY
di GIACOMO PUCCINI

9, 14, 17, 22, 26, 29 luglio
3, 6, 12, 24, 28, 31 agosto

AIDA
di GIUSEPPE VERDI

7, 10, 16, 23, 28, 31 luglio
5, 11, 14 agosto

TURANDOT
di GIACOMO PUCCINI

20, 23, 25, 27, 30 agosto

EXCELSIOR
Ballo di ROMUALDO MARENCO

PREZZI (I.V.A. compresa) - Preise - Prices - Prix

Poltronissime numerate (Sperrsitze - Front stalls - Fauteuils 1er secteur)	**70.000**
Poltrone numerate (1. Parkett - Center and side stalls - Fauteuils 2ème secteur)	**55.000**
Poltroncine numerate (2. Parkett - Back stalls - Fauteuils 3ème secteur)	**35.000**
Prima Gradinata (1. Stufenplätze - 1st sector steps - Gradins 1er secteur)	**18.000**
Ridotti per gli iscritti Acli, Arci, Cral aziendali, Etli, Etsi, Enars, Endas e militari	**15.000**
Seconda Gradinata (2. Stufenplätze -2nd sector steps - Gradins 2ème secteur)	**11.000**
Ridotti per gli iscritti Acli, Arci, Cral aziendali, Etli, Etsi, Enars, Endas e militari	**9.000**

Vocabolario

Sostantivi

il **cartellone**   poster
il **compositore**   composer
il **concerto**   concert
la **mancanza**   lack
la **musica**   music
l'**opera**   opera; work
la **pigrizia**   laziness
il **soprano**   soprano
il **teatro**   theater
il **tenore**   tenor

Aggettivi

grande, gran   big; great
pubblicitario   advertising

Verbi

accettare   to accept
annunciare   to announce

cantare   to sing
dipendere da (*p.p.* dipeso)   to depend (on)
sperare (*di* + *inf.*)   to hope (*to do something*)

Espressioni

certo che   of course
ci sto   I'm game
tutt'e due   both
tutti i gusti son gusti   to each his own
una volta   in the old days
va bene   OK

*32° Festival Pucciniano:
Calendario del teatro
all'aperto Torre del Lago
Puccini, Firenze.*

NOTE LINGUISTICHE E CULTURALI

- Since its origins in Florence at the end of the sixteenth century, opera has never ceased to attract enthusiastic followers from all over the world. Among the most frequently performed operas today are *La traviata, Rigoletto, Aida, Il trovatore* by **Giuseppe Verdi** (1813–1901); *Il barbiere di Siviglia* by **Gioacchino Rossini** (1792–1868); and *La Bohème, Madama Butterfly, Tosca* by **Giacomo Puccini** (1858–1924). The tradition is kept alive in many theaters such as **La Scala** in Milan, the **Teatro San Carlo** in Naples, the **Teatro dell'Opera** in Rome, and the **Teatro Massimo** in Palermo. During the summer, operatic performances are held in famous Roman amphitheaters like the **Arena** in Verona and the **Terme di Caracalla** in Rome.

- Note the use of the preposition **per** to mean *out of:*

  Per curiosità, quanti anni hai?   *Out of curiosity (may I ask) how old you are?*

  Non l'ha fatto **per** pigrizia.   *He didn't do it out of laziness.*

Domenica 27 luglio - Martedì 29 luglio
Mercoledì 13 agosto - ore 21,30

La Fanciulla del West
di Giacomo Puccini
(nuovo allestimento)
Direttore: Gian Luigi Gelmetti
Regista: Mauro Bolognini
Scene: Uberto Bertacca
Interpreti principali:
Mary Jane Johnson, Giorgio Casellato Lamberti,
Nicola Martinucci, Sophia Larson, Alain Fondari

Mercoledì 30 luglio
Teatro all'aperto, ore 21,30

Concerto/Cinema
musiche di Pizzetti, Satie, Mascagni
Proiezioni dai films:
« CABIRIA » di Pastrone (1914), « ENTR'ACT » di Clair
(1924), « RAPSODIA SATANICA » di Oxilia, con Lidia
Borelli (1917)
Direttore: Sandro Sanna
Solista: Ettore Nova

Venerdì 1 agosto - Sabato 2 agosto
Domenica 3 agosto
Teatro all'aperto, ore 21,30

A Chorus Line
Shubert Theatre of Broadway
Ideazione, coreografie e regia di Michael Bennet
Testo di James Kirkwood e Nicholas Dante
Musica di Marvin Hamlisch

Mercoledì 6 agosto - Venerdì 8 agosto
Sabato 9 agosto - ore 21,30
Villa Orlando

Il giro di vite
di Benjamin Britten
Direttore: Jan Lathan Koenig
Regista: Virginio Puecher
Interpreti principali:
Tiziana Tramonti, Anna Baldasserini, Vincenzo Manno

Giovedì 7 agosto Domenica 10 agosto
Martedì 12 agosto - ore 21,30

Tosca
di Giacomo Puccini
Direttore: Daniel Oren
Regista: Sandro Sequi
Scene: Uberto Bertacca
Interpreti principali:
Maria Slatinaru, Giacomo Aragall/Luis Lima,
Silvano Carroli

Sabato 2 agosto - Domenica 3 agosto
Sabato 9 agosto - ore 19.00
Piazzale Belvedere Puccini

Musiche sul lago
Tre programmi con musiche di Puccini, Respighi,
Debussy, Ravel, De Falla, Strawinsky, Strauss
Interpreti: Giovani solisti del Festival Pucciniano

**Orchestra filarmonica
del Teatro dell'Opera di Budapest**

Coro del Festival pucciniano
Direttore del coro: Gianfranco Cosmi

Responsabile degli allestimenti: Uberto Bertacca

Direttore artistico: Luciano Alberti

Grammatica

I. Uso generale del riflessivo

Stress the impersonal use of the reflexive: si parla inglese, non si fa, etc. This is the most common use of this form in everyday spoken Italian. Option: review again reflexive verbs to date and their conjugations.

In English we express an indefinite subject with the impersonal construction *one, they, you, people, we,* etc., plus the verb.

> *One (you)* must not read here.
> *They (people)* say that he will come.

In Italian this construction is best translated as follows:

1. The indefinite or generic subject (*one, they, people,* etc.) should be translated by **si** and be used with the third person singular of the active verb.

Non si può fumare qui.	*You (One) can't smoke here.*
Si paga alla cassa.	*One pays at the counter.*
In questo ristorante **si mangia** bene.	*In this restaurant, one (you) can eat well.*
Si dice che è sposato.	*They say that he is married.*

2. If **si** is followed by a singular noun, the *third person singular* of the active verb should be used; if **si** is followed by a plural noun, then the *third person plural* of the verb should be used.

> **si** + *3rd person singular verb* + *singular noun*
> **si** + *3rd person plural verb* + *plural noun*

In Italia **si mangia molto pane.**	*In Italy people eat a lot of bread.*
Si affittano camere.	*We rent rooms. (Rooms for rent)*

II. La forma passiva (The passive voice)

Option: advise students to use the passive sparingly. The active is much more direct and certainly easier to understand. The form they are most likely to see is the one emphasized in Exercise F.

In Italian the passive voice is much less common than in English. In a passive construction the subject of the verb *receives* the action instead of doing it, as in the sentence: *Caesar was killed by Brutus.* To indicate that the grammatical subject does not carry out the action, but receives it, the passive voice is formed with the verb **essere** and the past participle of the verb. Thus, in the passive voice, the past participle always agrees in gender and number with the subject.

Compare the following *active* and *passive* forms:

La madre **lava** la camicia.	*The mother **washes** the shirt.*
La camicia **è lavata** dalla madre.	*The shirt **is (being) washed** by the mother.*

Maria **ha lavato** i piatti.	Maria **washed** the dishes.
I piatti **sono stati lavati** da Maria.	The dishes **have been washed** by Maria.
Il direttore **avvertirà** l'impiegata.	The manager **will warn** the employee.
L'impiegata **sarà avvertita** dal direttore.	The employee **will be warned** by the manager.

III. Gli aggettivi irregolari *grande* e *santo*

Ask students to go back, pick out, and explain the grammar from this chapter found in the dialogue.

1. **Grande** may become **gran** before a singular noun beginning with a consonant (except **z** and **s** + *consonant*), and **grand'** before a noun beginning with a vowel.

Si guardava in un **grande specchio**.	She was looking at herself in a **large mirror**.
So che è un **gran romanzo** ma non l'ho letto.	I know it is a **great novel**, but I have not read it.
È una **grand'artista**.	She is a **great artist**.
Abbiamo studiato **gran parte** della grammatica.	We have studied a **large part** of the grammar.

BUT

Sono **grandi artisti**	They are **great artists**.
Ci sono delle **grandi giornaliste**.	There are some **great women journalists**.

2. **Santo** becomes **san** before a masculine noun beginning with a consonant (except **s** + *consonant*), and **sant'** before any noun beginning with a vowel.

La Basilica di **San Pietro** è a Roma.	Saint Peter's Basilica is in Rome.
Abbiamo visitato la Chiesa di **Sant'Ignazio** e quella di **Santo Stefano**.	We visited the Church of **Saint Ignatius** and **Saint Stephen's**.
L'isola di **Sant'Elena** è famosa.	The island of **Saint Helena** is famous.

ESERCIZI

A. Riscrivete ciascuna delle frasi seguenti facendo i cambiamenti suggeriti.

Esempio: Qui la gente canta volentieri. →
Qui si canta volentieri.

1. Qui la gente legge molto.
2. Qui la gente va all'opera.
3. Qui la gente preferisce camminare.
4. In questo paese tutti discutono animatamente.
5. In questo paese tutti scioperano spesso.
6. In questo paese tutti vanno in bicicletta.

B. Riscrivete ciascuna delle frasi seguenti facendo i cambiamenti suggeriti.

Esempio: Nel sẹcolo quindicẹsimo non sciạvano. →
Nel sẹcolo quindicẹsimo non si sciava.

1. Nel sẹcolo quindicẹsimo non telefonạvano.
2. Nel sẹcolo quindicẹsimo non facẹvano sciọpero.
3. Nel sẹcolo quindicẹsimo non andạvano in Amẹrica.
4. Nel sẹcolo quindicẹsimo non prendẹvano il treno.
5. Nel sẹcolo quindicẹsimo non viaggiạvano in aẹreo.
6. Nel sẹcolo quindicẹsimo non giocạvano a calcio.

C. Seguendo l'esempio, rispondete a ciascuna delle domande.

Esempio: Si stampa un solo giornale qui? →
No, qui si stạmpano molti giornali.

1. Si dà una sola ọpera questa stagione?
2. Si legge una sola rivista in questa casa?
3. Si ọrdina un solo piatto in questo ristorante?
4. Si legge un solo romanzo nel corso di letteratura?
5. Si studia una sola materia all'università?
6. Si parla solo una lingua in questo paese?

D. **Mi può dire ... ?** Lei è in vacanza a Roma e vuole chiẹdere le informazioni seguenti. Faccia le domande in italiano usando il pronome impersonale **si** ed espressioni di cortesịa.

Esempio: Per favore, mi può dire dove si trọvano dei
giornali in inglese?

You want to know ...

1. what bus one should take to the Vatican
2. where one can buy stamps
3. at which bus stop one should get off to go to the Colosseum
4. where one can cash traveler's checks
5. at what time one can have breakfast (at the hotel)
6. where one can listen to some good rock music
7. where one can purchase train tickets
8. at what time one leaves tomorrow morning (you purchased tickets for an excursion to Pompẹi)

E. Seguendo l'esempio, rispondete nella forma passiva a ciascuna delle domande sequenti.

Esempio: Vende i giornali e le riviste il giornalạio? →
Sì, i giornali e le riviste sono venduti dal giornalạio.

1. Il professor Bevilacqua considera Michelạngelo un grand'artista?
2. Riconọscono tutti quell'affresco?

3. Molti conoscevano Luciano Pavarotti e Katia Ricciarelli?
4. Leggono il *Daily American* i turisti anglofoni (che parlano inglese)?
5. Poche persone ordinano l'acqua minerale gassata (*carbonated*)?

Luciano Pavarotti

F. Rispondete nella forma passiva a ciascuna delle frasi seguenti, esprimendo il complemento d'agente (**da chi**).

Esempio: Chi ha costruito questa casa? (mio padre) →
È stata costruita da mio padre.

1. Chi ha scolpito (**scolpire** *to sculpt*) il *David*? (Michelangelo)
2. Chi ha musicato (**musicare** *to set to music*) *Un ballo in maschera*? (Giuseppe Verdi)
3. Chi ha visitato i Musei Vaticani? (molti turisti)
4. Chi ha scritto il libretto per *Rigoletto*? (Francesco Maria Piave)
5. Chi ha ordinato prosciutto con melone? (Silvana)

G. Completate con la forma corretta dell'aggettivo **grande**.

1. Montale era un _____ poeta.
2. Ecco un _____ artista.
3. Ho letto _____ parte di questo libro.
4. Sono delle _____ opere.
5. È un edificio _____ e bello.
6. È una _____ violinista.
7. A Firenze ci sono molti _____ musei.
8. Questo sarà davvero un _____ problema.
9. No, la nostra non è una casa _____ . È piccola.
10. Il cartellone annunciava un _____ spettacolo.

H. Completate con la forma corretta dell'aggettivo **santo.**

1. Non lo conosco, ma deve essere un _____ uomo.
2. Ecco la Chiesa di _____ Giuseppe.
3. Non è un uomo: è un _____ .
4. Sai dov'è l'isola di _____ Elena?
5. È una semplice e _____ donna.
6. La Chiesa di _____ Ugo non è a Venezia.

I. **Domande.** Rispondete con frasi complete e originali.

1. Le piace l'opera in generale? E l'opera italiana?
2. Quale opera ha visto recentemente? Dove? Quando?
3. Quali sono gli artisti d'opera popolari in questo paese?
4. Che tipo di musica preferisce?
5. Frequenta i concerti di musica rock?
6. Come si chiama il Suo cantante rock preferito?
7. Dove si danno, in questa città, i concerti rock? E le opere?
8. Le piace la musica classica? Se sì, qual è il compositore classico che preferisce?

Follow-up: have students begin oral presentations on famous Italians and Italo-Americans. These should be short (five minutes) and students should be prepared to answer questions after their presentations.

Come si dice?

Expressing time relationships

These expressions can be used to indicate how frequently an action occurs. They answer the following questions: **Quante volte?** *(How many times? How often?)*, **Quando?** *(When?)*, **Quanto tempo fa?** *(How long ago?)*.

a volte	*sometimes*	ogni tanto	*from time to time*
spesso	*often*	due volte al giorno (mese)	*twice a day (month)*
frequentemente	*frequently*		
sempre	*always*	poco (molto) tempo fa	*a short (long) time ago*
mai	*never*		
tutti i giorni	*every day*	il giugno scorso (l'estate scorsa)	*last June (last summer)*
tutte le mattine (le sere)	*every morning (evening)*		

Other common words express a time relationship between actions:

prima	*first*	dopo	*afterwards*
poi	*then*	più tardi	*later*
fra	*within*	alla fine	*in the end*

A. **Quanto tempo fa?** Dica quante volte o quanto tempo fa ha fatto o fa le cose seguenti. Osservi l'esempio e usi le espressioni di tempo date in questa sezione.

Esempio: Vado al bar due volte al giorno.
  (Ogni tanto vado al bar.)

1. vedere un'opera
2. ascoltare un concerto di musica rock
3. leggere una rivista di politica
4. pranzare con i Suoi genitori al ristorante
5. andare ad una mostra d'arte
6. festeggiare il compleanno di un amico (un'amica)
7. ascoltare il telegiornale
8. leggere il giornale a colazione

B. Lei è un abitudinario/a? *(Are you set in your ways?)* Fate domande a un altro studente (un'altra studentessa) usando le espressioni date ed altre. Alternate ruoli e poi presentate una descrizione del vostro (della vostra) partner alla classe. Cercate di usare le espressioni di tempo date in questa sezione.

alzarsi   *to get up*
fare il bagno   *to take a bath*
fare il caffè   *to make coffee*
fare colazione   *to have breakfast*
fare la doccia   *to take a shower*
guardarsi nello specchio   *to look at oneself in the mirror*

lavarsi i denti   *to brush one's teeth*
pettinarsi   *to comb one's hair*
radersi   *to shave*
truccarsi   *to put on make up*
vestirsi   *to get dressed*

Esempio:

Descrizione di Marcello

Marcello è un abitudinario. Si pettina ogni mattina e fa la doccia ogni giorno. Si lava i denti dopo ogni pasto *(meal)*. Ogni mattina si alza esattamente alle sei. Prima fa il caffè, poi va nel bagno e fa la doccia. Si rade, si lava i denti e alla fine si veste. Poi porta fuori il cane. Alla fine esce e va al lavoro.

IL FESTIVAL DEI DUE MONDI

In Italia ci sono vari festival d'interesse internazionale. Molto noti° sono il Maggio Musicale Fiorentino, durante il quale si presentano opere, balletti e concerti sinfonici nel Teatro Comunale, nel Giardino dei Boboli e nel grandioso Palazzo Pitti, e il Festival del Cinema, chiamato anche Mostra del Cinema, che ha luogo a Venezia verso la fine di agosto e i primi° di settembre. C'è, poi, il Festival di San Remo, sulla riviera di ponente,° che è la più importante manifestazione della canzone° italiana. Durante gran parte di febbraio il festival trasforma la piccola città ligure° in un gran «baraccone° canoro°».

Ma dal 1958 c'è un altro festival importante in Italia, il Festival dei Due Mondi. Il fondatore° di questo festival è Giancarlo Menotti, un compositore italiano che da molti anni risiede° negli Stati Uniti, dove ha scritto *The Telephone, The Consul, Amahl and the Night Visitors,* ed altre opere. Il Festival dei Due Mondi si svolge° durante l'estate nella piccola città di Spoleto in Umbria e consiste di musica, opera, dramma, danza e mostre. Ma, come indica il titolo, questo festival non è esclusivamente italiano, ed infatti dal 1977 ha luogo anche negli Stati Uniti, e più precisamente a Charleston, nella Carolina del Sud, durante il mese di maggio, con il nome Spoleto Festival U.S.A.

well-known

beginning
west
song
of the Liguria region / barn / melodious

founder
resides

takes place

Read out loud and discuss the selection on **Il festival dei due mondi,** adding information about the third such festival that Menotti is planning for Australia. **Ask** a student to prepare a short report on Italian music.

ESERCIZIO DI COMPRENSIONE

1. Che cosa presentano durante il Maggio Musicale Fiorentino?
2. Attirano le stesse persone il Festival di San Remo e il Festival del Cinema?
3. Perché San Remo si trasforma in un gran «baraccone canoro»?
4. Chi ha fondato il Festival dei Due Mondi?
5. Dov'è Spoleto?
6. In che mese c'è lo Spoleto Festival U.S.A.?
7. In che anno è cominciato il Festival dei Due Mondi?

Additional vocabulary: directions and their synonyms: ponente, ovest, occidentale; levante, est, oriente, orientale; nord, settentrione, settentrionale; sud, meridione, meridionale.

Follow-up: ask students to be tourists and ask for directions. Bring in a city or a highway map, and have students find how to get from Rome to Spoleto, for example, or from one part of town to another. The teacher should act as local guide, thus giving students directions as passive vocabulary.

Giancarlo Menotti

Spoleto durante il Festival.

RIPETIZIONE VI

A. Rispondete a ciascuna della domande seguenti con la forma appropriata del trapassato prossimo.

Esempio: Perché lui non conosceva Pavarotti?
             (non sentire mai un'opera) →
             Perché non aveva mai sentito un'opera.

1. Perché non sei venuta alla mostra con noi?
   (andare al concerto di musica rock)
2. Perché non avete mangiato la minestra in brodo?
   (ordinare tagliatelle al prosciutto)
3. Perché non sei andato al Teatro Comunale ieri sera?
   (non trovare i biglietti)
4. Perché Gianni non si è seduto con te?
   (sedersi vicino a Francesca)
5. Perché siete arrivate in ritardo?
   (fermarsi a prendere un caffè)

B. Riscrivete queste frasi usando il comparativo di uguaglianza.

Esempio: Adriana e Franco sono vivaci. →
             Adriana è (così) vivace come Franco.
             [Adriana è (tanto) vivace quanto Franco.]

1. Bernardo Bertolucci e Federico Fellini sono noti registi italiani.
2. La cucina e la moda italiane sono conosciute nel mondo.
3. Alberto e Giacomo sono molto ordinati *(neat)*.
4. Il mio farmacista e il mio fornaio sono ragazzi molto simpatici.
5. Le tagliatelle agli spinaci e il risotto alla milanese sono saporiti.
6. Il football americano e il pugilato sono sport pericolosi.

C. Osservate l'esempio e rispondete alle frasi seguenti.

Esempio: Professore, potrei leggere queste espressioni? →
Sì, le legga.

1. Potrei dire le parole nuove?
2. Potrei fare questo esercizio?
3. Potrei esprimere la mia opinione?
4. Potrei mostrare *L'Espresso*?
5. Potrei chiudere il libro e il quaderno?
6. Potrei ordinare qualche romanzo italiano?

D. Rispondete alle frasi seguenti.

Papà, posso ordinare un cornetto? →
No, non lo ordinare.
No, non ordinarlo.

1. Posso lasciare l'università?
2. Posso vendere i miei libri?
3. Posso chiamare il facchino *(porter)?*

4. Posso telefonare a Giuseppe?
5. Posso andare all'Abetone?
6. Posso ritornare a Spoleto?

E. Riscrivete in italiano, usando prima la forma **tu**, poi la forma **Lei** dell'imperativo.

Esempio: Don't sing here. →
Non cantare qui.
Non canti qui, signorina.

1. Come this way.
2. Say "welcome back" to Gianni.
3. Order soup for me and ham for you.
4. Take this money.
5. Don't go today. Go tomorrow.
6. Don't forget Umberto Eco's book.
7. Don't speak to her.
8. Stay longer.
9. Be patient.
10. Tell everything.

F. Rispondete a ciascuna delle domande usando il pronome avverbiale **ci** e la forma appropriata del trapassato prossimo.

Esempio: Siete andati al Museo del Maggio Musicale? →
No, c'eravamo andati giovedì.

1. È andato/a a Salerno ieri?
2. Signor Bertolini, è venuto qui ieri?
3. Siete ritornati a Milano ieri?

4. È entrato/a nel Duomo ieri?
5. Signora Bertolini, è stata al mercato ieri?
6. È stato/a da Beatrice ieri?

G. Osservate l'esempio e rispondete a ciascuna delle domande seguenti.

Esempio: Ha visto la mostra di Guttuso? →
              L'avrei vista, ma non ho avuto tempo.

1. Ha fatto domanda all'ufficio di collocamento?
2. Siete ritornati a Padova lunedì scorso?
3. Stamattina Marco ha aiutato sua madre?
4. Scusi, ha letto l'ultimo libro di Calvino?
5. Avete già chiesto il conto?
6. Si è riposato/a finalmente?
7. È andato/a al botteghino del teatro per prenotare i biglietti?

H. Completate le frasi seguenti usando **di** (nella forma semplice o composta), **che** o **di quel che**.

1. Il museo degli Uffizi è più vasto _____ Museo dell'Accademia.
2. L'America è più larga _____ lunga.
3. L'aria di Roma era più inquinata _____ aria di Firenze.
4. L'inquinamento è più pericoloso _____ crediamo.
5. Montale sarà sempre meno conosciuto _____ Dante.
6. Tu sei più alto _____ me.
7. Quella piccola città era più antica _____ bella.
8. La signora Pietranera è più simpatica _____ intelligente.
9. Sua figlia è meno diligente _____ Lei.
10. Era un albergo più caro _____ buono.

I. Usando la costruzione **si** + *la 3ª persona singolare o plurale del verbo*, secondo la necessità, dite **ciò che non si fa** nei luoghi indicati.

Esempio: Collodi / prendere il filobus →
              A Collodi non si prende il filobus.

1. la mensa universitaria / ordinare il fritto misto
2. il supermercato / comprare automobili
3. il giornalaio / vendere i biglietti per la partita
4. Italia / parlare cinese
5. Capri / vedere le Alpi
6. la platea del teatro / discutere di politica
7. chiesa / dare i concerti rock
8. l'ultima fila / vedere bene

VII PASSATO E PRESENTE

Culture
- Industry and handicraft
- Italian political parties
- City versus countryside
- Italian-Americans

Communication
- Changing direction in a conversation
- Expressing anger
- Expressing hope and doubt
- Expressing opinions

24 IN UN'OREFICERIA

Begin with short lecture on World War II and Italy's participation in same. Most students have little background in this area.

Ask students to write a follow-up composition on some aspect of the war in Italy.

Option: show a film like *The Bicycle Thief, Two Women,* or *Night of the Shooting Stars,* each of which illustrates this historical period.

Un signore di Bari è entrato in una gioielleria sul Ponte Vecchio per comprare un regalo per sua madre e mentre guarda vari gioielli parla con l'orefice.

Cliente: Ha mai pensato di cambiare mestiere?

Orefice: Lei scherza! Nella mia famiglia siamo sempre stati orefici. Bastiano Signorini, un mio antenato, aprì una bottega a Firenze nel 1749 e fondò la Casa Signorini nel 1774.

Cliente: E Lei, quando ha cominciato a fare l'orefice?

Orefice: Cominciai a lavorare in bottega quando avevo undici anni e presi la direzione degli affari quando morì mio padre sei anni fa.

Cliente: Quante botteghe ci sono sul Ponte Vecchio?

Orefice: Non so con precisione. Direi una cinquantina.

Che altro si può comprare in una gioielleria?

Cliente:	Tutte antiche?
Orefice:	Non tutte, ma la maggior parte. Alcune risalgono al Rinascimento, ai tempi di Cellini. Ma ormai l'artigianato tende a scomparire in Italia. L'industria ha cambiato tante cose e a volte penso che andiamo di male in peggio. Dunque... dov'ero rimasto? Ah, sì, voleva un anello, vero?
Cliente:	Sì, ne cercavo uno d'oro per mia madre. Con la Sua storia affascinante degli orefici di Ponte Vecchio stavo per dimenticarmi perché ero entrato qui.
Orefice:	Mi lasci aprire questa scatola... Io Le consiglierei questo: un piccolo capolavoro. O forse andrebbero meglio quegli orologi in vetrina... ?

DOMANDE

Additional vocabulary: compare the uses of **lasciare, partire, uscire,** and **andare:** Lascio vuota la casa quando parto per l'Italia o quando esco per andare al cinema.

Give the conjugation of risalire and of the various tenses of tenere.

1. Chi parla con l'orefice?
2. Perché l'orefice non pensa di cambiare mestiere?
3. È stata fondata pochi anni fa la bottega?
4. Quanti anni aveva l'orefice quando ha cominciato a lavorare?
5. A quando risalgono alcune delle botteghe?
6. È contento di come vanno le cose l'orefice? Perché?
7. Che cosa vuole comprare il cliente?
8. Lei ha mai comprato un regalo per Sua madre? Cosa?

Vocabolario

Sostantivi

l' **affare** *(m.)*   business transaction
  gli **affari**   business *(in general)*
l' **antenato**   ancestor
l' **artigianato**   handicraft
la **bottega**   shop; workshop
il **capolavoro**   work of art
la **direzione**   management; direction
la **gioielleria**   jewelry shop
il **gioiello**   jewel
l' **industria**   industry
il **mestiere**   trade
l' **orafo**   goldsmith
l' **orefice** *(m.)*   goldsmith; jeweler
l' **oreficeria**   jewelry shop
la **precisione**   precision
la **scatola**   box

Aggettivi

affascinante   fascinating
antico   antique; old

Verbi

fondare   to found
  (lui) **fondò** *(past absolute)*   he founded
lasciare   to let, allow
morire° *(p.p.* **morto)**   to die
  (lui) **morì** *(past absolute)*   he died
nascere° *(p.p.* **nato)**   to be born
prendere°   to take over
  (io) **presi** *(past absolute)*   I took over
risalire *(irr.)* (**a** + *noun)*   to date back (to)
  (esse) **risalgono**   they date back
scomparire *(p.p.* **scomparso)**   to disappear
scoprire *(p.p.* **scoperto)**   to discover
tendere *(p.p.* **teso)** (**a**)   to tend (to)

Altri vocaboli

forse perhaps

Espressioni

a volte at times, sometimes
andare di male in peggio to go from bad to
  worse
andare meglio to be better
dov'ero rimasto? where was I?
una cinquantina about fifty

NOTE CULTURALI

- **Benvenuto Cellini** (1500–1571) was a talented goldsmith and sculptor. His most famous work is the statue *Perseus* which is displayed in the **Loggia dei Lanzi** just to the right of the **Palazzo Vecchio** in Florence. It took Cellini nine years to complete this masterpiece in bronze.
- As the name suggests, the **Ponte Vecchio** is the oldest bridge in Florence and one of its fabled landmarks. Originally a Roman bridge, the **Ponte Vecchio** was rebuilt in 1345 by Neri da Fioravanti and later survived Nazi devastation. Besides supporting a private Medici corridor that still connects the **Uffizi** with **Palazzo Pitti**, the bridge also houses goldsmiths and jewelers famed throughout the world.

Perseo con la testa di Medusa.
Benvenuto Cellini, 1545–1554.

Grammatica

I. Comparativo e superlativo irregolare

1. Certain adjectives have regular as well as irregular *comparative* and *relative superlative* forms. Here are the most common:

Adjective		Comparative		Relative superlative	
buono	*good*	più buono miglior(e) }	*better*	il più buono il miglior(e) }	*the best*
cattivo	*bad*	più cattivo peggior(e) }	*worse*	il più cattivo il peggior(e) }	*the worst*
grande	*large, great, old*	più grande maggior(e) }	*larger, greater, older*	il più grande il maggior(e) }	*the largest, the greatest, the oldest*
piccolo	*small, little, young*	più piccolo minor(e) }	*smaller, younger*	il più piccolo il minor(e) }	*the smallest, the youngest*

The irregular forms are used along with the regular ones. In general, the regular forms have a literal sense.

Questo braccialetto è **più grande** di quello.	*This bracelet is **larger** than that one.*
Questi orecchini sono **più piccoli** di quelli.	*These earrings are **smaller** than those.*
Questa frutta è **più buona**.	*This fruit is **better** (tastier).*

The irregular forms, on the other hand, tend to have a figurative meaning.

Quest'orologio è buono ma quello è **migliore**.	*This watch is good, but that one is **better**.*
È **la peggior**[1] professione di tutte.	*It's **the worst** profession of all.*
È **il miglior**[1] gioielliere della città.	*He is **the best** jeweler in the city.*

---

[1]**Migliore, peggiore, maggiore,** and **minore** drop the final -e before nouns that do not begin with **z** or **s** + *consonant*.

Maggiore (**il maggiore**) and **minore** (**il minore**) are also used to mean *older (oldest)* and *younger (youngest),* respectively, when referring to relatives.

Il fratello **maggiore** è in Argentina.	*The **older** brother is in Argentina.*
La sorella **minore** ha cinque anni.	*The **younger** sister is five years old.*
Giuseppe è **il maggiore** e Giovanni è **il minore**.	*Giuseppe is **the oldest** and Giovanni is **the youngest**.*

In conversational Italian, the expression **più grande** and **più piccolo** are widely used to refer to age, not just to physical size. Likewise, **più vecchio** and **più giovane** are often used to express age relationship, especially when the relationship does not involve direct family members.

Sì, Alberto è **più piccolo** di Daniele.	*Yes, Alberto is **younger** than Daniele.*
Tua cognata è **più vecchia** di te?	*Is your sister-in-law **older** than you?*
Lorenza sarà la **più giovane**, ma è la più furba di tutti.	*Lorenza might be the **youngest**, but she is the most clever of all.*

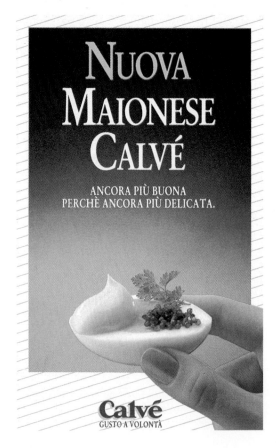

(*Maionese Calvé «ancora più buona perchè ancora più delicata».*)

2. Certain adverbs also form the comparative and the relative superlative irregularly. Here are four of the most common ones:

Adverb		Comparative		Relative Superlative	
bene	*well*	meglio	*better*	il meglio	*the best*
male	*badly*	peggio	*worse*	il peggio	*the worst*
poco	*little*	meno	*less*	il meno	*the least*
molto	*much*	più	*more*	il più	*the most*

Questo libro è scritto **bene**, ma quello è scritto **meglio**.
Studia **il meno** possibile.

*This book is **well** written, but that one is written **better**.*
*He studies **the least** possible.*

II. Il passato remoto *(The past absolute)*

Mention that the **passato remoto** is also used in everyday conversation in Tuscany. The use of this tense is certainly subjective, but fairly common.

The past absolute is formed by adding the past absolute endings to the stem of the infinitive.

Parlare	Ripetere	Capire
parl-ai	ripet-ei	cap-ii
parl-asti	ripet-esti	cap-isti
parl-ò	ripet-é	cap-ì
parl-ammo	ripet-emmo	cap-immo
parl-aste	ripet-este	cap-iste
parl-arono	ripet-erono	cap-irono

Gli **parlai** al telefono alcuni anni fa.
Andò in Argentina e **non tornò** mai più.
Allora **capii** che era troppo tardi.

*I **talked** to him on the phone a few years ago.*
*He **went** to Argentina and **never returned**.*
*Then I **realized** that it was too late.*

Like the present perfect (Chapter 7), the past absolute is used to express an action completed in the past, but whereas the present perfect indicates an action that has some relation to the present (note that **passato prossimo** means *near past*), the past absolute indicates an action that has no relation to the present (note that **passato remoto** means *remote past*). In actuality, the choice between the two tenses is based on two factors: the time lapse between the event and the present situation, and the relevance of the event to the present situation. Thus, the choice is often subjective. In conversational Italian the past absolute is not frequently used except in some regions, unless the speaker is referring to historical events in the distant past, or is relating or narrating an event or story far in the past.

Roma: Il Foro.

Using readings from *Tempi moderni* or *Incontri attuali,* have students pick out the **passato remoto** forms and give their infinitives. This helps them recognize the irregular conjugations in this tense.

Molti anni fa **visitai** Roma.
Michelangelo **lavorò** a Roma per molti anni.
Pinocchio **entrò** nel teatro di Mangiafoco.

*Many years ago I **visited** Rome.*
*Michelangelo **worked** in Rome for many years.*
*Pinocchio **entered** the theater of Fire-eater.*

BUT

Quando è **partito** per l'Italia?
—È **partito** l'altro giorno.
Quest'anno non **siamo andati** in vacanza.

*When **did he leave** for Italy?*
—He left the other day.
*This year **we did** not **go** on vacation*

III. Il passato remoto di *avere* e *essere*

Avere	Essere
ebbi	fui
avesti	fosti
ebbe	fu
avemmo	fummo
aveste	foste
ebbero	furono

Besides **avere** and **essere,** numerous verbs have an irregular past absolute. Note that the majority given in the partial list below end in **-ere.**

conoscere	conobbi, conoscesti, conobbe, conoscemmo, conosceste, conobbero
dare	diedi, desti, diede, demmo, deste, diedero
fare	feci, facesti, fece, facemmo, faceste, fecero
leggere	lessi, leggesti, lesse, leggemmo, leggeste, lessero
nascere	nacqui, nascesti, nacque, nascemmo, nasceste, nacquero
prendere	presi, prendesti, prese, prendemmo, prendeste, presero
sapere	seppi, sapesti, seppe, sapemmo, sapeste, seppero
scrivere	scrissi, scrivesti, scrisse, scrivemmo, scriveste, scrissero
vedere	vidi, vedesti, vide, vedemmo, vedeste, videro

venire	venni, venisti, venne, venimmo, veniste, vennero
volere	volli, volesti, volle, volemmo, voleste, vollero

ESERCIZI

A. Completate le frasi seguenti usando la forma appropriata del comparativo irregolare secondo l'espressione data in inglese.

1. Ultimamente i Los Lobos hanno avuto molto successo, ma i U2 godono *(enjoy)* di una fama _____. *(greater)*
2. Questa relazione era _____ di quella. *(worse)*
3. Questa carne è decisamente _____ di quella. *(better)*
4. Le mie due sorelle sono _____ di me. *(older)*
5. È vero che tuo fratello è _____ di te? *(younger)*
6. Le verdure del fruttivendolo saranno certamente _____ di quelle comprate al supermercato. *(better)*

B. Rispondete a ciascuna della domande seguenti usando le forme appropriate del comparativo irregolare.

Esempio: I broccoli sono buoni come gli spinaci? →
No, sono migliori. (No, sono peggiori.)

1. Questo vino bianco è buono come quello rosso?
2. I fratelli di Gianni sono giovani come i miei?
3. Questo orefice è buono come quello?
4. La frutta fresca è cattiva come quella surgelata?
5. Gli affari oggi sono stati buoni come ieri?
6. Tua sorella ha la tua età?

C. Completate le frasi seguenti usando la forma appropriata del superlativo irregolare secondo l'espressione data in inglese.

1. Adriana è _____ di tutte le sorelle. *(the oldest)*
2. Questi negozi sono _____ di Ponte Vecchio. *(the best)*
3. Gianni è _____ dei nostri cugini. *(the youngest)*
4. Per il ragazzo, la musica rock è _____. *(the best)*
5. Mio padre dice che queste riviste sono _____. *(the worst)*
6. Di tutti i vini, il Chianti è _____. *(the best)*

D. Completate le frasi seguenti con la forma appropriata del comparativo **meglio, migliore o migliori.**

1. Marina cantava _____ di me.
2. Io ho una voce _____ di quella di Marina.
3. Gli orefici fiorentini sono _____ degli orefici romani.
4. Sì, perché lavorano _____ degli orefici romani.
5. Le mie risposte erano sempre _____ delle vostre.
6. Ieri il Lazio ha giocato _____ del Milan.

E. **Rielaborazione.** In italiano, per favore!

1. She sings better than Katia Ricciarelli.
2. They understood less than we did.
3. Are you younger than your brother Dario?
4. The third performance (**spettacolo**) was the best.
5. She always eats the least possible.
6. His youngest brother is twenty-two years old.
7. The best shops are on via Cavour.
8. Martina is the oldest of (all) the sisters, and she is also the liveliest (**vivace**).
9. This is not the smallest problem that we have.
10. Franco is the youngest boy in his class.

F. Riscrivete al passato remoto ciascuna delle seguenti forme verbali.

Esempio: telefono → telefonai

1. annunci	5. consigliano	9. ritorniamo	13. ho
2. invita	6. scherzo	10. costruite	14. avete
3. mangiamo	7. lascia	11. partono	15. siamo
4. ricordate	8. apre	12. (io) sono	16. hanno

G. Formate frasi con il passato prossimo e il passato remoto usando le espressioni di tempo indicate nell'esempio.

Esempio: visitare le isole italiane →
Io ho visitato le isole italiane nel 1990 ma i miei genitori le visitarono nel 1946.

1. comprare un appartamento
2. finire i corsi universitari
3. ripetere gli stessi corsi
4. comprare la casa
5. avere delle invitate inglesi
6. vedere *Un ballo in maschera all'Arena di Verona*

H. **A Taormina.** Carmela racconta che cosa successe dieci anni fa a Taormina quando decise di fare visita ai suoi parenti siciliani. Usate il passato remoto e create frasi originali usando le espressioni date.

Esempio: cominciare a parlare italiano →
Anche mio fratello Anthony cominciò a parlare un po' d'italiano.

1. visitare parenti
2. pagare molto per l'albergo
3. mangiare piatti deliziosi
4. comprare regali per la famiglia
5. trovare una collana di corallo *(coral)* per la mamma
6. nuotare in un mare stupendo
7. fare passeggiate su spiagge bellissime
8. cercare lavoro in una pizzeria di Giardini-Naxos

I. **Quiz.** Immaginate di essere il conduttore *(host)* di un quiz televisivo. Formulate le domande in base alle informazioni date. Un altro studente (un'altra studentessa) darà la risposta esatta. Continuate il quiz facendo domande originali su personaggi importanti nella storia del vostro paese.

Esempio: essere un celebre orafo fiorentino del Rinascimento →
—Fu un celebre orafo fiorentino del Rinascimento.
—Benvenuto Cellini.

1. scoprire l'America nel 1492
2. essere un famoso fisico e astronomo italiano
3. essere direttore d'orchestra *(conductor)* al Metropolitan di New York
4. fare il *Perseo*
5. morire a Sant'Elena
6. unificare *(to unify)* l'Italia nel secolo scorso
7. nascere sulle sponde *(shores)* del fiume Tevere
8. dipingere *(to paint)* la Cappella Sistina

Romolo e Remo   Michelangelo Buonarroti
Arturo Toscanini   Christoforo Colombo
Galileo Galilei   Giuseppe Garibaldi
Napoleone Bonaparte   Giuseppe Verdi
Benvenuto Cellini

J. **Domande.** Rispondete con frasi complete e originali.

1. Quest'anno Lei studia più o meno degli altri anni?
2. È Lei il fratello (la sorella) maggiore della Sua famiglia?
3. Qual è il miglior ristorante in città?
4. Lei parla italiano meglio o peggio degli altri studenti?
5. Chi scrive in italiano meglio di tutti?
6. Chi studia più di tutti?
7. Chi parla il meno possibile?
8. Qual è il miglior film italiano degli ultimi anni?

Come si dice?

Changing direction in a conversation

When you are conversing with someone and want to advance an idea, use these expressions:

Ho un'altra idea.	*I have another idea.*
Visto che siamo sull'argomento ...	*Since we are on the subject . . .*
Io, invece, proporrei di ...	*I would propose instead to . . .*
Parlando di ...	*Speaking of . . .*

To change subject, you might say:

Cambiamo argomento, per favore.	*Let's change the subject, please.*
Perché non parliamo d'altro?	*Why don't we speak about something else?*

To interrupt the conversation and get someone's attention, you say:

Un momento ...	*Just a moment . . .*
Lasciami dire una cosa.	*Let me say one thing.*
Scusa, però io ...	*Excuse me, but I . . .*

To return to a topic, start with one of the following:

Di che cosa stavamo parlando?	*What were we talking about?*
Ritornando a ...	*Going back to . . .*

A. **Zitti, zitti!** A group of students is discussing the date and activities of the next student party. Arrange the dialogue in a logical manner.

Presidente (Antonio):	Un momento, Alberto. Decidiamo prima la data, poi parleremo di chi porta che cosa. Dov'ero rimasto?
Presidente:	Va bene, va bene.
Presidente:	La cosa più importante da decidere oggi è la data per la festa.
Roberto:	Antonio, ritornado alla festa, io avrei un'idea.
Emilio:	Scusate, però io devo andare. Ho lezione fra dieci minuti in via del Guazzatoio.
Angela:	Stavi parlando della data.
Presidente:	Ah, sì.
Segretario:	Allora, ragazzi. Iniziamo la riunione.
Alberto:	Visto che stai parlando della festa, chi porterà i dischi di musica country?
Segretario:	Zitti, zitti! Se continuiamo a parlare tutti insieme, non si finisce mai!

B. **Brevi scambi.** Form small groups. The first speaker says something about last semester. The next speaker changes the subject using one of the phrases in this section. Continue changing the subject as each person says something.

Esempio:

Studente 1:	L'anno scorso andai in Inghilterra con la mia migliore amica.
Studente 2:	Parlando dell'Inghilterra, devo leggere un romanzo lunghissimo per lunedì prossimo per il corso d'inglese.

25 UNA MANIFESTAZIONE POLITICA

An introductory lecture on Italian political parties is especially helpful here.

Option: assign individual parties to students for brief oral reports.

L'avvocato Bertini e l'ingegner Frugoni stanno camminando per Corso Italia a Milano. Sono ansiosi di arrivare in tempo a una seduta della direzione della Società Lombarda di Autotrasporti. Tutto ad un tratto, arrivando in Piazza del Duomo, l'ingegner Frugoni si ferma.

Bertini: Che c'è? Che succede?

Frugoni: Non lo so. Guarda, c'è anche la polizia. Dev'essere una manifestazione politica per le elezioni comunali. Questa dev'essere del partito socialista.

Bertini: Poi ci sarà quella del partito liberale, del repubblicano, eccetera. Proprio come le manifestazioni che ci furono qualche anno fa. Ne ho già avuto abbastanza dei partiti politici italiani.

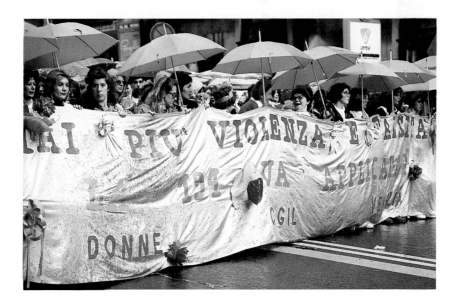

Frugoni:	Eppure, vedi, malgrado l'irrequietezza politica, l'Italia ha una sua stabilità.
Bertini:	Ma cosa dici... È il colmo! La guerra è finita da più di quarant'anni e ancora cambiamo governo quasi ogni anno.
Frugoni:	Oggi i governi cambiano spesso perché l'opinione pubblica cambia più spesso. Per me è una prova che un governo democratico può funzionare.
Bertini:	Sì, ma non molto bene... Sarà meglio cambiare strada. Andando di qui arriveremo tardi.
Frugoni:	Sì, sì. Hai ragione. Girando qui a sinistra risparmieremo almeno dieci minuti. Sei proprio un pessimista tu.
Bertini:	Io? Al contrario! Mi considero un ottimista, ma realista però!
Frugoni:	Che caldo! Io mi levo la giacca.
Bertini:	Anch'io. Sto sudando.

DOMANDE

1. Dove e perché si ferma l'ingegner Frugoni?
2. Perché c'è la polizia?
3. Ci sono soltanto due partiti politici in Italia? Spieghi.
4. Secondo Bertini, perché i governi cambiano continuamente?
5. Dove vogliono arrivare in tempo Bertini e Frugoni?
6. Perché Frugoni vuole girare a sinistra?
7. Perché si leva la giacca Frugoni?
8. Secondo Lei, funzionano bene i governi democratici? Perché?

Vocabolario

Sostantivi

gli **autotrasporti**   trucking
il **corso**   avenue
la **difficoltà**   difficulty
l' **elezione** *(f.)*   election
la **guerra**   war
l' **irrequietezza**   restlessness
la **manifestazione**   demonstration
il/la **ottimista**   optimist
il **partito**   party
il/la **pessimista**   pessimist
la **polizia**   police
la **prova**   proof
il/la **realista**   realist
la **seduta**   meeting
la **società**   society; organization

la **stabilità**   stability
la **strada**   road, street

Aggettivi

ansioso   anxious
democratico   democratic
liberale   liberal
politico   political
pubblico   public
repubblicano   republican
socialista   socialist

Verbi

camminare   to walk
risparmiare   to save
sudare   to perspire

Altri vocaboli

eppure   and yet
malgrado   in spite of
per   through

Espressioni

al contrario   on the contrary
che c'è?   what's up?
cambiare strada   to go another way
di qui   this way
in tempo   on time
tutto ad un tratto   all of a sudden
è il colmo!   that beats everything!

- Since 1948, when the first democratic election of the Italian Republic took place, three major political parties have dominated the political scene: the Christian Democrats,[1] the Communists,[2] and the Socialists, divided into the **PSI**[3] and the **PSDI**.[4] Following the recent failure of Communist block ideologies, the Italian Communist Party split into two rival groups, the **Partito Democratico della Sinistra**[5] and the **Rifondazione Comunista**. Among the minor parties are the centrist Republicans,[6] the conservative and free-enterprise oriented Liberals,[7] the neo-fascists of the far right,[8] and a few far-left groups.

  Despite the large number of parties, Italian politics has shown consistent focus throughout the years: the Christian Democrats have never lost their position of leadership to the rival Communists and have governed almost without interruption through alliances and coalitions with minor parties. In recent elections, however, voters expressed deep dissatisfaction with the status quo, and many of them boycotted mainstream politics in favor of special interest groups, such as the **Verdi** (the Green Party), the **Lega Lombarda** (advocating a separatist North), and other regional groups.

[1]DC, Democrazia Cristiana
[2]PCI, Partito Comunista Italiano
[3]PSI, Partito Socialista Italiano
[4]PSDI, Partito Socialdemocratico Italiano
[5]PDS, Partito Democratico della Sinistra
[6]PRI, Partito Repubblicano Italiano
[7]PLI, Partito Liberale Italiano
[8]MSI, Movimento Sociale Italiano

Grammatica

I. Usi del gerundio

1. The gerund is often used to translate the English present participle, which ends in *-ing*, whenever the latter has a verbal function.

> **Camminando** per la strada, incontrai Luisa.
> **Walking** *down the street, I met Luisa.*

> **Guidando** ad alta velocità, non videro il vigile.
> **Driving** *at high speed, they did not see the police officer.*

2. It can be used to render the English gerund (also in *-ing*) preceded by the prepositions *on, in, by.*

> Impariamo **studiando.**
> *We learn by **studying.***

> **Scherzando** diceva la verità.
> **In joking,** *she was telling the truth.*

Note that progressive action in the past is often expressed in Italian by **mentre** plus the imperfect.

> **Mentre aspettava** l'architetto, fumò una sigaretta.
> **While (he was) waiting** *for the architect, he smoked a cigarette.*

3. Conjunctive and reflexive pronouns follow the gerund and, except for **loro,** which is written separately, are attached to the verb.

> **Guardandola,** l'ho riconosciuta.
> **Looking at her,** *I recognized her.*

> **Essendosi fermati** vicino al lago, videro che l'acqua era inquinata.
> **Having stopped** *near the lake, they saw that the water was polluted.*

II. Il gerundio passato

The past gerund is formed by placing the auxiliary verb in the present gerund and adding the past participle of the verb. The gerund is invariable; however, in the past gerund the past participle may change according to the rules given for the agreement of past participles (see Chapter 7).

avendo	parlato ripetuto capito avuto	having	spoken repeated understood had
essendo	arrivato (a, i, e) stato (a, i, e)	having	arrived been

III. Uso speciale del pronome riflessivo

Where English uses possessive adjectives with parts of the body or one's clothing, Italian uses reflexive pronouns.

Mi metto **la cravatta; me la** metto ogni giorno.	*I am putting on **my tie**; I put it on every day.*
Si è lavato **le mani.**	*He washed **his hands**.*

In cases where possession is clearly implied, the definite article is used instead of the possessive adjective or reflexive pronoun.

Alzò **la** mano.	*He raised **his** hand.*
Preferisce **la** nonna **al** nonno.	*She prefers **her** grandmother to **her** grandfather.*

IV. Il passato remoto di *dire, fare, vedere, venire* e *volere*

Dire	Fare
dissi	feci
dicesti	facesti
disse	fece
dicemmo	facemmo
diceste	faceste
dissero	fecero

Venire	Vedere	Volere
venni	vidi	volli
venisti	vedesti	volesti
venne	vide	volle
venimmo	vedemmo	volemmo
veniste	vedeste	voleste
vennero	videro	vollero

Disse che le cose andavano di bene in meglio.	*He said that things were getting better all the time.*
Il mio nonno **fece** questa spilla anni fa.	*My grandfather **made this** brooch years ago.*
Venni in Italia a dieci anni.	*I came to Italy when I was ten.*
Videro che era inutile insistere.	*They saw (realized) that it was useless to insist.*
Vollero comprarmi una sveglia.	*They insisted on buying me an alarm clock.*

The irregular past absolute of such other common verbs as **conoscere** *(to know)*, **dare** *(to give)*, **leggere** *(to read)*, **nascere** *(to be born)*, **prendere** *(to take)*, **sapere** *(to know)*, and **scrivere** *(to write)* can be found in the Appendix.

It should be noted that the past absolute of **volere** is used to express that a certain person *was determined* to do something, and actually *did it*. To express a *state of desire* in the past or a *past intention* of doing something, the imperfect of **volere** is used.

Volle fare il mestiere di suo padre.
He decided to take up (and did) his father's trade.

Vollero partire prima di notte.
They insisted on leaving (and did) before dark.

BUT   **Volevo** comprare un brillante, ma poiché era troppo caro comprai un rubino.
I wanted to buy a diamond, but since it was too expensive, I bought a ruby.

Le scriveva tutti i mesi, ma lei proprio **non voleva** rispondere.
*He wrote her every month, but she just **didn't want** to answer.*

ESERCIZI

A. **Che cosa stavate facendo?** Mettete il verbo nella forma progressiva del gerundio secondo l'esempio.

Esempio: brindare alla sua salute →
Stavamo brindando alla sua salute.

1. scioperare
2. ammirare gli affreschi del duomo
3. vendere tutti i libri
4. discutere dei partiti politici
5. scherzare con lui
6. levarsi la giacca

B. Formate frasi singole usando la forma appropriata del gerundio al posto del primo verbo.

Esempio: Studi ogni giorno. Imparerai l'italiano. →
Studiando ogni giorno, imparerai l'italiano.

1. Camminano rapidamente. Arriveranno in tempo.
2. Guida (**guidare** *to drive*) ad alta velocità. Non vedrà il panorama.
3. Girate a sinistra. Risparmierete mezz'ora.
4. Risparmiate ora. Avrete più soldi per sposarvi.
5. Lavoro con mio padre. Non dovrò preoccuparmi di trovare lavoro.
6. Abiti con me. Non pagherai l'albergo.

C. Formate frasi singole usando la forma appropriata del gerundio passato al posto del primo verbo.

Esempio: Dorme tutta la notte. Può andare alla manifestazione. →
Avendo dormito tutta la notte, può andare alla
manifestazione.

1. Vanno alla manifestazione. Non sono andati a scuola.
2. Cambi mestiere. Puoi abitare in un appartamento più grande.
3. Scioperiamo per un mese. Non abbiamo soldi.
4. Comincia a fare il fornaio nel 1960. Ha molti clienti.
5. Ritorno presto. Ho dormito molto.
6. Sono sempre pessimisti. Non cambieranno ora.

D. Formate nuove frasi usando i soggetti indicati.

1. Dovendo uscire, mi metto le scarpe nuove.
   (tu; Gianni; tu e Gianni; io e Gianni; voi due; anche loro)
2. Prima di mangiare Adriana si è lavata le mani.
   (io; io e Franco; tu e Vanna; Marina e Vanna; lui)

E. Riscrivete al passato remoto ciascuna delle seguenti forme verbali.

1. vedo	5. fate	9. vuoi
2. dici	6. dicono	10. facciamo
3. veniamo	7. vengono	11. volete
4. vogliamo	8. faccio	12. fanno

Working with clothing catalogues and photos of people, emphasize the concept of "implied" or "understood" possession. To increase vocabulary, teach the rhyme with the names of the fingers:

Il *pollice* è caduto nel pozzo
L'*indice* è andato a aiutarlo
Il *medio* l'ha tirato fuori
L'*anulare* gli ha preparato la pappa
e il *mignolo*? ... l'ha mangiata
tutta!

La nuova Camera

Rete 12   Dc 206
Pli 17   Psdi 16   Pannella 7
Verdi   Altri 6
Pri 27   16
Msi 34
Lega N. 55   Pds 107
Rif. Com. 35   Psi 92

Seppure con un minimo scarto la coalizione che compone l'attuale governo può ancora contare in Parlamento sulla maggioranza dei seggi. Alla Camera l'alleanza a quattro (Dc, Psi, Pli e Psdi) ha infatti toccato quota 331 seggi: 16 in più della metà esatta del numero dei deputati. Nella legislatura conclusasi, il governo poteva contare a Montecitorio su 376 rappresentanti. Nella nuova Camera debutta la Rete di Leoluca Orlando con 12 deputati.

Il nuovo Senato

Verdi 4   Dc 107
Rif. Com. 20   Psdi 3
Pli   Rete 3
Pri 10   4   Altri 10
Msi 16
Lega N. 25   Pds 64
Psi 49

Al Senato Dc, Psi, Pli e Psdi hanno ottenuto complessivamente 163 seggi (ne avevano 169 nella precedente legislatura), e cioé la metà più uno dei 325 componenti Palazzo Madama (315 più i dieci senatori a vita). Se poi al computo dei seggi ottenuti dal quadripartito si aggiungono 5 senatori a vita di area governativa (Giovanni Leone, Amintore Fanfani, Giulio Andreotti, Paolo Taviani e Carlo Bo), i voti sui cui potrebbe contare l'attuale coalizione salgono a 168.

F. **Il mio bisnonno.** Completate il brano seguente con il passato remoto o l'imperfetto dei verbi fra parentesi, secondo il contesto.

Il mio bisnonno _____ (venire) negli Stati Uniti quando _____ (avere) dieci anni. La sua famiglia _____ (essere) povera. Quando (loro) _____ (arrivare) a San Francisco, il padre e la madre _____ (incominciare) a lavorare. Mentre suo padre _____ (lavorare) come orefice, il mio bisnonno _____ (andare) a scuola per imparare l'inglese. Lo _____ (imparare) molto presto e molto bene. Non _____ (volere) fare il mestiere di suo padre perché _____ (desiderare) fare il professore. Quando _____ (morire), il mio bisnonno _____ (avere) novant'anni e _____ (ricordarsi) ancora l'italiano.

G. **Che nostalgia!** (Alberto ricorda quando la sua famiglia decise di traslocare.) Inserite il verbo in parentesi al passato remoto.

_____ (nascere) nel 1943 a Borgo Torbino. Dopo appena dieci anni i miei genitori _____ (decidere) di traslocare in città, e l'intera famiglia _____ (trasferirsi) nella periferia di Trento. _____ (partire) una mattina presto, d'inverno. Le mie sorelle, Maria e Cristina, _____ (piangere, *to cry*) molto. La mamma e il papà _____ (invitare) la nostra vicina, Marta, a venirci a trovare in città. Lei _____ (dire) di sì. Ma non _____ (venire) mai. Durante il viaggio io _____ (leggere) il mio giornalino (*comic book*) e _____ (fare) l'indifferente. Lasciare Borgo Torbino _____ (essere) un'esperienza terribile. Per molto tempo noi bambini _____ (essere) molto tristi. Io e Cristina _____ (scrivere) molte lettere: al maestro della scuola elementare, al figlio del custode. Ma loro non _____ (rispondere) mai. Dopo vent'anni li _____ (rivedere) tutti. Un'estate _____ (volere) mostrare a Giulia dov'ero nato. Così _____ (incontrare) di nuovo il signor Marco, il vecchio Attilio e il maestro della scuola elementare la quale, tra l'altro, _____ (essere chiusa) un paio d'anni prima per mancanza di studenti.

H. **Domande.** Rispondete con frasi complete e originali.

1. Ci sono state della manifestazioni politiche nella Sua città recentemente? Perché?
2. Lei ha partecipato? Con chi?
3. Quando c'è una manifestazione politica, dov'è la polizia?
4. Ci sono molti partiti politici in questo paese? Quanti?
5. In questo paese, quando cambia il governo?
6. Che cosa significa che un governo è democratico?
7. È democratico il nostro governo? Perché?
8. È democratico il governo italiano? Perché?

Using a short story, block out the conjugated verbs substituting infinitives, and ask students to provide the appropriate form of the verb, according to context. This reinforces verbs across the tenses.

La Borsa Valori (Stock Exchange) *di Milano.*

Come si dice?

Expressing anger

When you want to complain or express anger towards something, you might say:

Ci mancherebbe altro! ⎫ Siamo a posto! ⎭	*That's all we need!*
Basta! ⎫ Ne ho avuto abbastanza! ⎭	*(I have had) enough!*
Abbasso [il governo]!	*Down with [the government]!*
È il colmo! ⎫ È troppo! ⎭	*That beats all!*

Situazioni

A. **Al lavoro.** Immaginate di essere le persone seguenti. Come reagireste nelle situazioni indicate? Usate le espressioni date sopra.

Direttore o direttrice in una ditta

1. Lei entra in ufficio alle dieci. Luca ed Emilio stanno parlando vivacemente e stanno guardando fuori dalla finestra.
2. La segretaria continua a fare molti errori, dimentica di dare messaggi telefonici ed è spesso di cattivo umore.
3. Questa settimana un'operaia è arrivata tardi ogni giorno. Anche stamattina è arrivata con trenta minuti di ritardo!

Impiegati e impiegate, operai e operaie in una fabbrica

1. Non vogliono darci un aumento di salario *(salary increase)*!
2. Il direttore non vuole accettare il nuovo contratto di lavoro che garantisce 40 ore alla settimana per gli operai.
3. La capoufficio dice che il prossimo sabato dobbiamo venire in ufficio e lavorare tutto il giorno!

B. **Sono infuriato/a!** *(I'm furious!)* Racconti alla classe qualcosa che Le è successo recentemente e che L'ha fatto/a infuriare. Dica dove e quando è successo, perché Lei si è arrabbiato/a (**arrabbiarsi** *to get angry*), e che cosa ha fatto o cosa farà a proposito *(about it)*. Gli altri studenti La inciteranno a continuare e a raccontare l'intera storia.

26 VĮSITA A UN PODERE

Introductory lecture on post-war economic boom, as well as some information on the European Economic Community, the Common Market, etc. Suggested reading for students might include the late Luigi Barzini's *The Europeans*.

Un uomo d'affari torinese sta parlando col proprietario d'un piccolo podere in Ụmbria.

Agricoltore: È un pịccolo podere; ormại sono un pọvero pensionato.
Ọspite: Cosa coltiva?
Agricoltore: Ho un piccolo orto, degli ạlberi da frutta, e il resto è tutta uva. Cosa vuole, non posso fare molto da solo.
Ọspite: Non ha figlioli che l'aiụtino?
Agricoltore: Sì, quattro maschi; ma si sono trasferiti tutti in città, a lavorare in fạbbrica. Cosa crede che guadạgnino qui? Niente.
Ọspite: Peccato! Andando avanti così la campagna diventerà un deserto.
Agricoltore: Eh, sì! Purtroppo. Qui a Frattaroli una volta c'ẹrano più di trecento persone. Adesso ce ne sono soltanto cinquantaquattro. E siamo tutti vecchi.

Agricoltori in Romagna.

Ọspite:	A propọsito, non credo di averLe spiegato la ragione della mia visita.
Agricoltore:	No; mi dica.
Ọspite:	Cerco una vecchia fattorịa per un noto chirurgo di Torino. Vorrebbe convertirla in una villa. La Sua fattorịa mi sembra ideale.
Agricoltore:	Il mio podere? La mia casa?
Ọspite:	Se Le interessa posso farLe un'ọttima offerta.
Agricoltore:	Ma neanche per sogno! Vuole che abbandoni la mia casa? Alla mia età? No, no, è inụtile che avanzi proposte. In questa casa sono nato e in questa casa intendo morire.

DOMANDE

Ask students to write a composition comparing city and country life.

1. Che cosa coltiva l'agricoltore?
2. Chi è l'ọspite e che cosa vuole?
3. Ha figlioli l'agricoltore?
4. Secondo Lei, perché i figli sono andati in città?
5. Perché vuole una fattorịa il chirurgo torinese?
6. Perché non vuole vẹndere la fattorịa l'agricoltore?
7. A Lei piacerebbe lavorare in un podere? Perché?
8. Anche in questo paese i giọvani lạsciano le campagne per cercare lavoro in città? Spieghi perché.

Vocabolario

Sostantivi

l'**agricoltore** *(m.)* farmer
l'**ạlbero** tree
  ạlbero da frutta fruit tree
il **chirurgo**, la **chirurga** surgeon
il **deserto** desert
la **fạbbrica** factory
la **fattorịa** farmhouse
la **femmina** female
il **figliolo**, la **figliọla** son, daughter
il **maschio** male
l'**offerta** offer
l'**orto** vegetable garden
l'**ọspite** guest *(m./f.)*
il **pensionato**, la **pensionata** retiree
il **podere** farm
la **proposta** proposition

la **ragione** reason
l'**Ụmbria** region of Italy
l'**uomo**, la **donna d'affari** businessman, businesswoman
l'**uva** *(s.)* grapes
la **visita** visit

Aggettivi

inụtile useless
pọvero poor
torinese of/from Turin *(a city in Italy)*

Verbi

abbandonare to abandon
avanzare to advance, put forward, field
coltivare to cultivate
  coltivare i campi to farm

convertire to convert
diventare to become
guadagnare to earn
interessare to interest
trasferirsi (isc) to move *(location),* transfer

Altri vocạboli

insomma in short
soltanto only

Espressioni

cosa vuole what do you expect
da solo/a by oneself, all alone
neanche per sogno! not on your life!

FIERA DI TERMOLI

AGRICOLTURA E ALIMENTAZIONE

TERMOLI - 29 Agosto - 1 Settembre 1991

Piazza Garibaldi - Via Gioberti - Piazza Vittorio Veneto
Scuola Elementare P. di Piemonte

PROGRAMMA DELLA MANIFESTAZIONE

Giovedì 29 agosto

Ore 19.00 Inaugurazione e visita agli stands. Inaugurazione e visita della "Mostra della civiltà contadina" allestita nei locali della scuola Elementare P. di Piemonte.

Ore 20.30 Rinfresco

Ore 21.30 *Piazza Vittorio Veneto* Esibizione del Gruppo "NACCHERE E TAMMORRE"

Venerdì 30 Agosto

Ore 18.00 Inizio visita alla Fiera e inaugurazione dell'Agricoltreno.

Ore 19.00 *Sala consiliare* Convegno: "PIANETA AGRICOLTURA" Primo giorno di lavori

Ore 21.00 *Piazza Vittorio Veneto* Esibizione del Gruppo "LA CONTADINELLA"

Sabato 31 Agosto

Ore 18.00 Apertura della Fiera e inizio visita all'Agricoltreno.

Ore 18.30 *Sala consiliare* Convegno: "PIANETA AGRICOLTURA" Secondo giorno di lavori

Ore 21.00 *Piazza Vittorio Veneto* Animazione

Domenica 1 Settembre

Ore 18.00 *Sala consiliare* Convegno: "PIANETA AGRICOLTURA" Terzo giorno di lavori

Ore 21.30 *Piazza Vittorio Veneto* Serata di spettacolo con ANNA MAZZAMAURO

Ore 24.00 Chiusura della manifestazione

ORARIO DI VISITA: dalle 18.00 alle 24.00

Organizzazione: **PROMEDIA** s.r.l. CASERTA
ANGI UFFICIO di Giuliano Antonio TERMOLI
OFAR di Tufarelli Ciriaco e C. SANSEVERO (FG)

Patrocinio del Comune di Termoli

NOTE LINGUISTICHE E CULTURALI

- When used before a noun, the preposition **da** expresses purpose, use, or manner: **un cane da caccia** *(a hunting dog)*, **un vestito da sera** *(an evening dress)*, **un paio di occhiali da sole** *(sun glasses)*, **una macchina da scrivere** *(a typewriter)*, **l'ho riconosciuto dalla voce** *(I recognized him from his voice)*.
- Among the pressing issues facing Italian lawmakers is the reform of the pension system, one of the most generous in the European Community. With a birthrate almost close to zero and an ever-growing elderly population, Italy's low retirement age is matched only by Japan: 60 for men and 55 for women, as opposed to that of most industrialized countries where men retire at 65 and women at 60. Furthermore, whereas Japan calculates compensation over one's career wages, Italy's pensions are computed on the basis of earnings in the last five years of service. The Organization for Cooperation and Economic Development projects that, unless changes are implemented, one third of Italy's gross national product will be expended on social security benefits in the near future.[1]

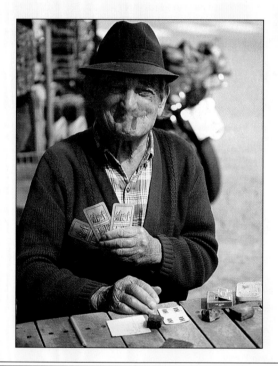

---

[1] Adapted from "Social and Economic Briefs," Maria Teglia, ed., *Italian Journal,* Vol. VI (1992), No. 1, pp. 53–54.

Grammatica

I. Il congiuntivo presente
(The present subjunctive)

As you begin the subjunctive, you may wish to review verb tense, mood, voice.

Explain that if students cannot remember a given subjunctive form, they can figure it out. They can either use the formal singular command as the root or they can go all the way back to the first person singular present indicative, which in irregular verbs, will give the subjunctive root: **dire: dica** = formal command; **dico** = first person singular.

Have students begin a list of when to use the subjunctive: i.e., what kinds of verbs demand this form (verbs of emotion, fear, liking, hating, commanding).

Mention that in English we rarely use the subjunctive *(if I were; may he be)*. In Romance languages, however, it is used regularly and constantly—nowhere so much as in Italian. For those students who think that the subjunctive is passé, suggest that it is not, and will not be, at least for the duration of the semester.

Like English, Italian has both an indicative and a subjunctive mood. The indicative states a fact or a certainty: **Ho una macchina nuova.** *(I have a new car.)* **Gino e Sergio sono già arrivati.** *(Gino and Sergio have already arrived.)* The subjunctive, on the other hand, expresses possibility and uncertainty.

The subjunctive mood is used in Italian more frequently than in English. It is used mainly in subordinate clauses introduced by **che**. The present subjunctive is formed by adding certain endings to the stem of the infinitive. Note that, as in the present indicative, verbs like **capire** take -**isc**- between the stem and the ending in the first, second, and third persons singular and in the third person plural.

The present subjunctive of the model verbs is as follows:

CONGIUNTIVO PRESENTE

Parlare	Ripetere	Dormire	Capire
parl-i	ripet-a	dorm-a	cap-isc-a
parl-i	ripet-a	dorm-a	cap-isc-a
parl-i	ripet-a	dorm-a	cap-isc-a
parl-iamo	ripet-iamo	dorm-iamo	cap-iamo
parl-iate	ripet-iate	dorm-iate	cap-iate
parl-ino	ripet-ano	dorm-ano	cap-isc-ano

Vuole che **parliate** piano.
È necessario che **io** lo **ripeta.**
Pensano che **tu dorma.**
Sei sicuro che **capiscano?**

È meglio che **ripetano.** Nessuno ha capito.
Spero che **lei** ne **parli** prima o poi.
Dubita che Lia **resti** a casa.

Credo che lui **lavori** in centro.
Voglio che **tu torni** prima di mezzanotte.
È incredibile che **tu preferisca** la birra al vino.

*She wants **you to speak** slowly.*
*It is necessary that **I repeat** it.*
*They think **you're sleeping.***
*Are you sure that **they understand?***

*It's better that **they repeat.** Nobody understood.*
*I hope **she will talk** about it sooner or later.*
*He doubts that Lia **will remain** at home.*

*I think **he works** downtown.*
*I want **you to return** before midnight.*
*It's incredible that **you prefer** beer to wine.*

II. Il congiuntivo presente di *avere* e *essere*

Avere	Essere
abbia	sia
abbia	sia
abbia	sia
abbiamo	siamo
abbiate	siate
abbiano	siano

Non credono che **io abbia** i gioielli.	*They do not believe that **I have** the jewels.*
Pensa che **lei sia** ammalata.	*He thinks that **she is** ill.*
Non voglio che **tu abbia** paura.	*I don't want **you to be** afraid.*
Dubito che **siano** agricoltori.	*I doubt **they are** farmers.*
Penso che **abbiate** ragione.	*I think **you are** right.*

As the above examples show, the subjunctive is ordinarily used in a subordinate clause introduced by **che**. Unlike the indicative mood, which is used to state facts or ask direct questions, the subjunctive mood usually expresses an action, an event, or a state that is not positive or certain, but uncertain, doubtful, desirable, possible, or merely an opinion. Since the first, second, and third persons singular are identical in form, the subject pronoun is usually used with these forms to avoid ambiguity.

Crede che **io abbia** un maschio e una femmina.	*He thinks **I have** a boy and a girl.*
Dubita che **tu capisca.**	*She doubts **you understand.***
Vuole che **Lei visiti** la vigna.	*He wants **you to visit** the vineyard.*

NOTE a. Verbs ending in -**care** and -**gare** insert an **h** between the stem and the endings:

cercare:
cerchi, cerchi, cerchi,
cerchiamo, cerchiate, cerchino
pagare:
paghi, paghi, paghi,
paghiamo, paghiate, paghino

b. Verbs like **cominciare** and **mangiare** combine the **i** of the stem with the one of the endings:

cominciare:
cominci, cominci, cominci,
cominciamo, cominciate, comincino
mangiare:
mangi, mangi, mangi,
mangiamo, mangiate, mangino

III. Il congiuntivo passato

CONGIUNTIVO PASSATO

Parlare	Andare
abbia parlato	sia andato/a
abbia parlato	sia andato/a
abbia parlato	sia andato/a
abbiamo parlato	siamo andati/e
abbiate parlato	siate andati/e
abbiano parlato	siano andati/e

Pensi che non le **abbiano parlato?**
Dubito che ci **siano andate.**
Crede che io le **abbia parlato?**
Hanno paura che lei **sia andata via.**

*Do you think **they did not talk** to her?*
*I doubt **they went** there.*
*He believes that **I spoke** to her?*
*They are afraid that **she left.***

IV. Usi del congiuntivo

Introduce the idea of sequencing (presented) in Chapter 20. Once the students can "chart" verb sequences, they have a base on which to figure out which subjunctive tenses are needed.
IF TWO CLAUSES HAVE DIFFERENT SUBJECTS—
AND IF the MAIN CLAUSE is: / THEN the DEPENDENT SUBORDINATE CLAUSE may be:

present (che) / pres. subjunctive
future / or
imperative / pass. pross.
(sometimes, / subjunctive
pass. pross.)

BUT

If the MAIN CLAUSE is: in a past tense or conditional tense / THEN the DEPENDENT SUBORDINATE CLAUSE may be: imperfect subjunctive or pluperfect subjunctive

SE and MAGARI demand one of these two forms of the subjunctive

1. The subjunctive is used in a subordinate clause after an impersonal expression implying doubt, necessity, possibility, desire, or emotion.

È necessario che Lei **capisca.**
It is necessary that you understand.

È possibile che io **parta.**
It is possible that I may leave.

È meglio che tu glielo **chieda.**
You had better ask him.

Impersonal expressions that are positive assertions do not require the subjunctive.

È vero che è qui.
It is true that he is here.

If the subordinate clause has no subject, the infinitive is used instead of the subjunctive.

È importante arrivare presto.
It is important to arrive early.

È importante che io **arrivi** presto.
It is important that I arrive early.

2. The subjunctive is also used in dependent clauses after a verb expressing a *wish, command, belief, doubt, hope, ignorance,* or *emotion,* namely after such verbs as **desiderare, volere, pensare, credere, dubitare** *(to doubt),* **sperare, non sapere, avere paura,** etc., when the subject of the dependent clause is different from the subject of the main clause.

Desidero che Lei **veda** il frutteto.
Non voglio che tu le **parli.**
I want you to see the orchard.
I don't want you to speak to her.

Credo che piova.	*I think it is raining.*
Dubito che mi **abbia sentito.**	*I doubt that he heard me.*
Non so se siano pere o mele.	*I do not know whether they are pears or apples.*
Temo che abbiano perso.	*I fear (that) they lost.*

a. If the verb in the dependent clause expresses a future idea or action, the future tense may be used instead of the subjunctive, *but not with verbs expressing a wish or command.*

	Credo che **verrà** domani.	*I think he will come tomorrow.*
	Siamo contenti che **partirà**.	*We are glad he will leave.*
BUT	Voglio che **ritornino** domenica prossima.	*I want them to return next Sunday.*
	Speriamo che **parta**.	*We hope he will leave.*

b. If the subject of both verbs in the sentence is the same, the *infinitive* is used instead of the subjunctive.

Speriamo **di partire** domani.	*We hope to leave tomorrow.*

ESERCIZI

A. Formate nuove frasi sostituendo il soggetto della proposizione subordinata *(dependent clause)* con quelli indicati.

1. Credo che tu guadagni abbastanza.
   (voi; anche loro; tutti; Lei; tu e lui)
2. Vuole che io abbandoni questa casa.
   (l'ingegnere; noi; anche tu; voi)
3. È meglio che Lei ripeta ad alta voce.
   (anch'io; tu; noi tutti; voi; Tina e Luisa)
4. Dubito che dormano in classe.
   (tu; voi due; Lei; i suoi figlioli)

B. Seguendo l'esempio, esprimete le numerose speranze *(hopes)* del professore d'italiano.

Esempio: Il professore spera che ... (tutti / studiare sul serio) →
Il professore spera che tutti studino sul serio.

1. anch'io / cominciare a studiare
2. i suoi studenti / discutere in italiano
3. noi / visitare qualche città italiana
4. anche tu / proseguire (continuare) gli studi
5. voi due / parlare correttamente
6. quella studentessa / scrivere chiaramente

7. tutti voi / ricordare i verbi irregolari
8. io / lęggere *L'Espresso*

C. Riscrivete le frasi seguenti aggiungendo l'espressione o il verbo che richiede l'uso del congiuntivo.

Esempio: Ricordo il mio maestro. (desiderano) →
Desiderano che io ricordi il mio maestro.

1. Capisce tutto. (voglio)
2. L'agricoltore abbandona la sua casa. (è inutile)
3. Discutiamo di politica. (preferisce)
4. Convertite la vecchia fattoria. (non vogliamo)
5. Anch'io guadagno abbastanza bene. (è necessario)
6. I governi non cambiano spesso. (speriamo)

D. Riscrivete le frasi seguenti aggiungendo un'espressione o un verbo che richieda l'uso del congiuntivo.

Esempio: Anche lui converte la fattoria. →
Raccomandiamo che anche lui converta la fattoria.

1. Anche Adriana spiega la ragione della visita.
2. Anche tu vendi il podere.
3. Anche voi due cambiate strada.
4. Anche loro risparmiano.
5. Anche tu e Gianni costruite una villa.
6. Anche lei si trasferisce in città.

E. Rispondete ad ogni domanda seguendo attentamente l'esempio.

Esempio: Che cosa desideri? (tu / capire il congiuntivo) →
Desidero che tu capisca il congiuntivo.

1. Che cosa volete? (voi / cambiare opinione)
2. Che cosa preferisci? (loro / risparmiare di più)
3. Che cosa vuole la società? (i governi / funzionare)
4. Che cosa sperate? (tutti / avere un buon lavoro)
5. Che cosa desidera l'agricoltore? (i suoi figli / non abbandonare il podere)
6. Che cosa vogliono? (noi / avanzare una proposta)

F. Riscrivete le frasi seguenti facendo il cambiamento suggerito.

Esempio: È meglio che vi alziate presto. →
È meglio alzarsi presto.

1. È meglio che vi trasferiate in città.
2. È meglio che vi telefoniate spesso.
3. È meglio che vi ricordiate le indicazioni stradali.

4. È meglio che vi incontriate qui.
5. È meglio che vi prepariate per l'esame.
6. È meglio che vi fermiate più a lungo.

G. Riscrivete ogni frase passando da una dichiarazione *(statement)* di certezza (espressa dall'indicativo) a una di incertezza (espressa dal congiuntivo).

Esempio: Dice che sono già arrivati. →
             Crede che siano già arrivati.

1. Dice che hanno guadagnato poco.
2. Dice che la campagna è diventata un deserto.
3. Dice che l'avvocato ha spiegato la ragione.
4. Dice che noi abbiamo convertito la fattoria in una villa.
5. Dice che i poveri turisti hanno mangiato male.
6. Dice che io ho studiato il meno possibile.

H. Riscrivete ogni frase passando da una dichiarazione di probabilità a una dichiarazione di fatto.

Esempio: È probabile che intendano morire qui. →
             È vero che intendono morire qui.

1. È probabile che il chirurgo cerchi una vecchia fattoria.
2. È probabile che in città guadagnino abbastanza bene.
3. È probabile che la riunione cominci alle otto.
4. È probabile che il tempo sia nuvoloso anche oggi.
5. È probabile che tu preferisca il partito repubblicano.
6. È probabile che io lo conosca.

I. **Domande.** Rispondete con frasi complete e originali.

1. Ci sono ancora poderi e orti nella Sua città o vicino?
2. Lei ha un orto? Grande o piccolo? Se non l'ha, vorrebbe averlo?
3. Dov'è possibile guadagnare meglio: in città o in campagna?
4. Le piacerebbe abitare in campagna? Cosa farebbe?
5. Abitavano in campagna i Suoi genitori o i Suoi nonni o i Suoi bisnonni? Dove? Perché hanno lasciato i campi?

J. **Dialogo.** Formulate le domande adatte per completare il dialogo.

Agricoltore: No, non desidero affatto cambiare mestiere.
Ospite: _____
Agricoltore: Sì, è vero: in campagna non si guadagna molto ma io sono soddisfatto.
Ospite: _____
Agricoltore: I miei bisnonni comprarono il podere.
Ospite: _____
Agricoltore: Non sono sicuro, ma pare che l'abbiano comprato al principio del secolo.

Role-play: ask students to rent a farmhouse (or an apartment) for the summer. The teacher can play the owner-renter. Students' questions should include the rent, duration of lease, cost of utilities, damage deposit, etc. Have students prepare the vocabulary they will need ahead of time.

Ọspite:	_____
Agricoltore:	Il maggiore dei mięi figli crede che la vita in campagna sịa diffịcile. Il minore, invece, pensa che sịa ideale.
Ọspite:	_____
Agricoltore:	Spero che i mięi figli e i figli dei mięi figli rẹstino qui e non vẹndano il podere.

Come si dice?

When you don't know how to respond to someone or can't make up your mind, you can use the following expressions:

Expressing hope

Speriamo!	*Let's hope so!*
Spero di sì.	*I hope so.*
Spero di no.	*I hope not.*
Magari!	*If only!*
Spero che + *pres. subj.*	*I hope that . . .*

Expressing doubt

Non saprẹi.	*I don't know. (I wouldn't know.)*
E chi lo sa?	*Who knows?*
Forse. Può darsi.	*Maybe.*
Ne dubito.	*I doubt it.*
Dubito che + *pres. subj.*	*I doubt that . . .*

A. **Situazioni.** Reagite alle seguenti situazioni con espressioni di dubbio o di speranza.

1. Con tutta probabilità, l'Italia vincerà i prọssimi mondiali di calcio.
2. Benché ci sịa una crisi econọmica al livello mondiale, i giọvani italiani riusciranno sempre a trovare un posto di lavoro che garantisca stabilità, sicurezza ed alti intrọiti *(earnings)*.
3. Tutti i paesi del mondo parteciperanno con successo in un nuovo progetto ecolọgico che salverà (**salvare** *to save*) il futuro del nostro pianeta.
4. Diversi polịtici italiani vọgliono riformare il sistema pensionịstico per ridurre *(to reduce)* il dẹficit del paese.

B. E chi lo sa? Fate le domande seguenti a un'altra persona la quale risponderà usando espressioni date in questa sezione.

1. Sa chi ha fondato la Biennale di Venezia?
2. Mi saprebbe dire quant'è il cambio del dollaro canadese oggi?
3. L'opera italiana ebbe origine al principio del dodicesimo secolo, vero?
4. Sa esattamente quando avrà luogo il Festival dei Due Mondi a Spoleto?
5. Sa perché quel famoso ponte a Venezia si chiama il Ponte dei Sospiri?

Venezia: Il Ponte dei Sospiri.

27 GLI ITALO-AMERICANI

Highly recommended reading for background on Italian-Americans: Richard Gambino, *Blood of My Blood*; Helen Barolini, *Umbertina* or *The Dream Book*; Mario Puzo, *The Fortunate Pilgrim*; Arthur Miller, "The View from the Bridge."

Ask students to prepare compositions on regional Italian settlements. They might concentrate on what kept some immigrants in the East; what sent some to the far West.

Bob, lo studente italo-americano che studia all'Università per Stranieri, ha cenato con alcuni amici italiani a casa di Giovanni. Ora stanno parlando dell'America, dell'Italia e degli italo-americani, mentre gustano un bicchierino di liquore.

Giovanni: Quanti abitanti di origine italiana credi che ci siano negli Stati Uniti?

Bob: Secondo l'ultimo censimento, se contiamo anche quelli che sono solo in parte di origine italiana, mi sembra che il numero raggiunga circa venti milioni.

Andrea: Dove vivono per lo più?

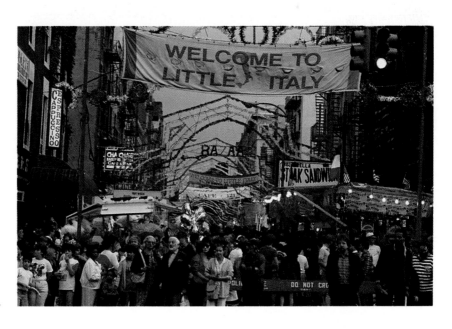

«Little Italy» a New York.

Bob:	Sebbene la maggior parte siano ancora nelle grandi città, oggi si trovano un po' dappertutto. Verso la fine dell'Ottocento e al principio del Novecento, quando l'emigrazione era molto intensa, gli emigranti di solito si fermavano nelle grandi città, specialmente dell'est, a New York, Boston, Chicago e così via. E poi, a poco a poco, si sono dispersi in tutto il paese.
Vanna:	E i vecchi rioni italiani, le «Piccole Italie», ci sono sempre?
Bob:	Direi di no. Ormai anche quelli tendono a scomparire. A New York c'è una «Little Italy», ma non è quella di una volta. Molti sono della terza o quarta generazione, e quasi più nessuno parla italiano.
Andrea:	E tu invece che ne pensi degli italiani qui in Italia? Che impressione ti hanno fatto?
Giovanni:	Sì, parlacene un po'. Ma prima, un altro goccetto?

DOMANDE

1. Dove ha cenato Bob?
2. Di cosa parlano Bob e gli amici?
3. Che cosa gustano mentre parlano?
4. Dove vivono oggi gli italo-americani?
5. Quando si fermavano di solito nelle grandi città?
6. Perché oggi pochi italo-americani parlano italiano?
7. Quali professioni esercitavano una volta gli emigranti italiani?
8. Le interessa la storia degli emigranti? Perché?

Vocabolario

Sostantivi

l' **abitante** *(m./f.)*   inhabitant
il **bicchierino**   little glass
il **censimento**   census
l' **emigrante** *(m./f.)*   emigrant
l' **emigrazione** *(f.)*   emigration
l' **est** *(m.)*   east
la **generazione**   generation
il **goccetto**   (little) drop
l' **impressione** *(f.)*   impression
il **liquore**   cordial, liqueur
il **Novecento**   the 20th century
l' **origine** *(f.)*   origin
l' **Ottocento**   the 19th century
la **parte**   part
  maggior parte   majority

il **principio**   beginning
la **professione**   profession
il **rione**   neighborhood

Aggettivi

faticoso   hard, requiring physical labor
intenso   intense

Verbi

cenare   to dine
contare   to count
disperdersi *(p.p. disperso)*   to scatter
esercitare   to practice
gustare   to savor, enjoy

raggiungere° *(p.p. raggiunto)* to reach
trovarsi   to be located

Altri vocaboli

circa   about
dappertutto   everywhere
sebbene   although

Espressioni

dire di sì (no)   to say yes (no)
è così via   and so on
in parte   partly
per lo più   for the most part
a poco a poco   little by little

NOTE CULTURALI

- Italians are growing taller and living longer, says the Central Institute of Statistics (**ISTAT**). According to recent studies, the average height is about 173 centimeters and life expectancy is 73.2 years for men and 79.7 for women, with cardiovascular disease being the major cause of death. Women constitute the majority of the population: out of 57,576,000 inhabitants, there are about 1.7 million more women than men.[1]

- In recent decades, two major forces have had unprecedented impact on Italian society: the unions and the feminist movement. Directly tied to the political parties, the unions defend the common interests of workers (**CGIL, CISL and UIL**)[2] and entrepreneurs (**Confindustria**)[3] alike, while the feminist movement focuses the country's attention on major social issues, such as divorce, abortion, and women's rights. Both divorce and abortion were legalized in the 1970's through popular referendums.

After being banned during the fascist era, the unions rebounded in the late 1940's. The CGIL represents workers from the communist and socialist parties; the CISL is tied to the Christian Democrats; and the UIL was founded by the Social-Democrats and Republicans. The CGIL is the largest union in Italy. Since 1919 the Confindustria represents the interests of corporate Italy.

---

[1] "Social and Economic Briefs," Maria Teglia, ed., *Italian Journal,* Vol. VI (1992), No. 1, p. 54.

[2] Confederazione Generale Italiana del Lavoro; Confederazione Italiana Sindacati Lavoratori; Unione Italiana del Lavoro

[3] Confederazione Generale dell'Industria Italiana

Grammatica

I. Usi del congiuntivo, *continuazione*

This information should be added to the students' list of when to use the subjunctive.

The subjunctive is also used in the following cases:

1. After the relative superlative or the adjectives **unico, solo, primo,** and **ultimo** when the subordinate clause is introduced by **che** and other relative pronouns.

È **il** conferenziere **meno interessante che** io **abbia sentito.**
He is the least interesting lecturer I have heard.

È **il** libro **più interessante che** io **abbia letto.**
It is the most interesting book I have read.

È **l'unico** prodotto italiano **che** io **conosca.**
It is the only Italian product I know.

2. After the following conjunctions:

affinché	*so that, in order that*
a meno che ... non	*unless*
benché	*although*
sebbene	*although*
perché	*in order that*
prima che	*before*
purché	*provided that*
senza che	*without*

Lo comprerò **sebbene costi** troppo.
*I will buy it **although it costs** too much.*

Lo spiega **affinché** lo **capiscano**.
*He explains it **so that they may** understand it.*

Partiranno **purché non piova**.
*They will leave **provided it does not rain**.*

Parlo forte **perché** mi **senta**.
*I am speaking loudly **so that he may hear** me.*

Ti comprerò una macchina da scrivere **purché tu la usi**.
*I will buy you a typewriter **provided you use it**.*

II. I suffissi e i loro usi
(Suffixes and their uses)

Stress that suffixes are used constantly in spoken Italian. A **regalo** is often a **regalino**; **studenti** are **bravini**. Additional examples of **-accio** include: **tempaccio** (to refer to bad weather) or **dottoraccio** (slang for "butcher" or "quack").

Italian is extremely rich in suffixes. When added to a noun, an adjective, or an adverb (after the final vowel has been dropped), a suffix modifies the meaning of the word. The most common suffixes are:

-ino } denote smallness and, but not necessarily, affection *(little, pretty,*
-etto } *fairly, sweet, dear)*
-uccio   denotes smallness and insignificance, and perhaps affection
-one   (f. -ona) implies bigness, ungainliness
-accio   indicates worthlessness, scorn

Abitano in una **casetta**.	*They live in a (**pretty**) **little** house.*
Di chi è quel **librone**?	*Whose **huge book** is that?*
Canta **benino**.	*She sings **fairly well**.*
Quella ragazza è **bellina**.	*That girl is **rather pretty**.*
È **Carluccio**.	*It's **dear little Charles**.*
Che **casaccia**!	*What an **ugly house**!*

In general, a noun modified by a suffix retains the original gender. However, in certain instances, a feminine noun is made masculine by the addition of **-ino** or **-one** to stress the smallness or bigness of the object or individual.

una tavola	**un** tavolino	*a **little** table, coffee table*
una finestra	**un** finestrone	*a **big** window*
una donna	**un** donnone	*a **big** woman*

Students should be rather cautious in the use of suffixes until, through long experience, they have learned to use them properly.

III. Uso speciale di alcuni numerali

Generally, especially in connection with literature, art, and history, Italian uses the following forms to refer to centuries from the thirteenth on:

il Duecento (il secolo tredicesimo)	*13th century*
il Trecento (il secolo quattordicesimo)	*14th century*
il Quattrocento (il secolo quindicesimo)	*15th century*
il Cinquecento (il secolo sedicesimo)	*16th century*

	17th century
il Seicento (il sẹcolo diciassettẹsimo)	17th century
il Settecento (il sẹcolo diciottẹsimo)	18th century
l'Ottocento (il sẹcolo diciannovẹsimo)	19th century
il Novecento (il sẹcolo ventẹsimo)	20th century

Ask students to name a person, work of art, literature or music, or a historical event for each of the periods given.
Additional vocabulary: il Medioevo; il Rinascimento; il Risorgimento; il Dopoguerra.

Note that these substitute forms are usually capitalized.

la scultura fiorentina del **Quattrocento** (del sẹcolo quindicẹsimo)
*Florentine sculpture of the **fifteenth century***

la pittura veneziana del **Settecento** (del sẹcolo diciottẹsimo)
*Venetian painting of the **eighteenth century***

IV. Il congiuntivo presente di *andare, dire, fare* e *stare*

Andare	Dire	Fare	Stare
vada	dica	faccia	stịa
vada	dica	faccia	stịa
vada	dica	faccia	stịa
andiamo	diciamo	facciamo	stiamo
andiate	diciate	facciate	stiate
vạdano	dịcano	fạcciano	stịano

Dụbita che **io vada** alla riunione.	She doubts that **I will go to the meeting.**
Vuole che **andiate** prima **voi.**	He wants **you to go first.**
Pensi che ci **dịcano** quando arriveranno?	Do you think **they will tell us** when they are arriving?
Vọgliono che **facciate** colazione con loro.	They want **you to have** breakfast with them.
Ho paụra che **non fạcciano** abbastanza.	I am afraid **they are not doing enough.**
Verrò purché **stiamo** poco.	I will go as long as **we stay** for a short time.

ESERCIZI

A. Completate le frasi seguenti mettendo i verbi o le espressioni fra parentesi al congiuntivo passato.

Esempio: È il conferenziere meno animato che noi ... (sentire) →
È il conferenziere meno animato che noi abbiamo sentito.

1. È la storia più interessante che Moravia ... (scrịvere)
2. È la professione più faticosa che gli emigranti ... (esercitare)
3. È il numero più alto che ... (fermarsi) nell'est del paese.
4. È l'unica fattorịa che noi ... (visitare)
5. È il primo telegramma che voi ... (ricẹvere)
6. È la sola cosa che Andrẹa ... (dire)

B. Formate nuove frasi sostituendo al verbo della proposizione subordinata la forma corretta dei verbi indicati in parentesi.

1. È possibile che non capiscano niente?
   (dire; studiare; leggere; fare; avere)
2. È vero che non capiscono niente?
   (dire; studiare; leggere; fare; avere)
3. Ho paura che tu non dorma abbastanza.
   (spiegare; mangiare; fare; dire; fermarsi)
4. Tutti sono sicuri che tu non fai abbastanza.
   (spiegare; dormire; dire; fermarsi)

C. Formate nuove frasi cambiando il soggetto della proposizione subordinata come indicato.

Esempio: Voglio andare alla conferenza. (tu) →
Voglio che tu vada alla conferenza.

1. Preferiscono dire la verità. (anche voi)
2. Non vuole coltivare solamente frutta. (i suoi figli)
3. Desiderano stare in una grande città. (anche i loro nipoti)
4. Vogliamo fare colazione con la studentessa italo-americana. (voi due)
5. Voglio scrivere la vera storia dell'emigrazione italiana. (qualcuno)

D. Osservate l'esempio e rispondete alle seguenti domande.

Esempio: Posso fare colazione al bar? (a casa) →
No, preferisco che tu faccia colazione a casa.

1. Posso andare al cinema? (alla partita)
2. Possiamo stare in città? (in campagna)
3. Possiamo dire la verità a lui? (a me)
4. Possiamo fare un'offerta all'agricoltore? (a sua moglie)
5. Posso lavorare in una fabbrica? (in un podere)
6. Posso dire la mia opinione? (l'opinione degli emigranti)

E. Completate le frasi seguenti con il congiuntivo presente del più appropriato fra i verbi seguenti: **essere, avere, andare, dire, fare** e **stare**. Usate ogni verbo una sola volta.

1. Non è possibile che voi _____ a piedi fino al podere.
2. È necessario che tu mi _____ la tua opinione.
3. Pensi che il cioccolato non _____ bene?
4. Perché credi che io _____ fame?
5. È meglio che Bob _____ a casa di amici italiani.
6. Credo che nel frutteto ci _____ più di centocinquanta alberi.

F. Formate frasi singole includendo le congiunzioni che introducono il congiuntivo.

Esempio: L'orefice apre la porta. Il cliente entra. (affinché) →
L'orefice apre la porta affinché il cliente entri.

1. Andrò alla conferenza. Non piove. (purché)
2. In campagna si guadagna poco. La vita è bella. (sebbene)
3. Staremo in piedi. Ci sono molti posti. (benché)
4. Ti offro il caffè. Tu dici che pagherai tu. (a meno che ... non)
5. I giovani lasciano le campagne. In città stanno male. (sebbene)
6. Voglio arrivare a casa. Comincia la manifestazione. (prima che)
7. Mio zio parla ancora l'italiano. Abita negli Stati Uniti da trent'anni. (benché)
8. Vi parlo sempre in italiano. Voi imparate. (affinché)

G. Completate ciascuna della frasi seguenti usando un verbo o un'espressione appropriata.

Esempio: Non posso accettare questo posto, sebbene ... →
Non posso accettare questo posto, sebbene lo stipendio sia alto.

1. In generale non ci preoccupiamo di politica, a meno che ...
2. L'agricoltore non vende il podere benché ...
3. Siamo d'accordo con te purché ...
4. Mi hanno mandato un telegramma affinché ...
5. Vi farò da guida senza che ...
6. Andiamo tutti a Villa Borghese prima che...

H. Osservate l'esempio e rispondete a ciascuna della seguenti domande usando parole modificate con suffissi.

Esempio: È vero che suo figlio è un ragazzo molto grande? →
Sì, è un ragazzone.

È vero che ...

1. Adriana è abbastanza bella?
2. il suo bel podere non è molto grande?
3. la vostra villa è abbastanza piccola e bella?
4. il tempo oggi è freddo e brutto?
5. la bottega dell'orefice è piccola e modesta?
6. volete un bicchiere di buon vino?

I. **Dialogo.** Completate il dialogo tra un (una) turista appena arrivato(a) dal Canadà e un agente dell'Ufficio Immigrazioni.

Agente: Buon giorno, signore (signora, signorina). Come si chiama?
Turista: _____
Agente: Dove ha iniziato il Suo viaggio?
Turista: _____
Agente: Dove va in Italia?
Turista: _____

Agente:	Per quanto tempo si fermerà?
Turista:	_____
Agente:	Dove e con chi abiterà durante questo tempo?
Turista:	_____
Agente:	Qual è la ragione del Suo viaggio?
Turista:	_____
Agente:	Quanto denaro porta con sé? In lire o in dollari?
Turista:	_____
Agente:	Quando ripartirà per il Canadà?
Turista:	_____
Agente:	Molte grazie e buona permanenza (*stay*)!

Ask students to present orally the information from their compositions on regional Italian settlements. For follow-up discussion: What distinguished Italians from other immigrant groups? What values are visible across the generations among Italian-Americans?

Come si dice?

Expressing opinions

To solicit an opinion, you can say:

Di che parere è Lei?	*What is your opinion?*
Qual è il Suo punto di vista?	*What is your point of view?*
Non crede che + *subj.*?	*Don't you think that . . . ?*
Dica la Sua opinione.	*Say what you think.*

To express an opinion, you can say:

Io sono dell'opinione (del parere) che ...	*I am of the opinion (view) that . . .*
Secondo me ...	*In my opinion . . .*
A me sembra che + *subj.*	*It seems to me that . . .*
Penso che + *subj.*	*I think that . . .*

A. **Lei che ne pensa?** Lei sta discutendo di politica, del governo e di altri temi d'attualità con amici. Alcuni sono pessimisti mentre altri sono ottimisti. Crei (*create*) un dialogo con i vari punti di vista sui temi indicati. Esprima se è d'accordo o no con gli altri.

Esempio:

Lei:	Sono sicuro/a che i paesi del Terzo Mondo riceveranno più assistenza finanziaria da parte dei paesi industrializzati.
Amico/a:	Ne dubito. A me sembra invece che i paesi industrializzati cerchino di evitare (*avoid*) sempre più ogni responsabilità. È terribile ciò che sta accadendo in Africa. No, definitivamente, non sono d'accordo.

1. Il problema della fame nel mondo sarà risolto (**risolvere** *to resolve*).
2. La medicina del futuro permetterà all'uomo di vivere più a lungo.

3. Le automobili del futuro saranno guidate esclusivamente dai computer.
4. Il nuovo governo rappresenterà più adeguatamente le opinioni della gente.
5. Prima o poi l'inglese dovrà diventare la lingua ufficiale del mondo.

B. **Opinioni.** Dica ciò che pensa delle seguenti persone celebri.

Whitney Houston   José Canseco
Spike Lee   Jodie Foster
Magic Johnson   Kevin Costner
Robert De Niro   Mario Cuomo
Jackie Joyner-Kersee   Dan Quayle

Una sfilata di moda (fashion show)
dello stilista Valentino.

L'INDUSTRIA
HA CAMBIATO L'ITALIA

L'Italia oggi è diventata un paese industriale. Infatti è considerata una delle sette o otto maggiori nazioni industriali del mondo. Questo cambiamento° cominciò al principio del Novecento ed è ora in pieno sviluppo.° L'industrializzazione del paese è l'avvenimento° più importante del secolo ventesimo, infatti ha cambiato la struttura sociale, economica e politica dell'Italia. L'emigrazione interna ha spopolato° le campagne, specialmente nel sud, e ha raddoppiato° la popolazione delle città industriali del nord. Notiamo anche che l'industria italiana è oggi quasi completamente nazionalizzata.°

L'artigianato, una delle maggiori risorse° italiane per secoli, è in declino° sotto certi aspetti,° ma nuove manifestazioni delle attività e del successo artistico di individui si trovano nel campo del disegno° e della moda. In questi due campi l'Italia è oggi riconosciuta° come una delle fonti° principali di originalità e di ispirazione in tutto il mondo. Milano è il grande centro dell'industria, della moda e del disegno. Ma non bisogna dimenticare che mostre° di grande importanza, per la moda o per l'artigianato, hanno luogo in altre città, specialmente Torino, Firenze e Roma. Non c'è dubbio che lo sviluppo dell'industria abbia migliorato° le condizioni generali del paese, ma è anche vero che oggi l'Italia, come altri paesi d'Europa, deve affrontare° nuovi e complessi problemi.

change / development
event

depopulated
doubled

nationalized
resources / decline
sotto... in a way
design
recognized / sources

fairs

improved
face

ESERCIZIO DI COMPRENSIONE

1. Che posto occupa oggi l'Italia fra i paesi industriali?
2. Quando cominciò l'industrializzazione in Italia?
3. Perché le campagne si sono spopolate?
4. Dove sono andati gli operai del sud?
5. L'artigianato è in sviluppo o in declino in Italia?
6. Soltanto l'industria è una delle maggiori risorse italiane oggi?
7. In quali altri campi troviamo grande attività e successo in Italia?
8. Che cosa ha fatto l'industria per l'Italia?

Suggest that students prepare an economic map of Italy. Which areas are agricultural? Industrial? Which products are famous and where are they produced? Information about this may be obtained from any branch of the Italian Cultural Institute.

RIPETIZIONE VII

A. Riscrivete le frasi seguenti sostituendo le parole in corsivo *(italics)* con quelle fra parentesi. Fate tutti i cambiamenti necessari.

> *Esempio:*   *So che* ad Amalfi il tempo è sempre bello. (credo) →
> Credo che ad Amalfi il tempo sia sempre bello.

1. *La bottega* è stata fondata dal nonno. (le botteghe)
2. Purtroppo quella vecchia *fattoria* sarà convertita in una villa. (fattorie)
3. *Io* e Franco preferiamo che loro non cambino opinione. (tu)
4. *Dice* che le cose vanno di male in peggio. (Ha paura)
5. Ho pagato tutto *io*! (noi)
6. È *un ricco* industriale che i miei genitori conoscono. (il più ricco)

B. Completate le frasi seguenti con la forma appropriata del comparativo **peggiore, peggiori** o **peggio**.

1. In quella città il tempo sarà _____ che a Firenze.
2. Ieri ho mangiato male ma oggi ho mangiato _____ .
3. Questa è la _____ industria dal punto di vista ecologico.
4. Credo proprio che questo contratto sia _____ dell'altro.
5. Purtroppo le cose stanno andando di male in _____ .
6. Poche riviste sono _____ di questa.

C. Rispondete a ciascuna delle frasi seguenti usando la forma appropriata del passato remoto.

> *Esempio:*   Lei ha costruito questa casa? →
> No, la costruì mio padre nel 1935.

1. Lei ha ordinato queste sculture?
2. Lei ha fondato la Casa Signorini?

3. Lei ha convertito questi poderi?
4. Lei ha fatto questo anello?
5. Lei ha visto i vulcani italiani?

D. Riscrivete le frasi seguenti al passato remoto.

1. È venuto, ha visto e non ha detto niente.
2. Sono venuti ma non si sono fermati.
3. Abbiamo restituito questi libri molto tempo fa.
4. Gli ultimi arrivati trovano solo lavoro molto faticoso.
5. L'italiano continua ad essere parlato.
6. Gli emigranti italiani vanno un po' dappertutto.

E. Formate nuove frasi usando gli elementi nel modo indicato nell'esempio.

Esempio: Leggere / ascoltare / lui →
No, non legge; sta ascoltando.

1. passeggiare / cercare l'ufficio postale / noi
2. andare a casa / andare alla manifestazione / io
3. dire la verità / scherzare / tu
4. dormire / finire la lezione / voi
5. guadagnare bene / convertire il podere / lui
6. discutere / gustare un bicchierino / loro

F. In italiano, per favore!

1. Looking for a farmhouse, we saw some beautiful vegetable gardens.
2. Listening is very useful.
3. I don't like waiting.
4. While waiting for my sister, I read *L'Espresso*.
5. By joking, he told us the truth.
6. Not everybody likes joking.

G. Riscrivete le frasi seguenti incorporando l'espressione che richiede l'uso del congiuntivo.

Esempio: Gianni finisce il corso questo mese. →
È probabile che Gianni finisca il corso questo mese.

1. Il chirurgo desidera convertire la fattoria.
2. Anche loro cercano un poderetto vicino a Firenze.
3. Anch'io faccio sciopero.
4. Nella piazza c'è la polizia.
5. Abbandoniamo la casa e torniamo in città.
6. Voi vi disperdete nelle grandi città.

H. Riscrivete le frasi seguenti facendo i cambiamenti suggeriti dall'esempio.

Esempio: Mi sembra che l'orefice accontenti (**accontentare** *to satisfy*)
i clienti. →
Mi sembra che abbia accontentato i clienti.

1. Credo che guadagni una cinquantina di dollari al giorno.
2. Non ti sembra che la democrazia funzioni sempre?
3. Speriamo che gli agricoltori possano tirare avanti.
4. È probabile che la metropolitana elimini molti ingorghi di traffico.
5. Non capisco perché tu ti preoccupi.
6. Tutti pensano che noi diventiamo ricchi.

I. Usate le seguenti espressioni in frasi complete impiegando tempi, modi e
soggetti diversi. Osservate l'esempio.

Esempio: meno male ... →
Meno male che c'è un orefice qui vicino perché devo
comprare un regalo per mia madre.

1. a poco a poco ...
2. una volta ...
3. ormai ...
4. rendersi conto di ...
5. sapere a memoria ...
6. tutto ad un tratto ...

J. Combinate le espressioni impersonali con i soggetti e i verbi (o le
espressioni) indicati e formate frasi al congiuntivo o all'indicativo, secondo
la necessità.

Esempio: è impossibile / il numero / raggiungere il miliardo →
È impossibile che il numero raggiunga il miliardo.

1. è probabile / gli abitanti di origine italiana / trovarsi dappertutto
2. è vero / molti emigranti / disperdersi all'estero
3. non è possibile / tutto / andare sempre di male in peggio
4. è importante / tu / non trasferirsi in città
5. è certo / io / sapere tutta la verità
6. è poco probabile / voi due / dire di no
7. è verissimo / noi / essere pessimista
8. è necessario / i partiti italiani / lavorare per la società

VIII GLI ITALIANI

Culture
- Italian migration patterns
- Italian explorers
- Vacation and travel habits
- Italians in North America

Communication
- Giving advice
- Making promises
- Enlisting help

IN UNA LIBRERIA

Un signore sta sfogliando un libro illustrato in una libreria. Il libraio si avvicina e gli dice:

Libraio: Credo che il signore voglia un libro per un regalo.

Cliente: Sì, uno che possa interessare un giovane. Legge molto ed è sempre al corrente delle ultime novità.

Libraio: Abbiamo centinaia, anzi migliaia di libri in questo negozio. Ce ne sarà certamente uno che interesserà il Suo amico.

Cliente: Che libro mi suggerisce?

Libraio: Be', vediamo un po'. Può darmi qualche indicazione più precisa? Un libro di fantascienza? di saggistica? d'avventure?

Cliente: Dio ce ne guardi! Gianni avrà un centinaio di libri d'avventure, specialmente di quelli a fumetti.

Libraio: Forse un giallo o una biografia di un personaggio famoso?

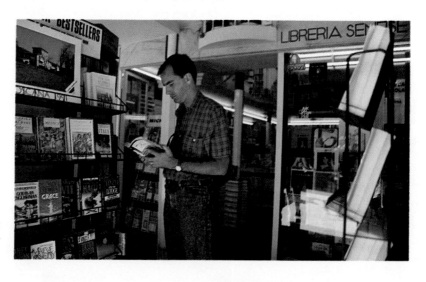

Questa libreria di Siena offre anche dei bestseller in lingua inglese.

Cliente:	Non proprio... ma un libro di viaggi potrebbe andare.
Libraio:	Un classico? I viaggi di Cristoforo Colombo, per esempio?
Cliente:	E questo cos'è? Ah, guarda, *Il Milione* di Marco Polo.
Libraio:	Ma di sicuro l'avrà già letto.
Cliente:	Non credo. Può darsi che ne abbia letto qualche brano in un'antologia.
Libraio:	Allora gli dia questa magnifica edizione. Le illustrazioni sono straordinarie.
Cliente:	È un libro che si legge più d'una volta con interesse. Bene, lo prendo.

DOMANDE

1. Per chi cerca un regalo il cliente?
2. Perché non sarà difficile trovare un libro per un giovane che legge molto?
3. Prima di tutto che cosa vuole sapere il libraio?
4. Perché il cliente non vuole un libro d'avventure, cioè, un bestseller?
5. Che tipo di libro potrebbe andare?
6. Perché il libraio consiglia un'edizione particolare?
7. Di che cosa tratta *Il Milione* di Marco Polo?
8. Quali libri preferisce leggere Lei?

Vocabolario

Sostantivi

l'**antologia**   anthology
l'**avventura**   adventure
la **biografia**   biography
il **brano**   selection
il **classico**   classic

l'**edizione** *(f.)*   edition
la **fantascienza**   science fiction
il **fumetto**   cartoon
   racconto a fumetti   comic book, comic strip
l'**illustrazione** *(f.)*   illustration

l'**indicazione** *(f.)*   hint; direction
il **libraio,** la **libraia**   bookseller
la **libreria**   bookstore
il **libro di saggistica**   essay book

Aggettivi

illustrato illustrated
preciso precise
straordinario extraordinary

Verbi

avvicinarsi to come close
sfogliare to browse *(a book)*

suggerire (isc) to suggest
trattare di to be about; to treat of

Espressioni

da vicino from up close, at close quarters
di sicuro surely
Dio ce ne guardi! God forbid!

essere al corrente to be abreast *(of something)*
potrebbe andare might be all right
può darsi che + *subj.* maybe, it might be that
qualcosa di più something more
vediamo un po'! let's see!

NOTE LINGUISTICHE E CULTURALI

- To say that you take an interest in something, use the verb **interessarsi di**:

  Carla **si interessa di** astrologia. *Carla takes an interest in astrology.*
  Tu **ti interessi di** sport? *Are you interested in sports?*

- The words **centinaio, migliaio**, and their plurals, **centinaia, migliaia**, take the preposition **di** before a noun.

  C'era **un centinaio di** persone. *There were about one hundred people.*
  Vidi **migliaia di** uccelli. *I saw thousands of birds.*

- The Italian migration phenomenon of the late nineteenth and early twentieth centuries occurred largely because of a lack of economic opportunities. The Americas and Australia were the most common destinations. This pattern changed after World War II when many Italians sought work in Europe's most industrialized countries. The 1970's saw a complete reversal of this pattern as immigrants returned to their homeland.
- The figure of the Italian as a traveler and explorer goes back many centuries, not only to Cristoforo Colombo but to other explorers like John Cabot (**Giovanni Caboto**) who tried to find the Northwest passage to India for King Henry VII of England and discovered instead the North American mainland in 1497. At the service of Portugal, **Amerigo Vespucci** reached the coasts of Brazil in 1499 and extensively explored both the North and South American continents. He also inadvertently bestowed his name on the new lands when a cartographer from Saint-Dié used Amerigo's name to label the maps he had made from the navigator's charts. **Giovanni da Verrazzano** explored New York Bay, Newfoundland, and the Hudson River (1523–1524) for the king of France. Of course, the quintessential explorer was **Marco Polo** (1254–1324) who left his native Venice in 1271 and reached China in 1275. He remained in the service of Kublai Khan for seventeen years, returning to Venice in 1295. The story of his extraordinary experiences is contained in his book, *Il Milione*.

Grammatica

I. Il congiuntivo in proposizioni indipendenti

Besides being used in dependent clauses, the subjunctive may also be used in an independent clause to express a wish or an exhortation. Clauses of this type may or may not be introduced by **che**.

Sia (Che sia) ringraziato il cielo!	*Thank heaven!*
Che parta, se vuole!	*Let him leave, if he wants to!*
Dio (Che Dio) ve la mandi buona!	*God help you!*
Dio non voglia!	*Heaven forbid!*

II. Nomi con il plurale irregolare

Additional vocabulary: ciglio(a); sopracciglio(a); muro(a); ginocchio(a); lenzuolo(a).
   Stress the change in gender between the singular (masculine) and the plural (feminine) forms.

Some masculine nouns ending in **-o** have an irregular feminine plural in **-a**. The most common are:

Singular		Plural
il braccio	*arm*	le braccia
il centinaio	*hundred*	le centinaia
il dito	*finger*	le dita
il labbro	*lip*	le labbra
il migliaio	*thousand*	le migliaia
il miglio	*mile*	le miglia
l'osso	*bone*	le ossa
il paio	*pair*	le paia
l'uovo	*egg*	le uova

Mi dolgono **le braccia.**	*My **arms** ache.*
Mi fanno male **le ginocchia.**	*My **knees** hurt.*
C'erano **migliaia** di persone allo stadio.	*There were **thousands** of people at the stadium.*

III. Il congiuntivo presente di *dare, dovere, potere, sapere, venire* e *volere*

Dare	Dovere	Potere
dia	deva	possa
dia	deva	possa
dia	deva	possa
diamo	dobbiamo	possiamo
diate	dobbiate	possiate
diano	devano	possano

Sapere	Venire	Volere
sappia	venga	voglia
sappia	venga	voglia
sappia	venga	voglia
sappiamo	veniamo	vogliamo
sappiate	veniate	vogliate
sappiano	vengano	vogliano

Spera che io le **dia** un regalo.	*She hopes that I will give her a present.*
Ritiene che io ci **deva** andare.	*He maintains that I must go there.*
Non credo che lo **possano** fare così presto.	*I do not believe they can do it so soon.*
Dubito che lo **sappiano.**	*I doubt they know it.*
Che **vengano,** se vogliono.	*Let them come if they want to.*
Che **voglia** o no, deve fare il compito.	*Whether he wants to or not, he must do his homework.*

ESERCIZI

A. Formate nuove frasi sostituendo il soggetto del congiuntivo con quelli indicati.

1. Non è possibile che non sappiano che cos'è *Il Milione.*
   (voi; Gianni; tu; i cinesi)
2. Preferisco che Simone venga da me all'una.
   (tu; loro due; anche lei; voi)
3. Non è possibile che lui dia un'indicazione sbagliata.
   (i librai; tu; noi; voi)
4. Che Lei voglia o non voglia, io farò il dentista.
   (mio padre; i miei genitori; voi; tu)

B. Date a ciascuna delle frasi seguenti una conclusione appropriata e grammaticalmente corretta.

1. Il libraio ci mostra i libri affinché ...
2. L'italiano continua ad essere parlato dagli emigranti sebbene ...
3. Comprerò *Il Milione* a meno che ...
4. L'estate prossima andremo in Europa benché ...
5. Si iscriveranno (**iscriversi** *to enroll*) al Partito Liberale purché ...
6. Ha imparato l'italiano senza che ...

C. Riscrivete le frasi seguenti facendo i cambiamenti indicati nell'esempio.

Esempio: Sono sicura che non puoi trasferirti a Bologna. →
Credo proprio che tu non possa trasferirti a Bologna.

1. Sono sicura che non dovete accettare la sua offerta.
2. Sono sicura che non devono prendere il rapido delle cinque.
3. Sono sicura che non possono installare il telefono.
4. Sono sicura che non può essere d'accordo.
5. Sono sicura che non sapete il nome dell'autore.
6. Sono sicura che quel ragazzone non ha sonno.

D. Riscrivete le frasi seguenti facendo i cambiamenti indicati nell'esempio.

Esempio: Spera di andare fino a Pompei. (che tu) →
Spera che tu vada fino a Pompei.

1. Spera di potere finire di leggere
   Il Milione. (che noi)
2. Spera di non dovere offrire il
   caffè a tutti. (che voi)
3. Spera di dare una lezione ai
   giovani. (che questa biografia)
4. Spera di sapere tutta la verità.
   (che tu e Franco)
5. Spera di poter comprare questa
   edizione. (che io)
6. Spera di venire all'opera con
   voi. (che anch'io)

*Venezia:
Il Palazzo Ducale.*

IL LIBRO DI MARCO POLO

DETTO MILIONE

Nella versione trecentesca dell'« ottimo »

Prefazione di Sergio Solmi

Giulio Einaudi editore

E. Rispondete a ciascuna delle domande seguendo l'esempio.

Esempio: Può alzarsi? →
            Che si alzi, se vuole.

1. Possono trasferirsi?
2. Possono incontrarsi?
3. Può avvicinarsi?
4. Può divertirsi?
5. Possono fermarsi?
6. Possono vedersi?

F. Rispondete a ciascuna delle domande seguendo l'esempio.

Esempio: È già andato? →
            No, ma che vada, se può.

1. Hanno già ordinato?
2. Ha già accettato?
3. È già ripassata?
4. Sono già andati via?
5. Hanno già pagato?
6. È già ritornato?

G. Rispondete al negativo usando le forme appropriate del congiuntivo presente.

Esempio: È vero che leggi *Il Milione*? →
            No, non è vero che io lo legga.

1. È vero che Lei conosce la biografia di Giuseppe Verdi?
2. È vero che ha restituito tutti i libri?
3. È vero che Luigi paga per tutti?
4. È vero che Lei ha ricevuto una medaglia *(medal)* alle Olimpiadi?
5. È vero che guadagnano un milione al mese?
6. È vero che Lei preferisce il tè al caffè?

H. Completate le frasi seguenti usando ognuna delle seguenti parole solo una volta: **paia, centinaia, migliaio, uova, braccia, miglia.**

1. Che _____ lunghe ha quell'uomo!
2. Il paese dei miei genitori è a poche _____ da Pompei.
3. Vanna ha comprato alcune _____ di scarpe.
4. Vuole due _____ o dei cornetti con la marmellata?
5. _____ di persone hanno comprato questo bestseller.
6. A Collodi ci saranno un _____ di abitanti.

I. **Domande.** Rispondete con frasi complete e originali.

1. A chi fa regali, generalmente? In quale occasione?
2. Chi fa regali a Lei? Quando?
3. Le piace regalare o ricevere libri?
4. Di solito, che tipo di libro regala? A chi?
5. Crede che ai Suoi amici possa interessare un libro su Marco Polo? Perché sì o perché no?
6. Che tipo di regalo fa ai Suoi genitori?
7. Di che cosa si interessa Lei, generalmente?

IL PIACERE DI LEGGERE
I LIBRI DEL MESE

Giugno

NARRATIVA ITALIANA

Paolo Volponi
LA STRADA PER ROMA
Einaudi (p. 20)

Roberto Pazzi
LA STANZA SULL'ACQUA
Garzanti (p. 20)

Susanna Tamaro
PER VOCE SOLA
Marsilio (p. 21)

Giuseppe Cassieri
LA COLOMBINA
Longanesi & C. (p. 22)

Paola Capriolo
IL DOPPIO REGNO
Bompiani (p. 22)

Mario Soldati
OPERE - I. RACCONTI AUTOBIOGRAFICI
Rizzoli (p. 22)

Ermanno Cavazzoni
LE TENTAZIONI DI GIROLAMO
Bollati Boringhieri (p. 23)

Luciano De Crescenzo
ELENA, ELENA, AMORE MIO
A. Mondadori (p. 23)

Sandro Onofri
LUCE DEL NORD
Theoria (p. 23)

Massimo Jevolella
I SOGNI DELLA STORIA
Oscar Mondadori (p. 32)

NARRATIVA STRANIERA

Albert Cohen
BELLA DEL SIGNORE
Rizzoli (p. 20)

Nelson Algren
MAI VENGA IL MATTINO
Edizioni e/o (p. 21)

Yukio Mishima
ATTI DI ADORAZIONE
De Agostini (p. 21)

B. Mahmoody - W. Hoffer
MAI SENZA MIA FIGLIA
Sperling & Kupfer (p. 24)

MEMORIALISTICA

Dina d'Isa - Alberto Moravia
DIALOGHI CONFIDENZIALI
Newton Compton (p. 24)

SAGGISTICA

Jean-Claude Hocquet
IL SALE E IL POTERE
Ecig (p. 24)

Massimo Piattelli Palmarini
LA VOGLIA DI STUDIARE
A. Mondadori (p. 25)

AA. VV.
LA COMUNICAZIONE NELLA STORIA: CINA E GIAPPONE
Sarin (p. 30)

Virginio Giacomo Bono
LE VESTALI DEL FUTURISMO
Edo (p. 30)

EBRAISMO

Liliana Picciotto Fargion
IL LIBRO DELLA MEMORIA
Mursia (p. 25)

BIOGRAFIA

Giorgio Terruzzi
UNA CURVA CIECA
Giorgio Nada Ed. (p. 25)

MANUALISTICA

Giovanni Peresson
MANUALE DEL LIBRAIO
Editrice Bibliografica (p. 26)

John Hedgecoe
IL GRANDE MANUALE DEI VIDEO
Ed. Giorgio Mondadori (p. 30)

REPORTAGE

Rudyard Kipling
LETTERE DAL GIAPPONE
Luca Gentili (p. 26)

Grigorij Medvedev
CHERNOBYL
SugarCo (p. 31)

UMORISMO

Romano Bertola
LE CARAMELLE DEL DIAVOLO
A. Mondadori (p. 26)

CINEMA

Paolo Cherchi Usai
UNA PASSIONE INFIAMMABILE
Utet Libreria (p. 27)

GASTRONOMIA

Antonio Piccinardi
PESCE CHE DELIZIA!
Ed. Giorgio Mondadori (p. 27)

CURIOSITÀ

Malcolm Abrams - Harriet Bernstein
BAZAAR DUEMILA
A. Mondadori (p. 27)

ARTE

Eleonora Bairati
PIERO DELLA FRANCESCA
Ed. Giorgio Mondadori (p. 28)

Anna Padoa Rizzo
PAOLO UCCELLO
Cantini (p. 28)

URBANISTICA

Gian Luigi Maffei
LA CASA FIORENTINA NELLA STORIA DELLA CITTÀ
Marsilio (p. 28)

MUSICA

Richard Strauss
NOTE DI PASSAGGIO
Edt (p. 29)

Remo Giazotto
LE CARTE DELLA SCALA
Akademos (p. 29)

Leonard Bernstein
UNA VITA PER LA MUSICA
Edizioni Logos (p. 29)

FIORI & GIARDINAGGIO

Anthony Paul - Yvonne Rees
IL GIARDINO DELL'ACQUA
Centro Botanico (p. 30)

Penny Black
LA CASA PROFUMATA
De Agostini (p. 30)

COLLEZIONISMO

Claudio Ghidoni - Gabriele Ribolini
IL CRONOGRAFO INTERPRETATO
Edizioni Gold (p. 30)

ARMAMENTI

Giovanni Caprara
ARMI INTELLIGENTI
Rizzoli (p. 31)

AMBIENTE

AA. VV.
PIANETA IN PRESTITO
Macro (p. 31)

AA. VV.
PROGETTO PER UNA ECONOMIA VERDE
il Mulino (p. 31)

COSMOLOGIA

Marcia Bartusiak
L'UNIVERSO DEL GIOVEDÌ
IHT (p. 31)

SOCIOLOGIA

Max Weber
L'ETICA PROTESTANTE E LO SPIRITO DEL CAPITALISMO
Rizzoli (p. 32)

CLASSICI

William Shakespeare
TUTTO IL TEATRO
Newton Compton (p. 32)

Cornelio Tacito
STORIE
Garzanti (p. 32)

Friedrich Hölderlin
EDIPO IL TIRANNO
Feltrinelli (p. 32)

Come si dice?

Giving advice

When someone needs advice, here are some phrases you can use:

È meglio che + *pres. subj.*   *It's better that . . .*
Segui il mio consiglio, ...   *Follow my advice, . . .*
Ti consiglio di + *inf.*   *I advise you to . . .*
Perché non ... ?   *Why don't you . . .*
Prova a + *inf.*   *Try to . . .*

Cosa consiglia? Tra amici e conoscenti Lei è molto famoso/a per il Suo buonsenso *(good judgment)*. Cosa consiglia alle seguenti persone? (Dia almeno tre o quattro suggerimenti per ogni situazione.)

1. Sua madre ha preso in prestito (**prendere in prestito** *to check out*) alcuni gialli dalla biblioteca municipale. Non li trova più ed ha paura di averli persi.
2. Uno studente di primo anno vorrebbe passare un anno all'estero ed iscriversi a un'università italiana, ma non sa come farlo.
3. Un amico della Sua migliore amica darà l'esame di maturità il prossimo luglio, ma lei non sa cosa regalargli.
4. Sebbene il Suo ragazzo (la Sua ragazza) guadagni discretamente bene *(reasonably well)*, lo stipendio non basta per tirare avanti.
5. Un Suo (Una Sua) collega *(colleague)* ha ottenuto lavoro in un'altra città ma non sa come trovare un appartamento in quella città prima di trasferirsi.

29   UN ANNO ALL'ESTERO!

Renata è andata a trovare lo zio Tino e la zia Maria che risiędono a Los Angeles da più di vent'anni. A causa del cambiamento del fuso orario e del viaggio, Renata è sfinita e non vede l'ora di giụngere a casa degli zịi.

Zịa Marịa: Lạsciati guardare; come sei cresciuta! Dai, sali davanti così vedi meglio.

Renata: Proprio non credevo che la California fosse così lontana.

Zịo Tino: Sei riuscita a vedere il Polo Nord dall'aẹreo?

Renata: Macché! Era quasi bụio quando ci siamo passati sopra; non si vedẹvano altro che neve e ghiaccio.

Zịo Tino: Cosa ne pensi dell'Amẹrica?

Renata: Sono appena arrivata; non so cosa dire. Questo aeroporto somiglia un po' agli altri aeroporti che ho visto. Sono tutti simili.

Zịa Marịa: Vedrại che il resto è tutto diverso.

Renata: Finalmente conoscerò l'Amẹrica da vicino.

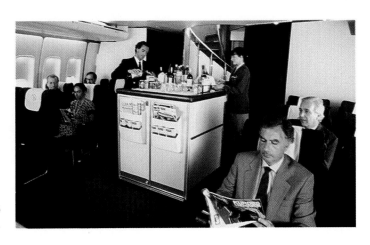

A bordo di un ạereo Alitalia.

Zia Maria:	Ma due mesi non bastano.
Renata:	Se potessi, resterei anche un anno intero.
Zia Maria:	Per noi, due mesi o un anno è lo stesso. Sta a te, noi siamo felicissimi di averti con noi.
Renata:	Bisogna che rientri in Italia entro due mesi. Se avessi chiesto un anno di permesso, forse me lo avrebbero dato, ma ora è troppo tardi.
Zio Tino:	Credevo che tu potessi restare quanto volevi.
Renata:	No. Mi hanno dato due mesi perché vogliono che impari meglio l'inglese.
Zia Maria:	Capisco. Ma tu l'hai studiato l'inglese, no?
Renata:	Quattr'anni. Se non l'avessi studiato, starei fresca! A proposito, prima che mi dimentichi, tanti saluti da parte di tutti.

DOMANDE

1. Da quanto tempo risiedono a Los Angeles gli zii di Renata?
2. Che cosa hanno fatto all'aeroporto?
3. Cosa chiede alla nipote la zia Maria?
4. Perché è sfinita Renata?
5. Che cosa risponde Renata quando la zia le dice che due mesi non bastano per conoscere l'America?
6. Quanto tempo vorrebbe restare invece Renata?
7. Perché Renata starebbe fresca se non avesse studiato l'inglese?
8. A Lei, dove piacerebbe fare un viaggio? Perché?

Vocabolario

Sostantivi

l'**aereo**   airplane
l'**aeroporto**   airport
il **fuso orario**   time zone
il **ghiaccio**   ice
il/la **nipote**   nephew, niece;
  grandchild
il **permesso**   leave
il **polo**   pole
  Polo Nord   North Pole

Aggettivi

buio   dark
diverso   different
felice   happy
sfinito   exhausted
simile   similar

Verbi

crescere (*p.p.* **cresciuto**)   to
  grow (up)
giungere° (*p.p.* **giunto**)   to
  arrive, come
passare   to pass, go by
rientrare   to go back, return
risiedere   to reside
riuscire° *(irr.)* (**a**)   to manage,
  succeed *(in doing something)*
somigliare   to resemble

Altri vocaboli

entro   within
macché   not at all

Espressioni

andare a prendere   to pick
  up; to meet
andare a trovare   to visit
lasciati vedere   let's have a
  look at you

stare a   to be up to *(someone)*
stare fresco   to be in trouble,
  in a fix
tanti saluti   best regards

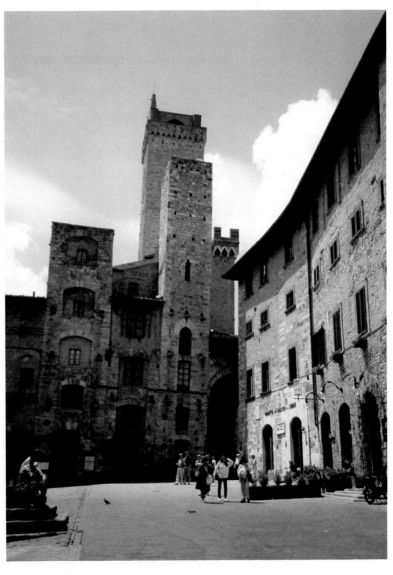

San Gimignano:
Piazza della Cisterna.

Note linguistiche e culturali

- The verb **riuscire a** + *infinitive* means *to manage, to be able to accomplish* (something), *to succeed.*

  Sei riuscita a trovare i biglietti? — *Did you manage to find the tickets?*

  Sai cosa fare **per riuscire a** scuola? — *Do you know what to do to succeed in school?*

  Il tentativo **non riuscì.** — *The attempt failed (did not succeed).*

- To extend greetings use the verb **salutare** *(to say hello)* or the noun **saluti** *(greetings).*

  Saluta Luciano. — *Say hello to Luciano*

  Tanti **saluti** ai tuoi. — *Best regards to your parents.*

  Saluti da parte di tutti. — *Greetings from everyone.*

- On the average Italians have four to five weeks of vacation a year, compared to two to three weeks in the United States. Traditionally, Italians go on holiday during the months of July and August, the peak time being the first three weeks of August (**il ferragosto**). During this period highways and popular sea and mountain resorts experience mass invasions. As factories and shops close, cities become nearly deserted. The latest popular trend is to take two vacations per year, in the winter and in the summer months and preferably to a foreign destination. Among foreigners who visit the United States, Italian tourists rank as the group that spends the most dollars per capita.

Porto S. Stefano, Liguria: Una spiaggia esclusiva.

Grammatica

I. L'imperfetto del congiuntivo
(The imperfect subjunctive)

Remind students of sequencing for use of the subjunctive. Suggest that they keep the chart at hand until sequencing becomes second nature to them.

The imperfect subjunctive is formed by adding the appropriate endings to the stem of the infinitive. Note that, except for the vowel (**-are, -ere, -ire**) characteristic of each conjugation, the endings are identical for the three conjugations.

Below is the imperfect subjunctive of the model verbs **parlare, ripetere,** and **dormire:**

IMPERFETTO DEL CONGIUNTIVO

Parlare	Ripetere	Dormire
parl-*assi*	ripet-*essi*	dorm-*issi*
parl-*assi*	ripet-*essi*	dorm-*issi*
parl-*asse*	ripet-*esse*	dorm-*isse*
parl-*assimo*	ripet-*essimo*	dorm-*issimo*
parl-*aste*	ripet-*este*	dorm-*iste*
parl-*assero*	ripet-*essero*	dorm-*issero*

Volevano che io **parlassi** di Carlo.

Non sarebbe meglio se gli **parlaste** voi?

Sperava che tu lo **ripetessi.**

Voleva che **vedessimo** lo spettacolo.

Credevano che lei **dormisse.**

Mio padre insisteva che mi **iscrivessi** alla Sorbona.

They wanted me to talk about Carlo.

Wouldn't it be better if you talked to him?

She hoped that you would repeat it.

She wanted us to see the show.

They thought (believed) that she was sleeping.

My father insisted that I enroll at the Sorbonne.

II. L'imperfetto del congiuntivo di *avere* e *essere*

Avere	Essere
avessi	fossi
avessi	fossi
avesse	fosse
avessimo	fossimo
aveste	foste
avessero	fossero

Credevo che tu **avessi** fame!   *I thought you were hungry!*

Temevo che il treno **fosse** in ritardo.   *I was concerned that the train might be late.*

Era importante che il direttore **fosse** presente.   *It was important for the director to be present.*

III. Il trapassato del congiuntivo
(The past perfect subjunctive)

TRAPASSATO DEL CONGIUNTIVO

Parlare	Andare
avessi parlato	fossi andato/a
avessi parlato	fossi andato/a
avesse parlato	fosse andato/a
avessimo parlato	fossimo andati/e
aveste parlato	foste andati/e
avessero parlato	fossero andati/e

Temevo che voi gliene **aveste parlato.**
I worried that you might have spoken to them about it.

Era incredibile che **fossero** già **andate via.**
It was incredible that they had already left.

Aveva pensato che la macchina **fosse stata** completamente **riparata.**
She had thought that the car had been completely repaired.

Speravo che **avesse** già **trovato** un nuovo lavoro.
I had hoped that he had already found a new job.

Non pensavamo che **si fosse** trasferito a Trieste.
We did not think that he had transferred to Trieste.

IV. Usi dell'imperfetto e del trapassato del congiuntivo

The general rules given for the use of the present and present perfect subjunctive (Chapters 26, 27, and 28) also apply to the use of the imperfect and past perfect subjunctive, but the latter are used when the main clause is in a past tense.

Era contento che parlassi italiano.
He was happy I spoke (I could speak) Italian.

Era contento che avessi parlato italiano.
He was happy I had spoken Italian.

Non sapevano che fossimo arrivati.
They did not know we had arrived.

Non credevano che Maria **fosse** così infelice.
They did not think Maria was so unhappy.

Non sapevano che la nipote **sapesse** bene l'inglese.
They did not know that their niece knew English well.

Sperava che avessi già **mangiato.**
He was hoping I had already eaten.

Encourage students to memorize key sentences that demonstrate verb sequencing.

credo che arrivi
credo che sia arrivato
non crederò che sia arrivato prima di averlo visto
dica che venga

era contento che parlassi
era contento che avessi parlato
andrei se avessi tempo
sarei andata se avessi avuto tempo

magari fossi ricco/a
come se fossi ricco/a

V. Usi del congiuntivo, *continuazione*

Review the conditional tenses at this point. Give students the beginnings of sentences and ask them to finish using conditional phrases.
Se avessi molto denaro...
Se mio marito fosse italiano...
Magari fossi presidente, poi...
Se avesse saputo...
Se foste venuti prima...
Se fossimo arrivati a mezzogiorno ...

1. An *if* clause that denotes a condition contrary to fact or is highly speculative in nature requires the imperfect or past perfect subjunctive, depending on the time relationship between the two clauses and to reality. The main or result clause takes the conditional or conditional perfect.

Se fossi in Italia, **visiterei** Roma.
If I were in Italy, I would visit Rome.

Se fossi stato in Italia, **avrei visitato** Roma.
If I had been in Italy, I would have visited Rome.

Se avesse fame, **mangerebbe.**
If she were hungry, she would eat.

Se avesse avuto fame, **avrebbe mangiato.**
If she had been hungry, she would have eaten.

Se la cosa **mi interessasse, sarei andato** alla riunione.
If the matter were of any concern to me, I would have attended the meeting.

Se mangiasse meglio, non **si sarebbe ammalata.**
If she ate better, she would not have fallen ill.

2. In all other conditional sentences the indicative is used in both clauses.

Se ha denaro, me lo **darà.**
If he has money, he will give it to me.

Se lo diceva lui, **era** vero.
If he said it, it was true.

Se andrò a Roma, **visiterò** il Foro.
If I go to Rome, I will visit the Forum.

Se cantava, vuol dire che **era** felice.
If she was singing, it means that she was happy.

When the indicative is used in *if* clauses, the speaker is expressing confidence in the outcome, given the condition, and is implying that the condition itself possibly already exists or could very possibly come to exist.

ESERCIZI

A. Formate nuove frasi sostituendo il soggetto della proposizione subordinata con quelli indicati.

1. Non sapevo che Marco si interessasse di politica.
   (voi; tu; i tuoi fratelli; zio Tino)
2. Pensava che Renata ripartisse subito.
   (noi; io; anche tu; voi; gli zii)
3. Tutti speravano che la zia fosse giunta a destinazione.
   (tu; io; noi due; tu e Renata)

B. Formate nuove frasi sostituendo il soggetto della proposizione subordinata con quelli indicati.

1. Dubitava che anche gli artigiani avessero scioperato.
   (io; voi; noi; l'ingegnere; tu)
2. Bisognava che lei avesse chiesto il permesso.
   (voi; noi; tu; io; tutti)
3. Gli zii avevano paura che Renata fosse già arrivata.
   (noi; anche tu; tu e Simone; io; Dario e Amerigo)

C. Riscrivete le frasi seguenti facendo i cambiamenti indicati.

Esempio: È bene che tu gli scriva. (era bene) →
   Era bene che tu gli scrivessi.

1. Mi sembra che guadagnino assai poco. (mi sembrava)
2. Pensa che tu abbia poca pazienza. (pensava)
3. È l'unica città italiana che io conosca. (era)
4. Zia Maria crede che due mesi non bastino. (credeva)
5. Vogliono che tu regali loro dei biglietti. (volevano)
6. Desidero che rientriate presto. (desideravo)

D. Date nuove risposte alla domanda seguendo l'esempio.

Esempio: Che cosa credevi? (loro due / trattenersi più a lungo) →
   Credevo che loro due si trattenessero più a lungo.

1. tu / annoiarsi
2. nessuno / preoccuparsi
3. voi / convertire la fattoria in una villa
4. la folla *(crowd)* / disperdersi
5. mia nipote / ricevere un permesso di un anno
6. i regali / andare bene

E. Formate nuove risposte seguendo l'esempio.

Esempio: Io credevo che Renata arrivasse oggi. E voi? →
   Noi credevamo che fosse già arrivata.

1. Io credevo che gli zii andassero all'aeroporto adesso. E tu?
2. Io credevo che l'artigiano finisse di lavorare prima di sera. E voi?
3. Io credevo che il padre di Marina leggesse *Il Milione*. E tu?
4. Io credevo che cercasse un'edizione particolare. E voi?
5. Io credevo che Renata tornasse all'agenzia con te. E tu?

F. Riscrivete le frasi seguenti facendo il cambiamento suggerito.

Esempio: Desideravano parlare. (voi) →
   Desideravano che voi parlaste.

1. Preferivo leggere davanti al fuoco. (tu)
2. Volevano fare un bel viaggio. (Lei)
3. Avevano paura di dire di no. (io)

4. Non voleva andare alla dogana *(customs)*. (voi)
5. Desideravo poter restare. (tu)
6. Speravamo di non avere né fame né sete. (i suoi genitori)

G. Riscrivete le frasi seguenti facendo i cambiamenti necessari.

Esempio: Se ricevo il suo telegramma, non gli rispondo.
Se ricevessi il suo telegramma, non gli risponderei.

1. Se non li trova a casa, ripassa fra un'ora.
2. Se mia madre mangia troppo, sta male.
3. Se non mi gustano gli spaghetti, ordino un altro piatto.
4. Se non abbiamo abbastanza denaro, possiamo chiedere un prestito *(loan)* alla banca.
5. Se non vi piace coltivare i campi, vi trasferite in città.
6. Se non vanno a prenderlo all'aeroporto, prende la metropolitana.

H. Completate ogni frase con la forma corretta del verbo fra parentesi, all'indicativo o al congiuntivo secondo la necessità.

1. Se fa bel tempo, anche noi _____ (andare a piedi).
2. Se io _____ (essere) Francesco, non guiderei ad alta velocità.
3. Se Renata _____ (vedere) gli zii, li saluta.
4. Se Renata _____ (conoscere) l'America, le piacerebbe.
5. Potrei visitarti ogni anno, se tu non _____ (abitare) così lontano.
6. Se io non _____ (studiare) ogni giorno, starei fresco.

I. **Domande.** Rispondete con frasi complete.

1. Se Lei fosse il rettore (presidente) dell'università, cosa farebbe?
2. Se avesse tempo e denaro dove andrebbe? Con chi?
3. Se fosse a Pisa, cosa andrebbe a vedere?
4. In quale paese europeo desidererebbe passare un anno intero? Perché?
5. Se La invitassero alla Casa Bianca a Washington, cosa direbbe al Presidente degli Stati Uniti?
6. Se un giorno tornando a casa dal lavoro (dall'università) trovasse il suo appartamento completamente vuoto, chi chiamerebbe? Dove dormirebbe? Cosa farebbe?

Pisa: La Basilica e la Torre Pendente viste dal Battistero.

J. **Situazioni.** Per ogni situazione indicata, usate il congiuntivo il più possibile.

1. **Se vincessi l'auto ...** Lei è un partecipante a un quiz televisivo. Per vincere il primo premio *(prize)*, una Ferrari Testa Rossa, deve spiegare al pubblico *(audience)* che cosa farebbe con l'auto. Se in un minuto riesce a dare dieci modi in cui userebbe la Ferrari, la macchina è Sua!

2. **Se fossi te ...** Il Suo fratellino sta per cominciare le scuole superiori e ieri sera Lei gli ha dato alcuni consigli per riuscire a scuola. Oggi sta raccontando ai Suoi genitori ciò che Lei gli ha detto, consigliato o suggerito.

Come si dice?

Making promises

Here are some phrases that you can use to extract promises or make or reject them.

Mi prometti che non lo dirai a nessuno?	*Do you promise me that you will not tell this to anyone?*
Te lo prometto.	*I promise.*
Te lo assicuro.	*I assure you.*
Puoi contare su di me.	*You can count on me.*
Ti giuro che ...	*I swear that . . .*
Detto tra me e te ...	*Between you and me . . .*
Mi dispiace, ma non posso promettertelo.	*I am sorry but I can't promise you this.*

A. **Promettimelo!** Lei sta partendo per un lungo soggiorno all'estero, e il Suo fidanzato (la Sua fidanzata) è molto geloso(a) *(jealous)*. Come gli (le) assicura che Lei farà tutto quello che Le chiede di fare? Rispondete alle domande.

1. Mi scriverai ogni settimana, vero?
2. So già che ti dimenticherai di me appena arrivi a ...
3. Promettimi che non uscirai mai con nessun altro ragazzo (nessun'altra ragazza).
4. Promettimi che risparmierai il più possibile in modo che ci potremo sposare appena rientri in Italia.
5. Mi telefonerai un giorno sì e un giorno no *(every other day)*, vero?

B. **Non dirlo ad anima viva!** *(Don't tell a soul!)* Chieda a un Suo (una Sua) conoscente di fare o non fare certe cose. Identifichi il (la) conoscente, elenchi *(list)* le Sue richieste e dia le risposte a forma di dialogo da presentare alla classe.

30 IL VECCHIO EMIGRANTE

Gloria e Dario stanno attraversando in fretta una piazza.

Gloria: Sbrigati.

Dario: Perché tanta fretta?

Gloria: Voglio vedere Salvatore Scaccia.

Dario: E chi sarebbe?

Gloria: Come chi sarebbe? Non leggi i giornali tu? È un vecchio emigrante appena tornato dall'America.

Dario: E che vuol dire? Tanti emigranti tornano dall'America.

Gloria: Sì, ma lui è una leggenda. Ha novantatré anni, manca dall'Italia da più di settanta, è milionario e ha scritto un libro.

Emigranti italiani arrivano a Ellis Island.

Dario:	Ma no!
Gloria:	Ma sì. E non solo; dicono che abbia dato un milione di dollari per la costruzione di un ospedale nel suo paesetto in Calabria... di fatti è di origine calabrese. Sembra che da giovane facesse il muratore; poi diventò appaltatore e fece un sacco di quattrini.
Dario:	Beato lui! Magari lo desse anche a me un milioncino!
Gloria:	C'è una conferenza stampa per la pubblicazione del suo libro, *Vita di un emigrante*. Dicono che sia affascinante.
Dario:	Spiega come si faccia a diventare milionari?
Gloria:	Ma su, smettila di fare lo spiritoso. È un libro serio che racconta la storia dei vecchi emigranti e... eccolo, eccolo; dev'esser lui. Vedi quanti giornalisti? Andiamo!

DOMANDE

1. Chi vuole vedere Gloria? Perché?
2. Perché Salvatore Scaccia non è un tipico emigrante?
3. È diventato milionario perché faceva il muratore?
4. Di che cosa tratta il libro di Scaccia?
5. «Beato lui!» dice Dario del vecchio emigrante. Perché?
6. Perché ci sono tanti giornalisti?
7. Che cosa vuole chiedere Dario?
8. Cosa farebbe Lei se avesse un milioncino di lire? E un milioncino di dollari?

Vocabolario

Sostantivi

l' **appaltatore** *(m.)* contractor
la **conferenza stampa** press conference
la **costruzione** construction
la **fretta** haste, hurry
il/la **giornalista** journalist
la **leggenda** legend
il **milionario**, la **milionaria** millionaire *(n. and adj.)*
la **notizia** news
l' **ospedale** *(m.)* hospital
il **paesetto** small town
la **pubblicazione** publication
i **quattrini** *(pl.)* money

Aggettivi

brutto bad, ugly
calabrese of/from Calabria *(a region in Italy)*
speciale special
spiritoso funny; witty

Verbi

attraversare to cross
mancare (da) to be away (from)
sbrigarsi to hurry up

Altri vocaboli

pure by all means

Espressioni

beato lui! lucky fellow!
da giovane as a young man
di fatti in fact
fare lo spiritoso to try to be funny
ma no! don't tell me!
ma su! come now!
smettila! cut it out!
   smettila di fare ... stop being . . .
voler dire to mean
   e che vuol dire? so what?
un milioncino a tidy little million

When we think of Italy's contribution to western culture, we often think of the great writers, artists, scientists, and explorers of past ages. However, many are the contributions of modern Italians. Some of these Italians were immigrants whose ingenuity and talent helped make their adoptive countries powerhouses of the twentieth century.

Enrico Fermi (1901–1954), nuclear physicist and recipient of the 1938 Nobel Prize in physics. He developed the first nuclear reactor and discovered beta decay.

Amedęo P. Giannini (1870–1949), banker and financier. He founded the Bank of America.

Guglielmo Marconi (1874–1937), scientist and recipient of the Nobel Prize in 1909. He invented the wireless. His work with the transmission of electromagnetic waves laid the foundations for today's information age.

Emilio Segrè (1905–1989), nuclear physicist. He won the Nobel Prize in 1959 along with O. Chamberlain for their discovery of the anti-proton.

Arturo Toscanini (1867–1957)—in a country of musicians, he was beloved as the conductor of the century.

Amedęo P. Giannini

Other names are lost and forgotten, for there were also humble exponents of Italian genius. One such man had the unlikely name of **Amedęo Ọbici.** You may know his product, but do not recognize the name. In 1889 he immigrated to the United States as an eleven-year old. After three months of school, he left his uncle's house and moved to Wilkes-Barre, Virginia, to work for Italian greengrocers for six dollars a month. He then "discovered" the peanut and the irresistible effect it has when roasted and salted. He got a cart, marked "The Peanut Specialist," put a small roaster on it and sold packets of roasted peanuts for five cents each. By 1906, he founded Planters Peanut Co. His marketing savvy and timing were phenomenal (he regarded anyone with teeth a potential customer), and he survived the Great Depression very well. By 1937 Planters was spending $450,000 annually in publicity alone.

Italians seem always to have done very well by their carts. When the 1906 earthquake and fire destroyed San Francisco, A. P. Giannini tossed his bank's assets in a cart, covered them with cabbages and took his customers' money to safety. With other banks out of commission, Giannini continued his banking on the streets with his cart. His financial services in the ravaged city were essential in rebuilding San Francisco.

Arturo Toscanini

Grammatica

I. L'imperfetto del congiuntivo di *dare, dire* e *fare*

Dare	Dire	Fare
dessi	dicessi	facessi
dessi	dicessi	facessi
desse	dicesse	facesse
dessimo	dicessimo	facessimo
deste	diceste	faceste
dessero	dicessero	facessero

Voleva che tu gli **dessi** l'indirizzo.

He wanted you to give him the address.

Se vi **dessimo** le indicazioni, verreste?

If we gave you the directions, would you come?

Sebbene io lo **dicessi,** non mi voleva ascoltare.

Although I said it, he did not want to believe me.

Non sapeva che io **facessi** l'architetto.

He did not know that I was an architect.

Il progetto richiedeva che **facessimo** la massima attenzione ai dettagli.

The project required that we pay the utmost attention to detail.

II. I tempi del congiuntivo *(Sequence of tenses with the subjunctive)*

Give students half-sentences that require subjunctive finishes:
Lo farei volentieri se...
Non è molto simpatica, benché...
Credo che...
Era come se...
Ho paura che...
Pensavo che...
Lo spiego affinché...
Cosa faresti se...
Non sapevamo che...
Ci andrò purché...

It is important to note that the tense of the subjunctive is determined by the tense of the main verb, as follows:

1. If the verb in the main clause is in the *present* or *future tense* or is *imperative*, the present subjunctive is used in the dependent clause if the action of the subordinate verb is taking place *at the same time* or *will take place* in the future with respect to the action of the main verb. The present perfect subjunctive is used if the action of the subordinate verb has taken place before the action of the main verb.

Non **credo** che **legga** quel libro.

*I do not **believe** he is reading that book.*

Voglio che **legga** quel libro.

*I **want** him to read that book.*

Vorrò che **legga** quel libro.

*I **will want** him to read that book.*

Digli che **legga** quel libro!

***Tell** him to read that book!*

BUT **Credo** che **abbia** già **letto** quel libro.

*I **believe** he has already **read** that book.*

2. If the verb of the main clause is in a *past* or *conditional tense*, the imperfect subjunctive is used in the dependent clause if the action was taking place *at the same time* or *has not yet* taken place. The past perfect subjunctive is used if the action has *already* taken place with respect to the action of the main verb.

Credevo che **mangiassero**.	*I thought they were eating.*
Non **vorrei** che **mangiassero** troppo presto.	*I would not want them to eat too early.*
Credevo che **avessero** già **mangiato**.	*I thought they had eaten already.*

III. La preposizione *da*

1. When an infinitive that can be made passive in meaning *(to sell, to be sold)* depends on a noun, the preposition **da** is used and often expresses determination or necessity.[1]

Hanno una macchina **da vendere**.	*They have a car to sell.*
Ho due libri **da leggere**.	*I have two books to read.*

2. **Da** is always used before an infinitive that depends on **qualcosa, niente** or **nulla, molto, poco, tanto,** and **troppo**.

Ho **qualcosa da dirLe**.	*I have something to tell you.*
Non c'è **niente da mangiare**.	*There is nothing to eat.*
Abbiamo **molto (troppo) lavoro da fare**.	*We have a lot of (too much) work to do.*

IV. Alcuni usi delle preposizioni *a* e *di*

1. We have seen that some verbs govern the infinitive without a preposition and that some require a preposition before an infinitive. Among the most common of the former are: **dovere, fare, potere, preferire, sapere, sentire, vedere,** and **volere**.

Dobbiamo partire prima che faccia notte.	*We must leave before night falls.*
Sa suonare il pianoforte.	*He knows how to play the piano.*
Preferisco parlare inglese.	*I prefer to speak English.*
Vogliamo visitare il Vaticano.	*We want to visit the Vatican.*
La **sentiamo cantare**.	*We hear her singing.*

2. Many verbs that indicate *motion, beginning, continuing, teaching, learning* and *inviting* require the preposition **a** before an infinitive. Among the most common are: **andare, cominciare, continuare, imparare, incominciare, insegnare, riuscire,** and **venire**.

---

[1]For other uses of the preposition **da**, refer to Chapters 5, II; 13, VI; and 14, IV-4.

Incomincio a capire.	*I am beginning to understand.*
Le **insegna a nuotare.**	*He is teaching her to swim.*
Va a casa **a suonare** il piano.	*She is going home to play the piano.*
Continua a parlare italiano.	*He continues to speak Italian.*
Non **sono riuscito a convincerlo.**	*I did not succeed in convincing him.*

3. Some verbs require the preposition **di** before an infinitive, and they should be learned as one meets them for the first time. Some of these verbs are: **avere bisogno, avere piacere** *(to be pleased),* **cercare, credere, decidere, dimenticare, dire, domandare, finire, permettere** *(to permit, allow),* **pregare** *(to pray, beg),* **promettere** *(to promise),* **sperare.**

Ha **promesso d'andarci.**	*She promised to go there.*
Mi **pregarono d'andare** con loro.	*They begged me to go with them.*
Ho detto a Maria **di venire** con noi.	*I told Maria to come with us.*
Crede di parlare bene.	*She thinks she speaks well.*
Ho dimenticato di dirglielo.	*I forgot to tell him.*

The personal object of these verbs, if transitive (except **pregare**), is indirect.

Gli ha promesso di ritornare.	*She promised him she would return.*
Gli finisco di fare questo lavoro.	*I'm finishing (doing) this work for him.*
Le permetto di suonare il trombone a casa.	*I allow her to play the trombone in the house.*

4. The English present participle, preceded by the prepositions *before* (**prima di**), *without* (**senza**), *instead of* (**invece di**), and *besides* (**oltre a**) is translated in Italian by the infinitive.

Partì **senza dirmi** addio.	*She went away **without saying** good-bye **to me.***
Prima di uscire, chiudi la finestra.	***Before going out,** close the window.*

After **dopo,** however, the past infinitive is always used.

Dopo aver fatto colazione, andò a scuola.	***After eating** breakfast, he went to school.*

V. L'infinito come sostantivo
(The infinitive as a noun)

An infinitive is sometimes used as a noun (subject, direct object, or predicate) to translate the English gerund. When used as a subject, the infinitive may take the masculine definite article.

Mi piace **nuotare.**	*I like **swimming.***
(Il) leggere è piacevole	***Reading** is entertaining.*

ESERCIZI

A. Formate nuove frasi sostituendo il soggetto della proposizione subordinata con quelli indicati.

1. Voleva che mio fratello facesse l'architetto.
   (io; noi; mio fratello e mia sorella; voi; tu)
2. Sperava che io gli dessi dei soldi.
   (tu; noi, gli appaltatori; tu e tuo fratello; il signor Scaccia)
3. Preferivano che tu non dicessi niente.
   (noi; io; i giornali; voi; l'emigrante)

B. Rispondete a ciascuna delle domande seguenti.

Esempio: Sapeva Lei che Salvatore Scaccia faceva il muratore? →
No, non sapevo che facesse il muratore.

1. Sapeva che io facevo il professore?
2. Sapeva che noi facevamo gli ingegneri?
3. Sapeva che i fratelli Scaccia facevano gli appaltatori?
4. Sapeva che Salvatore Scaccia sempre dava quattrini al suo paese?
5. Sapeva che tutti dicevano che Carlo era molto ricco?
6. Sapeva che anche noi eravamo emigranti?

C. Rispondete a ciascuna delle domande seguenti usando i pronomi appropriati.

Esempio: Sapevate che avevo dato tutti i miei soldi all'università? →
No, non sapevamo che li avesse dati all'università.

1. Sapevate che avevano dato una conferenza stampa?
2. Sapevate che aveva scritto due biografie?
3. Sapevate che qualcuno aveva attraversato la penisola in bicicletta?
4. Sapevate che io avevo tradotto il titolo?
5. Sapevate che quegli emigranti avevano fatto molti quattrini?
6. Sapevate che noi avevamo raccontato la sua leggenda?

D. Formate frasi singole includendo le congiunzioni che introducono il congiuntivo.

Esempio: Ogni giorno camminavamo per due ore. Pioveva.
(sebbene) →
Ogni giorno camminavamo per due ore sebbene piovesse.

1. La vita era bella. Guadagnavamo poco. (benché)
2. Ha scritto il libro in inglese. Tutti lo leggevano. (affinché)
3. Voleva ritornare al paese. In America stava bene. (sebbene)
4. Desideravo vedere il Polo Nord. Il viaggio finiva. (prima che)
5. Ti porterò con me. Tu stare buono. (purché)
6. Lavorava anche la domenica. C'era la partita. (a meno che)

E. Rispondete alle seguenti domande nei tre tempi indicati nell'esempio.

Esempio: Quando arriverà Renata? →
(ora, oggi) Penso che arrivi oggi.
(ieri) Pensavo che arrivasse ieri.
(ieri, ieri l'altro) Pensavo che fosse arrivata ieri l'altro.

1. Quando verranno i fratelli Scaccia?
2. Quando ritornerà il vecchio emigrante?
3. Quando partirà l'architetto?
4. Quanto si incontreranno i due fratelli?
5. Quando rientreranno i tuoi zii?
6. Quando andrà al Vaticano tuo padre?

F. Completate le frasi seguenti con la forma corretta dei verbi fra parentesi.

1. Andremmo al lungomare se _____ (fare) bel tempo.
2. Se prendessimo la metropolitana, _____ (risparmiare) tempo e soldi.
3. Se ieri io _____ (potere) finire il compito, oggi _____ (andare) a sciare.
4. Imparereste tutto se _____ (studiare) sempre.
5. La professoressa dice che Francesco _____ (capire) sempre tutto.
6. Abbiamo salutato il signor Scaccia prima che lui _____ (partire).

G. Formate nuove frasi usando gli elementi suggeriti e il tempo indicato nell'esempio.

Esempio: non era vero / Renata / crescere molto →
Non era vero che Renata fosse cresciuta molto.

1. era possibile / Salvatore Scaccia / ripetere molte cose
2. era proprio insopportabile *(unbearable)* / tu / fare lo spiritoso in quella situazione
3. era incredibile / voi / dare un milione di dollari al museo
4. era probabile / i muratori / costruire l'ospedale
5. anche noi credevamo / tutti / uscire
6. pensava / il viaggio / essere lungo e noioso

H. Formate frasi usando gli elementi suggeriti e la preposizione **a** quando necessaria.

Esempio: Loro / riuscire / capire tutto →
Loro riescono a capire tutto.

1. io / preferire / parlare inglese
2. anche tu / continuare / non capire

3. noi / cominciare / raccontare la storia
4. Salvatore Scaccia / venire / presentare il libro
5. Salvatore Scaccia / volere / pubblicare il libro
6. Salvatore Scaccia / incominciare / parlare ai giornalisti

I. Completate usando una preposizione se necessaria.

1. Quando incomincerete _____ scrivere la storia della vostra vita?
2. Puoi _____ venire con me?
3. Preferisco _____ andare a piedi.
4. Renata e gli zii sperano _____ rivedersi.
5. Vi insegnerò _____ parlare inglese.
6. Salvatore Scaccia lavorava moltissimo _____ giovane.
7. Che cosa sei venuto _____ vedere?
8. In qualche paese della Calabria c'era poco _____ mangiare.

J. **Domande.** Rispondete con frasi complete e originali.

1. Ha mai visto Lei il Polo Nord? Se sì, quando?
2. Ci sono, o ci furono, emigranti nella Sua famiglia? Quando arrivarono nel Nord America (Australia)?
3. Che cosa farà quando avrà finito l'università?
4. Pensa che sia facile diventare milionario/a?
5. Le piacerebbe diventare milionario/a? Perché?
6. Legge i giornali? Quali? Li legge ogni giorno? Come sono le notizie di oggi?
7. Conosce qualche giornalista (uomo o donna)?
8. Qual è la Sua opinione della stampa, in generale?

K. **Dialogo aperto.** Immaginate di essere il (la) giornalista che intervista Salvatore Scaccia. Completate il dialogo in modo corretto e logico.

Giornalista: _____
  S. Scaccia: Non lo sa ancora? Salvatore Scaccia!
Giornalista: _____
  S. Scaccia: La mia età è un segreto. E poi non interessa a nessuno.
Giornalista: _____
  S. Scaccia: Lasciai il mio paese nel 1908.
Giornalista: _____
  S. Scaccia: No, io e la mia famiglia ci trasferimmo a Los Angeles nel 1922.
Giornalista: _____
  S. Scaccia: Eh, ho fatto un po' tutti i mestieri. Ma certo non ho mai avuto paura di lavorare.
Giornalista: _____
  S. Scaccia: Lo parlo ancora perché l'ho parlato sempre.
Giornalista: _____
  S. Scaccia: Con mia moglie, con i miei figli e con i miei amici.

*Una casatorre
a San Gimignano.*

Giornalista:	_____	
S. Scaccia:	Anche mio figlio fa l'appaltatore. Mia figlia è professo-ressa d'italiano.	
Giornalista:	_____	
S. Scaccia:	Con il lavoro, con il risparmio e con la buona salute. E con un po' di fortuna!	

Follow-up to **Dialogo aperto:** ask students to form questions and to interview one another—for a job, for admittance into school, after a burglary, or a traffic accident.

Ask students to role-play: famous lawyer, writer, pope, politician. Have class members act as reporters interviewing them.

Come si dice?

Enlisting help

These expressions can be used when enlisting someone's help. Note that the forms using the present conditional are more polite than those using the subjunctive or the imperative.

INFINITIVE:

Per favore, aiutami a + *inf.*

Per favore, aiutami a pulire il bagno.

Please, help me clean the bathroom.

CONDITIONAL:

Mi aiuteresti a + *inf.?*

Mi aiuteresti a pulire il bagno, per favore?

Would you please help me clean the bathroom?

[*pres. conditional*], **per favore?**

Puliresti il bagno, per favore?

Would you clean the bathroom, please?

SUBJUNCTIVE:

Bisogna che + *pres. subj.*

Bisogna che tu pulisca il bagno.

It is necessary for you to clean the bathroom.

È ora che + *pres. subj.*

È ora che tu pulisca il bagno.

It's time you cleaned the bathroom.

Ho bisogno che + *pres. subj.*

Ho bisogno che tu mi pulisca il bagno.

I need you to clean the bathroom for me.

IMPERATIVE:

[*imperative*], **per favore.**

Pulisci il bagno, per favore.

Clean the bathroom, please.

A. **Mi potresti aiutare?** Chieda alle seguenti persone di aiutarLa a fare le cose indicate. Per ogni richiesta spieghi perché Lei ha bisogno di aiuto.

> *Esempio:*   il Suo assistente / spedire un pacco *(package)* personale →
> Andrea, ho bisogno che Lei mi spedisca questo pacco
> personale quando va all'ufficio postale. Volevo passarci io
> stamattina, ma non ho avuto tempo.

1. il Suo compagno (la Sua compagna) di classe / tradurre una lettera in tedesco
2. la Sua sorellina / spolverare *(to dust)* i mobili del salotto
3. il professore d'italiano / studiare per l'esame di maturità
4. il Suo compagno (la Sua compagna) di stanza / pulire l'appartamento
5. il Suo amico Simone / cambiare l'olio alla macchina
6. la segretaria dell'ufficio di collocamento / riempire il modulo per la domanda da infermiere (infermiera) all'ospedale di Santa Lucia

B. **Chi fa le faccende di casa?** Lei vuole fare una buona impressione quando la famiglia viene a farLe visita e chiede al Suo compagno (alla Sua compagna) d'appartamento di aiutarLa a pulire la casa. Lui (lei) dice che non ha tempo e Lei si arrabbia. Crei un dialogo (abbastanza intenso) che spieghi le Sue ragioni e il Suo punto di vista e quelli del Suo compagno (della Sua compagna) d'appartamento.

Espressioni utili:

dare l'aspirapolvere   *(to vacuum)*

dare lo straccio   *(to mop)*

fare il bucato   *(to do the laundry)*

fare il letto   *(to make the bed)*

lavare i piatti   *(to wash the dishes)*

mettere in ordine   *(to tidy up)*

mettere via la roba   *(to put things away)*

portare fuori la spazzatura   *(to take out the garbage)*

pulire i vetri   *(to clean the windows)*

spazzare   *(to sweep)*

spolverare   *(to dust)*

L'ITALIA E L'AMERICA

L'Italia e l'America sono state legate da intimi rapporti° dal giorno della scoperta del nuovo continente fino a oggi. Un italiano, Cristoforo Colombo, scoprì l'America. Il nuovo continente fu chiamato «America» in onore di un altro navigatore italiano, Amerigo Vespucci. Attraverso° i secoli l'arte, la musica, la letteratura e le scoperte dei grandi scienziati° italiani hanno avuto un'influenza profonda nello sviluppo della civiltà° americana. Dante, Michelangelo, Leonardo, Galileo, Marconi, sono parte del patrimonio° culturale americano come di quello italiano.

ties

Through
scientists
civilization

heritage

Oggi negli Stati Uniti la presenza della cultura italiana nella vita gior-
naliera° degli americani ha radici° profonde. Dalla cucina alla musica, dalle *daily / roots*
arti figurative al cinema, gli esempi di influssi° italiani sono innumerevoli. *influences*
D'altro canto,° gli Stati Uniti hanno influenzato la cultura italiana negli *On the other hand*
ultimi cinquant'anni, e le relazioni culturali, politiche e economiche sono in
un flusso° costante in tutte e due le direzioni. *flux*

Nei tempi moderni la presenza italiana negli Stati Uniti è stata accen-
tuata dall'arrivo di milioni di nuovi emigranti. Tra questi, individui come
Arturo Toscanini, Amedeo Giannini, Enrico Fermi, Emilio Segrè, Giancarlo
Menotti e tanti, tanti altri hanno dato un contributo essenziale nei loro
campi rispettivi. Venticinque milioni di cittadini americani di origine italiana
vivono oggi negli Stati Uniti e l'impronta° del loro patrimonio culturale dalla *mark*
terra dei loro antenati è ormai un fatto storico.

ESERCIZIO DI COMPRENSIONE

1. Da chi o che cosa deriva il nome «America»?
2. Erano artisti o navigatori Marconi e Galileo?
3. L'Italia ha influenzato l'America soltanto nella cucina?
4. E l'America, come ha influenzato l'Italia negli ultimi cinquant'anni?
5. In quale campo ha dato un gran contributo Arturo Toscanini?
6. Quanti Americani d'origine italiana ci sono negli Stati Uniti?
7. Chi erano Giannini e Fermi?
8. Cos'è ormai un fatto storico?

RIPETIZIONE VIII

A. Completate con la forma corretta dell'articolo e della preposizione.

1. _____ italiano è facile, non è vero?
2. Andiamo sempre _____ cinema.
3. Quella è la mia compagna _____ classe.
4. Quanto costano _____ orologi svizzeri?
5. Andremo _____ Italia del Nord.
6. Gianni l'aspetta vicino _____ albergo.

Suggest that students write out the answers to the **Ripetizione** exercises; then give them each other's papers to correct. Given the review nature of this **Ripetizione**, encourage students to discuss which exercises were difficult and why. Review grammar points as necessary.

B. Completate con la forma corretta dell'aggettivo **bello**.

1. Ieri i fagiolini erano molto _____ .
2. Fa _____ tempo, oggi.
3. È un _____ affare!
4. Che _____ scherzo!
5. Che _____ ragazze!
6. Che _____ ragazzi!

C. Date l'equivalente italiano.

1. our work
2. his brothers
3. our dear little sister
4. her vacations
5. their monotonous speeches
6. his arms

D. Riscrivete al plurale.

1. Questo telegramma sarà certamente troppo lungo.
2. Il dito di Giannino è corto.
3. Quell'autobus era sempre in ritardo.
4. Questa possibilità è molto limitata.
5. Il greco è mio amico.
6. La tua valigia è grande e grigia.

E. Riscrivete le frasi usando le forme alternative.

Esempio: delle centinaia →
alcune centinaia
qualche centinaio

1. delle uova
2. degli edifici
3. dei professionisti
4. delle giornaliste
5. delle dita

6. degli appaltatori
7. dei personaggi
8. delle edizioni
9. delle migliaia
10. dei muratori

F. Completate le frasi seguenti mettendo i verbi al passato prossimo. Fate tutti i cambiamenti necessari.

1. Ieri io _____ (uscire) con Adriana e le _____ (raccontare) l'affascinante storia di un'emigrante italiana.
2. Renata _____ (stare) in America quattro mesi e _____ (imparare) l'inglese molto bene.
3. Il signor Maratti e sua moglie _____ (stare in piedi) vicino alla porta e _____ (fermarsi) per un'ora.
4. Noi _____ (incontrare) due vecchie compagne e le _____ (accompagnare) alla libreria.

G. Volgete il brano seguente al passato. Prestate attenzione alla necessità di scegliere fra il passato prossimo e l'imperfetto.

L'aereo del Presidente Botticelli arriva alle dieci in punto. Il presidente americano e sua moglie stanno aspettando. Sono cinque anni che i due presidenti non si vedono. Quando la porta dell'aereo si apre il Presidente Botticelli saluta molto cortesemente. La banda suona gli inni (*anthems*) nazionali, poi i due presidenti e la signora vanno verso l'automobile. Piove e tira vento. L'automobile arriva alla residenza presidenziale alle dieci e quarantacinque. Ci sono molti turisti che guardano. I due presidenti li salutano e poi entrano nell'edificio. Il Presidente Botticelli ha molto sonno. Per questo dice «Arrivederci» e va a dormire. Il presidente americano risponde: «ArrivederLa» e ritorna nel suo ufficio dove molte persone lo aspettano.

H. Riscrivete le frasi seguenti all'imperativo sostituendo le parole in corsivo con i pronomi appropriati.

Esempio: Tu non compri *le sigarette.* →
Per favore, non comprarle.

1. Il signor Scaccia dà *quattrini a tutti.*
2. Voi non andate *all'edicola.*
3. Lui vende molti *libri.*
4. Voi leggete *la rivista scientifica.*
5. Tu non prendi mai *il cappuccino.*
6. Sempre diamo *informazioni utili ai turisti.*

I. Domandi a un amico o a un'amica ...

1. if he (she) is thirsty
2. if he (she) was cold yesterday
3. why he (she) is in a hurry
4. how old he (she) will be next year
5. why he (she) does not take a short walk
6. if he (she) listens to the news on the radio or on television

J. Completate con la forma corretta del verbo fra parentesi.

1. Credo che le due ragazze _____ (andare) a Piazza di Spagna ieri.
2. La professoressa credeva che tutti _____ (capire) le spiegazioni del giorno precedente.
3. Dice che l'appaltatore _____ (esagerare) sempre.
4. Mi hanno salutato prima che io _____ (entrare) nella banca.
5. Se potessero rinnovare il passaporto, _____ (partire) subito.
6. Se tu _____ (essere al corrente), non diresti questo.

K. **Che cosa faresti tu?** Fate le seguenti domande a un altro membro della classe.

Ask . .

1. if he (she) would get up early if he (she) did not have class
2. if he (she) would feel better if he (she) were rich
3. if he (she) had time, would he (she) go visit relatives and friends, go on vacation, or work
4. where he (she) would reside if he (she) could move
5. what would he (she) buy if he (she) won the Totocalcio lottery in Italy

L. **Domande.** Rispondete con frasi complete e originali.

1. Le piacerebbe vivere e lavorare all'estero? Dove?
2. Che cosa vorrebbe fare dopo l'università?
3. Che cosa crede che faranno i Suoi compagni di classe quando avranno finito l'università?
4. Dove crede che preferiranno vivere?
5. Lei vede mai qualche Suo compagno della scuola secondaria? Della scuola elementare?
6. Di che cosa parlate quando vi vedete? Cosa fanno loro ora?

APPENDICES

APPENDIX 1: THE VERB *FARE* WITH A DEPENDENT INFINITIVE

1. The verb **fare** followed by an infinitive indicates that the action is carried out by someone else, namely, it translates the English *to have something done;* for example: *They are having the car painted.* Thus, **fare** + infinitive + noun = *to have* + noun + past participle.

Faccio tradurre una poesịa.	*I am having a poem translated.*
Facciamo pulire la casa.	*We are having the house cleaned.*
Marịa **ha fatto rinnovare** il passaporto.	*Maria had her passport renewed.*

2. **Fare** followed by an infinitive also translates *to have someone do something.* In this causal construction the noun object follows the infinitive, but the pronoun object precedes the verb **fare.**

Faccio cantare Mario.	*I am having Mario sing.*
Lo faccio cantare.	*I am having him sing.*
Faremo venire Luisa a casa nostra.	*We will have Luisa come to our house.*
La faremo venire a casa nostra.	*We will have her come to our house.*
L'insegnante **ci faceva studiare** tutti i giorni.	*The teacher made us study every day.*

In the above construction, if there are two objects, the *thing* is a direct object and the *person* an indirect object. Both follow the infinitive if they are nouns (the direct preceding the indirect), but precede **fare** if they are pronouns.

Farò lẹggere la lezione a Marịa.	*I will have Maria read the lesson.*
Gliela farò lẹggere.	*I will have her read it.*
Faremo visitare il musẹo ai nostri amici.	*We will have our friends visit the museum.*
Glielo faremo visitare.	*We will have them visit it.*

When the action is done on behalf of the subject, the verb **fare** should be made reflexive.

Si fece lavare i capelli.   *She had her hair washed.*
Si faranno riparare la macchina.   *They will have their car repaired.*

3. Constructions such as *I will have John accompany me* are translated as if they expressed in English *I shall have myself accompanied by John.*

Mi farò accompagnare **da** Giovanni.   *I will have John accompany me.*
Ci facciamo lavare le camicie **dalla**   *We are having the maid wash our*
cameriera.   *shirts.*

ESERCIZI

A. Rispondete a ciascuna delle domande seguenti.

Esempio: Traduci tu questo libro? →
                     No, lo faccio tradurre.

1. Aprite voi il negozio?
2. Fa lui questo anello?
3. Pulisci tu la casa?

4. Chiedete voi il permesso?
5. Prenota Lei il volo per Parigi?
6. Prepari tu il dolce per la festa?

B. Rispondete a ciascuna delle domande seguenti.

Esempio: Chi farai venire? (Mario) →
                     Farò venire Mario.

1. Chi farete cantare? (gli studenti di primo anno)
2. Chi faranno rientrare? (il signor Baldoni)
3. Chi farai leggere ad alta voce? (quella studentessa là)
4. Chi farai ripetere? (lo studente che non ascolta)
5. Chi farete cominciare? (Gianni)
6. Chi farà andare al congresso il presidente dell'università? (solo gli studenti universitari)

APPENDIX 2: VERB CHARTS

AUXILIARY VERBS

Simple tenses

Infinitive	**avere** *to have*		**ẹssere** *to be*	
Gerund	avendo		essendo	
Present indicative	ho	abbiamo	sono	siamo
	hai	avete	sei	siete
	ha	hanno	è	sono
Imperfect indicative	avevo	avevamo	ero	eravamo
	avevi	avevate	eri	eravate
	aveva	avẹvano	era	ẹrano
Past absolute	ebbi	avemmo	fui	fummo
	avesti	aveste	fosti	foste
	ebbe	ẹbbero	fu	fụrono
Future	avrò	avremo	sarò	saremo
	avrại	avrete	sarại	sarete
	avrà	avranno	sarà	saranno
Present conditional	avrẹi	avremmo	sarẹi	saremmo
	avresti	avreste	saresti	sareste
	avrebbe	avrẹbbero	sarebbe	sarẹbbero
Imperative	—	abbiamo	—	siamo
	abbi	abbiate	sịi	siate
	ạbbia	ạbbiano	sịa	sịano

Present subjunctive	ạbbia ạbbia ạbbia	abbiamo abbiate ạbbiano	sịa sịa sịa	siamo siate sịano
Imperfect subjunctive	avessi avessi avesse	avẹssimo aveste avẹssero	fossi fossi fosse	fọssimo foste fọssero

Compound tenses

Past participle	avuto	stato (a, i, e)
Perfect infinitive	avere avuto	ẹssere stato (a, i, e)
Past gerund	avendo avuto	essendo stato (a, i, e)
Present perfect indicative	ho hai } avuto ha	abbiamo avete } avuto hanno	sono sei } stato (a) è	siamo siete } stati (e) sono
Past perfect indicative	avevo avevi } avuto aveva	avevamo avevate } avuto avẹvano	ero eri } stato (a) era	eravamo eravate } stati (e) ẹrano
Future perfect	avrò avrai } avuto avrà	avremo avrete } avuto avranno	sarò sarại } stato (a) sarà	saremo sarete } stati (e) saranno
Perfect conditional	avrẹi avresti } avuto avrebbe	avremmo avreste } avuto avrẹbbero	sarẹi saresti } stato (a) sarebbe	saremmo sareste } stati (e) sarẹbbero
Present perfect subjective	ạbbia ạbbia } avuto ạbbia	abbiamo abbiate } avuto ạbbiano	sịa sịa } stato (a) sịa	siamo siate } stati (e) sịano
Past perfect subjunctive	avessi avessi } avuto avesse	avẹssimo aveste } avuto avẹssero	fossi fossi } stato (a) fosse	fọssimo foste } stati (e) fọssero

Regular Verbs

Simple tenses

FIRST CONJUGATION	SECOND CONJUGATION	THIRD CONJUGATION	
Infinitives			
parl **are**	ripęt **ere**	cap **ire**	dorm **ire**
Gerunds			
parl **ando**	ripet **endo**	cap **endo**	dorm **endo**
Present indicative			
parl **o**	ripet **o**	cap **isc o**	dorm **o**
parl **i**	ripet **i**	cap **isc i**	dorm **i**
parl **a**	ripet **e**	cap **isc e**	dorm **e**
parl **iamo**	ripet **iamo**	cap **iamo**	dorm **iamo**
parl **ate**	ripet **ete**	cap **ite**	dorm **ite**
parl **ano**	ripet **ono**	cap **įsc ono**	dorm **ono**
Imperfect indicative			
parl **avo**	ripet **evo**	cap **ivo**	dorm **ivo**
parl **avi**	ripet **evi**	cap **ivi**	dorm **ivi**
parl **ava**	ripet **eva**	cap **iva**	dorm **iva**
parl **avamo**	ripet **evamo**	cap **ivamo**	dorm **ivamo**
parl **avate**	ripet **evate**	cap **ivate**	dorm **ivate**
parl **ąvano**	ripet **ęvano**	cap **įvano**	dorm **įvano**
Past absolute			
parl **ąi**	ripet **ęi**	cap **įi**	dorm **įi**
parl **asti**	ripet **esti**	cap **isti**	dorm **isti**
parl **ò**	ripet **é**	cap **ì**	dorm **ì**
parl **ammo**	ripet **emmo**	cap **immo**	dorm **immo**
parl **aste**	ripet **este**	cap **iste**	dorm **iste**
parl **ąrono**	ripet **ęrono**	cap **įrono**	dorm **įrono**
Future			
parler **ò**	ripeter **ò**	capir **ò**	dormir **ò**
parler **ąi**	ripeter **ąi**	capir **ąi**	dormir **ąi**
parler **à**	ripeter **à**	capir **à**	domir **à**
parler **emo**	ripeter **emo**	capir **emo**	dormir **emo**
parler **ete**	ripeter **ete**	capir **ete**	dormir **ete**
parler **anno**	ripeter **anno**	capir **anno**	dormir **anno**

FIRST CONJUGATION	SECOND CONJUGATION	THIRD CONJUGATION	

Present conditional

parler ei	ripeter ei	capir ei	dormir ei
parler esti	ripeter esti	capir esti	dormir esti
parler ebbe	ripeter ebbe	capir ebbe	dormir ebbe
parler emmo	ripeter emmo	capir emmo	dormir emmo
parler este	ripeter este	capir este	dormir este
parler ebbero	ripeter ebbero	capir ebbero	dormir ebbero

Imperative

—	—	—	—
parl a	ripet i	cap isc i	dorm i
parl i	ripet a	cap isc a	dorm a
parl iamo	ripet iamo	cap iamo	dorm iamo
parl ate	ripet ete	cap ite	dorm ite
parl ino	ripet ano	cap isc ano	dorm ano

Present subjunctive

parl i	ripet a	cap isc a	dorm a
parl i	ripet a	cap isc a	dorm a
parl i	ripet a	cap isc a	dorm a
parl iamo	ripet iamo	cap iamo	dorm iamo
parl iate	ripet iate	cap iate	dorm iate
parl ino	ripet ano	cap isc ano	dorm ano

Imperfect subjunctive

parl assi	ripet essi	cap issi	dorm issi
parl assi	ripet essi	cap issi	dorm issi
parl asse	ripet esse	cap isse	dorm isse
parl assimo	ripet essimo	cap issimo	dorm issimo
parl aste	ripet este	cap iste	dorm iste
parl assero	ripet essero	cap issero	dorm issero

Compound tenses

Past participles

| parl **ato** | ripet **uto** | cap **ito** | dorm **ito** |

Perfect infinitives

| avere **parlato** | avere **ripetuto** | avere **capito** | avere **dormito** |

Past gerunds

| avendo **parlato** | avendo **ripetuto** | avendo **capito** | avendo **dormito** |

Present perfect indicative

| ho
hai
ha
abbiamo
avete
hanno } parlato | ripetuto | capito | dormito |

Past perfect indicative

| avevo
avevi
aveva
avevamo
avevate
avevano } parlato | ripetuto | capito | dormito |

Future perfect

| avrò
avrai
avrà
avremo
avrete
avranno } parlato | ripetuto | capito | dormito |

Perfect conditional

| avrei
avresti
avrebbe
avremmo
avreste
avrebbero } parlato | ripetuto | capito | dormito |

Present perfect subjunctive

abbia abbia abbia abbiamo abbiate abbiano	**parlato**	ripetuto	capito	dormito

Past perfect subjunctive

avessi avessi avesse avessimo aveste avessero	**parlato**	ripetuto	capito	dormito

IRREGULAR VERBS

Notes:

1. An asterisk (*) indicates that the verb is conjugated with **essere**.
2. A dagger (†) indicates that the verb is sometimes conjugated with **essere**, sometimes with **avere**. In general, verbs marked with a dagger are conjugated with **avere** when they take a direct object.
3. The following verbs are conjugated on the charts:

accendere	dire	perdere	riscuotere	sorridere
andare	dirigere	piacere	rispondere	spendere
bere	dovere	potere	riuscire	stare
chiedere	fare	prendere	rivedere	tenere
chiudere	giungere	raggiungere	salire	uscire
conoscere	leggere	richiedere	sapere	valere
correre	mettere	riconoscere	scegliere	vedere
corrispondere	morire	ridere	scendere	venire
dare	nascere	rimanere	scrivere	vivere
decidere	parere	riprendere	sedere	volere

Infinitive	Gerund and past participle	Present indicative	Imperfect indicative	Past absolute
accendere to light	accendendo acceso	accendo accendi accende accendiamo accendete accendono	accendevo accendevi accendeva accendevamo accendevate accendevano	accesi accendesti accese accendemmo accendeste accesero
andare* to go	andando andato	vado vai va andiamo andate vanno	andavo andavi andava andavamo andavate andavano	andai andasti andò andammo andaste andarono
bere to drink	bevendo bevuto	bevo bevi beve beviamo bevete bevono	bevevo bevevi beveva bevevamo bevevate bevevano	bevvi bevesti bevve bevemmo beveste bevvero
chiedere to ask	chiedendo chiesto	chiedo chiedi chiede chiediamo chiedete chiedono	chiedevo chiedevi chiedeva chiedevamo chiedevate chiedevano	chiesi chiedesti chiese chiedemmo chiedeste chiesero
chiudere to close	chiudendo chiuso	chiudo chiudi chiude chiudiamo chiudete chiudono	chiudevo chiudevi chiudeva chiudevamo chiudevate chiudevano	chiusi chiudesti chiuse chiudemmo chiudeste chiusero
conoscere to know	conoscendo conosciuto	conosco conosci conosce conosciamo conoscete conoscono	conoscevo conoscevi conosceva conoscevamo conoscevate conoscevano	conobbi conoscesti conobbe conoscemmo conosceste conobbero

Future	Present conditional	Imperative	Present subjunctive	Imperfect subjunctive
accenderò	accenderei	—	accenda	accendessi
accenderai	accenderesti	accendi	accenda	accendessi
accenderà	accenderebbe	accenda	accenda	accendesse
accenderemo	accenderemmo	accendiamo	accendiamo	accendessimo
accenderete	accendereste	accendete	accendiate	accendeste
accenderanno	accenderebbero	accendano	accendano	accendessero
andrò	andrei	—	vada	andassi
andrai	andresti	va'	vada	andassi
andrà	andrebbe	vada	vada	andasse
andremo	andremmo	andiamo	andiamo	andassimo
andrete	andreste	andate	andiate	andaste
andranno	andrebbero	vadano	vadano	andassero
berrò	berrei	—	beva	bevessi
berrai	berresti	bevi	beva	bevessi
berrà	berrebbe	beva	beva	bevesse
berremo	berremmo	beviamo	beviamo	bevessimo
berrete	berreste	bevete	beviate	beveste
berrano	berrebbero	bevano	bevano	bevessero
chiederò	chiederei	—	chieda	chiedessi
chiederai	chiederesti	chiedi	chieda	chiedessi
chiederà	chiederebbe	chieda	chieda	chiedesse
chiederemo	chiederemmo	chiediamo	chiediamo	chiedessimo
chiederete	chiedereste	chiedete	chiediate	chiedeste
chiederanno	chiederebbero	chiedano	chiedano	chiedessero
chiuderò	chiuderei	—	chiuda	chiudessi
chiuderai	chiuderesti	chiudi	chiuda	chiudessi
chiuderà	chiuderebbe	chiuda	chiuda	chiudesse
chiuderemo	chiuderemmo	chiudiamo	chiudiamo	chiudessimo
chiuderete	chiudereste	chiudete	chiudiate	chiudeste
chiuderanno	chiuderebbero	chiudano	chiudano	chiudessero
conoscerò	conoscerei	—	conosca	conoscessi
conoscerai	conosceresti	conosci	conosca	conoscessi
conoscerà	conoscerebbe	conosca	conosca	conoscesse
conosceremo	conosceremmo	conosciamo	conosciamo	conoscessimo
conoscerete	conoscereste	conoscete	conosciate	conosceste
conosceranno	conoscerebbero	conoscano	conoscano	conoscessero

Infinitive	Gerund and past participle	Present indicative	Imperfect indicative	Past absolute
correre† to run	correndo corso	corro corri corre corriamo correte corrono	correvo correvi correva correvamo correvate correvano	corsi corresti corse corremmo correste corsero
corrispondere *see* rispondere to correspond				
dare to give	dando dato	do dai dà diamo date danno	davo davi dava davamo davate davano	diedi desti diede demmo deste diedero
decidere to decide	decidendo deciso	decido decidi decide decidiamo decidete decidono	decidevo decidevi decideva decidevamo decidevate decidevano	decisi decidesti decise decidemmo decideste decisero
dire to say, to tell	dicendo detto	dico dici dice diciamo dite dicono	dicevo dicevi diceva dicevamo dicevate dicevano	dissi dicesti disse dicemmo diceste dissero
dirigere to direct	dirigendo diretto	dirigo dirigi dirige dirigiamo dirigete dirigono	dirigevo dirigevi dirigeva dirigevamo dirigevate dirigevano	diressi dirigesti diresse dirigemmo dirigeste diressero
dovere† to have to, must	dovendo dovuto	devo devi deve dobbiamo dovete devono	dovevo dovevi doveva dovevamo dovevate dovevano	dovei dovesti dové dovemmo doveste doverono

Future	Present conditional	Imperative	Present subjunctive	Imperfect subjunctive
correrò	correrei	—	corra	corressi
correrai	correresti	corri	corra	corressi
correrà	correrebbe	corra	corra	corresse
correremo	correremmo	corriamo	corriamo	corressimo
correrete	correreste	correte	corriate	correste
correranno	correrebbero	corrano	corrano	corressero
darò	darei	—	dia	dessi
darai	daresti	da'	dia	dessi
darà	darebbe	dia	dia	desse
daremo	daremmo	diamo	diamo	dessimo
darete	dareste	date	diate	deste
daranno	darebbero	diano	diano	dessero
deciderò	deciderei	—	decida	decidessi
deciderai	decideresti	decidi	decida	decidessi
deciderà	deciderebbe	decida	decida	decidesse
decideremo	decideremmo	decidiamo	decidiamo	decidessimo
deciderete	decidereste	decidete	decidiate	decideste
decideranno	deciderebbero	decidano	decidano	decidessero
dirò	direi	—	dica	dicessi
dirai	diresti	di'	dica	dicessi
dirà	direbbe	dica	dica	dicesse
diremo	diremmo	diciamo	diciamo	dicessimo
direte	direste	dite	diciate	diceste
diranno	direbbero	dicano	dicano	dicessero
dirigerò	dirigerei	—	diriga	dirigessi
dirigerai	dirigeresti	dirigi	diriga	dirigessi
dirigerà	dirigerebbe	diriga	diriga	dirigesse
dirigeremo	dirigeremmo	dirigiamo	dirigiamo	dirigessimo
dirigerete	dirigereste	dirigete	dirigiate	dirigeste
dirigeranno	dirigerebbero	dirigano	dirigano	dirigessero
dovrò	dovrei	—	deva	dovessi
dovrai	dovresti	—	deva	dovessi
dovrà	dovrebbe	—	deva	dovesse
dovremo	dovremmo	—	dobbiamo	dovessimo
dovrete	dovreste	—	dobbiate	doveste
dovranno	dovrebbero	—	devano	dovessero

Infinitive	Gerund and past participle	Present indicative	Imperfect indicative	Past absolute
fare to do; to make	facendo fatto	faccio fai fa facciamo fate fanno	facevo facevi faceva facevamo facevate facevano	feci facesti fece facemmo faceste fecero
giungere† to arrive; to join	giungendo giunto	giungo giungi giunge giungiamo giungete giungono	giungevo giungevi giungeva giungevamo giungevate giungevano	giunsi giungesti giunse giungemmo giungeste giunsero
leggere to read	leggendo letto	leggo leggi legge leggiamo leggete leggono	leggevo leggevi leggeva leggevamo leggevate leggevano	lessi leggesti lesse leggemmo leggeste lessero
mettere to put	mettendo messo	metto metti mette mettiamo mettete mettono	mettevo mettevi metteva mettevamo mettevate mettevano	misi mettesti mise mettemmo metteste misero
morire* to die	morendo morto	muoio muori muore moriamo morite muoiono	morivo morivi moriva morivamo morivate morivano	morii moristi morì morimmo moriste morirono
nascere* to be born	nascendo nato	nasco nasci nasce nasciamo nascete nascono	nascevo nascevi nasceva nascevamo nascevate nascevano	nacqui nascesti nacque nascemmo nasceste nacquero
parere* to seem	parendo parso	paio pari pare paiamo parete paiono	parevo parevi pareva parevamo parevate parevano	parvi paresti parve paremmo pareste parvero

Future	Present conditional	Imperative	Present subjunctive	Imperfect subjunctive
farò	farei	—	faccia	facessi
farai	faresti	fa'	faccia	facessi
farà	farebbe	faccia	faccia	facesse
faremo	faremmo	facciamo	facciamo	facęssimo
farete	fareste	fate	facciate	faceste
faranno	farębbero	fącciano	fącciano	facęssero
giungerò	giungerei	—	giunga	giungessi
giungerai	giungeresti	giungi	giunga	giungessi
giungerà	giungerebbe	giunga	giunga	giungesse
giungeremo	giungeremmo	giungiamo	giungiamo	giungęssimo
giungerete	giungereste	giungete	giungiate	giungeste
giungeranno	giungerębbero	giụngano	giụngano	giungęssero
leggerò	leggerei	—	legga	leggessi
leggerai	leggeresti	leggi	legga	leggessi
leggerà	leggerebbe	legga	legga	leggesse
leggeremo	leggeremmo	leggiamo	leggiamo	leggęssimo
leggerete	leggereste	leggete	leggiate	leggeste
leggeranno	leggerębbero	lęggano	lęggano	leggęssero
metterò	metterei	—	metta	mettessi
metterai	metteresti	metti	metta	mettessi
metterà	metterebbe	metta	metta	mettesse
metteremo	metteremmo	mettiamo	mettiamo	mettęssimo
metterete	mettereste	mettete	mettiate	metteste
metteranno	metterębbero	męttano	męttano	mettęssero
morrò	morrei	—	muọia	morissi
morrai	morresti	muori	muọia	morissi
morrà	morrebbe	muọia	muọia	morisse
morremo	morremmo	moriamo	moriamo	morịssimo
morrete	morreste	morite	moriate	moriste
morranno	morrębbero	muọiano	muọiano	morịssero
nascerò	nascerei	—	nasca	nascessi
nascerai	nasceresti	nasci	nasca	nascessi
nascerà	nascerebbe	nasca	nasca	nascesse
nasceremo	nasceremmo	nasciamo	nasciamo	nascęssimo
nascerete	nascereste	nascete	nasciate	nasceste
nasceranno	nascerębbero	nạscano	nạscano	nascęssero
parrò	parrei	—	paia	paressi
parrai	parresti	—	paia	paressi
parrà	parrebbe	—	paia	paresse
parremo	parremmo	—	paiamo	paręssimo
parrete	parreste	—	paiate	pareste
parranno	parrębbero	—	paiano	paręssero

Infinitive	Gerund and past participle	Present indicative	Imperfect indicative	Past absolute
perdere *to lose*	perdendo perso	perdo perdi perde perdiamo perdete perdono	perdevo perdevi perdeva perdevamo perdevate perdevano	persi perdesti perse perdemmo perdeste persero
piacere* *to be pleasing*	piacendo piaciuto	piaccio piaci piace piacciamo piacete piacciono	piacevo piacevi piaceva piacevamo piacevate piacevano	piacqui piacesti piacque piacemmo piaceste piacquero
potere† *to be able*	potendo potuto	posso puoi può possiamo potete possono	potevo potevi poteva potevamo potevate potevano	potei potesti poté potemmo poteste poterono
prendere *to take*	prendendo preso	prendo prendi prende prendiamo prendete prendono	prendevo prendevi prendeva prendevamo prendevate prendevano	presi prendesti prese prendemmo prendeste presero

raggiungere *see* **giungere**
to reach, catch up to

richiedere *see* **chiedere**
to request; to require

riconoscere *see* **conoscere**
to recognize

ridere *to laugh*	ridendo riso	rido ridi ride ridiamo ridete ridono	ridevo ridevi rideva ridevamo ridevate ridevano	risi ridesti rise ridemmo rideste risero

Future	Present conditional	Imperative	Present subjunctive	Imperfect subjunctive
perderò	perderei	—	perda	perdessi
perderai	perderesti	perdi	perda	perdessi
perderà	perderebbe	perda	perda	perdesse
perderemo	perderemmo	perdiamo	perdiamo	perdessimo
perderete	perdereste	perdete	perdiate	perdeste
perderanno	perderebbero	perdano	perdano	perdessero
piacerò	piacerei	—	piaccia	piacessi
piacerai	piaceresti	piaci	piaccia	piacessi
piacerà	piacerebbe	piaccia	piaccia	piacesse
piaceremo	piaceremmo	piacciamo	piacciamo	piacessimo
piacerete	piacereste	piacete	piacciate	piaceste
piaceranno	piacerebbero	piacciano	piacciano	piacessero
potrò	potrei	—	possa	potessi
potrai	potresti	—	possa	potessi
potrà	potrebbe	—	possa	potesse
potremo	potremmo	—	possiamo	potessimo
potrete	potreste	—	possiate	poteste
potranno	potrebbero	—	possano	potessero
prenderò	prenderei	—	prenda	prendessi
prenderai	prenderesti	prendi	prenda	prendessi
prenderà	prenderebbe	prenda	prenda	prendesse
prenderemo	prenderemmo	prendiamo	prendiamo	prendessimo
prenderete	prendereste	prendete	prendiate	prendeste
prenderanno	prenderebbero	prendano	prendano	prendessero
riderò	riderei	—	rida	ridessi
riderai	rideresti	ridi	rida	ridessi
riderà	riderebbe	rida	rida	ridesse
rideremo	rideremmo	ridiamo	ridiamo	ridessimo
riderete	ridereste	ridete	ridiate	rideste
rideranno	riderebbero	ridano	ridano	ridessero

Infinitive	Gerund and past participle	Present indicative	Imperfect indicative	Past absolute
rimanere* to remain	rimanendo rimasto	rimango rimani rimane rimaniamo rimanete rimangono	rimanevo rimanevi rimaneva rimanevamo rimanevate rimanevano	rimasi rimanesti rimase rimanemmo rimaneste rimasero
riprendere *see* **prendere** to take again; to resume				
riscuotere to cash	riscuotendo riscosso	riscuoto riscuoti riscuote riscuotiamo riscuotete riscuotono	riscuotevo riscuotevi riscuoteva riscuotevamo riscuotevate riscuotevano	riscossi riscuotesti riscosse riscuotemmo riscuoteste riscossero
rispondere to answer	rispondendo risposto	rispondo rispondi risponde rispondiamo rispondete rispondono	rispondevo rispondevi rispondeva rispondevamo rispondevate rispondevano	risposi rispondesti rispose rispondemmo rispondeste risposero
riuscire* *see* **uscire** to succeed				
rivedere *see* **vedere** to see again				
salire† to go up	salendo salito	salgo sali sale saliamo salite salgono	salivo salivi saliva salivamo salivate salivano	salii salisti salì salimmo saliste salirono
sapere to know	sapendo saputo	so sai sa sappiamo sapete sanno	sapevo sapevi sapeva sapevamo sapevate sapevano	seppi sapesti seppe sapemmo sapeste seppero

Future	Present conditional	Imperative	Present subjunctive	Imperfect subjunctive
rimarrò	rimarrei	—	rimanga	rimanessi
rimarrai	rimarresti	rimani	rimanga	rimanessi
rimarrà	rimarrebbe	rimanga	rimanga	rimanesse
rimarremo	rimarremmo	rimaniamo	rimaniamo	rimanessimo
rimarrete	rimarreste	rimanete	rimaniate	rimaneste
rimarranno	rimarrebbero	rimangano	rimangano	rimanessero
riscuoterò	riscuoterei	—	riscuota	riscuotessi
riscuoterai	riscuoteresti	riscuoti	riscuota	riscuotessi
riscuoterà	riscuoterebbe	riscuota	riscuota	riscuotesse
riscuoteremo	riscuoteremmo	riscuotiamo	riscuotiamo	riscuotessimo
riscuoterete	riscuotereste	riscuotete	riscuotiate	riscuoteste
riscuoteranno	riscuoterebbero	riscuotano	riscuotano	riscuotessero
rispondero	risponderei	—	risponda	rispondessi
risponderai	risponderesti	rispondi	risponda	rispondessi
risponderà	risponderebbe	risponda	risponda	rispondesse
risponderemo	risponderemmo	rispondiamo	rispondiamo	rispondessimo
risponderete	rispondereste	rispondete	rispondiate	rispondeste
risponderanno	risponderebbero	rispondano	rispondano	rispondessero
salirò	salirei	—	salga	salissi
salirai	saliresti	sali	salga	salissi
salirà	salirebbe	salga	salga	salisse
saliremo	saliremmo	saliamo	saliamo	salissimo
salirete	salireste	salite	saliate	saliste
saliranno	salirebbero	salgano	salgano	salissero
saprò	saprei	—	sappia	sapessi
saprai	sapresti	sappi	sappia	sapessi
saprà	saprebbe	sappia	sappia	sapesse
sapremo	sapremmo	sappiamo	sappiamo	sapessimo
saprete	sapreste	sappiate	sappiate	sapeste
sapranno	saprebbero	sappiano	sappiano	sapessero

Infinitive	Gerund and past participle	Present indicative	Imperfect indicative	Past absolute
scegliere *to choose*	scegliendo scelto	scelgo scegli sceglie scegliamo scegliete scelgono	sceglievo sceglievi sceglieva sceglievamo sceglievate sceglievano	scelsi scegliesti scelse scegliemmo sceglieste scelsero
scendere† *to go down*	scendendo sceso	scendo scendi scende scendiamo scendete scendono	scendevo scendevi scendeva scendevamo scendevate scendevano	scesi scendesti scese scendemmo scendeste scesero
scrivere *to write*	scrivendo scritto	scrivo scrivi scrive scriviamo scrivete scrivono	scrivevo scrivevi scriveva scrivevamo scrivevate scrivevano	scrissi scrivesti scrisse scrivemmo scriveste scrissero
sedere* *to sit down*	sedendo seduto	siedo siedi siede sediamo sedete siedono	sedevo sedevi sedeva sedevamo sedevate sedevano	sedei sedesti sedé sedemmo sedeste sederono
sorridere *see* **ridere** *to smile*				
spendere *to spend*	spendendo speso	spendo spendi spende spendiamo spendete spendono	spendevo spendevi spendeva spendevamo spendevate spendevano	spesi spendesti spese spendemmo spendeste spesero
stare* *to stay*	stando stato	sto stai sta stiamo state stanno	stavo stavi stava stavamo stavate stavano	stetti stesti stette stemmo steste stettero

Future	Present conditional	Imperative	Present subjunctive	Imperfect subjunctive
sceglierò	sceglierei	—	scelga	scegliessi
sceglierai	sceglieresti	scegli	scelga	scegliessi
sceglierà	sceglierebbe	scelga	scelga	scegliesse
sceglieremo	sceglieremmo	scegliamo	scegliamo	scegliessimo
sceglierete	scegliereste	scegliete	scegliate	sceglieste
sceglieranno	sceglierebbero	scelgano	scelgano	scegliessero
scenderò	scenderei	—	scenda	scendessi
scenderai	scenderesti	scendi	scenda	scendessi
scenderà	scenderebbe	scenda	scenda	scendesse
scenderemo	scenderemmo	scendiamo	scendiamo	scendessimo
scenderete	scendereste	scendete	scendiate	scendeste
scenderanno	scenderebbero	scendano	scendano	scendessero
scriverò	scriverei	—	scriva	scrivessi
scriverai	scriveresti	scrivi	scriva	scrivessi
scriverà	scriverebbe	scriva	scriva	scrivesse
scriveremo	scriveremmo	scriviamo	scriviamo	scrivessimo
scriverete	scrivereste	scrivete	scriviate	scriveste
scriveranno	scriverebbero	scrivano	scrivano	scrivessero
sederò	sederei	—	sieda	sedessi
sederai	sederesti	siedi	sieda	sedessi
sederà	sederebbe	sieda	sieda	sedesse
sederemo	sederemmo	sediamo	sediamo	sedessimo
sederete	sedereste	sedete	sediate	sedeste
sederanno	sederebbero	siedano	siedano	sedessero
spenderò	spenderei	—	spenda	spendessi
spenderai	spenderesti	spendi	spenda	spendessi
spenderà	spenderebbe	spenda	spenda	spendesse
spenderemo	spenderemmo	spendiamo	spendiamo	spendessimo
spenderete	spendereste	spendete	spendiate	spendeste
spenderanno	spenderebbero	spendano	spendano	spendessero
starò	starei	—	stia	stessi
starai	staresti	sta'	stia	stessi
starà	starebbe	stia	stia	stesse
staremo	staremmo	stiamo	stiamo	stessimo
starete	stareste	state	stiate	steste
staranno	starebbero	stiano	stiano	stessero

Infinitive	Gerund and past participle	Present indicative	Imperfect indicative	Past absolute
tenere *to keep*	tenendo tenuto	tengo tieni tiene teniamo tenete tẹngono	tenevo tenevi teneva tenevamo tenevate tenẹvano	tenni tenesti tenne tenemmo teneste tẹnnero
uscire* *to go out*	uscendo uscito	esco esci esce usciamo uscite ẹscono	uscivo uscivi usciva uscivamo uscivate uscịvano	uscii uscisti uscì uscimmo usciste uscịrono
valere* *to be worth*	valendo valso	valgo vali vale valiamo valete vạlgono	valevo valevi valeva valevamo valevate valẹvano	valsi valesti valse valemmo valeste vạlsero
vedere *to see*	vedendo veduto (visto)	vedo vedi vede vediamo vedete vẹdono	vedevo vedevi vedeva vedevamo vedevate vedẹvano	vidi vedesti vide vedemmo vedeste vịdero
venire* *to come*	venendo venuto	vengo vieni viene veniamo venite vẹngono	venivo venivi veniva venivamo venivate venịvano	venni venisti venne venimmo veniste vẹnnero
vivere† *to live*	vivendo vissuto	vivo vivi vive viviamo vivete vịvono	vivevo vivevi viveva vivevamo vivevate vivẹvano	vissi vivesti visse vivemmo viveste vịssero
volere† *to want*	volendo voluto	voglio vuọi vuole vogliamo volete vọgliono	volevo volevi voleva volevamo volevate volẹvano	volli volesti volle volemmo voleste vọllero

Future	Present conditional	Imperative	Present subjunctive	Imperfect subjunctive
terrò	terrei	—	tenga	tenessi
terrai	terresti	tieni	tenga	tenessi
terrà	terrebbe	tenga	tenga	tenesse
terremo	terremmo	teniamo	teniamo	tenessimo
terrete	terreste	tenete	teniate	teneste
terranno	terrebbero	tengano	tengano	tenessero
uscirò	uscirei	—	esca	uscissi
uscirai	usciresti	esci	esca	uscissi
uscirà	uscirebbe	esca	esca	uscisse
usciremo	usciremmo	usciamo	usciamo	uscissimo
uscirete	uscireste	uscite	usciate	usciate
usciranno	uscirebbero	escano	escano	uscissero
varrò	varrei	—	valga	valessi
varrai	varresti	vali	valga	valessi
varrà	varrebbe	valga	valga	valesse
varremo	varremmo	valiamo	valiamo	valessimo
varrete	varreste	valete	valiate	valeste
varranno	varrebbero	valgano	valgano	valessero
vedrò	vedrei	—	veda	vedessi
vedrai	vedresti	vedi	veda	vedessi
vedrà	vedrebbe	veda	veda	vedesse
vedremo	vedremmo	vediamo	vediamo	vedessimo
vedrete	vedreste	vedete	vediate	vedeste
vedranno	vedrebbero	vedano	vedano	vedessero
verrò	verrei	—	venga	venissi
verrai	verresti	vieni	venga	venissi
verrà	verrebbe	venga	venga	venisse
verremo	verremmo	veniamo	veniamo	venissimo
verrete	verreste	venite	veniate	veniste
verranno	verrebbero	vengano	vengano	venissero
vivrò	vivrei	—	viva	vivessi
vivrai	vivresti	vivi	viva	vivessi
vivrà	vivrebbe	viva	viva	vivesse
vivremo	vivremmo	viviamo	viviamo	vivessimo
vivrete	vivreste	vivete	viviate	viveste
vivranno	vivrebbero	vivano	vivano	vivessero
vorrò	vorrei	—	voglia	volessi
vorrai	vorresti	vogli	voglia	volessi
vorrà	vorrebbe	voglia	voglia	volesse
vorremo	vorremmo	vogliamo	vogliamo	volessimo
vorrete	vorreste	vogliate	vogliate	voleste
vorranno	vorrebbero	vogliano	vogliano	volessero

VOCABULARY

This vocabulary reflects the working environment created by the *Basic Italian* text, workbook, and tapes. Most proper nouns and words close to their English counterparts (**impossibile, indifferente**) have been omitted.

The definite article or the abbreviation *m.* or *f.* indicates the gender of nouns. Nouns having both a masculine and a feminine variant are entered under the masculine and are immediately followed by the feminine. Adjectives are listed under the masculine form. Plural forms of nouns and adjectives are given only if they are irregular. Masculine nouns and adjectives that end in **-io** in the singular always end in **-i** in the plural and are considered regular. Only plurals ending in **-ii** are noted. Invariable *(inv.)* nouns do not change ending from the singular to the plural; however, the corresponding article does change (**il re, i re; l'analisi, le analisi**).

Idioms are listed under the noun in the expression, if there is a noun, otherwise they are listed under the verb.

Irregular stress is indicated by a dot under the stressed vowel (**ẹssere, trạffico**). Regular stress, which falls on the second-to-the-last syllable (**me-lọ-ne, par-lạ-re**), is not marked. Diphthongs (the vowel **i** or **u** combined with another vowel or each other to emit a single phonetic sound) comprise or are part of a single syllable (**ne-gọ-zio, fiụ-me, quạ-le**); final diphthongs broken by stress are marked (**farmacịa, cortesịa**), as are triphthongs and other sequences of more than two vowels (**nọia, gioiẹllo**). A final, mandatory accent mark indicates stress on the final vowel of a word: **caffè, mercoledì**.

An asterisk (*) before a verb indicates that the verb requires **ẹssere** in compound tenses. Verbs preceded by a dagger (†) may take either **ẹssere** or **avere**, depending on their usage and the construction of the sentence. A gloss symbol (°) flags verbs that are conjugated for you in the preceding verb tables. Verbs followed by (isc) are third conjugation verbs that insert -isc- in some forms of the present indicative, subjunctive, and imperative.

The abbreviations used are those listed on page xvii.

ITALIAN-ENGLISH VOCABULARY

A

a, ad *(before vowels)* at, in; to
abbandonare to abandon
abbastanza *(inv.)* enough; quite; **abba-stanza bene** pretty good, well
enough
l'abbraccio hug, embrace
l'abitante *(m./f.)* inhabitant
abitare to live, reside
l'abito outfit; **abito da sera** evening
gown
*****abituarsi** (**a** + *n. or inf.*) to get used to
(something / doing something)
l'abitudinario, l'abitudinaria creature
of habit
l'abitudine *(f.)* habit
*****accadere** to happen
accanto a next to
accedere a to access
accendere° *(p.p.* **acceso**) to turn on *(a
radio, TV)*
accennare to mention
l'accento accent
accentuare to accentuate
accettare (**di** + *inf.*) to accept *(to do
something)*
accidenti! darn!
accompagnare to accompany
accontentare to satisfy, please
*****accontentarsi di** to be satisfied with
l'accordo agreement; **d'accordo!**
agreed! *****essere / *****trovarsi d'accordo**
to be in agreement, agree
*****accorgersi** (*p.p.* **accorto**) to realize
l'aceto vinegar
l'acqua water; **acqua gassata** carbonated (bottled) water; **acqua minerale**
mineral water; **acqua minerale**

naturale non-carbonated bottled
water
acquistare to acquire
l'acquisto purchase
*****adattarsi** to adapt
adatto suitable, appropriate
addio! good-bye!
*****addormentarsi** to fall asleep
addormentato sleepy
adeguatamente fairly
adesso now
adorare to adore
l'aereo *(abbr.)* *(pl.* **gli aerei**) airplane
aereo air *(adj.)*
l'aeroplano airplane
l'aeroporto airport
l'aerostazione air terminal
l'affare *(m.)* business; situation; gadget;
per affari on business; **uomo, donna
d'affari** businessman,
businesswoman
affascinante fascinating
affatto: non ... affatto not at all; **niente
affatto** not at all! not so!
affermare to maintain, assert
l'affermazione *(f.)* statement
l'affettato cold cuts; sliced cured meats
l'affetto affection
affettuoso affectionate
affezionato a fond of, attached to
affinché so that
affittare to rent *(a house, apartment);*
affittasi for rent
affollato crowded
l'affresco fresco (painting)
affrontare to face; to deal with
l'agente *(m./f.)* agent; **agente di viaggio**
travel agent

l'agenzia agency; **agenzia di viaggi**
travel agency
l'aggettivo adjective
aggiungere (*p.p.* **aggiunto**) to add
aggressivo aggressive
agile agile
agire (**isc**) to act
*****agitarsi** to fret; to get upset
l'agosto August
agricolo agricultural
l'agricoltore *(m.)* farmer
l'agricoltura agriculture
aiutare (**a** + *inf.*) to help *(do
something)*
l'aiuto help, aid
l'albergo hotel
l'albero tree; **albero da frutta** fruit tree
l'alcolico alcoholic drink
alcuni / alcune some
l'alfabeto alphabet
gli alimentari *(pl.)* groceries; food
allegro happy; cheerful
*****allenarsi** to train (in a sport)
l'allenatore, l'allenatrice coach
l'allergia allergy
*****allontanarsi** to walk away; to stand
clear
allora then; so
almeno at least
l'alpinismo mountain climbing
alpino alpine
alquanto somewhat
l'alternativa alternative
l'altezza height
alto tall; high; **in alto** on top
l'altoparlante *(m.)* loudspeaker
altrettanto likewise
altrimenti otherwise

altro other; **altro?** anything else? **altri** others; **un altro / un'altra** another; **non fa altro che ...** it does nothing but . . . ; **fra l'altro** among other things

altroché! you can say that again!

altrove elsewhere

alzare to raise, lift

*alzarsi to get up

amare to love

amaro bitter

amato cherished, loved

l'ambientalista *(m./f.)* *(pl.* **gli ambientalisti, le ambientaliste)** environmentalist

ambientato located, set in

l'ambiente *(m.)* environment; **la protezione dell'ambiente** environmentalism

l'ambizione *(f.)* ambition

ambizioso ambitious

l'americano, l'americana American person

americano American *(adj.)*

l'amicizia friendship

l'amico, l'amica *(pl.* **gli amici, le amiche)** friend

*ammalarsi to fall ill, become sick

ammalato sick, ill

l'amministratore, l'amministratrice administrator

l'amministrazione *(f.)* administration; management

ammirare to admire

ammobiliato furnished

l'amore *(m.)* love

amoroso loving

ampio ample

l'analisi *(f. s., inv.)* analysis

anche also, too; even; at least; **anche prima** even before; **anche se** even if

ancora still; even; **non ... ancora** not yet

*andare° *(irr.)* to go; *andare **(a** + *inf.)* to go *(do something)*; *andare d'accordo to get along; *andare in aeroplano to fly, go by plane; *andare in automobile (bicicletta, treno) to go by car (bicycle, train); *andare bene to fit; *andare a far compere to go shopping; *andare di male in peggio to go from bad to worse; *andare meglio to be better; *andare a piedi to walk; *andare (*venire) a prendere to pick up, meet; *andare (*venire) a sentire to go (come to) inquire; *andare a trovare to visit; *andare via to go away; potrebbe andare might be all right

*andarsene to leave, go away

andata e ritorno round-trip

l'anello ring

anglofono person who speaks English

l'angolo corner

l'anima soul

l'animale *(m.)* animal

animato animated, lively

l'anniversario anniversary

l'anno year; **Buon anno!** Happy New Year! avere ... anni to be . . . old; **Capodanno** New Year's Day

*annoiarsi to get bored, be bored

annunciare to announce

l'annuncio ad; announcement

ansioso anxious

l'antenato, l'antenata ancestor

anticipato advanced, moved forward

l'anticipo advance; **in anticipo** early; in advance

antico ancient, antique

l'antipasto appetizer

antipatico disagreeable, unpleasant

antiquato old-fashioned

l'antologia anthology

anzi even; as a matter of fact; but rather; on the contrary

anziano elderly

anzitutto above all

l'aperitivo before-dinner drink

apertamente openly

aperto open; **all'aperto** in the open

l'appaltatore *(m.)* contractor

apparecchiare to set, lay; **apparecchiare la tavola** to set the table

l'apparenza appearance

*apparire *(irr.; pres.* io **appaio,** tu **appari;** *p.p.* **apparso)** to appear

l'appartamento apartment

†appartenere *(irr.; pres.* io **appartengo,** tu **appartieni)** to belong

appassionato di keen on, crazy about

appena just, as soon as

l'appetito appetite; **buon appetito!** enjoy your meal!

apposta on purpose, deliberately

apprendere *(p.p.* **appreso)** to understand

apprezzare to appreciate

approfittare **(di)** to take advantage (of); to exploit

approvare to approve of; to ratify

l'appuntamento date, appointment; *darsi / prendere appuntamento, dare / fissare un appuntamento to make a date, schedule an appointment

gli appunti notes; **prendere appunti** to take notes

appunto precisely, exactly

l'aprile *(m.)* April

aprire *(p.p.* **aperto)** to open

le arachidi (noccioline) *(pl.)* peanuts

l'arancia *(pl.* **le arance)** orange (fruit)

arancione *(inv.)* orange (color)

l'arbitro referee

archeologico archaeological

l'architetto, l'architetta architect

l'architettura architecture

l'argomento subject, topic

l'aria (musical) aria; air; appearance; **aria condizionata** air-conditioning

l'armadio closet; armoire

*arrabbiarsi to get mad

arrabbiato angry

*arrangiarsi to manage

*arrivare to arrive

arrivederci, arrrivederLa good-bye

l'arrivo arrival

l'arrosto roast *(n.)*

arrosto *(inv.)* roasted *(adj.)*

l'arte *(f.)* art

l'articolo article

l'artigianato handicraft

l'artigiano, l'artigiana artisan

l'artista *(m./f.)* *(pl.* **gli artisti, le artiste)** artist

artistico artistic

l'ascensore *(m.)* elevator

l'asciugamano towel

*asciugarsi to dry oneself

ascoltare to listen to

aspettare to wait for

*aspettarsi to expect

l'aspetto appearance; aspect

l'aspirapolvere *(m.)* vacuum cleaner; **dare l'aspirapolvere** to vacuum

l'aspirina aspirin

assaggiare to taste

assai enough *(adv.)*; a lot of *(adj.)*; many *(n.)*

l'assegno check; **assegno turistico** traveler's check; **cambiare un assegno** to cash a check

l'assenza absence

assicurare to assure; to insure

*assicurarsi di to ensure; to confirm

l'assicurazione *(f.)* insurance

assieme together

l'assistente *(m./f.)* assistant

l'assistenza assistance

assistere to help

associare to associate

l'associazione *(f.)* association

assolutamente absolutely

assoluto absolute *(adj.)*

assonnato sleepy

assumere *(p.p.* **assunto)** to hire; to assume

assurdo absurd

l'astrologia astrology

l'astrologo, l'astrologa *(pl.* **gli astrologi, le astrologhe)** astrologer

astronomico astronomical

astuto astute

l'atleta *(m./f.)* *(pl.* **gli atleti, le atlete)** athlete

l'atletica athletics

l'atmosfera atmosphere

l'atteggiamento attitude

attendere *(p.p.* **atteso)** to wait

attentamente attentively

attento careful, attentive; *stare attento/a to pay attention; to be careful; attento! watch out!

l'attenzione (f.) attention; fare / prestare attenzione to pay attention; attenzione! careful! pay attention!

l'attesa wait; suspense

l'attimo moment; second

attirare to attract

l'attività activity

attivo active

l'atto act

l'attore, l'attrice actor, actress

attorno around

attraversare to cross

attraverso across, through

l'attrazione (f.) attraction

attribuire (isc) to attribute

attuale actual; present, current

l'attualità current event; le attualità current affairs

augurare to wish

l'augurio wish; fare gli auguri to wish (someone) well / the best

†aumentare to increase; to raise

l'aumento increase; raise

l'ausilio help, aid

l'australiano, l'australiana Australian person

australiano Australian (adj.)

autentico authentic

l'auto (abbr., f. inv.) car

l'autobus (m. inv.) bus

automatico automatic

l'automobile (f.) automobile, car; in automobile by car

l'autonomia autonomy

l'autore, l'autrice author

l'autorità authority

l'autostrada highway

gli autotrasporti trucking

l'autunno autumn, fall

l'avanguardia vanguard, forefront

avanti (adv.) ahead; avanti! go on! move forward!

avanzare to advance, put foward; to remain, be left over

avaro stingy

avere° (irr.) to have; avere ... anni to be ... years old; avere bisogno di to need; avere caldo to feel hot, warm; avere fame to be hungry; avere freddo to feel cold; avere fretta to be in a hurry; avere l'impressione to have the impression; avere intenzione (di + inf.) to intend (to do something); avere il piacere (di + inf.) to be delighted (to do something); avere paura (di) to be afraid (of); avere pazienza to be patient; avere ragione to be right; avere sete to be thirsty; avere sonno to be sleepy; avere successo to be success-

ful; avere voglia (di + n. or inf.) to feel like (doing something)

l'avvenimento event

*avvenire (p.p. avvenuto) to happen

l'avventura adventure

avventuroso adventuresome

l'avverbio adverb

avvertire to warn, forewarn

avviare to move, expedite

*avviarsi to get going; to set out

*avvicinarsi to approach, get near

l'avvocato, l'avvocata (m. title also used for women) lawyer

l'azienda firm

l'azione (f.) activity, action

azzurro azure blue

B

il babbo dad, daddy; Babbo Natale Santa Claus

il bagaglio baggage

*bagnarsi to get wet

il bagnino, la bagnina lifeguard

il bagno bathroom; bathtub; fare il bagno to take a bath

il balcone balcony

ballare to dance

il ballo dance; dancing

il bambino, la bambina baby; child; little boy, little girl

la banana banana

la banca bank

la bancarella (market) stall, stand

il banco counter; (school) desk

il bancomat (inv.) ATM (automated teller machine)

il bar (inv.) bar; café

la barba beard; *farsi la barba to shave

il barbiere barber

basato based

la base base

basso short; low; in basso below

*bastare to suffice, be enough; basta! enough!

battere to defeat, beat

il battistero baptistry

be', beh well

beato: beato lui! beata lei! lucky guy! lucky gal!

la bellezza beauty

bello beautiful; handsome

benché although

bene well, fine; benissimo! very well! very good! benone! great! bentornato/a! welcome back! fare bene a to be good for; *stare bene to be well, fine; to look good; va bene OK, fine

la benzina gasoline; fare benzina to get gas

bere° (irr.) (p.p. bevuto) to drink

bianco white

la bibita soda; soft drink

la biblioteca library; in biblioteca at/in/to the library

il bicchiere drinking glass

il bicchierino small glass

la bicicletta bicycle; *andare in bicicletta to ride a bike

il bigliettaio, la bigliettaia ticket vendor

la biglietteria ticket office / counter

il biglietto ticket (train, theater); bill; biglietto da (+ amount) (denomination) bill; biglietto di andata e ritorno round-trip ticket; biglietto di sola andata one-way ticket; fare il biglietto to buy a ticket

il bignè (inv.) custard-filled puff pastry

il binario (railroad) tracks; platform

la biografia biography

biondo blond (adj.)

la birra beer

il biscotto cookie

il bisnonno, la bisnonna great-grandfather, great-grandmother

*bisognare (+ inf.) to be necessary; bisogna it is necessary

il bisogno need; avere bisogno di to need, have need of

la bistecca steak

il blocco block, group

blu (inv.) blue

la blusa blouse

la bocca mouth

la bolletta (utility) bill

bolognese of/from the city of Bologna

la bomba bomb

la borsa purse; stock market

la borsetta purse

la bottega shop; workshop

il botteghino ticket booth

la bottiglia bottle

la boutique (inv.) boutique, shop

il braccio (pl. le braccia) arm

il brano excerpt; selection

bravo good, able; bravo in good at

breve brief, short

il brillante diamond

brillante sharp, clear; brilliant

brindare a (+ n.) to toast (to someone's health / happiness)

il brindisi (inv.) toast (in someone's honor)

la brioche (inv.) sweet roll

il brodo broth

bruno dark-haired

brutto ugly; bad; fare brutto to be bad weather

il bucato laundry

la bugia (pl. le bugie) lie; dire una bugia to lie, tell a lie

il buio darkness

buio (adj.) dark

buono good; **che c'è di buono?** anything good?

il **buonsenso** good judgment

il **burro** butter

buttare to throw; **buttare giù** to throw down; **buttare via** to throw away

C

la **cabina telefonica** telephone booth

la **caccia** hunting; hunt

***cadere** to fall

la **caduta** fall

il **caffè** (inv.) coffee; coffee shop; **caffè lungo** light coffee; **caffè ristretto** strong coffee; **caffè macchiato** with milk; **caffè corretto** with a cordial

calabrese of/from the region of Calabria

il **calciatore** soccer player

il **calcio** soccer

il **caldo** heat; **avere caldo** to feel hot / warm; **fare caldo** to be hot (weather)

caldo hot, warm; **bello caldo** nice and hot

la **calma** calm

calmare to calm

calmo calm

la **calza** stocking

il **calzino** sock

i **calzoncini** (pl.) shorts

i **calzoni** (pl.) trousers

il **cambiamento** change

***cambiare** to change, become different; to exchange; to get change; **cambiare strada** to go another way

***cambiarsi** to change (clothes)

il **cambio** exchange rate

la **camera** room; chamber; **camera da letto** bedroom; **camera doppia** double room; **camera singola** single room; **compagno / compagna di camera** roommate

il **cameriere**, la **cameriera** waiter, waitress

la **camicetta** top; blouse

la **camicia** (pl. le **camicie** or **camice**) shirt

il **caminetto** fireplace; chimney

camminare to walk

la **campagna** country, countryside

il **campanile** belfry

il **campeggio** campground; camping; ***andare in campeggio** to go camping

il **campo** field; **campo da tennis** tennis court; **campo di sci** skiing slopes; **campo sportivo** soccer field

il/la **canadese** Canadian person

canadese Canadian (adj.)

il **canale** canal; channel

il **cane** dog

il **cannolo** Sicilian ricotta-filled pastry

la **canottiera** undershirt

cantare to sing

il **canto** song; corner; **d'altro canto** on the other hand

capace (di) capable (of)

la **capacità** ability, capacity, capability

il **capello** strand of hair; **i capelli** hair

capire (isc) to understand

la **capitale** capital

il **capitolo** chapter

il **capo** head; boss

il **Capodanno** New Year's Day

il **capolavoro** masterpiece; work of art

il/la **capostilista** head designer

il/la **capoufficio** (pl. i **capi ufficio**, le **capoufficio**) boss, officer manager

la **cappella** chapel

il **cappello** hat

il **cappotto** coat

il **cappuccino** espresso coffee with steamed milk

la **caramella** hard candy

il **carattere** character, disposition

la **caratteristica** characteristic, quality

caratteristico typical, characteristic

cardinale cardinal (adj.)

la **carica** assignment, charge, responsibility; term of office

carino pretty, cute; nice

la **carne** meat

caro expensive; dear

la **carota** carrot

il **carrello** cart

la **carriera** career; **fare carriera** to be successful

la **carta** paper; playing card; **carta di credito** credit card; **giocare a carte** to play cards

il **cartello stradale** road sign

il **cartellone** poster

la **cartolina** postcard; greeting card

i **cartoni (animati)** (animated) cartoons

la **casa** house, home; **a casa** at home; **in casa** in the house; ***andare a casa** to go home; ***uscire di casa** to leave the house, go out

il **caso** case; chance; **per caso** by chance; **in tal caso** in that case

la **cassa** cash register; **alla cassa** at the cashier

la **cassetta di sicurezza** safe-deposit box

il **cassiere**, la **cassiera** cashier

castano brown (hair, eyes, complexion)

il **castello** castle

il **catalago** catalogue

la **categoria** category

la **catena** chain; **catena di monti** mountain range

cattivo bad; naughty

la **causa** cause; **a causa di** because

cedere to yield

celebrare to celebrate

celebrato famous; celebrated

celebre famous

celeste sky blue

la **cena** dinner

cenare to dine, have supper

il **censimento** census

il **centinaio** (pl. le **centinaia**) about one hundred

cento one hundred; **per cento** percent

centrale central

il **centro** center; **in centro** downtown; **centro commerciale** business center; **centro invernale** ski resort

cercare to seek, look for; **cercare di** (+ inf.) to try, attempt to (do something); **cercare lavoro** to look for a job; **in cerca di** searching for

la **cerimonia** ceremony

il **certificato** certificate

certamente certainly

la **certezza** certainty

certo sure; certain; **certo!** of course! **(ma) certo che** of course

che who, whom, which, that; **che?** what? what kind of?

chi he who, she who, the one who; **chi?** who? whom? **chi altro?** who else? **di chi?** whose?

chiacchierare to chat; to gossip

chiamare to call

***chiamarsi** to be named, called

chiaramente clearly

chiaro clear; **chiaro!** clearly!

la **chiave** key; **chiavi della macchina** car keys; **chiudere a chiave** to lock

chiedere° (p.p. **chiesto**) to ask for; **chiedere un favore** to ask for a favor

la **chiesa** church

il **chilo(grammo)** kilo(gram)

il **chilometro** kilometer

il **chiosco** kiosk

il **chirurgo**, la **chirurga**, (pl. i **chirurghi**, le **chirurghe**) surgeon

chissà who knows

chiudere° (p.p. **chiuso**) to close

chiunque anyone, anybody, whoever, whomever

chiuso closed

la **chiusura** closure

ci there (adv.); **c'è / ci sono** there is / there are

ciao! hello, hi; bye

ciascuno (ciascun, ciascuna, ciascun') each, each one

il **cibo** food

il **ciclismo** (bi)cycling

il **cielo** sky; **santo cielo!** good heavens!

il **ciglio** (pl. le **ciglia**) eyelash

la **cima** top; **in cima** on top

il **cinema** (inv.) movie theater

il/la **cinese** Chinese person; il **cinese** Chinese language

cinese Chinese (adj.)

la **cintura** belt

ciò this, that; **tutto ciò** all that; **ciò che** that which

cioè that is (to say), namely

i **cioccolatini** chocolates

il **cioccolato** chocolate; **la cioccolata** chocolate bar; chocolate drink

circa about

il **circolo** club

circondare to surround

ci sto I'm game

la **città** city

la **cittadinanza** citizenship

il **cittadino**, la **cittadina** citizen

cittadino urban; civic

civico civic

civile civil

la **civiltà** civilization

la **classe** class; classroom

classico classic, classical

il/la **cliente** client; customer

il **clima** climate

la **clinica** clinic

la **coda** line; **fare la coda** to stand in line

il **cognato**, la **cognata** brother-in-law, sister-in-law

il **cognome** last name, surname

la **coincidenza** (transportation) connection; coincidence

coincidere (*p.p.* coinciso) to coincide

la **colazione** breakfast; **fare colazione** to have breakfast

la **collana** necklace

il/la **collega** (*pl.* i **colleghi**, le **colleghe**) colleague

il **collocamento** placement

collocare to place, locate

il **colloquio** interview; conversation, talk; **avere / fissare un colloquio** to have / set up an interview

la **colomba** dove

il **colmo** acme; **è il colmo!** that beats all!

il **colore** color

coloro those (persons); **coloro che** those who

la **colpa** fault

colpevole guilty

colpire (isc) to strike, hit

coltivare to cultivate

comandare to command, order about

combinare to accomplish; **cosa hai combinato?** what have you done? **cosa stai combinando?** what are you up to?

come how; like; as; **come?** what? how's that? **come fa a** (+ *inf.*)? how does he / she manage (*to do something*)? **come mai?** how come? **come se** as if; **come stai (sta)?** how are you? **come va?** how is it going? **com'è / come sono?** how is / are?

†**cominciare** (†**incominciare**) to begin,

start; **cominciare** (a + *inf.*) to begin (*to do something*)

la **commedia** comedy

il **commento** comment

commerciale commercial; retail

il/la **commercialista** certified public accountant

il/la **commerciante** merchant; wholesaler

il **commercio** commerce, trade

il **commesso**, la **commessa** salesperson; clerk

commettere (*p.p.* commesso) to commit

la **commissione** errand; commission

commosso moved, touched

commovente moving, touching

commuovere (*p.p.* commosso) to move (emotionally)

comodo convenient; comfortable

la **compagnia** company; **in compagnia** with friends

il **compagno**, la **compagna** companion, mate; **compagno, compagna di camera (stanza) / classe** roommate / classmate

il **comparativo** comparative

le **compere** purchases; (***andare a) fare (delle) compere** to go shopping

la **competizione** competition

compiaciuto pleased

compilare un modulo to fill out a form

il **compito** homework; assignment

il **compleanno** birthday; **buon compleanno!** happy birthday!

complesso difficult, complex

completamente completely, fully

completare to complete

completo complete; ***essere al completo** to have a full house

complicare to complicate

complicato complicated

la **complicazione** complication, difficulty; problem

il **complimento** compliment; **fare un complimento** to pay a compliment; **complimenti!** congratulations! well done!

comporre (irr.; *pres.* io **compongo**, tu **componi**; *p.p.* **composto**; *p.r.* lui **compose**) to compose

il **comportamento** behavior

***comportarsi** to behave

il **compositore**, la **compositrice** composer

la **composizione** composition

composto di composed of

comprare to buy

comprendere (*p.p.* compreso) to comprehend, understand; to include

comprensibile understandable

la **comprensione** understanding

compreso included

il **compromesso** compromise

comunale municipal

il **comune** city, municipality; city-state

comune common

comunicare to communicate

la **comunicazione** communication

comunista (*m./f.*) (*pl.* **comunisti** / **comuniste**) communist (*adj. and n.*)

la **comunità** community

comunque however; no matter how

con with

concedere (*p.p.* concesso) to concede

concentrato concentrated

la **concentrazione** concentration

il **concerto** concert

la **concessione** concession

il **concetto** concept

la **concezione** conception

concludere (*p.p.* concluso) to conclude, finish

la **conclusione** conclusion

concreto concrete, solid

il **condizionale** conditional (verb mood)

condizionato: l'aria condizionata air-conditioning

la **condizione** condition; **a condizione che** on the condition that

il **conduttore**, la **conduttrice** conductor; (TV show) host

la **conferenza** lecture; conference; **conferenza stampa** press conference

il **conferenziere**, la **conferenziera** lecturer

la **conferma** confirmation

confermare to confirm

confessare to confess

la **confessione** confession

la **confezione regalo** gift wrap

la **confidenza** confidence; familiarity; secret

il **conflitto** conflict

confondere (*p.p.* confuso) to confuse; ***confondersi** to get confused

il **confronto** comparison

la **confusione** confusion; **che confusione!** what a mess!

il **congiuntivo** subjunctive (verb mood)

la **congiunzione** conjunction

congratulare to congratulate

le **congratulazioni** (*pl.*) congratulations

coniugare to conjugate

la **coniugazione** conjugation

il/la **conoscente** acquaintance

la **conoscenza** knowledge; acquaintance; **fare la conoscenza di** to meet, make the acquaintance of

conoscere° (*p.p.* conosciuto) to know, be acquainted with; to meet (*in past tenses*)

conosciuto well-known, known

consecutivo consecutive

la **consegna** delivery

consegnare to consign, deliver

la **conseguenza** consequence; **di conseguenza** consequently, as a consequence

il **consenso** agreement, assent; consensus

consentire to agree, consent

considerare to consider

la **considerazione** consideration, respect

consigliare (**di** + *inf.*) to advise (doing something); to recommend

il **consiglio** advice

consistere (**di**) (*p.p.* **consistito**) to consist (in/of)

consolare to console

la **consonante** consonant

constatare to confirm, verify

consultare to consult

il **contadino**, la **contadina** farmer

i **contanti** (*pl.*) cash

contare to count

contattare to contact

il **contatto** contact; ***mettersi in contatto** (**con**) to contact

contemporaneo contemporary (*adj.*)

contenere (*irr.; pres.* io **contengo**, tu **contieni**) to contain

contento happy; satisfied

il **contenuto** content

contenuto contained, restrained

il **contesto** context

il **continente** continent

continuamente constantly, continuously

continuare to continue; **continuare** (**a** + *inf.*) to continue (doing something)

il **conto** check, bill; **conto corrente** checking account; ***rendersi** (*p.p.* **reso**) **conto** to realize

il **contorno** side dish; vegetable

il **contrario** opposite; **al contrario** on the contrary

il **contrasto** contrast, conflict

il **contratto** contract

contribuire (**isc**) to contribute

il **contributo** contribution

contro against; ***essere contro** to be against

controllare to check

il **controllore** conductor

conveniente convenient

la **convenienza** convenience

convenzionale conventional

conversare to chat, have a conversation

la **conversazione** conversation

convertire to convert

convincere (**a/di** + *inf.*) (*p.p.* **convinto**) to convince

convinto convinced

la **convinzione** conviction

la **copia** copy

la **coppa** cup, trophy; **coppa modiale** World Cup

la **coppia** couple

coperto covered; **mercato coperto** market pavilion

il **corallo** coral

il **coraggio** courage; ***farsi coraggio** to take heart

coraggioso brave

il **cornetto** croissant

il **corpo** body

correggere (*p.p.* **corretto**) to correct

corrente current; ***essere al corrente** to be abreast (of something)

†**correre**° (*p.p.* **corso**) to run

il/la **corrispondente estero/a** foreign correspondent

corrispondere° (*p.p.* **corrisposto**) to correspond

la **corsa** race; ***andare di corsa** (**a**) to rush (to)

la **corsia** (traffic) lane

il **corsivo** italic typeface

il **corso** course (of study); boulevard

cortese polite

la **cortesia** courtesy; **per cortesia** please

il **cortile** courtyard

corto short

la **cosa** thing; **cosa? che cosa?** what? **cosa vuole** what do you expect

così so; thus; **e così?** so? **così così** so-so; **e così via** and so on

*costare° to cost; **quanto costa?** how much does it cost? ***costare un occhio della testa** to cost an arm and a leg

la **costituzione** constitution

il **costo** cost, price; **a tutti i costi** at all costs; **non ... a nessun costo** not at any cost; **costo della vita** cost of living

costoso costly, expensive

costruire (**isc**) to build

la **costruzione** construction

il **cotone** cotton

cotto cooked; **bello cotto** well-cooked; with a hard crust (bread)

la **cravatta** (neck)tie

creare to create

la **creatura** living thing/being

credere (**in/a** + *n*; **di** + *inf.*) to believe (in; that)

il **credito** credit; **carta di credito** credit card

la **crema** cream; custard; **alla crema** vanilla (*adj.*)

*crescere (*p.p.* **cresciuto**) to grow up

il **cretino**, la **cretina** fool, idiot

cretino foolish, stupid

la **crisi** (*inv.*) crisis

la **critica** criticism

la **crociera** cruise; **fare una crociera** to go on a cruise

la **cuccetta** sleeping compartment

la **cucina** kitchen; cuisine

cucinare to cook (prepare food)

il **cugino**, la **cugina** cousin

cui whom, that, which (after prepositions); *art.* + **cui** whose

la **cultura** culture

culturale cultural

cuocere (*irr.; pres.* io **cuocio**, tu **cuoci**; *p.p.* **cotto**) to cook (over heat)

il **cuoco**, la **cuoca** cook

il **cuoio** (shoe) leather

il **cuore** heart

la **cupola** dome

curiosare to pry

curioso curious

il **custode** custodian

D

da by; from; at; **da solo/a** alone; ***andare da** to stop by

dai! come on!

danese Danish

dappertutto everywhere

dapprima at first

dare° (*irr.*) to give; **dare del tu / Lei** to address (someone) informally / formally; **dare un esame** to take an examination; **dare un film** to show a movie; **dare da mangiare** to feed; **dare una mano** to lend a hand; **dare un'occhiata** to glance over; **dare un passaggio** to give a lift, ride; **dare via** to give away; **può darsi** it is possible

la **data** (calendar) date

dato che since

i **dati** (*pl.*) facts; data

davanti a in front of

davvero really; it's true

il **debito** debt

debole weak

la **debolezza** weakness

il **decennio** decade

decidere° (*p.p.* **deciso**) (**di** + *inf.*) to decide (to do something)

*decidersi to come to a decision, make up one's mind

la **decina** (**diecina**) about ten

decisamente definitely, decidedly

la **decisione** decision; **prendere una decisione** to make a decision

decisivo decisive

il **declino** decline

dedicare to dedicate

*dedicarsi (**a**) to devote oneself (to)

dedicato devoted, dedicated

definire (**isc**) to define

definitivo definite, final

la **definizione** definition

la **degustazione** tasting

delicato delicate

delizioso delicious; delightful

democratico democratic

la **democrazia** democracy; **Democrazia Cristiana** Christian Democrats *(political party)*

il **denaro** money

il **dente** tooth

il **dentifricio** toothpaste

il/la **dentista** *(pl.* i **dentisti,** le **dentiste)** dentist

dentro inside

il **dépliant** brochure; promotional flyer

depositare to deposit

depresso depressed

il **deputato,** la **deputata** representative, delegate

derivare (da) to derive (from)

descrivere *(p.p.* **descritto)** to describe

la **descrizione** description

il **deserto** desert

deserto deserted

desiderare to wish, want, desire

il **desiderio** desire, wish

la **destinazione** destination

il **destino** destiny, fate

la **destra** right (hand); **a destra** to/on the right

determinante determining, decisive

determinare to determine

determinativo: l'articolo determinativo definite article

la **determinazione** determination

detestare to detest

il **dettaglio** detail

di of, about; from; **di dove sei / è?** where are you from? **di fronte a** in front of; **di moda** fashionable; **di nuovo** again; **di solito** usually; **di meno** less; **di più** more; **meno di** less than; **più di** more than; **prima di** before; **un po' di** some, a little of; **dopo di** *(+ pron.)* after

il **dialetto** dialect

il **dialogo** dialogue

il **dicembre** December

la **dichiarazione** statement, declaration

la **diecina** about ten

la **dieta** diet; **a dieta** on a diet; *stare a **dieta** to be on a diet

dietro (a) behind

il **difetto** defect, fault

differente different

la **differenza** difference; **a differenza di** unlike

differenziare to differentiate

difficile difficult

la **difficoltà** difficulty

diffuso widespread; common; popular

digerire (isc) to digest

la **dignità** dignity

la **digressione** digression

diligente diligent

*dimagrire **(isc)** to lose weight

la **dimensione** dimension

dimenticare (di + inf.) to forget *(to do something)*

la **diminuzione** reduction, decrease

dimostrare to demonstrate

dimostrativo demonstrative

la **dimostrazione** demonstration

dinamico dynamic, energetic

dinanzi before

il **dio** *(pl.* gli **dei)** god; **Dio ce ne guardi!** God forbid!

il **dipartimento** department

dipendere (da) *(p.p.* **dipeso)** to depend (on); **dipende** it depends

dipingere *(p.p.* **dipinto;** *p.r.* lui **dipinse)** to paint

il **diploma** *(pl.* i **diplomi)** (high school) diploma

*diplomarsi to graduate (from high school)

dire° *(irr.)* *(p.p.* **detto)** to say, tell; **dire di sì (no)** to say yes (no); **come si dice?** how to you say? **dici?** do you think so?

direttamente directly

diretto direct; *(n.)* fast train; **in diretta** (broadcast) live

il **direttore,** la **direttrice** director; (orchestra) conductor

la **direzione** management; direction

il/la **dirigente** manager

dirigere° *(p.p.* **diretto)** to manage; to direct

*discendere *(p.p.* **disceso)** to descend, go down

il/la **discendente** descendant

la **discesa** downhill run

la **disciplina** discipline

il **disco** (phonograph) record

discorrere *(p.p.* **discorso)** to talk, converse

il **discorso** speech

la **discoteca** discotheque

discretamente well enough; reasonably

la **discussione** discussion

discutere *(p.p.* **discusso) (di + n.)** to discuss; to debate (about, over)

la **disdetta** cancellation

disdire *(see* **dire**°; *p.p.* **disdetto)** to cancel

il **disegno** design; drawing

la **disgrazia** misfortune, accident

disoccupato unemployed

la **disoccupazione** unemployment

disonesto dishonest

disordinato untidy, messy, disorderly

la **disordine** disorder

disorganizzato disorganized

*disperdersi *(p.p.* **disperso)** to scatter

dispettoso spiteful; mischievous

*dispiacere *(p.p.* **dispiaciuto)** to be sorry; to mind; **mi dispiace** I'm sorry

il **dispiacere** sorrow

disponibile available

la **disponibilità** availability

disposto (a + inf.) willing *(to do something)*

la **distanza** distance

distinguere *(p.p.* **distinto)** to distinguish

distratto absentminded, inattentive

distribuire (isc) to distribute

la **distribuzione** distribution

distruggere *(p.p.* **distrutto)** to destroy

distrutto destroyed; undone, worn out

disturbare to disturb, trouble, bother

il **dito** *(pl.* le **dita)** finger; toe

la **ditta** firm, company

*diventare to become

diversamente differently

diverso (da) different (from); **diversi / diverse** several

divertente amusing, entertaining

il **divertimento** fun; **buon divertimento!** have fun!

divertire to amuse; *divertirsi to enjoy oneself, have a good time

dividere *(p.p.* **diviso)** to split, divide

la **divisione** division

diviso divided; divided by *(math)*

divorare to devour

divorziare to divorce; *divorziarsi to get divorced

il **divorzio** divorce

il **dizionario** dictionary

la **doccia** shower; **fare la doccia** to take a shower

il **documentario** documentary

la **documentazione** documentation

il **documento** document

la **dogana** *(s.)* customs

il **dolce** dessert; cake; **i dolci** sweets

dolce sweet *(adj.)*

la **dolcezza** sweetness

*dolere (a) *(irr.; pres.* io **dolgo,** tu **duoli,** esso **duole)** to ache

il **dollaro** dollar

il **dolore** sorrow; pain

la **domanda** question; application; **fare una domanda** to ask a question; **fare domanda** to apply (for a job); **accettare una domanda** to accept an application

domandare to ask

domani *(adv.)* tomorrow; **a domani!** see you tomorrow!

la **domenica** Sunday

la **donna** woman

il **dono** gift

dopo (di / che) after; afterwards *(adv.)*; **a dopo!** see you later!

doppio double *(adj.)*

dormire to sleep; *andare a dormire to go to bed

il **dottorato** doctorate

il **dottore,** la **dottoressa** *(abbr.* **dott., dott.ssa)** doctor (Dr.); university graduate

dove where; **dov'è / dove sono?** where is / are? **di dove sei / è?** where are you from?

†**dovere**° *(irr.)* to have to, must

il **dovere** duty, obligation
dovunque wherever; everywhere
la **dozzina** dozen
il **dramma** (*pl.* i **drammi**) drama
la **droga** drugs
il **dubbio** doubt; **senza dubbio** without
   doubt
dubitare to doubt
dunque so, then, therefore
il **duomo** cathedral
durante during
***durare** to last
duro hard

E

e, ed (*before vowels*) and
ebbene well then; so
eccellente excellent
eccessivo excessive
eccetera (*abbr.* **ecc.**) et cetera (etc.)
eccetto except, with the exception of
eccezionale exceptional
l'**eccezione** (*f.*) exception
eccitare to excite
ecco here is, here are; there is, there
   are; here you are
l'**ecologia** ecology
ecologico ecological
l'**economia** economics; economy
economico economic
l'**edicola** newsstand
l'**edificio** building
l'**editore**, l'**editrice** editor
l'**edizione** (*f.*) edition
l'**educazione** (*f.*) education
l'**effetto** effect; **fare effetto** to make an
   impression
effettuare to effect, put into effect
efficace effective, efficacious
efficiente efficient
egoista (*m./f.*) (*pl.* **egoisti / egoiste**) self-
   ish (*adj. and n.*)
elegante elegant
l'**eleganza** elegance
eleggere (*p.p.* **eletto**) to elect
elementare elementary
l'**elemento** element
elencare to list
l'**elenco** list
l'**elettrodomestico** appliance
l'**elezione** (*f.*) election
eliminare to eliminate
l'**emigrante** (*m./f.*) emigrant
†**emigrare** to emigrate
l'**emigrazione** (*f.*) emigration
l'**emmental** (*m. inv.*) a type of cheese
emozionante moving; exciting
l'**emozione** (*f.*) emotion
l'**energia** energy
l'**enfasi** (*f. s., inv.*) emphasis
enorme enormous
***entrare** to enter, go in, come in

entro (*prep.*) within
entusiasmante exciting
***entusiasmarsi** to become enthused, get
   excited
l'**entusiasmo** enthusiasm
l'**epoca** age, epoch
eppure (*conj.*) and yet; still
l'**equilibrio** balance
l'**equitazione** (*f.*) horseback riding
l'**equivalente** (*m.*) equivalent
***equivalere** (*p.p.* **equivalso**) to be equiv-
   alent to
l'**equivoco** equivocation; misunderstanding; ambiguity
equivoco ambiguous
l'**eroe**, l'**eroina** hero, heroine
l'**errore** (*m.*) mistake, error
esagerare to exaggerate; **non esageriamo!** let's not go overboard!
l'**esame** (*m.*) examination; **dare un
   esame** to take an exam
esaminare to examine, scrutinize
esattamente exactly
esatto exact(ly)
esaurire (**isc**) to run out of; to sell out
esaurito sold out
escludere (*p.p.* **escluso**) to exclude
l'**esclusione** (*f.*) exclusion
esclusivamente exclusively
escluso except
l'**escursione** (*f.*) excursion; **fare
   un'escursione** to go on an excursion
l'**esempio** example; **ad/per esempio** for
   example
esercitare to exercise; to practice
l'**esercizio** exercise; **fare esercizio** to
   exercise
l'**esigenza** need, requirement
esigere (*p.p.* **esatto**) to expect, demand
esiliare to exile
l'**esilio** exile
esistente existing
l'**esistenza** existence
***esistere** (*p.p.* **esistito**) to exist
esitare to hesitate
esotico exotic
l'**espansione** (*f.*) expansion
l'**esperienza** experience
l'**esperimento** experiment
l'**esperto**, l'**esperta** expert
esportare to export
l'**esportazione** (*f.*) export
l'**esposizione** (*f.*) exposition, exhibition
esposto displayed
l'**espressione** (*f.*) expression
l'**espresso** espresso coffee; express
   train; express mail
espresso express
esprimere (*p.p.* **espresso**) to express
l'**essenza** essence
essenziale essential
***essere**° (*irr.*) (*p.p.* **stato**) to be; ***essere
   di** to be from; ***essere d'accordo** to
   agree, be in agreement; ***essere con-**

tro to be against; ***essere puntuale** to
   be on time; ***essere in ritardo** to be
   late, not on time; ***esserci** to be
   there, be in
l'**essere umano** human being
esso (**essa**; **essi**, **esse**) it; they
l'**est** (*m.*) east
l'**estate** (*f.*) summer
estendere (*p.p.* **esteso**) to extend
l'**esterno** exterior
estero foreign; **all'estero** abroad
estivo summer (*adj.*)
l'**estraneo**, l'**estranea** stranger, outsider;
   unauthorized person
estraneo foreign
estrarre (*p.p.* **stratto**) to extract
l'**estratto** extract; quote, excerpt;
   abstract, résumé
estremamente extremely
estremo extreme
l'**età** age
l'**eternità** eternity
etnico ethnic
l'**etto(grammo)** hectogram, 100 grams
l'**Eurocity** (**EC**) fast trains that cross
   Europe
l'**europeo**, l'**europea** European person
europeo European (*adj.*)
l'**evasione** (*f.*) escape, evasion
l'**evento** event
eventuale eventual, possible, probable
evidente evident
evidentemente evidently
evitare to avoid
evocare to evoke
evviva! hurrah!

F

fa ago; **mezz'ora fa** half an hour ago;
   un anno fa a year ago
la **fabbrica** plant, factory
la **faccenda** affair; **faccende di casa**
   household chores
il **facchino** porter
la **faccia** (*pl.* le **facce**) face
facile easy
facilmente easily
il **fagiolino** string bean
falso false; insincere
la **fama** fame; notoriety
la **fame** hunger; **avere fame** to be hungry; ***morire di fame** to be ravenous;
   to starve
la **famiglia** family
familiare family (*adj.*), familial;
   familiar
famoso famous
la **fantascienza** science fiction
il **fantasia** fantasy, imagination
fantastico fantastic

fare° (*irr.*) (*p.p.* **fatto**) to do; to make; **fare** + *inf.* to cause *something* to be done; **fare il/la** + *profession* to be a + *profession;* **fare gli auguri** to wish (someone) well / the best; **fare bella / brutta figura** to make a good / bad impression; **fare bene a** to be good for; **fare bene / male (a)** to be good / harmful (for); to do good / harm (to); **fare caldo** to be hot / warm weather; **fare freddo** to be cold weather; **fare da mangiare** to fix something to eat; **fare presto** to hurry up; *****farsi male** to hurt oneself; to get hurt
la **farmacia** pharmacy
il/la **farmacista** (*pl.* i **farmacisti**, le **farmaciste**) pharmacist
la **fase** phase
fatale fatal
la **fatica** effort, labor
faticoso tiring, labor-intensive
il **fatto** fact; **ecco fatto!** done! **di fatti** in fact; **il fatto sta che** the fact is that
la **fattoria** farmhouse; farm
il **favore** favor; **per favore** please; **fare un favore** to do a favor
favorevole favorable
il **fazzoletto** handkerchief
il **febbraio** February
la **febbre** fever
febbrile feverish
fedele faithful
felice happy
la **felicità** happiness
la **felpa** sweatshirt
la **femmina** female (*n.*)
femminile feminine
il **femminismo** feminism
femminista (*m./f.*) (*pl.* **femministi / femministe**) feminist (*adj. and n.*)
il **fenomeno** phenomenon
le **ferie** (*pl.*) vacation; holidays; *****andare in ferie** to go on vacation
fermare to stop
*****fermarsi** to come to a stop
la **fermata** stop
fermo still, not moving; *****stare fermo/a** to be still
il **ferragosto** the holiday period preceding August 15
ferrato iron (*adj.*)
la **ferrovia** railroad; **Ferrovie dello Stato** State Railways
ferroviario rail (*adj.*), of the railroads
la **festa** party; holiday; **fare festa** to take a holiday, take off
festeggiare to celebrate
festivo holiday (*adj.*); festive, merry
la **fetta** slice
le **fettuccine** (*pl.*) a type of pasta
il **fiammifero** match
*****fidanzarsi** to get engaged

il **fidanzato**, la **fidanzata** fiancé, fiancée
*****fidarsi di** to trust
il **figlio**, la **figlia** son, daughter
il **figliolo**, la **figliola** son, daughter; boy, girl; child
figurati! si figuri! don't mention it!
la **fila** row
il **film** (*inv.*) movie, film; **dare un film** to show a movie
il **filone** loaf
la **filosofia** philosophy
finalmente finally
finanziare to finance
finché as long as; until
la **fine** end
la **finestra** window
†**finire** (isc) to finish, end; **finire con** (+ *inf.*) to end up (doing something)
fino: fino a till, until, as far as; **fino a tardi** till late; **fino a un certo punto** up to a certain point; **fino da** from; since
finora up until now
il **fioraio**, la **fioraia** florist
il **fiore** flower
fiorentino of/from the city of Florence; **la Fiorentina** name of Florence's soccer team
la **firma** signature
firmare to sign
la **fisica** physics
il **fisico**, la **fisica** physicist
il **fiume** river
il **flusso** flux
il **foglio** sheet of paper
la **folla** crowd
fondamentale fundamental
fondare to found, establish
fondato founded
la **fondazione** founding
il **fondo** bottom; **in fondo** at the end; at the bottom
la **fontana** fountain
la **fonte** source, origin; fount
il **footing** jogging; **fare il footing** to jog
la **forma** form; shape
il **formaggio** cheese
formale formal
formare to form
la **formazione** formation; development
la **formula** formula
formulare to formulate, conceive
il **fornaio**, la **fornaia** (bread) baker
fornire (isc) to furnish, provide
il **forno** oven; bakery; **al forno** baked
forse maybe, perhaps
forte strong; sharp; **parlare forte** to speak loudly
la **fortuna** fortune, luck; **avere fortuna** to be lucky; **buona fortuna!** good luck! **per fortuna** fortunately, luckily
fortunato lucky, fortunate
la **forza** strength; power; **forza!** go!
forzare to force

la **foto** (*abbr., inv.*) photo
la **fotografia** photograph; **fare una fotografia** (a + *person;* di + *place*) to take a picture (of)
fotografico photographic; **macchina fotografica** camera
il **fotografo**, la **fotografa** photographer
il **foulard** (silk) scarf
fra in, within (*a time span*); among, between; **fra l'altro** among other things
la **fragola** strawberry
francamente frankly
il/la **francese** Frenchman, Frenchwoman; **il francese** French language
francese French (*adj.*)
il **francobollo** (postage) stamp
la **frase** phrase; sentence
il **fratello** brother
frattempo: nel frattempo meanwhile
il **freddo** cold; **avere / sentire freddo** to feel cold; **fare freddo** to be cold weather
freddo cold (*adj.*)
frequentare to attend (*a school, university*); to patronize (*a café, restaurant*)
frequente frequent
la **frequenza** frequency
il **fresco** coolness, cool; **fare fresco** to be cool weather; *****stare al fresco** to stay out in the cool
fresco fresh; cool; **vento fresco** cool wind; **verdure fresche** fresh vegetables
la **fretta** hurry, haste; **avere fretta** to be in a hurry; **in fretta** in a hurry; hastily
il **fritto** fried food
fritto fried
la **frontiera** border
la **frutta** (*s.*) fruit
il **frutteto** fruit orchard
il **fruttivendolo**, la **fruttivendola** greengrocer
fumare to smoke
il **fumetto** cartoon; **racconto a fumetti** comic book, comic strip
il **fumo** smoke
funzionare to work, function
il **fuoco** fire (*n.*)
fuori out of, out(side)
furbo sly; clever
il **fuso orario** time zone
il **futuro** future; future tense

G

la **galleria** gallery; (theater) balcony
la **gamba** leg
la **gara** contest, race; competition
il **garage** (*inv.*) garage; parking garage
garantire (isc) to guarantee

garantito guaranteed
il gatto, la gatta (male, female) cat
la gelateria ice-cream parlor
il gelato ice cream
geloso jealous
generale general; in generale in general
generalmente generally
la generazione generation
il genere genre; type; in genere generally, typically
la generosità generosity
generoso generous
il genio genius
il genitore parent
il gennaio January
genovese of/from the city of Genoa
la gente (s.) people
gentile kind; courteous
la gentilezza kindness
genuino genuine; the real thing
la geografia geography
geografico geographic
il geologo, la geologa (pl. i geologi, le
  geologhe) geologist
il gerundio gerund
gesticolare to gesture, gesticulate
il gesto gesture
gettare to throw
il gettone (telephone) token
il ghiaccio ice; pattinaggio su ghiaccio
  ice skating
già already; già! true! sure! right! (also
  in an ironic sense)
la giacca jacket
giacché since
giallo yellow; il giallo detective story
giapponese Japanese
il giardino garden
la ginnastica gymnastics; fare la ginnastica to exercise, do exercises
il ginocchio (pl. le ginocchia) knee
giocare (a + n.) to play (a sport or
  game); giocare a carte (scacchi, golf)
  to play cards (chess, golf)
il giocatore, la giocatrice player
il gioco game, play
la gioia joy
la gioielleria jewelry shop; jewelry
il gioiello jewel
la giornalaio, la giornalaia newspaper /
  magazine vendor
il giornale newspaper
giornaliero daily
il giornalino comic book
il/la giornalista (pl. i giornalisti, le
  giornaliste) journalist
la giornata day (descriptive)
il giorno day; buon giorno! good
  morning! good afternoon!
il/la giovane young man / woman; i
  giovani the young; da giovane as a
  young man / woman
giovanile young (adj.)
il giovanotto young man

il giovedì Thursday
la gioventù youth
†girare to turn; to go about, to poke
  around
girato filmed (movie)
il giro tour; in giro around; fare un
  giro to take a tour; to go around;
  prendere in giro to make fun of
la gita excursion; fare una gita to take
  a short trip; to go out for a while
giù down
il giugno June
†giungere° (p.p. giunto) to reach, arrive;
  to join
giunto a arrived at
giustificare to justify
la giustizia justice
giusto right; fair; correct
glorioso glorious
gli gnocchi (pl.) dumplings
il goccetto little drop
godere to enjoy
la gola throat; gluttony
il golf sport of golf; giocare a golf to
  play golf
il gomito elbow
il gondoliere gondolier
la gonna skirt
governare to govern
il governo government
la grammatica grammar; grammar
  textbook
grammaticale grammatical; grammar
  (adj.)
grande (gran, grand') big, large; great;
  più grande bigger; older
grandinare to hail
la grandine hail
grasso fat
gratuito free of charge, free
grave serious, grave
la gravità gravity
la grazia grace
grazie! thank you! thanks! grazie
  tante! many thanks!
grazioso pretty
il greco, la greca (pl. i greci, le greche)
  Greek person; il greco Greek
  language
greco Greek (adj.)
grigio gray
la griglia grill; alla griglia grilled
grosso big, large; stout
il gruppo group
il gruviera (inv.) a type of (Swiss)
  cheese
guadagnare to earn
il guadagno earnings
il guanto glove
guardare to watch, look at
la guardia guard
†guarire (isc) to cure; to heal;
  to get well, recover
la guerra war

la guida guide; guidebook
guidare to drive
gustare to taste; to savor; to please
il gusto taste

I

l'idea idea; neanche / nemmeno per
  idea! not on your life! ottima idea!
  great idea!
ideale ideal (adj.)
idealista (m./f.) (pl. idealisti/idealiste)
  idealist (adj. and n.)
identico identical
identificare to identify
idiomatico idiomatic; espressione
  idiomatica idiom
ieri (adv.) yesterday; ieri l'altro the day
  before yesterday; ieri sera last night
l'igiene sanitary conditions
ignorare to ignore
illustrato illustrated
l'illustrazione (f.) illustration
illustre renowned, famous
imbarazzante embarrassing
imbarazzato embarrassed
imbucare to mail, drop into the mail
immaginare to imagine
l'immaginazione (f.) imagination
l'immagine (f.) image
immediatamente immediately
immediato instantaneous, immediate
immenso immense
l'immigrante (m./f.) immigrant
*immigrare to immigrate
imparare to learn; imparare (a + inf.)
  to learn (how to do something)
impaziente impatient
*impegnarsi to make a commitment
l'impegno commitment; promise,
  obligation
l'imperativo imperative (verb mood)
l'imperatore (m.) emperor
l'imperfetto imperfect (verb tense)
l'impermeabile (m.) raincoat
impiegare to hire; to use
l'impiegato, l'impiegata employee,
  office worker
importante important
l'importanza importance
importare to import; *importare (imp.
  verb) to matter, be important; non
  importa! it doesn't matter!
importato imported
impostare to mail
l'impresa enterprise, undertaking
l'impressione (f.) impression
l'impronta mark
improvvisamente suddenly
improvviso sudden; all'improvviso
  suddenly
in in; at; to
incaricare to assign, entrust

l'inc̣ario charge, assignment
incartare to wrap
l'incertezza doubt, uncertainty
incerto uncertain
l'incidente (m.) accident; incident
incitare to incite; to spur
includere (p.p. incluso) to include
incluso included, including
†incominciare to begin, start; incominciare (a + inf.) to begin (to do something)
incontrare, *incontrarsi to meet
l'incontro meeting; match
incredibile incredible, unbelievable
l'incrocio intersection
indeciso undecided
indefinito indefinite
indeterminativo: l'articolo indeterminativo indefinite article
l'indiano, l'indiana Indian person
indiano Indian (adj.)
indicare to indicate
l'indicativo indicative (verb mood)
l'indicazione (f.) indication; direction; suggestion
l'indice (m.) index; dito indice index finger
indietro (adv.) back; backward; behind
indimenticabile unforgettable
l'indipendenza independence
indiretto indirect
l'indirizzo address
l'individuo individual (n.)
indovinare to guess
indovinato prescient, guessed right; fortuitous
l'industria industry
l'industriale (m./f.) industrialist; manufacturer
industriale industrial (adj.)
industrializzare to industrialize
industrializzato industrialized
infastidito put out
infatti in fact
infelice unhappy
inferiore inferior; lower
l'infermiere, l'infermiera nurse
*infilarsi to slip on, put on
infine in the end, finally
l'infinito infinitive (verb form); infinity
infinito infinite (adj.)
influenzare to influence
l'influsso influence
informare to inform
*informarsi to get information
l'informazione (f.) information
infuriare to enrage
infuriato furious, in a rage
l'ingegnere, l'ingegnera (m. title preferred for women) engineer
l'ingegneria engineering
l'ingiustizia injustice
l'inglese (m./f.) Englishman, English-woman; English language

inglese English (adj.)
l'ingorgo (traffic) bottleneck
*ingrassare to put on weight, get fat
l'ingrediente (m.) ingredient
†iniziare to begin
l'iniziativa initiative
l'inizio beginning
*innamorarsi (di) to fall in love (with)
innamorato (di) in love (with)
innanzi before
l'inno nazionale national anthem
innumerevole innumerable
inoltre also; besides
l'inquinamento pollution
inquinato polluted
l'insalata salad; insalata mista tossed salad
l'insegnamento teaching
l'insegnante (m./f.) teacher
insegnare to teach; to show
insensibile insensitive
inserire (isc) to insert
l'inserzione (f.) ad, advertisement
insieme together
l'insistenza insistence
insistere (p.p. insistito) to insist
insomma in short; (ma) insomma! good grief! well then!
insopportabile unbearable
installare to install
intanto in the meantime
intatto whole, untouched
l'intellettuale (m./f.) intellectual
intelligente intelligent
l'intelligenza intelligence
intendere (p.p. inteso) to understand; to mean; intend
l'intensità intensity
intenso intense; severe, harsh
l'intenzione (f.) intention; avere intenzione di to plan
l'Intercity (IC) fast train that makes few stops
interessante interesting
interessare to interest; *interessarsi a/di to be interested in
l'interesse (m.) (per) interest (in)
internazionale international
interno internal
intero entire, whole
interpretare to interpret
l'interprete (m./f.) interpreter
interrogativo interrogative
interrompere (p.p. interrotto) to interrupt
l'intervallo interval; intermission
intervenire (irr.; pres. io intervengo, tu intervieni; p.p. intervenuto) to intervene
l'intervento intervention
l'intervista interview; rilasciare un'intervista to grant an interview
intervistare to interview
intesi! understood!

intimo intimate; close
l'intrattenimento entertainment
introdurre (irr.; pres. io introduco, tu introduci; p.p. introdotto) to introduce
l'introito income
inutile useless; hopeless
invariabile invariable
invecchiare to grow old
invece (di) instead (of); on the other hand
inventare to invent
l'inventario inventory
l'invenzione (f.) invention
invernale winter (adj.), wintry
l'inverno winter
l'invidia envy
invitare to invite
l'invitato, l'invitata guest
l'invito invitation
l'ipotesi (f. s., inv.) hypothesis
l'ironia irony
ironico ironic
irregolare irregular
l'irrequietezza restlessness
irresponsabile irresponsible
irritato irritated
l'iscritto, l'iscritta student; member
*iscriversi (a) (p.p. iscritto) to enroll (in)
l'isola island
ispirare to inspire
l'ispirazione (f.) inspiration
l'istinto instinct
l'istituto institute
l'istituzione (f.) institution
l'istruzione (f.) instruction, education
l'italiano, l'italiana Italian person; l'italiano Italian language
italiano Italian (adj.)
l'italo-americano, l'italo-americana Italian-American person
l'itinerario itinerary

L

là there
il labbro (pl. le labbra) lip
il laboratorio laboratory
laggiù down there
il lago lake
*lamentarsi (di) to lament, complain (about)
lampeggiare to flash lightning
il lampo flash of lightning
la lana wool
largo wide
le lasagne (pl.) a type of pasta
lasciare to leave behind; lasciare stare to leave alone; lasciare (+ inf.) to allow (something to be done)
il latte milk; al latte with milk
la latteria dairy store
il latticinio dairy product

la **lattuga** lettuce
la **laurea** (Italian) university degree; doctorate
*__laurearsi__ to graduate from a university
laureato with a doctorate degree
lavare to wash
*__lavarsi__ to wash up
lavorare to work
il **lavoro** job, work
la **legge** law
la **leggenda** legend
leggere° (irr.) (p.p. **letto**) to read
leggero light (adj.)
il **legno** wood
lentamente slowly
lento slow
il **lesso** boiled / poached meat
la **lettera** letter; le **Lettere** Liberal Arts
letterario literary
la **letteratura** literature
il **letto** bed; **a letto** in bed; *__andare a letto__ to go to bed; *__camera da letto__ bedroom; **fare il letto** to make the bed
il **lettore**, la **lettrice** reader; lecturer
la **lettura** reading
il **levante** east (n.)
*__levarsi__ to take off (something)
la **lezione** lesson; class
lì there (closer than **là**); **da lì** from there
liberale liberal
liberare to liberate, free
la **liberazione** liberation
libero free
la **libertà** freedom
il **libraio**, la **libraia** bookseller
la **libreria** bookstore
il **libretto** opera libretto; **libretto di risparmio** passbook
il **libro** book; **libro di cucina** cookbook
licenziare to fire, dismiss (from a job)
*__licenziarsi__ to quit, resign (a job)
il **liceo** high school
limitare to limit
limitato limited
la **limitazione** restriction, limitation
il **limite** limit
il **limone** lemon; **al limone** with lemon; lemon-flavored
la **linea** shape; line
la **lingua** language; tongue
il **linguaggio** (programming) language
il **lino** linen
il **liquore** liqueur
la **lira** Italian monetary unit
liscio smooth; without additions
la **lista** list
la **lite** argument
il **litro** liter (about a quart)
il **livello** level
il **locale** place; local train (makes all stops)
locale local (adj.)

la **località** place, spot
lodare to praise
la **lode** praise
la **logica** logic
logico logical
lombardo of/from the region of Lombardy
lontano (da) distant, far (from)
la **lotta** struggle; wrestling
lottare to struggle, fight
la **lotteria** lottery
la **luce** light; electricity; **dare alla luce** to create, give birth to (figurative)
il **luglio** July
la **luna** moon; **luna di miele** honeymoon; **luna park** amusement park
il **lunedì** Monday
lungo long; **a lungo** at length; for a long time
lungo (adv.) along
il **lungomare** seafront
il **luogo** place; **aver luogo** to take place
il **lusso** luxury (n.); **di lusso** luxury (adj.)

M

ma but; **ma dai!** come on! **ma sì** of course
la **macchina** automobile, car; machine; **in macchina** by car; in the car; *__andare in macchina__ to drive; **macchina da scrivere** typewriter; **scrivere a macchina** to type; **macchina fotografica** camera
macché not at all
il **macellaio**, la **macellaia** butcher
la **madre** mother
il **maestro**, la **maestra** teacher
magari perhaps; **magari!** if only!
il **magazzino** department store; warehouse
il **maggio** May
la **maggioranza** majority
maggiore bigger, greater; older; la **maggior parte (di)** most (of); majority
la **maglia** sweater; pullover; jersey
la **maglietta** T-shirt; top; jersey
il **maglione** pullover
magnifico magnificent
magro thin; lean
mah! well!
mai ever; never; **non ... mai** never, not ever; **come mai?** how come?
malato ill
il **male** illness, disease; evil; bad thing; **mal di testa** headache; **fare male (a)** to be bad (for); to ache; to hurt (someone); *__farsi male__ to get hurt; **non c'è male!** not bad!
male (adv.) badly, poorly; *__stare / *sentirsi male__ to be / feel ill

il **malinteso** misunderstanding
malgrado in spite of
la **mamma** mom; mother
la **mancanza** lack, absence
*__mancare (a)__ to lack; to be missing; *__mancare da__ to be away from; **ci mancherebbe altro!** that's all we need!
la **mancia** tip
mandare to send
mangiare to eat; **fare da mangiare** to fix something to eat
il **mangiare** food
la **mania** obsession, mania
la **maniera** manner
manifestare to protest; to make known
la **manifestazione** demonstration, protest
la **mano** (pl. le **mani**) hand; **dare una mano** to lend a hand
la **manovra** maneuver
mantenere (irr.; pres. io **mantengo**, tu **mantieni**) to maintain; to keep; to support
il **manuale** manual
il **manzo** beef; **arrosto di manzo** roast beef
marcio rotten
il **mare** sea; **al mare** at/to the beach
la **marina** marina
marinara: alla marinara sailor's style (with fish)
il **marito** husband
marittimo maritime, coastal
la **marmellata** jam; marmalade
il **marmo** marble
marrone (color) brown
il **martedì** Tuesday
il **marzo** March
il **mascarpone** a type of soft cheese
maschile masculine
il **maschilismo** male chauvinism
il **maschio** male (n.)
la **massa** mass, group
il **massimo** maximum
massimo (adj.) most; utmost
la **matematica** mathematics
la **materia** (school) subject, discipline; subject matter; matter; material
materno maternal
la **matita** pencil
il **matrimonio** marriage, matrimony
la **mattina** (il **mattino**) morning; **di mattina** in the morning
la **mattinata** morning (descriptive)
maturo mature; ripe
il **meccanico** (pl. i **meccanici**) mechanic
la **medaglia** (d'oro) (gold) medal
la **medicina** medicine
il **medico** (pl. i **medici**) (m. title used for women also) doctor
medico medical

medio intermediate; average; **la scuola media (le Medie)** high school
medievale medieval
il **Medioevo** Middle Ages
meditare to meditate
mediterraneo Mediterranean *(adj.)*
meglio better *(adv.)*
la **mela** apple
la **melanzana** eggplant
il **melodramma** *(pl.* i **melodrammi)** melodrama
il **melone** cantaloupe, melon
il **membro** member
memorabile memorable
la **memoria** memory; **imparare a memoria** to memorize, learn by heart; **sapere a memoria** to know by heart
meno less; fewer; *art.* + **meno** least; **di meno** less; **meno di** less than; **a meno che non** unless; **meno male!** thank goodness!
la **mensa** cafeteria
la **mente** mind
mentre while; whereas
il **menù** *(inv.)* menu
meraviglioso marvelous
il **mercato** market; **mercato aperto** open-air market
la **merce** merchandise
il **mercoledì** Wednesday
meridionale southern
il **meridione** south *(n.)*
meritare, *meritarsi to deserve
il **mese** month
il **messaggio** message
il **mestiere** trade, job
la **metà** half *(n.)*
meteorologico meteorological, weather *(adj.)*
il **metodo** method
il **metro** meter *(unit of measure)*
la **metropolitana** subway
mettere° *(p.p.* **messo)** to put, place; ***mettersi** to put on (clothing)
la **mezzanotte** midnight
il **mezzo** half *(n.)*; means
mezzo half *(adj.)*; **mezz'ora fa** half an hour ago
il **mezzogiorno** noon
mica not; **mica male** not bad; **non ... mica** not at all
il **miele** honey
il **migliaio** *(pl.* le **migliaia)** about one thousand
il **miglio** *(pl.* le **miglia)** mile
il **miglioramento** improvement
†**migliorare** to improve
migliore better; *art.* + **migliore** best
milanese of/from the city of Milan; il **Milan** Milan's soccer team
il **miliardo** billion
il **milionario,** la **milionaria** millionaire
il **milioncino** tidy little million

il **milione** million
mille *(pl.* **mila)** thousand
la **minestra** soup
il **minimo** minimum; **al minimo** at the very least
minimo *(adj.)* smallest, least
minore lesser, smaller; younger; *art.* + **minore** least; smallest; youngest
il **minuto** minute
misto mixed; assorted; **fritto misto** assorted fried food; **insalata mista** tossed salad
la **misura** size, measurement
misurare to measure
il **mito** myth
il **mobile** piece of furniture; i **mobili** furniture
la **moda** fashion; **di moda** in fashion
il **modello** model, style
moderno modern
modesto modest
modico moderate, affordable
il **modo** way; manner; mood *(of a verb)*; **in tutti i modi** one way or another; **che modi!** what manners!
il **modulo** (blank) form; **compilare / riempire un modulo** to fill out a form
la **moglie** *(pl.* le **mogli)** wife
moltiplicare to multiply
molto *(adj.)* much, a lot of; *(adv.)* very; much, a lot; **molti / molte** many
il **momento** moment
mondiale world *(adj.)*; **guerra modiale** world war
il **mondo** world; **mondo del lavoro** marketplace
monotono monotonous
la **montagna** mountain; **in montagna** in/to the mountains
il **monte** small mountain, hill
il **monumento** monument
***morire°** *(irr.)* *(p.p.* **morto)** to die; ***morire di fame** to starve; to be famished
la **morte** death
il **mosaico** *(pl.* i **mosaici)** mosaic
la **mostra** exhibit; fair
mostrare to show
il **mostro** monster
il **motivo** reason, motive
il **moto** movement; physical exercise; **fare moto** to exercise
la **motocicletta** motorcycle
il **motore** motor, engine
il **movimento** movement
la **mozzarella** a type of soft cheese
municipale city *(adj.)*
il **municipio** city hall
muovere *(p.p.* **mosso)** to move
il **muratore** mason; bricklayer
il **muro** wall
il **museo** museum
la **musica** music

musicale musical
musicare to set to music
il/la **musicista** *(pl.* i **musicisti,** le **musiciste)** musician
muso: fare il muso to pout
le **mutande** *(pl.)* underwear

N

napoletano of/from the city of Naples
***nascere°** *(p.p.* **nato)** to be born
†**nascondere** *(p.p.* **nascosto)** to hide
il **naso** nose; ***soffiarsi il naso** to blow one's nose
il **Natale** Christmas; **Buon Natale!** Merry Christmas!
la **natura** nature
naturalmente of course; naturally
nazionale national
la **nazionalità** nationality
nazionalizzato nationalized
la **nazione** nation
ne some of; about it
né ... né neither . . . nor
neanche not even; **neanche per sogno!** no way! not on your life!
la **nebbia** fog
necessario necessary
la **necessità** necessity
negativo negative
il/la **negoziante** retail merchant, shopkeeper
il **negozio** shop, store; **negozio di alimentari** grocery store
nemmeno not even
neppure not even
nero black
il **nervo** nerve
nervoso nervous
nessuno (+ *s. n.)* no one, nobody, none; *(pron.)* no, not one; **nessuno di** not one of; **non ... nessuno** no one, nobody
neutro neutral
la **neve** snow
nevicare to snow
niente nothing; **niente affatto!** not so! not at all! **niente da dire / fare** nothing to say / do; **niente di nuovo** nothing new; **niente di particolare** nothing in particular; **niente di speciale** nothing special; **non ... niente** nothing; **di niente** think nothing of it; **per niente** not at all
il/la **nipote** nephew, niece; grandchild
no no; **ma no!** don't tell me!
la **noia** boredom; **che noia!** what a bore!
noioso boring; tedious
noleggiare to rent *(a car, bicycle, etc.)*
a noleggio rental *(car, bicycle, etc.)*
il **nome** name; noun
il **nomignolo** nickname

non not; non ... ancora not . . . yet;
non c'è male not bad; non è vero?
isn't that so? non ... mai never; non
... nemmeno not even; non ... nessuno no one; non ... niente nothing;
non ... più no longer, not any longer
il nonno, la nonna grandfather,
grandmother
nonostante in spite of
il nord north (n.)
normale normal; regular
il/la norvegese Norwegian person
norvegese Norwegian (adj.)
la nota note; footnote
notare to notice, note
notevole significant; great
la notizia news
noto well-known
la notte night; buona notte! good
night! di notte at night
il novembre November
la novità news; the latest
le nozze (pl.) wedding; viaggio di
nozze honeymoon
nulla nothing; non ... nulla nothing;
nulla da fare nothing to do
il numero number; (newspaper, magazine) issue; (shoe) size
numeroso numerous; large, big
nuotare to swim
il nuoto swimming
nuovo new; di nuovo again; niente di
nuovo nothing new
la nuvola cloud
nuvoloso cloudy

O

o or; o ... o either . . . or
obbligare (a + inf.) to force, oblige (to
do something)
obbligatorio mandatory
l'obbligo obligation
l'occasione (f.) occasion; opportunity;
bargain
gli occhiali (pl.) (eye)glasses; occhiali
da sole sunglasses
l'occhiata glance; dare un'occhiata to
glance over
l'occhio eye; *costare un occhio della
testa to cost an arm and a leg
occidentale western
l'occidente (m.) west
*occorrere (p.p. occorso) to be needed,
necessary
*occuparsi di to be involved in; to dedi-
cate oneself to
occupato busy (phone); taken (seat)
l'occupazione (f.) occupation, profession; activity
l'oceano ocean
odiare to hate
*offendersi (p.p. offeso) to take offense

l'offerta offer
offeso offended
offrire (p.p. offerto) to offer
l'oggetto object
oggi today
oggigiorno nowadays
ogni (+ s. n.) (inv. adj.) each, every;
ogni volta che whenever
ognuno everyone; each one
ohi! ouch!
le Olimpiadi (pl.) Olympics
l'olio oil
l'oliva olive
oltre more than; oltre a in addition to,
besides
l'ombrello umbrella
onesto honest
l'onomastico (pl. gli onomastici)
patron saint's day, name day
onorare to honor
l'onore (m.) honor
l'opera opera; work
l'operaio, l'operaia blue-collar worker
l'operazione (f.) operation
l'opinione (f.) opinion
*opporsi (irr.; pres. io mi oppongo, tu ti
opponi; p.p. opposto) to oppose
opportuno timely; suitable
l'opposizione (f.) opposition
oppure or, or else
l'ora hour; time; a che ora? at what
time? che ora è / che ore sono? what
time is it? è ora di it's time to; era
l'ora! about time! ora di punta rush
hour; mezz'ora fa half an hour ago
ora now; per ora for the time being;
proprio ora just now
l'orafo (orefice) goldsmith
orale oral
l'orario schedule; orario d'apertura
business hours
l'orchestra orchestra
ordinale ordinal
ordinare to order
ordinato neat; orderly
l'ordine (m.) order; mettere in ordine
to tidy up
gli orecchini (pl.) earrings
l'orecchio (pl. le orecchia) ear
l'orefice (m.) goldsmith
l'oreficeria goldsmith's shop
organizzare to organize
organizzato organized
l'organizzazione (f.) organization
l'orgoglio pride
orgoglioso proud
orientale oriental; eastern
l'oriente (m.) east (n.)
originale original, unusual
l'originalità originality, novelty
l'origine (f.) origin
l'orizzonte (m.) horizon
ormai by now; now
l'oro gold

l'orologio watch; clock
l'oroscopo horoscope
orribile horrible
l'orrore (m.) horror
l'orso bear
l'orto vegetable garden
l'ospedale (m.) hospital
l'ospite (m./f.) guest
osservare to observe
l'osservatore, l'osservatrice observer
l'osservazione (f.) observation
l'osso (pl. le ossa) bone
ottenere (irr.; pres. io ottengo, tu
ottieni) to obtain
l'ottica optics
l'ottico optician
l'ottimismo optimism
l'ottimista (m./f.) (pl. gli ottimisti, le
ottimiste) optimist
ottimista (m./f.) (pl. ottimisti / ottimiste) optimistic; optimist
ottimo excellent
l'ottobre (m.) October
l'ovest (m.) west (n.)
ovvio obvious

P

il pacchetto small package
il pacco package
la pace peace; lasciare (stare) in pace
to leave alone
il padre father
il padrone, la padrona owner, boss;
landlord
il paesaggio landscape
il paese country; village, town
il paesetto small town
la paga salary; la busta paga paycheck
il pagamento payment
pagare to pay (for); pagare in contanti
to pay cash
pagato paid
la pagina page
la paglia straw
il paio (pl. le paia) pair
il palazzo palace
la palestra gym; in palestra in/to the
gym
la palla ball
la pallacanestro basketball
la pallamano handball
la pallavolo volleyball
il pallone soccer ball; giocare al pallone to play soccer
la pancetta bacon
la panchina bench
il pane bread; pane integrale whole
wheat bread
il panificio bread bakery
il panino sandwich; roll
la panna cream
il panno cloth; i panni clothes; laundry

il **panorama** *(pl.* i **panorami)** panorama, view

i **pantaloni** *(pl.)* pants, trousers; slacks

la **pantofola** slipper

il **papa** *(pl.* i **papi)** pope

il **papà** papa, dad

il **paradiso** paradise, heaven

paragonare to compare

il **paragone** comparison

il **paragrafo** paragraph

parcheggiare to park

il **parcheggio** parking; parking place; parking lot

il **parco** park

parecchio *(adj.)* quite a lot of, quite a few; *(pron.)* a lot, a number; *(adv.)* rather, quite *(w/adj.)*; **parecchio tempo** quite a long time; **parecchio tempo fa** a long time ago

il **pareggio** (game) tie

il/la **parente** relative

la **parentesi** *(inv.)* parenthesis

*__parere__° *(irr.)* *(p.p.* **parso)** to seem, appear; **pare che** it seems that; **che te ne pare?** what do you think about it?

il **parlamento** parliament

parlare to speak

il **parmigiano** a type of cheese

la **parola** word

la **parte** part; role; **dall'altra parte** in the opposite direction; **da parte [mia]** on [my] behalf; **dalle [tue, Sue] parti** in [your] area; **in parte** partly; **la maggior parte** majority

il/la **partecipante** participant

partecipare (a) to participate, take part (in)

la **partecipazione** participation; wedding announcement, invitation

la **partenza** departure

il **participio** participle

particolare particular; special

particolarmente particularly

partigiano partisan; biased

*__partire__ to depart, leave

la **partita** match, game

il **partitivo** partitive

il **partito** (political) party

la **Pasqua** Easter; **Buona Pasqua!** Happy Easter!

il **passaggio** ride, lift; **chiedere / dare un passaggio** to ask for / give a ride

il **passaporto** passport

†**passare** to spend (time); to pass; **passare il tempo (a** + *inf.)* to spend one's time *(doing something)*; *__passare da__ to stop by, come by; to go by; *__passare a__ (+ *inf.)* to stop by to *(do something)*

il **passatempo** pastime, hobby

il **passato** past *(n.)*

passato past *(adj.)*; **tempi passati** times gone by

il **passeggero,** la **passeggera** passenger

passeggiare to walk, stroll

la **passeggiata** walk; **fare una passeggiata** to take a walk

il **passivo** passive voice

il **passo** step; **fare due passi** to go for a stroll

la **pasta** *(s. only)* pasta, pasta products; dough; *(s. and pl.)* pastry; **pasta alla crema** cream-filled pastry

la **pasticceria** pastry shop

il **pasticciere,** la **pasticciera** baker (of desserts); operator of a pastry shop

il **pasto** meal

la **patata** potato

la **patria** homeland, native country

il **patrimonio** heritage; patrimony

il **patrono** patron; **santo patrono** patron saint

il **pattinaggio (su ghiaccio / a rotelle)** (ice / roller) skating

pattinare to skate

la **paura** fear; **avere paura (di)** to be afraid (of)

la **pausa** pause

il **pavimento** floor

la **pazienza** patience; **avere pazienza** to be patient; **ci vuole pazienza** it takes patience; **pazienza!** never mind!

pazzo crazy

il **peccato** sin; **peccato!** too bad!

il **pecorino** a type of cheese

il **pedale** pedal

il **pedone** pedestrian

peggio worse *(adv.)*

peggiore worse *(adj.)*; *art.* + **peggiore** worst

la **pelle** skin; leather

la **pena** pain; **vale proprio la pena** it's well worth it

la **penale** penalty charge

il/la **pendolare** commuter

la **penisola** peninsula

la **penna** pen

pensare (a) to think (of/about); **pensare di** (+ *inf.)* to think of *(doing something)*; **pensare di** (+ *n. / pron.)* to have an opinion about *(someone / something)*; **pensare che** to believe, think that; **pensarla diversamente** to see it differently; **far pensare (a)** to remind one (of)

il **pensiero** thought; worry; *__essere in pensiero__ to be worried

il **pensionato,** la **pensionata** retiree

la **pensione** pension; inn, boarding house; **in pensione** retired; **a pensione completa** with three meals a day; **a mezza pensione** with breakfast and dinner

pensionistico pension *(adj.)*

il **pepe** pepper

per for; through; in order to; to; **per curiosità** out of curiosity; **per favore,**

per piacere please; **per lo più** for the most part; **per quanto** although

la **pera** pear

la **percentuale** percentage

la **percezione** perception

perché why; because; **perché** + *subj.* so that, in order that

perciò so; therefore

percorrenza: a lunga percorrenza long-distance

la **percorribilità strade** road conditions

perdere° *(p.p.* **perduto** *or* **perso)** to lose; to miss *(a bus, train, etc.)*

perdonare to forgive

il **perdono** forgiveness

perfettamente perfectly

perfetto perfect

perfino even

il **pericolo** danger

pericoloso dangerous

la **periferia** suburbs

il **periodo** period; sentence

la **permanenza** stay; **buona permanenza!** have a nice stay!

il **permesso** permission; leave (of absence)

permettere *(p.p.* **permesso)** (di + *inf.)* to permit *(something to be done)*

però however

persino even

la **persona** person; **a persona** each, per person

il **personaggio** character; personality; figure

il **personale** personnel

personale personal

pesante heavy

il **pesce** fish

il **pescivendolo,** la **pescivendola** fishmonger

la **pesistica** weight lifting

il **peso** weight; **dare troppo peso (a)** to give too much importance (to)

il/la **pessimista** *(pl.* i **pessimisti,** le **pessimiste)** pessimist

pessimista *(m./f.)* *(pl.* **pessimisti / pessimiste)** pessimistic; pessimist

pessimo terrible; very bad

*__pettinarsi__ to comb one's hair

il **pettine** comb

il **pezzo** piece

*__piacere__° *(irr.)* *(p.p.* **piaciuto)** to like; to be pleasing to; to enjoy; *__piacere da morire__ to be crazy about

il **piacere** pleasure; **piacere!** pleased to meet you! **fare piacere (a)** to please *(someone)*; **per piacere** please

piacevole pleasant; pleasing

il **pianeta** *(pl.* i **pianeti)** planet

piangere *(p.p.* **pianto)** to cry, weep

il/la **pianista** *(pl.* i **pianisti,** le **pianiste)** pianist

il **piano** floor; plan; *abbr. of* **pianoforte**

piano softly; slowly; **più piano** slower

il **piano**(**forte**) piano (instrument)
la **pianta** map; plant
il **pianterreno** ground floor, first floor
il **piatto** dish; plate; **primo / secondo piatto** first / second course
la **piazza** square
il **piazzale** plaza
piccolo small, little (size); **da piccolo/a** as a child
il **piede** foot; **a piedi** on foot; **in piedi** standing; **il dito del piede** toe; ***andare / *tornare a piedi** to walk
pieno full; **fare il pieno (di benzina)** to fill up, tank up (with gas)
la **pietra** stone
il **pigiama** pajamas
pignolo fussy
la **pigrizia** laziness
pigro lazy
il **pino** pine
la **pioggia** rain
†**piovere** (**avere** preferred; **essere** also used) to rain
la **piscina** swimming pool; ***andare in piscina** to go swimming
la **pista** ski run
pittoresco picturesque
la **pittura** painting
più more; plus; **più di** more than; **più o meno** more or less; **di più** more; art. + **più** the most; **al più tardi** at the latest; **non ... più** no longer, not any more; **sempre più** + adj. more and more + adj.; **per lo più** for the most part
piuttosto rather
la **pizzeria** pizza parlor
il **pizzicagnolo**, la **pizzicagnola** delicatessen operator
la **platea** main floor of a theater
il **plurale** plural
po': **un' po' (poco) (di)** a little; a bit (of); a few
pochi / poche few
poco (adj.) little, few; (adv.) not very; **poco dopo** soon after; **a poco a poco** little by little; **ben poco** very little; **da poco** of little value; recently
il **podere** farm
la **poesia** poetry; poem
il **poeta** (pl. i **poeti**), la **poetessa** poet
poetico poetic
poi then; after, afterwards
poiché since, because
polacco Polish
la **politica** politics
il **politico** (pl. i **politici**) politician
politico political
la **polizia** police
il **pollo** chicken
il **polo** pole; **Polo Nord** North Pole
il **pomeriggio** afternoon
il **pomodoro** tomato
il **pompelmo** grapefruit

il **ponente** west (n.)
il **ponte** bridge
popolare popular
la **popolazione** population
il **popolo** people
porre (irr.; pres. io **pongo**, tu **poni**; p.p. **posto**) to put; to place; to set
la **porta** door
il **portafoglio** wallet, billfold
portare to bring; to take; to carry; to wear
i **portici** (pl.) arcade, portico
il **portiere**, la **portiera** hotel desk clerk; porter
il **porto** port
la **porzione** portion
posare to set down; to put, place
positivo positive
la **posizione** position
possedere (conjugates likes **sedere°**) to possess
il **possessivo** possessive
il **possesso** possession
la **possibilità** possibility; opportunity
la **posta** mail; **le poste** post office
postale postal; **ufficio postale** post office
il **posto** seat; place; **posto di lavoro** job, position
†**potere°** (irr.) (+ inf.) to be able (to do something); can, may (do something)
il **potere** power
povero poor; **poverino/a!** poor thing!
la **povertà** poverty
pranzare to have lunch
il **pranzo** lunch; **la sala da pranzo** dining room
la **pratica** practice
praticamente practically
praticare to play (a sport); to engage in (an activity)
pratico practical, convenient; experienced
precedente preceding; previous
precedere to precede
precipitare to precipitate, cause
precisamente precisely
precisare to specify, state precisely
la **precisione** precision
preciso precise
la **preferenza** preference
preferire (isc) to prefer
preferito preferred, favorite
pregare to pray; to request; to beg
prego! you're welcome!
preliminare preliminary
il **premio** prize
prendere° (p.p. **preso**) to take; to have (food); **prendere una decisione** to make a decision; **prendere in giro** to make fun of; ***andare / *venire a prendere** to pick up, meet
prenotare to reserve; to book

la **prenotazione** reservation; **annullare / disdire la prenotazione** to cancel the reservation; **fare una prenotazione** to make a reservation
***preoccuparsi (di)** to worry (about)
preoccupato worried
la **preoccupazione** worry, preoccupation
preparare to prepare; **preparare da mangiare** to fix something to eat
***prepararsi (per/a** + n. / inf.) to prepare, get ready (for/to)
il **preparativo** plan; preparation; **i preparativi** arrangements
la **preparazione** preparation
la **preposizione** preposition
presentare to present; to introduce
la **presentazione** introduction; presentation
presente present (adj.)
la **presenza** presence; appearance
il **presepio** Nativity scene
il **presidente**, la **presidentessa** (rare: m. title preferred for women) president
prestare to lend; **prestare attenzione** to pay attention
prestigioso prestigious
il **prestito** loan; **in prestito** on loan; **dare in prestito** to lend; **prendere in prestito** to check out (from a library); to borrow
presto early; quickly; **a presto!** see you soon! **fare presto** to hurry up
presumere (p.p. **presunto**) to presume
presuntuoso presumptuous
pretendere (p.p. **preteso**) to pretend
il **pretesto** pretext
prevedere (p.p. **previsto** or **preveduto**) to foresee
la **previsione** (**meteorologica / del tempo**) (weather) forecast
prezioso precious
il **prezzo** price
la **prima** opening night; premiere
prima first (adv.); **prima di** (prep), **prima che** + subj. (conj.) before; **anche prima** even before; **di prima** than before
la **primavera** spring
il **primo** first course (of a meal)
primo first; front; **prima fila** front row
principale principal, main
il **principio** principle; beginning
la **priorità** priority
privato private
probabile probable
la **probabilità** probability
il **problema** (pl. i **problemi**) problem
procedere to proceed, go
procurare to procure, obtain
il **prodotto** product
produrre (irr.; pres. io **produco**, tu **produci**; p.p. **prodotto**) to produce

il **produttore**, la **produttrice** producer; manufacturer; maker
la **produzione** production
professionale professional (adj.)
la **professione** profession
il/la **professionista** professional (n.)
il **professore**, la **professoressa** (abbr. prof., prof.ssa) professor (prof.)
progettare to plan
il **progetto** project, plan
il **programma** (pl. i **programmi**) program
progressivo progressive
il **progresso** progress
proibire (isc) to forbid
la **promessa** promise
promettere (p.p. **promesso**) (di + inf.) to promise (to do something)
la **promozione** promotion
il **pronome** pronoun
pronto ready; **pronto!** hello! (over the phone)
la **pronuncia** pronunciation
pronunciare to pronounce
proporre (irr.; pres. io **propongo**, tu **proponi**; p.p. **proposto**; p.r. lui **propose**) to propose
il **proposito** purpose, intention; **a proposito** by the way
la **proposizione** clause; **proposizione subordinata** dependent clause
la **proposta** proposition; proposal
proposto proposed
la **proprietà** property
il **proprietario**, la **proprietaria** owner; proprietor
proprio (adv.) just; really; exactly; (adj.) (one's) own; **proprio ora** just now; **non proprio!** not really!
il **prosciutto** ham
proseguire to continue, pursue
prossimo next; near
il/la **protagonista** (pl. i **protagonisti**, le **protagoniste**) protagonist
proteggere (p.p. **protetto**) to protect, shield
la **protesta** protest
protetto protected
la **protezione** protection; **protezione dell'ambiente** preservation of the environment; environmentalism
la **prova** proof; test
provare to try, test; to try on (clothes)
*__provenire__ (p.p. **provenuto**) to derive from; to originate with
il **proverbio** proverb
la **provincia** (pl. le **province**) province
provinciale provincial
provocare to provoke, cause
il **provolone** a type of cheese
provvedere (p.p. **provvisto** or **provveduto**) to provide; to take care of

il **provvedimento** caution, measure; action
prudente prudent; careful
la **psicologia** psychology
psicologico psychological
pubblicare to publish
la **pubblicazione** publication
la **pubblicità** publicity; advertisement; advertising (n.)
pubblicitario advertising (adj.)
il **pubblico** (s.) public; audience
pubblico public (adj.)
puerile childish
il **pugilato** boxing
il **pugile** boxer
pulire (isc) to clean
pulito clean
la **pulizia** cleanliness
il **pullman** coach (bus)
la **punta** point; peak; **l'ora di punta** rush hour
puntare to point, aim
la **puntata** installment; episode; issue
il **punto** point; period; **in punto** on the dot; **punto di vista** point of view
puntuale punctual, on time
può darsi maybe, perhaps; it's possible
purché provided that
pure also, too, as well; by all means
puro pure
purtroppo unfortunately

Q

qua here
il **quaderno** notebook
quadrato square
qualche (inv. adj., use w/s. n.) some; **qualche volta** sometimes
qualcosa, **qualche cosa** something
qualcuno someone
quale (adj.) which; (pron.) **quale / quali?** which one / ones?
la **qualifica** qualification
la **qualità** quality
qualsiasi (inv. adj., use w/s. n.) any
qualunque (inv. adj., use w/s. n.) any; whichever
qualunque cosa whatever
quando when; **da quando** since
quanti / quante how many; **quanti ne abbiamo oggi?** what's today's date?
la **quantità** quantity
quanto how much; how many; **quanto costa?** how much does it cost? **quanto tempo?** how long? **(tanto) ... quanto** as much as
quantunque although
il **quartiere** neighborhood
il **quarto** quarter; **un quarto d'ora** a quarter of an hour
quarto fourth (adj.)
quasi almost; **quasi quasi** rather

i **quattrini** (pl.) money
quello that; **quello che** that which
la **quercia** oak
la **questione** issue
questo this
qui here (closer than qua); **qui vicino** nearby, close by
quindi then, afterward (adv.); therefore (conj.)
il **quiz** (inv.) quiz
quotidiano daily (adj.)

R

raccomandare to recommend
*__raccomandarsi__ to request earnestly; **mi raccomando!** please!
raccontare to tell, narrate
il **racconto** short story; tale
raddoppiare to double
radicale radical
la **radio** (inv.) radio; **la stazione radio** radio station
il **raffreddore** cold, flu
il **ragazzo**, la **ragazza** boy, girl; young man, young woman; boyfriend, girlfriend
raggiungere° (p.p. **raggiunto**) to reach, catch up with; to attain
ragionare to reason
la **ragione** reason; **avere ragione** to be right
ragionevole reasonable
rapidamente rapidly
il **rapido** local express train
rapido quick, fast
il **rapporto** tie; relationship; interaction
il/la **rappresentante** representative; agent
rappresentare to represent; to perform, stage
la **rappresentazione** performance; **rappresentazione teatrale** play
raro rare
*__rassegnarsi a__ to resign oneself to
rassicurare to reassure
i **ravioli** (pl.) a type of filled pasta
il **re** (inv.) king
reagire (isc) to react
reale real; royal
il **realismo** realism
realista (m./f.) (pl. **realisti/realiste**) realist (adj. and n.)
realizzare to achieve, carry out
la **realtà** reality
la **reazione** reaction
la **recensione** review
recente recent
recentemente recently
la **recezione** reception
recitare to recite; to act
il **reddito** income; revenue
la **referenza** reference

regalare to give (as) a gift
il regalo present, gift; fare un regalo (a) to give a gift (to)
il reggiseno bra
il regime regime
la regina queen
regionale regional
la regione region; area
il/la regista (pl. i registi, le registe) (film) director
la regola rule
regolare to regulate
regolare (adj.) regular
relativo relative
la relazione paper, report; relationship
la religione religion
religioso religious
remoto remote
rendere (p.p. reso) to return, give back; to translate; *rendersi conto (di) to realize
la replica response, reply
la repubblica republic
repubblicano republican
la residenza residence
residenziale residential
la resistenza resistance; endurance
resistere (p.p. resistito) to resist; to endure
responsabile responsible
la responsabilità responsibility
*restare (a) to stay, remain (at/in)
il restauro restoration
restituire (isc) to return, give back
il resto change (money); balance
la rete network; rete privata independent network
il retro back
il rettore dean
*riapparire (see *apparire; p.r. lui riapparse) to reappear
riaprire (p.p. riaperto) to reopen
riassumere (p.p. riassunto) to summarize
il riassunto summary, synopsis
*ribellarsi to rebel
ricamare to embroider
ricamato embroidered
ricambiare to reciprocate
il ricamo embroidery
la ricchezza wealth
ricco rich
la ricerca research; pursuit
ricercato sought-after; affected
la ricetta recipe
ricevere to receive
il ricevitore (telephone) receiver
la ricevuta receipt
richiamare to call back, return a phone call
richiedere° (p.p. richiesto) to require, demand
la richiesta request; requirement

richiesto in demand; demanded, required
ricominciare (a + inf.) to begin again (to do something)
la riconoscenza gratitude
riconoscere° (p.p. riconosciuto) to recognize
ricoprire (p.p. ricoperto) to cover up
ricordare, *ricordarsi (di) to remember (to)
il ricordo recollection, memory
*ricorrere (p.p. ricorso) a to have recourse to
la ricotta a type of soft cheese
ridere° (p.p. riso) to laugh
ridicolo ridiculous, absurd
ridurre (irr.; pres. io riduco, tu riduci; p.p. ridotto) to reduce
la riduzione reduction
riempire (pres. io riempio, tu riempi) to fill, fill out
*rientrare to return; to come back into
rifare to do over again
il riferimento reference
riferire (isc) to refer
rifinito finished, detailed
rifiutare to refuse
il rifiuto refusal
il riflessivo reflexive
riflettere (p.p. riflettuto or riflesso) to reflect
la riforma reform
riformare to reform
la riga line; scrivere due righe to drop a line, write a short message
rigido rigid; stern
riguardare to look over; to regard, concern
il riguardo care; respect
rilasciare to release; to give; rilasciare un'intervista to grant an interview
rilassante relaxing
*rilassarsi to relax
rilevante noteworthy
rimandare to send back
*rimanere° (irr.) (p.p. rimasto) to remain, stay
il rimborso refund
rimettere (p.p. rimesso) to put back; rimettere a posto to tidy up
rinascimentale relating to the period of the Renaissance
il Rinascimento Renaissance
il rinfresco refreshment
il ringraziamento thanks
ringraziare to thank
rinnovare to renew
rinunciare to renounce
il rione neighborhood
riparare to repair, fix
*ripartire to leave again
†ripassare to review; to go back over; to return, drop by again
il ripasso review

ripensare to think over; to rethink
ripetere to repeat
la ripetizione repetition
riportare to bring / take back
riposante restful
*riposarsi to rest, take a rest
il riposo rest
riprendere° (p.p. ripreso) to resume, take up again; to take again
*risalire a (irr.; pres. esso risale, essi risalgono) to date back to
*riscaldarsi to warm up
riscrivere (p.p. riscritto) to rewrite
riscuotere° (p.p. riscosso) to cash
*risentirsi to keep in touch
la riserva reserve, supply, stock
riservare to reserve; to save, hold back
riservato reserved
risiedere to reside
il riso rice; laughter
risolvere (p.p. risolto) to resolve
la risorsa resource
il risotto rice dish
risparmiare to save
il risparmio saving(s); il libretto di risparmio (bank) passbook
rispettare to respect; to abide by
rispettivo respective
il rispetto respect
rispondere° (p.p. risposto) to answer, reply
la risposta answer
il ristorante restaurant
risultare to result; risulta che it turns out that
il risultato result
il ritardo delay; (*essere) in ritardo (to be) late, not on time
ritenere (irr.; pres. io ritengo, tu ritieni) to maintain; to believe
ritirare to withdraw; to get, collect
*ritornare (a) to return, go back (to)
il ritorno return; andata e ritorno round-trip
il ritratto portrait
ritrovare to locate again, find again
riunificare to unite; to reunite
la riunione meeting
riunire (isc) to unite; *riunirsi to meet
*riuscire° (irr.) (a + inf.) to succeed (in doing something); to be able, manage (to do something)
riuscito successful
rivedere° (p.p. riveduto or rivisto) to see again
la rivista magazine
*rivolgersi (p.p. rivolto) a to turn to; to address
rivoluzionare to revolutionize
la roba stuff; things
robusto strong; hearty
romano Roman
romantico romantic
il romanzo novel

rompere (p.p. rotto) to break
la rosa rose
rosa (inv.) pink
rosso red
la rosticceria rotisserie
le rotaie (pl.) (train) tracks
rubare to steal
il rubino ruby
il ruolo role
la ruota wheel
il russo, la russa Russian person; il russo Russian language
russo Russian (adj.)

S

il sabato Saturday
il sacchetto small bag
il sacco sack; un sacco di tons of
il sacrificio sacrifice
la saggistica essay writing
la sala room, hall; sala d'aspetto waiting room; sala da pranzo dining room
il salame salami
il salario wage, salary
salato salty
il sale salt
†salire° (irr.) to climb; to go up; to get into (a vehicle)
il salmone salmon
il salotto living room
la salsa sauce
†saltare to jump
il salto jump (n.); fare un salto to jump; to make a brief, hurried stop
i salumi (pl.) cured meats
salutare to greet, say hello
la salute health; salute! cheers!
il saluto greeting; tanti saluti best regards
salvare to save
il sandalo sandal
sano healthy; wholesome
il santo, la santa saint (n.)
santo (san, sant', santa) saint; holy; blessed; santo cielo! good heavens!
sapere° (irr.) to know; to find out; sapere + inf. to know how to; *venire a sapere to find out
il sapone soap
il sapore taste
saporito tasty
sbagliare to make a mistake
lo sbaglio mistake; per sbaglio by mistake
sbattere to bang, hit
sbrigare to expedite, wrap up
*sbrigarsi to hurry up
la scala ladder; staircase
scaldare to warm, warm up
lo scalo stop; fare scalo to stop over (planes & ships)

scambiare to exchange; to take one thing for another; to take by mistake
lo scambio exchange
lo scandinavo, la scandinava Scandinavian person
scandinavo Scandinavian (adj.)
*scappare to run away; to rush off
la scarpa shoe
lo scarpone (ski) boot
scarso scarce
la scatola box; can
scegliere° (irr.) (p.p. scelto) (di + inf.) to choose (to do something)
la scelta choice
scemo stupid, silly
la scena scene
†scendere° (irr.) (p.p. sceso) to go down; to get off; to get out of (a vehicle)
lo sceneggiato TV miniseries
la scheda telefonica magnetic calling card
la schedina magnetic card
scherzare to joke; scherzi! scherza! you must be joking!
lo scherzo joke
lo sci (inv.) ski; (s.) skiing; sci alpino alpine skiing (downhill & slalom)
lo sciampo shampoo
sciare to ski
la sciarpa (wool) scarf
lo sciatore, la sciatrice skier
scientifico scientific
la scienza science
lo scienziato, la scienziata scientist
la sciocchezza nonsense
sciocco silly; needing salt
sciogliere (irr.; io sciolgo, tu sciogli; p.p. sciolto) to dissolve
scioperare to strike, go on strike
lo sciopero strike (n.); *essere in sciopero to be on strike; fare sciopero to strike, go on strike
la sciovia ski lift
scolpire (isc) to sculpt
scomodo uncomfortable
*scomparire (irr.; pres. io scompaio, tu scompari; p.p. scomparso) to disappear
la scomparsa disappearance
lo scompartimento compartment
la sconfitta defeat
sconosciuto unknown
scontento unhappy
lo sconto discount
lo scontrino receipt, chit
la scoperta discovery
lo scopo purpose
scoprire (p.p. scoperto) to discover
scorso last
scortese rude
scritto written
lo scrittore, la scrittrice writer
la scrivania desk

scrivere° (p.p. scritto) to write; scrivere a macchina to type
la scultura sculpture
la scuola school; scuola guida driving school; scuola elementare elementary school; scuola secondaria secondary school
scuro dark
la scusa excuse
scusare to excuse; scusi! excuse me!
*scusarsi to apologize
sdoppiato doubled; cloned
se if; come se as if
sebbene although, even though
seccare to annoy, put out
seccato annoyed, put out
il secolo century
secondario secondary; la scuola secondaria secondary school
il secondo second course (of a meal)
secondo second; according to; secondo me (te / Lei, lui, lei) in my (your, his, her) opinion
*sedersi° (irr.) to sit down
la sedia chair
la seduta meeting
seduto seated, sitting
segnare to score (in a game); to mark
il segretario, la segretaria secretary
il segreto secret
seguente following (adj.)
seguire to follow; to take (a course)
il semaforo traffic light
*sembrare to seem, appear; mi sembra it seems to me
semplice simple
sempre always; still
la sensazione sensation; feeling
sensibile sensitive
il senso sense; meaning; senso unico one-way
sentimentale sentimental
il sentimento feeling, emotion
sentire to hear; *andare / *venire a sentire to go / come to inquire; *stare a sentire to listen to
*sentirsi to feel; *sentirsi bene (male) to feel well (ill)
senza (di) without (prep.); senz'altro of course, definitely; undoubtedly; senza che (+ subj.) without (conj.)
separare to separate, divide
separato separated
la sera evening; di sera in the evening; ieri sera last night; buona sera! good evening!
la serata evening (descriptive)
la serie (inv.) series
serio serious; sul serio seriously
servire to serve; to wait on
il servizio service; (news) report
la seta silk
la sete thirst; avere sete to be thirsty
il settembre September

settentrionale northern
il settentrione north (n.)
la settimana week; settimana bianca winter holidays; volte alla settimana times per week
settimanale weekly
il settore field, sector
severo strict
la sezione section
sfinito exhausted
sfogliare to browse (a book)
la sfortuna bad luck, misfortune
sfortunato unlucky
sì yes
lo sguardo glance, look
sicché so, therefore, as a consequence
siccome since
siciliano Sicilian
sicuro sure; safe; sicuro! of course! di sicuro for sure; surely; *essere sicuro/a to be certain, sure
la sigaretta cigarette
significare to mean
il significato meaning
la signora (abbr. sig.ra) woman; lady; (Mrs.)
il signore (abbr. sig.) man; gentleman; (Mr.); il Signore God, Lord
la signorina (abbr. sig.na) young woman, lady; (Miss)
il silenzio silence
silenzioso silent, tranquil
il simbolo symbol
simile similar
simpatico likeable, nice
sincero sincere
il sindacato labor union
la sinfonia symphony
singolare singular (adj.)
la sinistra left; a sinistra on/to the left
il sistema (pl. i sistemi) system
sistemare to arrange; to settle
la situazione situation
smettere (p.p. smesso) (di + inf.) to stop, quit (doing something); smettila! cut it out!
lo smoking tuxedo
snello slender, slim
sociale social
socialista (m./f.) (pl. socialisti / socialiste) socialist (adj. and n.)
la società society; organization
soddisfare to satisfy
soddisfatto satisfied
la soddisfazione satisfaction
il sofà (inv.) sofa
soffiare to blow; *soffiarsi il naso to blow one's nose
soffocare to suffocate
soffrire (p.p. sofferto) (di) to suffer (from)
il soggetto subject
il soggiorno stay; family room

sognare (di + inf.) to dream (of/about doing something)
il sogno dream; neanche per sogno! not on your life!
solamente only
solare (adj.) solar
i soldi (pl.) money; non avere un soldo to be broke
il sole sun
solenne solemn
solido solid
solitario solitary, lonesome
solito usual; typical; di solito usually; come al solito as usual
la solitudine solitude
il sollevamento pesi weight lifting
solo single (adj.); only (adv.); da solo/a alone
soltanto only
la soluzione solution
†somigliare to resemble
il sonno sleep; sleepiness; avere sonno to be sleepy
sopportare to bear; non lo posso sopportare I can't stand him/it
sopra on; over, above
il sopracciglio (pl. le sopracciglia) eyebrow
il soprano (colloquial la soprano) soprano voice / vocalist
soprattutto above all
sordo deaf
la sorella sister
sorprendere (p.p. sorpreso) to surprise
la sorpresa surprise
sorridente smiling
sorridere° (p.p. sorriso) to smile
il sorriso smile
sospettare to suspect
il sospetto suspicion
sospirare to sigh
il sospiro sigh
la sosta pause; stop
il sostantivo noun
sostenere (irr.; pres. io sostengo, tu sostieni) to maintain, affirm; to support, hold up; to withstand, resist
sostituire (isc) to substitute
sottile subtle; thin
sotto under
sottovoce in a low voice
sottrarre (irr.; pres. io sottraggo, tu sottrai; p.p. sottratto) to subtract
il souvenir (inv.) souvenir
gli spaghetti (pl.) a type of pasta
lo spagnolo, la spagnola Spaniard; lo spagnolo Spanish language
spagnolo Spanish (adj.)
spaventoso frightening
lo spazio space
spazzare to sweep
la spazzatura trash, garbage
lo specchio mirror

speciale special; niente di speciale nothing special
la specialità specialty
*specializzarsi (in) to specialize (in)
la specializzazione specialization
specialmente especially
la specie (inv.) kind, sort; species
specificare to specify
spedire (isc) to ship; to mail, send
la spedizione shipment
spegnere (irr.; pres. io spengo, tu spegni; p.p. spento) to turn off (a light, radio, TV)
spendere° (p.p. speso) to spend
la speranza hope
sperare (di + inf.) to hope (to do something)
la spesa expense; fare la spesa to buy groceries; fare le spese to go shopping
spesso often
lo spettacolo show; performance
lo spettatore, la spettatrice spectator
la spia spy
la spiaggia (pl. le spiagge) beach
gli spiccioli (pl.) small change
spiegare to explain
la spiegazione explanation
la spilla brooch
gli spinaci (pl.) spinach
spinto daring, excessive; lewd
spiritoso witty; funny; fare lo spiritoso to be / try to be funny
splendere to shine
splendido splendid
lo spogliatoio locker room
spolverare to dust
le sponde (pl.) shores
spopolare to depopulate, empty
lo sportello ticket window; counter
lo sport (inv.) sport
sportivo sport (adj.)
*sposarsi to marry, get married
sposato married
lo sposo, la sposa spouse; groom, bride; gli sposi newlyweds
lo spumante sparkling wine
la squadra team
squillare to ring (telephone)
la stabilità stability
lo stadio stadium
la stagione season
stamattina (stamani) this morning
la stampa press; la conferenza stampa press conference
stampare to print
la stanchezza weariness, fatigue
stanco tired
stanotte tonight; last night
la stanza room; compagno / compagna di stanza roommate

*stare° *(irr.)* *(p.p.* stato*)* to stay; ***stare a** (+ *n. or pron.*) to be up to *(someone)*; ***stare per** + *inf.* to be about to *(do something)*; ***stare attento/a** to pay attention; to be careful; ***stare bene (male)** to look well (not well); to be well (ill); ***stare a dieta** to be on a diet; ***stare fermo/a** to be still; ***stare fresco/a** to be in trouble, in a fix; ***stare zitto/a** to be quiet; **come stai (sta)?** how are you? **ci stai a ... ?** do you feel like . . . ?

stasera this evening, tonight

statale state-run, state-owned; state *(adj.)*

lo stato state; **lo Stato** (Italian) government

la statua statue

la stazione station; **stazione di servizio** service station, gas station; **stazione radio** radio station

stesso same; **fa lo stesso** it doesn't matter; **lo/la stesso/a di prima** the same one as before

lo stile style

lo/la stilista designer

lo stipendio salary

lo stivale boot

la stoffa material, cloth

lo stop stop; stop sign; stoplight

la storia story; history; **che storie!** what nonsense! **fare storie** to make a fuss

storico historic; historical; history *(adj.)*

lo straccio rag; **dare lo straccio** to mop

la strada street, road

stradale road *(adj.)*; **le informazioni stradali** directions

lo straniero, la straniera foreigner

straniero foreign; **la lingua straniera** foreign language

strano strange

straordinario extraordinary

stretto narrow; tight

le strisce pedonali *(pl.)* crosswalk

lo strumento instrument

la struttura structure, **le strutture ricreative** recreational facilities

lo studente, la studentessa student

studiare to study; to major in

lo studio study

stupendo stupendous

stupido stupid

su on, upon; above; **ma su!** come now! **su!** come!

subito immediately; quickly; **ecco subito!** right away!

*succedere *(p.p.* successo*)* to happen

successivo successive

il successo success

il sud south *(n.)*

sudare to sweat

il sudore sweat

sufficiente sufficient

il suffisso suffix

il suggerimento suggestion; **dare un suggerimento** to make a suggestion

suggerire (isc) to suggest

il sugo sauce; **al sugo** with tomato sauce

il suino pork

suonare to play *(an instrument)*; to ring *(phone, doorbell)*

il suono sound

superare to surpass; to pass

superato dated

superficiale superficial

superiore upper, higher; superior; **la scuola superiore** secondary school

il superlativo superlative

il supermercato supermarket

il supplemento rapido premium charge for direct trains

surgelato frozen *(food)*

lo/la svedese Swede; **lo svedese** Swedish language

la sveglia alarm clock

svegliare to wake up *(someone)*

*svegliarsi to awaken

svelto quick, agile; **alla svelta** quickly

la svendita sale; **in svendita** on sale

sviluppare to develop

lo sviluppo development

lo svizzero, la svizzera Swiss person

svizzero Swiss *(adj.)*

T

la tabaccheria tobacco store *(sells tobacco and sundries)*

la tabella timetable

taccagno stingy

il tacchino turkey

tacere *(irr.; pres.* io taccio, tu taci; *p.p.* taciuto*)* to keep quiet, be silent

la taglia (clothing) size

tagliare to cut

le tagliatelle *(pl.)* a type of pasta

tale such

talvolta once in a while

tanto so *(adv.)*; so much, so many *(adj.)*; **di tanto in tanto** from time to time, every so often

tardi late; **fare tardi** to be late; **fino a tardi** till late; **più tardi** later, later on; **il più tardi possibile** as late as possible

la tariffa rate, fare

la tasca pocket

il tassì *(inv.)* taxi

il/la tassista taxicab driver

la tavola dinner table; **apparecchiare la tavola** to set the table; **portare in tavola** to serve; **il pranzo è in tavola!** lunch is served!

il tavolino small table; coffee table

il tavolo table; desk

la tazza cup

il tè (thè) tea; **tè freddo** iced tea

il teatro theater; **a teatro** at/to the theater

la tecnica technique; technology

tecnico technical

il tedesco, la tedesca *(pl.* i tedeschi, le tedesche*)* German person; **il tedesco** German language

tedesco German *(adj.)*

la tela canvas

la tele TV

il telecomando TV remote control

il telefilm movie made for TV

telefonare (a) to phone, call

la telefonata telephone call

il telefono telephone

il telegiornale TV news broadcast

il telegramma *(pl.* i telegrammi*)* telegram

la telenovela (TV) soap opera

il telequiz television quiz show

il telescopio telescope

il telespettatore, la telespettatrice television viewer

la televisione television *(medium)*; **alla televisione** on television

televisivo television *(adj.)*; **serie televisive** television series

il televisore television set

temere to fear; to worry

il tempaccio bad, stormy weather

la temperatura temperature

la tempesta storm

il tempo time; weather; tense; **tempo libero** leisure time; **che tempo fa?** how's the weather? **molto tempo** a long time; **da quanto tempo?** how long? **in tempo** on time; **fare in tempo a** (+ *inf.*) to have enough time to *(do something)*

tendere a to be inclined to, have the tendency to

tenere° *(irr.)* to keep; to hold; **tener conto / presente** to keep in mind; **tenerci** to care about

il tennis tennis; **giocare a tennis** to play tennis

il/la tennista *(pl.* i tennisti, le tenniste*)* tennis player

il tenore tenor

la tensione tension

tentare to try

il tentativo attempt

la teoria theory

terminare to complete; to terminate

la terminazione ending

il termine term

la terra earth; **per terra** on the ground / floor

il territorio territory

terzo third *(adj.)*

la tesi *(inv.)* thesis; dissertation

il **tesoro** treasure; darling
la **testa** head; **avere un mal di testa** to have a headache
il **testo** text
il **tetto** roof
tiepido lukewarm
tifo: fare il tifo to cheer, root for
il **tifoso**, la **tifosa** fan, follower
timido shy, timid
il **timore** dread, fear
tipico typical
il **tipo** type, kind, sort; guy; **che tipo! what a character!**
il **tiramisù** a special dessert made of eggs, mascarpone, and cream
tirare to pull; to blow; **tirare avanti** to get along, manage; **tira vento** the wind is blowing
la **titolo** title; headline; **titolo di studio** degree
ti va? is that OK? does that suit you?
la **tivù** *(colloquial)* TV
toccare to touch; **tocca a te / Lei** it's your turn
togliere *(irr.; pres.* io **tolgo,** tu **togli;** *p.p.* **tolto)** to remove
la **tolleranza** tolerance
la **tomba** tomb
tonico having stress; **l'accento tonico** stress accent
il **tono** tone
torinese of/from the city of Turin
tormentare to torment
*****tornare** (**ritornare**) to return; **bentornato/a!** welcome back!
la **torre** tower
la **torta** cake; torte
i **tortellini** *(pl.)* a type of pasta
il **torto** fault; wrong; **avere torto** to be wrong
toscano of/from the region of Tuscany
totale total
tra (fra) in, within *(referring to future time)*; among, between; **tra (di)** + *[pron.]* between / among *[them / us / you]*
tradizionale traditional
la **tradizione** tradition
tradurre *(irr.; pres.* io **traduco,** tu **traduci;** *p.p.* **tradotto)** to translate
la **traduzione** translation
il **traffico** traffic
la **tragedia** tragedy
il **traghetto** ferry
tragico *(pl.* **tragici/tragiche)** tragic
il **tram** tram
la **trama** plot
il **tramvai** trolley
tranquillamente serenely; unperturbed
tranquillo calm; serene; *****stare tranquillo** to stay, be calm
il **transito** transit; **treno in transito** train approaching
il **trapassato** past perfect (verb tense)

*****trasferirsi** **(isc)** to move *(location),* transfer
trasformare to transform, change
la **trasformazione** transformation
traslocare to move, change residence
trasmettere *(p.p.* **trasmesso)** to broadcast
la **trasmissione** transmission; broadcast; program
trasmesso in diretta broadcast live
trasportare to transport
il **trasporto** transportation
trattare (di) to treat of, to be about; **di che cosa (si) tratta?** what is it about? **si tratta di** it concerns
il **tratto** tract; **ad un tratto** suddenly
traversare to cross
tre three
il **treno** train; **in treno** by train
il **trionfo** triumph
triste sad
la **tristezza** sadness
il **trombone** trombone
troppo too much; too many *(adj.)*; too *(adv.)*
trovare to find; *****andare a trovare** to visit
*****trovarsi** to be located; to find oneself; *****trovarsi d'accordo** to be in agreement
tuonare to thunder
turbare to disturb
il **turismo** tourism
il/la **turista** *(pl.* i **turisti,** le **turiste)** tourist
turistico tourist *(adj.)*
tuttavia nonetheless
tutt'e due both
tutti / tutte *(pl.)* everybody, everyone *(pron.)*
tutto everything *(inv.)*; **tutto (a, i, e)** + *definite art.* + *n.* all, every, the whole; **tutti / tutte** everyone; all; **tutt'altro** quite the contrary; **in tutto** in all; **tutt'e due** both
tuttora even now; still

U

uccidere to kill
ufficiale official *(adj.)*
l'**ufficio** office; **ufficio postale** post office; **ufficio di collocamento** employment agency; placement office
uguale equal; same
ugualmente equally
ultimo last; latest
l'**umanità** humanity
umano human *(adj.)*
umbro of/from the region of Umbria
l'**umidità** humidity
umido damp

umile humble, modest
l'**umore** *(m.)* mood; **di buon (cattivo) umore** in a good (bad) mood
l'**una** one o'clock
l'**unico**, l'**unica** the only one; **gli unici, le uniche** the only ones
unico only
unificato unified
l'**unione** *(f.)* union, alliance, match
unire (isc) to unite
l'**unità** unity
unito united
l'**università** university
universitario university *(adj.)*
l'**universo** universe
uno (un, una, un') one; a
l'**uomo** *(pl.* gli **uomini)** man; **uomo d'affari** businessman
l'**uovo** *(pl.* le **uova)** egg
l'**uragano** hurricane
urbano urban, city *(adj.)*
urgente urgent
urrà! hurrah!
l'**usanza** usage, custom; habit
usare to use
usato used
l'**uscio** (outside) door
*****uscire°** *(irr.)* to go out; to leave; *****uscire di casa** to leave the house
l'**uscita** exit
l'**uso** use
utile useful
utilizzare to utilize
l'**uva** *(s.)* grapes

V

va bene? is that all right?
la **vacanza** vacation, holiday; *****andare in vacanza** to go on vacation
vago vague
il **vagone** (train) car; **vagone letto** sleeping car; **vagone ristorante** restaurant car
il **vaglia** *(inv.)* **(postale)** (postal) money order
*****valere°** *(irr.)* *(p.p.* **valso)** to be valid; to be worth
valido valid
la **valigia** *(pl.* le **valige** or **valigie)** suitcase; **preparare la valigia, fare le valige** to pack
la **valle** valley
il **valore** value
la **valuta estera** foreign currency
la **vaniglia** vanilla
il **vaporetto** ferryboat
variare to vary
la **variazione** variation
la **varietà** variety
vario various
il **vaso** vase
vasto vast

vecchio old

vedere° (*p.p.* veduto *or* visto) to see; vediamo un po' let's see

la veduta view

vegetariano vegetarian

veloce fast

vena: *essere in vena (di) to be in the mood (to)

vendere to sell

la vendita sale

il venerdì Friday

veneziano of/from the city of Venice

*venire° (*irr.*) (*p.p.* venuto) to come

il vento wind; tira vento the wind is blowing; che vento! how windy it is!

veramente truly, really

il verbo verb

verde green

la verdura vegetables

la vergogna shame

*vergognarsi to be ashamed

verificare to confirm, verify

la verità truth

vero true; vero? isn't that so?

versare to pour; to spill; versare in banca to deposit; to pay

la versione version

il verso verse

verso toward

vestire to dress

*vestirsi to get dressed

il vestito dress; outfit

il veterinario (*used for women also*) veterinarian

la vetreria glassworks

la vetrina display window; guardare le vetrine to window-shop

il vetro glass; window

la via street; e così via and so on, so forth

via! away! *andare via to go away; to leave; dare via to give away

viaggiare to travel

il viaggiatore, la viaggiatrice traveler

il viaggio trip; viaggio di nozze honeymoon; buon viaggio! have a nice trip! fare un buon viaggio to have a good trip; fare un viaggio to take a trip; agenzia di viaggi travel agency

il viale avenue

vicino close, near; vicino a near to; da vicino from close up

il vicino, la vicina (di casa) neighbor

il videoregistratore VCR

il/la vigile traffic officer

la vigna vineyard

il vigore vigor, strength

la villa luxury home, villa

il villaggio village

vincere (*p.p.* vinto) to win

il vino wine

violento violent

la violenza violence

la virtù virtue

virtuoso virtuous

visibile visible

la visione showing; in prima (seconda) visione first (second) run (*of a film*)

la visita visit; fare visita (a) to visit, pay a visit (*to someone*)

visitare to visit, sightsee

il viso face

la vista view; sight; punto di vista point of view

la vita life

il vitello veal

la vittoria victory; success

vivace vivacious, lively

vivente living

†vivere° (*p.p.* vissuto) to live

vivo live, living, alive

il vocabolario vocabulary

il vocabolo word

la vocazione vocation; calling

la voce voice; ad alta voce out loud

la voglia wish, desire; avere voglia di (+ *n.* / *inf.*) to feel like (*something / doing something*)

il volante (steering) wheel

†volare (*humans, planes w*/avere; *time, birds w*/essere) to fly

volentieri gladly

*volerci to take, require

†volere° (*irr.*) to want; voler bene (a) to be close, attached to (*emotionally*); voler dire to mean; non voler dire not to mean; not to have bearing (*on the issue*)

volgare vulgar

volgere (*p.p.* volto) to change, turn

il volo flight

la volontà will

volontario voluntary

la volta time, occurrence; ogni volta every time; una volta once; una volta tanto for once; più volte several times

voltare (a destra / a sinistra) to turn (right / left)

*voltarsi to turn around

il volto face

il volume volume

votare to vote

il voto grade; vote

il vulcano volcano

vuoto empty

Y

lo yogurt (*inv.*) yogurt

Z

la zebra zebra

lo zero zero

lo zio (*pl.* gli zii), la zia uncle, aunt

zitto silent; *stare zitto/a to keep quiet; zitti! quiet!

gli zoccoli (*pl.*) wedge sandals

lo zodiaco zodiac

la zona zone, area

lo zoo zoo

lo zucchero sugar

lo zucchino Italian squash

la zuppa soup; zuppa inglese English custard

ENGLISH-ITALIAN VOCABULARY

A

to **abandon** abbandonare
able bravo; **to be able** *(to do something)* †potere° (+ *inf.*)
about *(approximately)* circa; *(regarding)* di; **to be about to** *stare° per + inf.*
above su, sopra; **above all** soprattutto
abroad all'estero
accent l'accento
to **accept** accettare
to **access** accedere a
to **accompany** accompagnare
to **accomplish** combinare
according to [me, you, him, her] secondo [me, te, lui, lei]
to **ache** dolere (a), fare° male (a)
acquaintance la conoscenza; il/la conoscente; **to make the acquaintance of** fare° la conoscenza di
actor l'attore, l'attrice
to **adapt** *adattarsi
address *(n.)* l'indirizzo
to **address a person informally / formally** dare° del tu / Lei a + *person*
administrator l'amministratore, l'amministratrice
to **advance** avanzare
adventure l'avventura
advertising pubblicitario *(adj.);* pubblicità *(n.)*
to **advise** consigliare (di + *inf.*)
aerobics l'aerobica; **to do aerobics** fare° l'aerobica
afraid: to be afraid avere° paura
after dopo, dopo di *(prep);* dopo che *(conj.)*
afternoon il pomeriggio; **good afternoon** buon giorno, buona sera

again, once again di nuovo
against contro
age l'età
agency l'agenzia; **travel agency** agenzia di viaggi
ago fa
to **agree, get along** *andare° d'accordo
ahead avanti
air l'aria; **air-conditioning** aria condizionata
air mail la posta aerea; *(means)* per posta aerea
airplane l'aereo, l'aeroplano
airport l'aeroporto
all tutti / tutte (+ *art.* + *n.*); **all the time** sempre; **not at all** non affatto; invece no; macché
to **allow** permettere (di + *inf.*), lasciare (+ *inf.*)
almost quasi
alone solo; da solo/a
along lungo
already già
also anche
although sebbene
always sempre
American l'americano, l'americana
American americano *(adj.)*
among tra, fra
ancestor l'antenato, l'antenata
and e, ed *(before vowels)*
angry arrabbiato; **to get angry** *arrabbiarsi
to **announce** annunciare
another un altro, un'altra
to **answer** rispondere°
antique antico
anthology l'antologia
anxious ansioso
anyone qualcuno

anything qualche cosa, qualcosa; **anything else?** altro?
apartment l'appartamento
appearance la presenza; **pleasant appearance** bella presenza
appetizer l'antipasto
application la domanda; **to accept an application** accettare una domanda
to **apply** *(submit an application)* fare° domanda
appointment l'appuntamento
to **approach** *avvicinarsi (a)
appropriate adatto
approximately circa
April aprile *(m.)*
architect l'architetto, l'architetta
arm il braccio
arrival l'arrivo
to **arrive** *arrivare; *giungere°
art l'arte *(f.)*
artist l'artista *(m./f.)*
as come; **as if** come se; **as soon as** appena
to **ask** *(to question)* domandare; *(to request)* chiedere°; **to ask a question** fare° una domanda
assignment il compito
at a; in
athletic atletico, sportivo
ATM (automated teller machine) il bancomat
to **attempt** *(to do something)* cercare (di + *inf.*)
to **attend (a school)** frequentare
attention l'attenzione *(f.);* **to pay attention** *stare° attento/a, fare° / prestare attenzione
August agosto
aunt la zia
author l'autore, l'autrice

automobile l'automobile (f.), l'auto (f. inv.), la macchina

autumn l'autunno

available disponibile

avenue il viale, il corso

away via; **to be away from** mancare da; **to go away** *andare° via

B

back il retro

bacon la pancetta

bad cattivo; **not bad** non c'è male; **too bad!** peccato! **very bad** pessimo; **to be bad** (for someone) fare° male (a); **to go from bad to worse** *andare° di male in peggio

badly male

bag il sacco; **small bag** il sacchetto

baked al forno

baker (bread) il fornaio, la fornaia; (desserts) il pasticciere, la pasticciera

balance il resto

balcony (in a theater) la galleria; (house) il balcone

bank la banca

bargain: it's a bargain! è un'occasione!

basketball la pallacanestro

bath(room) il bagno; **to take a bath** fare° il bagno

to be *essere°; **to be a** (+ profession) fare° il/la (+ profession); **to be quiet** *stare° zitto/a; **to be up to** (someone) *stare° a (+ n. or pron.); **to be well** (not well) *stare° bene (male)

beach la spiaggia

to beat (defeat) battere; **that beats all!** è il colmo!

beautiful bello

because perché; **because of** a causa di

to become *diventare°

bed letto; **to go to bed** *andare° a letto, *andare° a dormire

bedroom la camera da letto

beer la birra

beef il manzo; **roast beef** l'arrosto (di manzo)

before prima che (conj.); prima di (prep.); **than before** di prima

to begin (in)cominciare; **to begin** (to do something) (in)cominciare (a + inf.); **to begin again** ricominciare

beginning il principio

behind dietro (a)

to believe (in) credere (a/in)

belfry il campanile

bench la panchina

better meglio (adv.); migliore (adj.); **to be better** *andare° meglio

between fra, tra

bicycle la bicicletta; **to ride a bicycle** *andare° in bicicletta

big grande

bill il conto; (banknote) biglietto da (+ amount)

biography la biografia

birthday il compleanno; **happy birthday!** buon compleanno!

bit: a bit (of) un po' (di)

blond biondo

blouse la camicetta; la blusa

board la pensione

bone l'osso

book il libro

to book prenotare

bookseller il libraio, la libraia

bookstore la libreria

boot (ski) lo scarpone; lo stivale

bored: to get bored *annoiarsi

boring noioso

born: to be born *nascere°

boss il capo

both tutt'e due

box la scatola

boxing il pugilato

boy il ragazzo; **little boy** il bambino

boyfriend il ragazzo (di)

bread il pane

breakfast la colazione; **to have breakfast** fare° (la) colazione

bricklayer il muratore

bride la sposa

brief breve

to bring portare

broadcast la trasmissione

to broadcast (live) trasmettere (in diretta)

broth il brodo

brother il fratello; **brother-in-law** il cognato

brown marrone; castano (hair, eyes, complexion)

to browse (a book) sfogliare (un libro)

to build costruire (isc)

building l'edificio

bus l'autobus (m.)

business l'affare (m.); (in general) gli affari; (store) il negozio; **on business** per affari

businessman, businesswoman l'uomo, la donna d'affari

busy occupato

but ma

butcher il macellaio, la macellaia

butter il burro

to buy comprare

bye! ciao!

C

café il bar, il caffè

cafeteria la mensa

cake la torta; il dolce

to call (someone) chiamare; (to phone) telefonare

called: to be called *chiamarsi

can, may (do something) †potere° (+ inf.)

Canadian canadese (adj. and n.)

canal il canale

to cancel (the reservation) disdire (la prenotazione)

cancellation la disdetta

car la macchina; l'auto; **by car** in macchina

card: credit card la carta di credito

careful attento; **careful!** attenzione!

carrot la carota

cartoon il fumetto

case il caso; **in that case** in tal caso

cash i contanti (pl.)

to cash riscuotere°; **to cash a check** cambiare un assegno

cashier la cassa (cash register); il cassiere, la cassiera

cat il gatto, la gatta

cathedral il duomo

to celebrate festeggiare, celebrare

census il censimento

certain certo

by chance per caso

change gli spiccioli (coins); il resto (balance due)

to change (become different) *cambiare; **to change, exchange** (something) cambiare

channel il canale

chapel la cappella

character il personaggio

check l'assegno; **traveler's check** assegno turistico; (restaurant) **check** il conto

checking account il conto corrente

to cheer fare° il tifo

cheerful allegro

cheers! salute!

cheese il formaggio

chemistry la chimica

chicken il pollo

child il bambino, la bambina; il figlio, la figlia; il figliolo, la figliola; **as a child** da piccolo/a

children i figli (m. pl.); i figlioli (m. pl.)

chocolate il cioccolato

choice la scelta

to choose scegliere°

Christmas Natale; **Merry Christmas!** Buon Natale!

church la chiesa

cigarette la sigaretta

city la città

class la lezione; la classe

classmate il compagno / la compagna di classe

classic classico

classroom la classe

to clean pulire (isc)

clear chiaro

clerk il commesso, la commessa; **desk clerk** il portiere

client il/la cliente

to climb †salire°

clock l'orologio

close (to) vicino (a); **close by** qui vicino; **to get close, draw near** *avvicinarsi; **from up close** da vicino

to close chiudere°

closed chiuso

coach l'allenatore, l'allenatrice

coat il cappotto

coffee il caffè; **coffee shop** il caffè, il bar

to coincide coincidere

coincidence: **what a coincidence!** che coincidenza!

cold il freddo *(n.)*; freddo *(adj.)*; **head cold** il raffreddore; **to be cold** avere° freddo; **it's cold** fa freddo

cold cuts l'affettato

colleague il/la collega

to come *venire°; **to come back** *ritornare; **to come close** *avvicinarsi; **to come in** *entrare; **to come out** *uscire°

comedy la commedia

comfortable comodo; **to make oneself comfortable** *accomodarsi

comic book il giornalino

comic strip il racconto a fumetti

commercial commerciale; *(ad)* la pubblicità

common comune; **in common** in comune

communist comunista *(n. and adj.)*

commuter il/la pendolare

company la compagnia; la ditta; **in the company of** in compagnia di

compartment lo scompartimento

to complain *lamentarsi (di)

complicated complicato

compliment il complimento

to compose comporre

composer il compositore, la compositrice

concert il concerto

conductor *(train)* il controllore; *(orchestra)* il direttore

confirmation la conferma

congratulations! congratulazioni!

construction la costruzione

to consult consultare

to continue *(doing something)* continuare (a + inf.)

contractor l'appaltatore

contrary il contrario; **on the contrary** al contrario; invece

conventional convenzionale

conversation la conversazione

to convert convertire

cook il cuoco, la cuoca

to cook cucinare

cookbook il libro di cucina

cookie il biscotto

cooking la cucina

cool il fresco; **it's cool weather** fa fresco

copy *(n.)* la copia

cordial il liquore

corner l'angolo

correct giusto

to correspond corrispondere°

correspondent il/la corrispondente

cost il costo

to cost *costare; **how much does it cost?** quanto costa?

cotton il cotone

to count contare

counter il banco

country il paese

countryside la campagna; **in/to the country** in campagna

couple (of) la coppia; un paio (di)

course *(of study)* il corso; **of course!** certo! naturalmente! ma sì! **first / second course (of a meal)** il primo / secondo piatto

cousin il cugino, la cugina

co-worker il/la collega

crafts l'artigianato

cream la panna; la crema

credit card la carta di credito

crisis la crisi

croissant il cornetto

crowded affollato

to cross attraversare

cruise la crociera; **to go on a cruise** fare° una crociera

to cultivate coltivare

current la corrente; **to be current (on)** *essere° al corrente (di)

custard la crema

customer il/la cliente

cut it out! smettila!

cute carino

cycling il ciclismo

D

dad(dy) il babbo, il papà

to dance ballare

dark scuro; buio

darling tesoro

darn it! accidenti!

date l'appuntamento; *(calendar)* date la data; **what's today's date?** quanti ne abbiamo oggi?

to date back to *risalire a

daughter la figlia, la figliola

day il giorno; la giornata *(descriptive)*; **day before yesterday** ieri l'altro

deal l'affare *(m.)*; **a great deal of** molto

dear caro

December dicembre *(m.)*

to decide *(to do something)* decidere° (di + inf.)

decision la decisione; **to make a decision** prendere° una decisione

to decrease †diminuire (isc)

defeat la sconfitta

to defeat battere

degree la laurea *(university)*; il diploma *(high school)*

delicious delizioso

delightful delizioso

delivery la consegna

demand la richiesta

democratic democratico

demonstration la manifestazione

to depart *partire

departure la partenza

to depend dipendere°

deposit il deposito

to deposit depositare

depressed depresso

desert il deserto

designer lo/la stilista; **head designer** il/la capostilista

desire la voglia

to desire desiderare; volere°

desk la scrivania; il banco; **desk clerk** il portiere

dessert il dolce

destination la destinazione

to devote oneself to *dedicarsi a

to die *morire°

diet la dieta; **to be on a diet** *stare° a dieta

different (from) diverso (da)

difficult difficile

difficulty la difficoltà

dimension la dimensione

dining room la sala da pranzo

dinner la cena; **to have dinner** cenare

to direct dirigere°; indicare

direction l'indicazione *(f.)*

directly direttamente

disagreeable antipatico

to disappear *scomparire

discount lo sconto

to discover scoprire

to discuss discutere (di)

discussion la discussione

dish il piatto

distant lontano

to divide dividere°

divorced divorziato

to do fare°

doctor il dottore, la dottoressa

documentary il documentario

dog il cane

dollar il dollaro

done! ecco fatto!

door la porta

doubt il dubbio; **without doubt** senza dubbio

dove la colomba

downhill run la discesa

down payment il deposito
downtown in centro
drama il dramma
dramatic drammatico
dream il sogno
to dream (of doing something) sognare
(di + inf.)
dress il vestito
to dress (oneself), get dressed *vestirsi
drink: soft drink la bibita
to drink bere°
to drive *andare° in automobile / in
macchina, guidare
drop la goccia; little drop il goccetto
dumplings gli gnocchi (pl.)

E

each ogni (inv. adj.); ciascuno (ciascun,
ciascuna, ciascun')
each one (of) ognuno (di)
early presto
to earn guadagnare
easy facile
east l'est (m.)
to eat mangiare
ecological ecologico
ecology l'ecologia
economics, economy l'economia
edition l'edizione (f.)
egg l'uovo
to egress *uscire°
to elect eleggere
election l'elezione (f.)
elegant elegante
elementary elementare
embarrassing imbarazzante
embrace l'abbraccio
to embrace abbracciare
emigrant l'emigrante (m./f.)
to emigrate †emigrare
emigration l'emigrazione (f.)
employee l'impiegato, l'impiegata
employment agency l'ufficio di
collocamento
end la fine
to engage in a sport praticare uno
sport
engaged fidanzato/a; to get engaged
*fidanzarsi
engineer l'ingegnere, l'ingegnera (rare:
m. title used for women also)
English inglese (adj.); English language
l'inglese
Englishman, Englishwoman l'inglese
(m./f.)
to enjoy gustare; to enjoy oneself
*divertirsi
enough abbastanza (inv.); to be enough
*bastare
to enroll (in) *iscriversi (a)
to enter *entrare

enthusiastic (about) entusiasta (di);
appassionato (di)
environment l'ambiente (m.)
environmentalism la protezione
dell'ambiente
environmentalist l'ambientalista (m./f.)
envy l'invidia
episode la puntata (TV sequel); l'episo-
dio (event)
essay il saggio; essay writing la
saggistica
especially specialmente
eternal eterno
even anche; even before anche prima;
even if anche se
evening la sera; la serata (descriptive);
good evening buona sera; in the evening la sera, di sera; this evening
stasera
ever mai
every tutto (a, i, e) (+ art. + n.); ogni
(+ s. n.)
everybody tutti
everyone tutti
everywhere dappertutto
exact(ly) esatto
to exaggerate esagerare
exam(ination) l'esame; to take an
exam dare° un esame
example l'esempio
excellent ottimo
to exchange cambiare; scambiare
exchange rate il cambio
excuse la scusa
to excuse scusare; excuse me! scusa!
scusi!
excursion la gita
exercise l'esercizio; la ginnastica
to exercise fare° la ginnastica; fare°
esercizio
exhausted sfinito
exhibit la mostra
to expect *aspettarsi; what do you
expect? cosa vuole?
expensive caro, costoso
experience l'esperienza
to explain spiegare
to export esportare
to express esprimere
extract il brano
extraordinary straodinario
extravagant stravagante
extremely estremamente
eye l'occhio

F

fact il fatto; in fact infatti, di fatti
factory la fabbrica
fall l'autunno (season); la caduta
to fall in love with *innamorarsi di
family la famiglia

famished: to be famished *morire° di
fame
famous famoso
fan il tifoso, la tifosa
far lontano
fare la tariffa
farm il podere
to farm coltivare i campi
farmer l'agricoltore
fascinating affascinante
fashion la moda; in fashion di moda
fat grasso
father il padre; il papà, il babbo
fault la colpa
favor il favore; to do a favor fare° un
favore
favorite preferito
fear la paura; to be afraid (of) avere°
paura (di)
February febbraio
fed up with (essere) stufo/a (di)
to feel *sentirsi; to feel like avere°
voglia (di + n. or inf.)
female la femmina (n.); femminile
(adj.)
feminist femminista (n. and adj.)
ferry il vaporetto; il traghetto
few, a few alcuni / alcune, qualche (+
s. n.); pochi / poche
fiancé, fiancée il fidanzato, la fidanzata
field il campo; il settore
to fill riempire; to fill out a form compilare / riempire un modulo
film il film
finally finalmente
to find trovare; to find oneself
*trovarsi
fine buono; bene; it's fine va bene
finger il dito
to finish finire (isc) (di + inf.)
fire il fuoco
to fire (an employee) licenziare (un
impiegato)
fireplace il caminetto
firm (business) la ditta, l'azienda
first primo (adj.); prima (adv.)
fish il pesce
to fit *andare° bene
to fix (repair) riparare; to fix food preparare da mangiare
flight il volo
floor il piano; main (first) floor il pianterreno; (of a theater) la platea; second floor primo piano
flu il raffreddore
to fly *andare° in aereo; volare
foot il piede; on foot a piedi
for per
forbidden vietato
to force (to do something) obbligare (a
+ inf.)
foreign straniero (adj.); foreign correspondent il/la corrispondente
estero/a

foreigner lo straniero, la straniera
to forget (to) dimenticare (di)
form la forma; il modulo; to fill out a
  form riempire un modulo
fortunate fortunato
to found fondare
free libero
French francese (adj.); French language
  il francese
Frenchman, Frenchwoman il/la
  francese
fresco (painting) l'affresco
fresh fresco
Friday il venerdì
fried food il fritto
friend l'amico, l'amica
friendship l'amicizia
from da; where are you from? di dove
  sei / è?
fruit la frutta; fruit vendor il fruttivendolo, la fruttivendola
fun il divertimento; to have fun *divertirsi; to make fun of prendere° in
  giro
to function funzionare
funny spiritoso; buffo

G

to gain guadagnare
game (sport) la partita, l'incontro; I'm
  game ci sto
garage il garage
garden il giardino; vegetable garden
  l'orto
gasoline la benzina; to fill up with gas
  fare° il pieno di benzina
generally generalmente
generation la generazione
gentleman il signore
German il tedesco, la tedesca; German
  language il tedesco
German tedesco (adj.)
to get along (well / poorly) *trovarsi
  bene / male); to get along (with
  someone) *andare° d'accordo (con);
  to get on, into (a vehicle) †salire°; to
  get up *alzarsi; to get used to
  (something) *abituarsi a (+ n. or
  inf.)
gift il regalo; to give a gift fare° un
  regalo; to gift wrap fare° una confezione regalo
girl la ragazza; little girl la bambina
girlfriend la ragazza (di)
to give dare°; to give (as a gift) regalare; to give back rendere°
glad (to) lieto (di); contento (di)
gladly volentieri
glass (drinking) il bicchiere; little glass
  il bicchierino
(eye)glasses gli occhiali; sunglasses
  occhiali da sole

glassworks la vetreria
to go *andare°; to go (to do something) *andare° (a + inf.); to go to
  (attend) a school / university frequentare la scuola / università; to go
  away *andare° via; to go back
  *ritornare°; to go back into *rien-
  trare; to go back (date) to *risalire
  a; to go (stop) by *passare (da); to
  go by car (plane, train) *andare° in
  macchina aereo, treno); to go in /
  out *entrare / *uscire°; to go up /
  down †salire° / †scendere°
god il dio; God forbid! Dio ce ne
  guardi!
gold l'oro
goldsmith l'orefice
golf il golf (sport, s. only)
good bravo; buono; good afternoon
  buon giorno; buona sera; good evening buona sera; good heavens!
  mamma mia! santo cielo! good
  morning buon giorno; good night
  buona notte; pretty good abbastanza
  bene; very good molto bene, benissimo; to be good (for someone) fare°
  bene (a)
good-bye arrivederci! arrivederLa!
to graduate (from high school) *diplomarsi; (from a university) *laurearsi,
  ottenere la laurea
greengrocer il fruttivendolo, la
  fruttivendola
government il governo
grandchild il/la nipote
grandfather il nonno
grandmother la nonna
grapefruit il pompelmo
grapes l'uva (s.)
great grande; notevole
great-grandfather il bisnonno
great-grandmother la bisnonna
Greek il greco, la greca; Greek language il greco
Greek greco (adj.)
to greet salutare
groceries gli alimentari; to buy groceries fare° la spesa
grocery store il negozio di alimentari
groom lo sposo
group il gruppo
to grow (up) crescere
guard la guardia
to guess indovinare
guest l'ospite (m./f.); l'invitato,
  l'invitata
guide la guida
guidebook la guida
gym la palestra; in/to the gym in
  palestra
gymnastics la ginnastica

H

habit l'abitudine
hair i capelli (m. pl.)
half mezzo; half an hour mezz'ora
ham il prosciutto
hand la mano; on the other hand
  invece
handicraft l'artigianato
handsome bello
to happen *succedere, *accadere
happy allegro, contento, felice
haste la fretta
to hate odiare
to have avere°; (with food) prendere°;
  to have to (do something) †dovere°
  (+ inf.); to have a good time
  *divertirsi
head la testa
health la salute; to be in good health
  avere° buona salute
to hear sentire; to hear about sentire
  parlare di
heat il caldo; to feel hot avere° caldo;
  it's hot fa caldo
heavy pesante
hectogram l'etto
hello! buon giorno! buona sera! ciao!;
  pronto (on the phone)
help l'aiuto
to help aiutare
here qua; qui; here is/are, here you are
  ecco
hi! ciao!
high alto
high school il liceo
highway l'autostrada
to hire assumere
history la storia
holiday la festa; holidays le ferie, le
  vacanze; le feste
holy santo
home la casa; at home a casa
homework il compito
honeymoon il viaggio di nozze, la luna
  di miele
to hope (to do something) sperare (di
  + inf.)
hospital l'ospedale (m.)
hot caldo; to be hot avere° caldo; it's
  hot fa caldo
hotel l'albergo
hour l'ora; half an hour mezz'ora; rush
  hour l'ora di punta
house la casa; luxury home la villa
household chores le faccende di casa
how come; how are you? come stai /
  sta? how come? come mai? how is it
  going? come va? how long? quanto
  tempo? how much / many? quanto /
  quanti? how much does it cost?
  quanto costa?
however comunque, però
hug l'abbraccio

hunger la fame
hungry affamato; **to be hungry** avere°
 fame
hurrah! evviva!
hurry la fretta; **in a hurry** in fretta; alla
 svelta; **to be in a hurry** avere° fretta;
 to hurry up *sbrigarsi, fare presto
husband il marito

I

I io
ice il ghiaccio
ice cream il gelato
ice skating il pattinaggio su ghiaccio
ideal ideale
idiot il cretino, la cretina
if se; **if only!** magari!
ill ammalato, malato; **male** *(adv.)*
illustrated illustrato
illustration l'illustrazione *(f.)*
immediately subito
immigrant l'immigrante *(m./f.)*
to immigrate *immigrare
impression l'impressione *(f.)*
in a; in; *(future time)* fra, tra
to include includere; comprendere
included incluso
to increase †aumentare
incredible incredibile
independence l'autonomia
Indian indiano *(n. and adj.)*
industry l'industria
inexpensive economico
information l'informazione *(f.)*
inhabitant l'abitante *(m./f.)*
injustice l'ingiustizia
insensitive insensibile
inside dentro
instead (of) invece (di)
intelligent intelligente
to intend to *(do something)* pensare di
 (+ *inf.*); intendere (+ *inf.*)
intense intenso
interesting interessante
interest l'interesse *(m.)*
to interest interessare; **to be interested
 in** *interessarsi a/di
to interrupt interrompere
interview il colloquio
invitation l'invito
to invite invitare
island l'isola
Italian l'italiano, l'italiana; **Italian language** l'italiano
Italian italiano *(adj.)*
itinerary l'itinerario

J

jacket la giacca
January gennaio

jewel il gioiello
jewelry, jewelry shop la gioielleria
job il lavoro; **to look for a job** cercare
 lavoro
to jog fare° il jogging / il footing
joke lo scherzo
to joke scherzare
journalist il/la giornalista
July luglio
June giugno
just appena; proprio

K

keen on appassionato di
to keep tenere°; **to keep quiet** *stare°
 zitto/a
key la chiave; **car keys** le chiavi della
 macchina
kilo(gram) il chilo(grammo)
kind *(n.)* il tipo; **what kind of?** che
 tipo di? **any kind of** qualsiasi *(inv.)*
kind *(adj.)* gentile
kitchen la cucina
to know, be acquainted with cono-
 scere°; **to know something, know
 of / about** sapere°; **to know how to**
 (do something) sapere° (+ *inf.*)
knowledge la conoscenza

L

labor il lavoro; **labor-intensive** faticoso
laborer l'operaio, l'operaia
labor union il sindacato
lack la mancanza (di)
to lack *mancare
lady la signora
lake il lago
language la lingua; **foreign language**
 lingua straniera
large grande
last scorso; ultimo; **last name** il cognome; **last night** ieri sera; ieri notte; **at
 last** finalmente
late tardi; in ritardo; **to sleep late** dormire fino a tardi
latest ultimo
to laugh ridere°
lawyer l'avvocato, l'avvocata
laziness la pigrizia
lazy pigro
to learn imparare; **to learn how** *(to do
 something)* imparare (a + *inf.*)
least il minimo; **at least** almeno
leather la pelle
leave il permesso
to leave *(to go)* *andare° via; *(to
 depart)* *partire; *(to exit)* *uscire°;
 (to leave behind) *lasciare
left (hand) la sinistra; **on/to the left** a
 sinistra

legend la leggenda
lemon il limone; **with lemon, lemon-
 flavored** al limone
to lend prestare
less meno, di meno
lesson la lezione
to let, allow *(to do something)* lasciare
 (+ *inf.*)
letter la lettera
lettuce la lattuga
liberal liberale
library la biblioteca; **at/in/to the
 library** in biblioteca
lie la bugia; **to tell a lie** dire° una bugia
life la vita; **not on your life!** neanche
 per sogno!
light la luce; *(adj.)* leggero
to light *(a match, fire)* accendere°
like come
to like *piacere°
likeable simpatico
lip il labbro
lira *(Italian currency)* la lira
list la lista
listen! senti! senta!
to listen to ascoltare; *stare° a sentire
liter il litro
literature la letteratura
little *(size)* piccolo *(adj.)*; *(quantity)*
 poco / poca *(adj.)*; *(not very)* poco
 (adv.); **a little** un po' (di); **little by
 little** a poco a poco; **very little** ben
 poco
live (broadcast) (la trasmissione) in
 diretta
to live *(reside)* abitare; *(exist)* †vivere°
lively animato
living room il salotto
to locate trovare; **to be located**
 *trovarsi
lonesome solitario
long lungo; **a long time** molto tempo;
 a lungo; **how long?** da quanto
 tempo?
longer: no . . . longer non ... più;
 not . . . any longer non ... più
to look at guardare; **to look for** cercare; **to look well** *stare° bene
to lose perdere°; **to lose weight** *dimagrire (isc)
lot: a lot (of) molto; un sacco di
love l'amore; **to be in love (with)**
 *essere° innamorato/a (di); **to fall in
 love with** *innamorarsi di
to love amare
luck la fortuna; **good luck!** buona
 fortuna!
luckily per fortuna
lucky fortunato; **lucky you!** fortunato/a
 te! **lucky guy / gal!** beato/a lui/lei!
lukewarm tiepido
lunch il pranzo; **to have lunch**
 pranzare

M

macaroni products la pasta *(s. only)*
mad arrabbiato; **to get mad** *arrabbiarsi
magazine la rivista
magnificent magnifico
mail la posta
to mail imbucare, impostare
to major (in) *specializzarsi (in); studiare
majority la maggior parte, la maggioranza
to make fare°
male *(n.)* il maschio; **male chuvinism** il maschilismo
man l'uomo; **young man** il ragazzo
to manage tirare avanti; *(succeed)* *riuscire° a
management la direzione
manner il modo; **what manners!** che modi!
many molti / molte; **not many** pochi / poche
map la pianta
marathon la maratona
marketplace il mondo del lavoro
married sposato; **to get married** *sposarsi
mason il muratore
masterpiece il capolavoro
match *(sports)* la partita; l'incontro
math, mathematics la matematica
to matter importare; **it doesn't matter!** non importa!
May maggio
maybe può darsi (che), forse
to mean voler dire; **what does . . . mean?** cosa vuol dire ... ?
means il modo; i mezzi; **by all means** pure
meat la carne; **cured meats** i salumi
mechanic il meccanico
to meet incontrare; conoscere° *(in past tenses)*, fare° la conoscenza di; *(pick up)* *andare° a prendere; **glad to meet you!** piacere!
meeting la riunione; la seduta
melon il melone
to mention accennare
Middle Ages il Medioevo
midnight la mezzanotte
mile il miglio
milk il latte
million il milione; **a tidy little million** un milioncino
millionaire milionario *(n. and adj.)*
miniseries lo sceneggiato
mind: do you mind if . . . ti dispiace se ... ; **never mind!** pazienza!
minute il minuto
to miss (a bus, train) perdere (l'autobus, il treno)
Miss signorina *(abbr. sig.na)*

mistake l'errore *(m.)*, lo sbaglio; **to make a mistake** sbagliare; fare un errore / uno sbaglio
mixed misto
model il modello
moderate (in price) modico
modest modesto
mom la mamma
moment il momento, l'attimo
Monday il lunedì
money il denaro, i soldi, i quattrini
month il mese
mood l'umore *(m.);* **to be in a good (bad) mood** *essere° di buon (cattivo) umore
more più, di più; **more or less** più o meno; **more than** più di; **once more!** ancora una volta!
morning la mattina; **in the morning** la mattina / di mattina; **this morning** stamattina; **good morning!** buon giorno!
mother la madre, la mamma
motorcycle la motocicletta
motorist l'automobilista *(m./f.)*
mountain la montagna; **mountain climbing** l'alpinismo
to move *trasferirsi (isc); traslocare
movie il film; **movie theater** il cinema; **to show a movie** dare° un film
Mr. signore *(abbr. sig.)*
Mrs. signora *(abbr. sig.ra)*
much molto; **how much?** quanto? **not much** poco; **so much** tanto; **too much** troppo
municipal comunale
museum il museo
music la musica
musician il/la musicista
must *(do something)* †dovere° *(+ inf.)*

N

name il nome; **last name** il cognome
to narrate raccontare
naturally naturalmente
naughty cattivo
near vicino a; **to get near** *avvicinarsi
nearby qui vicino
neat ordinato
necessary necessario; **it is necessary** bisogna
to need, have need of avere° bisogno di
neighborhood il rione; il vicinato
neither . . . nor né ... né
nephew il nipote
never non ... mai
new nuovo
newlyweds gli sposi
news la notizia; la novità
newspaper il giornale; **newspaper vendor** il giornalaio, la giornalaia
newsstand l'edicola

next poi, prossimo; **next to** accanto a
nice simpatico; carino; grazioso
niece la nipote
night la notte; **at night** la notte / di notte; **good night** buona notte; **last night** ieri sera; ieri notte
no no; **no one** nessuno; non ... nessuno
nobody nessuno; non ... nessuno
noise il rumore
nonsense! che storie!
noon il mezzogiorno
normal normale
north il nord
Norwegian norvegese *(n. and adj.)*
nose il naso
not non; **not bad** non c'è male; **not . . . yet** non ... ancora; **not so!** macché!
note biglietto; **(class) notes** gli appunti
nothing niente, nulla; non ... niente, non ... nulla; **nothing special** niente di speciale
noun il nome, il sostantivo
novel il romanzo
November novembre *(m.)*
now ora; adesso; **by now** ormai
nowadays oggigiorno
nowhere da nessuna parte; **to get nowhere** non combinare niente
number numero
numerous numeroso

O

to obtain ottenere
occasion l'occasione; **special occasion** occasione particolare
to occupy occupare
October ottobre *(m.)*
of di
offer l'offerta
to offer offrire
office l'ufficio
often spesso
OK va bene
old vecchio; antico; **how old are you?** quanti anni hai / ha?
old-fashioned antiquato
olive l'oliva; **olive oil** l'olio d'oliva
on su, sopra
once una volta; **once upon a time** (c'era) una volta
oneself: by oneself da solo/a
only solamente; solo, soltanto; **if only!** magari!
open aperto
to open aprire
opera l'opera
opinion l'opinione; **in my [your, his, her] opinion** secondo me [te / Lei, lui, lei]
optimism l'ottimismo
optimist ottimista *(adj. and n.)*
optimistic ottimista *(adj.)*

or o
orange l'arancia; **orange juice** il succo d'arancia
orchestra l'orchestra
to order ordinare
orderly ordinato
to organize organizzare
origin l'origine
original originale
other altro; **others** gli altri
outside fuori; all'aperto
outstanding notevole
owner il proprietario, la proprietaria

P

package il pacco
to paint dipingere
painter il pittore, la pittrice
painting (art) la pittura
pair il paio
palace il palazzo
panorama il panorama
paper (report) la relazione; (writing) la carta da scrivere
parents i genitori (m. pl.)
to park parcheggiare
parking il parcheggio
part la parte; **for the most part** per lo più
partly in parte
party la festa; **(political) party** partito (politico)
to pass (by/over) *passare (da/sopra); **to pass exams** superare gli esami
passbook il libretto di risparmio
passport il passaporto
past il passato
pasta la pasta (s. only)
pastry la pasta, le paste
pastry shop la pasticceria
patience la pazienza; **to be patient** aver° pazienza
to pay pagare; **to pay attention** *stare° attento/a
peaceful tranquillo
pear la pera
pedestrian (n.) il pedone
penalty charge la penale
pencil la matita
people la gente (s.); le persone (pl.)
performance lo spettacolo; la rappresentazione
perhaps forse
person la persona
pessimist pessimista (adj. and n.)
pessimistic pessimista (adj.)
pharmacy la farmacia
philosophy la filosofia
phone il telefono
to phone telefonare (a)
photo(graph) la foto(grafia)

to pick up *andare° / *venire° a prendere
picture la fotografia, la foto; **to take a picture** fare° una fotografia
place il posto; la località; **to take place** aver° luogo
to place mettere°
plan il progetto; **to make plans** fare° progetti
plate il piatto
play (theatrical) la rappresentazione (teatrale)
to play (a musical instrument) suonare; **to play** (a sport or game) giocare (a); **to play tennis** giocare a tennis
pleasant piacevole
please per piacere, per favore, per cortesia
to please, be pleasing to *piacere° a
pleasure il piacere; **a pleasure to meet you!** piacere!
plot la trama
plus più
poem la poesia
point of view il punto di vista
pole il polo; **North Pole** Polo Nord
police la polizia; **traffic officer** il/la vigile
polite cortese
political politico
politics la politica
polluted inquinato
pollution l'inquinamento
poor povero
Pope il papa
popular popolare
pork il suino
portrait il ritratto
position il posto di lavoro
possibility la possibilità
possible possibile; **it's possible** può darsi, forse
post office l'ufficio postale
postcard la cartolina
poster il cartellone
potato la patata
to practice praticare; esercitare
precise preciso
precisely precisamente; esatto
precision la precisione
to prefer preferire (isc)
premium (on train tickets) il supplemento rapido
to prepare (for/to) preparare; *prepararsi (per/a + n. or inf.)
present il regalo; **to give a present** fare° un regalo, regalare
press la stampa; **press conference** la conferenza stampa
pretty carino; grazioso
price il prezzo; **lower price** prezzo più basso
problem il problema; **no problem** fa lo stesso

to proceed procedere
to produce produrre
profession la professione
professional professionale
professor il professore, la professoressa
program il programma; **television programs** programmi televisivi
programmer il programmatore, la programmatrice
progress il progresso
project il progetto
to promise (to do something) promettere (di + inf.)
promotion la promozione
to pronounce pronunciare; **how do you pronounce?** come si pronuncia?
proof la prova
to propose proporre
proposition la proposta
proprietor il proprietario, la proprietaria
proud orgoglioso
provided that purché
provincial provinciale
public pubblico
publication la pubblicazione
punctual puntuale
purchase l'acquisto
purse la borsa, la borsetta
to put mettere°; **to put on, wear** *mettersi; **to put on weight** *ingrassare

Q

quality la qualità
question la domanda; **to ask a question** fare° una domanda
quickly subito; alla svelta; in fretta
quiet: **to keep quiet** *stare° zitto/a; **quiet!** zitto!
to quit (doing something) smettere (di + inf.)

R

race (sports) la corsa
railroad station la stazione ferroviaria
rain la pioggia
to rain piovere
raise l'aumento; **to get a raise (in salary)** ricevere un aumento (di stipendio / salario)
to raise aumentare (increase); alzare (lift)
rate la tariffa
rather piuttosto
ravenous: **to be ravenous** avere° una fame da morire
to reach *arrivare° a; raggiungere°
to read leggere°
reader il lettore, la lettrice

ready pronto; **to get ready (for/to)**
*prepararsi (per/a)
realist realista *(adj. and n.)*
to realize *accorgersi; *rendersi conto
di
really davvero; proprio; veramente; **not**
really! non proprio!
reason la ragione
reasonable *(in price)* modico; *(in atti-*
tude) ragionevole
receipt la ricevuta; lo scontrino
to receive ricevere
receiver *(phone)* il ricevitore
recipe la ricetta
to recommend raccomandare
record *(music)* il disco
to recognize riconoscere°
red rosso
to reduce diminuire (isc)
reduction la diminuzione; la riduzione
referee l'arbitro
reference la referenza
reform la riforma
region la regione
relative *(family)* il/la parente
to relax *rilassarsi
release *(of a movie)* la visione
to remain *restare; *rimanere°
to remember ricordare; **to remember**
(to do something) *ricordarsi (di)
remote control il telecomando
to rent *(a car)* noleggiare; *(an apart-*
ment) affittare
rental car la macchina a noleggio
to repair riparare
to repeat ripetere
to reply rispondere°
report la relazione
republic la repubblica
republican repubblicano
request la richiesta
to require richiedere°
research la ricerca
to resemble †somigliare
reservation la prenotazione; **to make a**
reservation prenotare, fare° una
prenotazione; **to cancel a reservation**
disdire la prenotazione
to reserve prenotare
to reside abitare; risiedere
to resolve risolvere
to respect rispettare
to rest *riposarsi
restaurant il ristorante
restlessness l'irrequietezza
to resume riprendere°
retiree il pensionato, la pensionata
return il ritorno
to return *(something)* rendere; **to**
return *(go back)* *ritornare; *(enter*
again) *rientrare
rice il riso; **rice dish** risotto
ride il passaggio; **to ask for / give a**
ride chiedere° / dare° un passaggio

to ride a bicycle (car, motorcycle)
*andare° in bicicletta (macchina,
motocicletta)
right **(hand)** la destra; **on/to the right**
a destra
right *(correct)* giusto *(adj.)*; esatto! **to**
be right *(about something)* avere°
ragione; **all right?** va bene? **might be**
all right potrebbe andare
ring l'anello
to ring *(bell, phone, alarm)* suonare
road la strada
roast l'arrosto
roasted arrosto *(inv. adj.)*
roll il panino
room la stanza; la camera; **living room**
il salotto; **dining room** la sala da
pranzo; **room and board** la pensione
roommate il compagno / la compagna
di stanza
rude scortese
rule la regola
run la corsa; **first / second run (of a**
movie) *(film)* in prima / seconda
visione
to run †correre°
rush hour l'ora di punta
Russian il russo, la russa; **Russian lan-**
guage il russo
Russian russo *(adj.)*

S

sad triste
safe-deposit box la cassetta di
sicurezza
saint il santo, la santa
saint *(adj.)* santo (san, sant', santa)
salad l'insalata; **tossed salad** l'insalata
mista
salami il salame
salary lo stipendio, il salario
sale la svendita; **on sale** in svendita
salty salato
same stesso
sandwich il panino
satisfied contento
Saturday il sabato
sauce il sugo; **with tomato sauce** al
sugo
to save risparmiare
savings i risparmi *(m. pl.)*
to savor gustare
to say dire°; **to say hi** to salutare; **to**
say yes (no) dire° di sì (no); **how do**
you say? come si dice?
Scandinavian scandinavo *(n. and adj.)*
to scatter *disperdersi
school la scuola
science la scienza; **science fiction** la
fantascienza
to score segnare
sea il mare

season la stagione
seat il posto
seated seduto
second secondo
sector il settore
to see vedere°; **to see again** rivedere°;
see you soon! a presto! **see you**
tomorrow! a domani!
to seem *sembrare; *parere°; **it seems**
that pare che
to select scegliere°
selection *(choice)* la scelta; *(excerpt)* il
brano
to sell vendere
to send spedire (isc)
sensible ragionevole
sensitive sensibile
separated separato
September settembre *(m.)*
serious serio
seriously sul serio
to serve servire
service station stazione di servizio
set in ambientato in
several diversi / diverse
shape la forma
to shave *farsi la barba *(of men only)*
to ship spedire (isc)
shipment la spedizione
shoe la scarpa
shop il negozio; la bottega
to shop fare° compere, fare° (le) spese
shop window la vetrina
shopkeeper il/la negoziante
shopping: **to go shopping** fare° compere; **to buy groceries** fare° la spesa
short *(height)* basso; *(length)* breve;
corto; **in short** insomma
show lo spettacolo
to show mostrare; **to show a film** dare°
un film
shower la doccia; **to take a shower**
fare° la doccia
sick ammalato; **it's making [me] sick**
[mi] fa star male
to sign firmare
silk la seta
silly scemo
silver argento; **(made) of silver** (fatto)
d'argento
similar simile
simple semplice
to sing cantare
singer il/la cantante
sir signore *(m.)*
sister la sorella; **sister-in-law** la cognata
to sit down *sedersi°
sitting seduto
size *(clothing)* la taglia
to skate (ice / roller) fare° il pattinaggio (su ghiaccio / a rotelle)
to ski sciare
skier lo sciatore, la sciatrice

skiing lo sci; **to engage in skiing** praticare lo sci

skiing slope il campo di sci

ski lift la sciovia

ski run la pista

skirt la gonna

sleep il sonno; **to go to sleep** *andare° a letto, *andare° a dormire

to sleep dormire; **to sleep late** dormire fino a tardi

sleepy: to be sleepy avere° sonno

slender snello

slowly adagio, lentamente

small piccolo

to smile sorridere°

to smoke fumare

to snow nevicare

so così; allora; dunque; **so?** e così? **so that** affinché; perché + subj.; **so-so** così così; **and so on** e così via

soccer il calcio; **to play soccer** giocare a calcio

soccer player il calciatore

social sociale

socialist socialista (n. and adj.)

society la società

sold out esaurito

some alcuni / alcune, qualche (+ s. n.)

someone qualcuno

something qualche cosa, qualcosa

sometimes a volte

son il figlio, il figliolo

soon presto; **as soon as** appena; **see you soon!** a presto!

sorry: to be sorry *dispiacere; **I'm sorry** mi dispiace

sort il tipo; **what sort of?** che tipo di? **any sort of** qualunque

soup la minestra; la zuppa

south il sud

space lo spazio; il posto

Spaniard lo spagnolo, la spagnola

Spanish spagnolo (adj.); **Spanish language** lo spagnolo

to speak (about) parlare (di)

special speciale

to specialize (in) *specializzarsi (in)

to spend time (doing something) passare il tempo (a + inf.); **to spend money** spendere° denaro / soldi

spinach gli spinaci

spite: in spite of malgrado, nonostante

spring la primavera

square (in a city) la piazza

squash gli zucchini

stability la stabilità

stadium lo stadio

stamp (postage) il francobollo

to stand *stare° in piedi; **to stand in line** fare° la coda

to start (to do something) †(in)cominciare (a + inf.)

station la stazione

state lo stato

statue la statua

to stay *stare°; *restare, *rimanere°

steak la bistecca

still, yet ancora

stocking la calza

stop la fermata

to stop (doing something) smettere (di + inf.); **to stop** (someone or something) fermare; **to come to a stop** *fermarsi; **to stop / come by** *passare da; **to stop over** (planes & ships) fare° scalo a

to starve *morire° di fame

store (business) il negozio

story la storia

strange strano

strawberry la fragola

street la strada, la via

strike lo sciopero; **to go on strike** fare° sciopero

to strike scioperare

string bean il fagiolino

strong forte

student lo studente, la studentessa

study lo studio

to study studiare

stupendous stupendo

stupid stupido; **how stupid (of me)!** che stupido/a!

subject il soggetto; il tema; l'argomento

suburb la periferia

subway la metropolitana

to succeed (in doing something) *riuscire° (a + inf.)

suddenly all'improvviso; ad un tratto

to suffer (from) soffrire (di)

sufficient abbastanza; **to be sufficient** *bastare

sugar lo zucchero

to suggest suggerire (isc)

suggestion il suggerimento

suit l'abito

suitable adatto

suitcase la valigia

to summarize riassumere

summer l'estate (f.)

sun il sole

Sunday la domenica

supermarket il supermercato

supper la cena

sure sicuro; certo

surely di sicuro

surgeon il chirurgo, la chirurga

surname il cognome

surprise la sorpresa

to sweat sudare

to swim nuotare; **to go swimming** *andare° a nuotare, *andare° in piscina

swimming il nuoto

swimming pool la piscina

T

table il tavolo; **dining table** la tavola; **coffee table** il tavolino

to take portare; prendere°; **to take a course** seguire un corso; **to take a picture** fare° una fotografia; **to take back, return** riportare; **to take over** prendere°; **to take up again** riprendere°; **to take off** (something) *levarsi

taken (seat) occupato

to talk (about) parlare (di)

tall alto

taste il gusto

to taste assaggiare

taxi il tassì

taxicab driver il/la tassista

tea il tè

to teach insegnare

teacher l'insegnante (m./f.); il maestro, la maestra

team la squadra

telecast la trasmissione

telephone (n.) il telefono

to telephone telefonare (a)

television, TV la televisione, TV, tele

television set il televisore

to tell dire°; raccontare; **to tell about** parlare di

to tend to tendere a

tennis il tennis; **to play tennis** giocare a tennis

tenor il tenore

terrible pessimo

to thank ringraziare

thank you, thanks grazie

that che; ciò che; quello / quella

theater il teatro; **at/to the theater** a teatro; **movie theater** il cinema

then allora; poi

there là, lì; **there is / are** ecco

therefore dunque

these questi / queste

thin magro

thing la cosa; **things** le cose, la roba (s.)

to think (about) pensare (a + n.; di + inf.); **to think that** credere che; **what do you think of . . . ?** che ne pensi (di + n. or inf.)?

thirst la sete

thirsty: to be thirsty avere° sete

this questo / questa

those quelli / quelle

through per; attraverso

Thursday il giovedì

thus così

ticket (theater) il biglietto; (traffic) la multa; **to buy a ticket** fare° il biglietto

ticket booth il botteghino

ticket window lo sportello

tie *(game)* il pareggio; **(neck)tie** la cravatta

tight stretto

till fino a; **till now** finora

time l'ora; il tempo; **one time** una volta; **times per week (per month, per year)** volte alla settimana (al mese, all'anno); **one at a time** uno alla volta; **a long time** molto tempo; a lungo; **all the time** sempre; **at what time?** a che ora? **it's time (to)** è ora (di); **on time** puntuale; **once upon a time** (c'era) una volta; **at times** a volte; **to have a good time** *divertirsi; **what time is it?** che ora è / che ore sono? **to have enough time to** fare° in tempo a (+ *inf.*)

time zone il fuso orario

tired stanco

tiring faticoso

to a; in

toast il brindisi

to toast brindare

tobacco store la tabaccheria

today oggi

toe il dito (del piede)

together insieme

token il gettone

tomato il pomodoro

tomorrow domani; **see you tomorrow!** a domani!

tonight stasera

too anche; troppo *(adv.)*; **too much, too many** troppo *(adj.)*; **too bad!** peccato!

on top in cima

topic l'argomento

tour il giro; la gita; **to take a tour** fare° una gita / un giro

tourist il/la turista

tourist *(adj.)* turistico

toward verso

town la città; **small town** paese, paesetto

trade il mestiere

tradition la tradizione

traffic il traffico; **traffic light** il semaforo; **traffic jam** ingorgo; **traffic officer** il/la vigile

tragedy la tragedia

train il treno; **by train** in treno; **the train is running [three hours] late** il treno viaggia con [tre ore] di ritardo; **direct train** il rapido

train station la stazione

to translate tradurre

transportation il trasporto

to travel viaggiare

travel agency l'agenzia di viaggi; **travel agent** l'agente di viaggio

to treat of/about trattare di

tree l'albero; **fruit tree** l'albero da frutta

trip il viaggio; **to take a trip** fare° un viaggio; **to have a good trip** fare° un buon viaggio

trouble il problema; **to be in trouble** *stare° fresco/a

trucking gli autotrasporti

true vero

truly veramente

to try *(to do something)* cercare (di + *inf.*)

to try on provare

T-shirt la maglietta

Tuesday il martedì

turkey il tacchino

to turn (right / left) girare / voltare (a destra / a sinistra)

to turn on / off *(a radio, TV)* accendere° / spegnere°

TV la televisione, la TV, la tele

TV set il televisore

type *(kind)* il tipo

to type scrivere° a macchina

U

ugly brutto

uncle lo zio

undecided indeciso

under sotto

to understand capire (isc)

unemployed disoccupato

unemployment la disoccupazione

unfortunately purtroppo

unhappy scontento

union il sindacato *(labor)*; l'unione

university l'università *(n.)*; universitario *(adj.)*

unknown sconosciuto

unless a meno che

unpleasant antipatico

until fino a

up to fino a

upon su

to use usare

used: **to get used to** *(something)* *abituarsi a (+ *n.* or *inf.*)

useless inutile

usual solito; **as usual** come al solito

usually di solito

V

vacant disponibile

vacation la vacanza; **on vacation** in vacanza

value il valore

veal il vitello

vegetables la verdura; il contorno

very molto *(adv.)*

veterinarian il veterinario *(m./f.)*

view la vista, la veduta; il panorama

visit la visita

to visit fare° visita (a); *andare° a trovare

volleyball la pallavolo

vote il voto

to vote votare

W

wage il salario

to wait for aspettare; **to wait in line** fare° la coda

waiter, waitress il cameriere, la cameriera

to wake up *svegliarsi; **to wake (someone) up** svegliare

walk la passeggiata; **to take a walk** fare° una passeggiata, fare° due passi

to walk *andare° a piedi; camminare; passeggiare

wallet il portafoglio

to want *(to do something)* †volere° (+ *inf.*); desiderare (+ *inf.*)

war la guerra

warm caldo; **to be warm** avere° caldo

to warm up *riscaldarsi

to wash lavare; **to wash up** *lavarsi

watch *(timepiece)* l'orologio

to watch guardare

water l'acqua; **mineral water** acqua minerale; **carbonated water** acqua gassata; **non-carbonated mineral water** acqua minerale naturale

way il modo

to wear portare

weather il tempo; **how's the weather?** che tempo fa? **it's hot / cold** fa caldo / freddo; **it's cool** fa fresco; **it's nice / bad weather** fa bello / brutto

Wednesday il mercoledì

week la settimana

weight il peso; **to gain weight** *ingrassare; **to lose weight** *dimagrire (isc)

weight lifting la pesistica, il sollevamento pesi

welcome: **you're welcome!** prego! **welcome back!** bentornato/a!

well bene; **to be well / not well** *stare° bene / male; **very well** benissimo

west l'ovest *(m.)*

what che, ciò che; **what?** che? che cosa? cosa? **(how's that?)** come? **so what?** e che vuol dire?

whatever qualunque cosa

when quando

where dove; **where are you from?** di dove sei / è?

wherever dovunque

which che; **which one / ones?** quale / quali? **that which** ciò che, quello che

while mentre

whispering sottovoce

white bianco

who, whom che; who? whom? chi? he who chi
whoever, whomsoever chiunque
whole tutto/a + *definite art.*
why perché
wife la moglie
willingly volentieri
to win vincere
wind il vento; **the wind is blowing** tira vento
window la finestra; **store window** la vetrina; **to go window shopping** guardare le vetrine
wine il vino
winter l'inverno
wish l'augurio; **to offer one's best wishes** fare° gli auguri; **best regards** tanti saluti
to wish desiderare
with con
within fra, tra; entro

without senza (di) *(prep.)*; senza che *(conj.)*
witty spiritoso
woman la donna; **young woman** la ragazza
wool la lana
word la parola
work il lavoro; *(of art)* l'opera
to work lavorare; funzionare
worker *(blue-collar)* l'operaio, l'operaia; *(white-collar)* l'impiegato, l'impiegata
workshop la bottega
world *(n.)* il mondo; *(adj.)* mondiale
worried preoccupato
worse *(adv.)* peggio; *(adj.)* peggiore
worth il valore; **to be worth** *valere°
to write scrivere°
writer lo scrittore, la scrittrice
wrong sbagliato; **to be wrong** *sbagliarsi

Y

year l'anno
yes sì
yesterday ieri; **the day before yesterday** ieri l'altro
yet però; **not yet** non ... ancora; **and yet** eppure
yogurt lo yogurt
young *(adj.)* giovane; **young man** il ragazzo; **young woman** la ragazza; **as a young man / woman** da giovane; **the young** i giovani
youth i giovani

Z

zone la zona
zoo lo zoo

INDEX

PHOTO CREDITS